中国传统文化经典导读

ZHONGGUO CHUANTONG WENHUA JINGDIAN DAODU

高等职业院校文化素质教育改革创新教材

主　编　刘丽华　孔义平

副主编　姚盛元　杨众博　陈　思

参　编　刘学柱　朱　龙　段文琦　薛谦华

经典

中国教育出版传媒集团

高等教育出版社·北京

内容提要

本书是高等职业院校文化素质教育改革创新教材。

本书采用珠链式结构，以中华优秀传统文化的核心理念为统领，以经典篇目的阅读、欣赏为支撑。本书内容共分为七章，包含儒家经典、璀璨子部、读史明智、诗意栖居、中国戏曲、中医典籍、蒙学养正。每一章以"经典、有代表性、受欢迎"为原则选择经典篇目，旨在帮助学生在潜移默化中培养对中华优秀传统文化的热爱，进而提升人文素养。

本书可作为高等职业院校公共基础课教材，也可作为社会人士学习中华优秀传统文化的读本。

图书在版编目(CIP)数据

中国传统文化经典导读 / 刘丽华，孔义平主编.

北京：高等教育出版社，2024.9 (2025.8 重印). -- ISBN 978-7-04
-063124-1

Ⅰ. K203

中国国家版本馆 CIP 数据核字第 2024MZ8921 号

策划编辑　雷　芳　赵力杰　**责任编辑**　赵力杰　**封面设计**　张文豪　**责任印制**　高忠富

出版发行	高等教育出版社	网　　址	http://www.hep.edu.cn	
社　　址	北京市西城区德外大街 4 号		http://www.hep.com.cn	
邮政编码	100120	网上订购	http://www.hepmall.com.cn	
印　　刷	上海华教印务有限公司		http://www.hepmall.com	
开　　本	787mm×1092mm　1/16		http://www.hepmall.cn	
印　　张	18.25			
字　　数	416 千字	版　　次	2024 年 9 月第 1 版	
购书热线	010 - 58581118	印　　次	2025 年 8 月第 2 次印刷	
咨询电话	400 - 810 - 0598	定　　价	40.00 元	

本书如有缺页、倒页、脱页等质量问题，请到所购图书销售部门联系调换

版权所有　侵权必究

物　料　号　63124-00

随着我国高等教育的发展，高职院校的中华优秀传统文化课程如何突破以学科知识和理论思维训练为中心的内容体系和教学方式，在培养以爱国主义为核心的公民精神和职业教育视野下对现行课程进行解构和重建，在推崇技术至上、能力本位的背景中，努力寻找职业需求与学生发展的最佳结合点，构建学生的价值体系，培养学生的家国情怀，不仅是社会对高等职业教育的迫切要求，也是高等职业教育可持续发展的必然选择。

2014年2月24日，习近平总书记在中央政治局第十三次集体学习时强调："要认真汲取中华优秀传统文化的思想精华和道德精髓，大力弘扬以爱国主义为核心的民族精神和以改革创新为核心的时代精神，深入挖掘和阐发中华优秀传统文化讲仁爱、重民本、守诚信、崇正义、尚和合、求大同的时代价值，使中华优秀传统文化成为涵养社会主义核心价值观的重要源泉。要处理好继承和创造性发展的关系，重点做好创造性转化和创新性发展。"

2017年1月25日，中共中央办公厅、国务院办公厅印发了《关于实施中华优秀传统文化传承发展工程的意见》，要求把传承中华优秀传统文化"贯穿国民教育始终……推动高校开设中华优秀传统文化必修课……实施中华经典诵读工程，开设中华文化公开课，抓好传统文化教育成果展示活动。"

六安职业技术学院依托"书香校园"建设长期开展经典导读活动，以经典导读为基础完成安徽省精品开放课程"中国传统文化"（2020kfkc537）建设和安徽省提质培优项目：职业教育精品在线开放课程建设（2021年入选）。为建设课程配套教材，申报安徽省2020年度高校学科（专业）拔尖人才学术资助项目（gxbjZD2020046）和安徽省课程思政示范课程"中国优秀传统文化"（2023kcsz053），采取课程教材一体化设计，把纸质教材和精品开放课程资源有机结合起来，编写课程资源与纸质教材为一体的新形态教材《中国传统文化经典导读》。

本书力求在课程理念、教材内容、教材体例、综合实训上，实现突破与创新。以往的中华优秀传统文化教材共分两类：一类以物质文化、制度文化、精神文化等模块来编写，以介绍、论述为主，鲜有对文化典籍、经典篇目的阅读、欣赏；另一类以文选阅读为主，但囿于对单篇选文的解读，甚至只是对孤立的句段的阅读，选文之间缺乏内在的联系，难以给学生提供一个较为系统的文化发展脉络。

我们把两者相结合，以中华优秀传统文化的核心价值为纲领，以经典篇目的阅读、欣赏为支撑，帮助学生对中华优秀传统文化由陌生到认知、认同、热爱，提高学生对中国传统文化的欣赏能力，夯实文化基础，为学生的继续学习和终身发展奠定基础。

本书坚持以习近平新时代中国特色社会主义思想为指导，深入挖掘中华优秀传统文化典籍与社会主义核心价值观的内在联系。在篇目选择上，以"经典、有代表性、受欢迎"为原则选择篇目。在体系结构及内容选择等方面，以"经、史、子、集"中的经典著作和中国思想文化发展的内在规律为依据遴选经典名篇。考虑到儒家经典与先秦诸子产生在同一时代，故把"经""子"分别放在第一章和第二章。各章设置"经典导读"，全面介绍作家概况、作品核心思想和对后世的影响，较为完整地展示了中国思想文化发展的重要节点和代表人物。"经典选读"以"原文""注释""翻译""赏析"四个部分对经典进行了解读，便于学生阅读理解。"阅读链接"注重激发学生的学习兴趣；"思考练习""综合实践"注重可操作性。这样设计的目的是：使学生在对经典名篇的阅读鉴赏中、在审美体验和价值引导中训练语言表达和逻辑思维能力；让学生能够清晰地表达自己的思想、态度和观点；同时在潜移默化中影响学生的世界观、人生观、价值观；培养学生的家国情怀、责任意识、奉献精神。

本书由刘丽华（六安职业技术学院）、孔义平（安徽体育运动职业技术学院）担任主编；姚盛元（北京中医药大学）、杨众博（安徽国防科技职业学院）、陈思（六安职业技术学院）担任副主编。各章节编写任务分配如下：刘丽华编写第一章的第一节、第三章、第五章；孔义平编写第二章的第一节、第三节；姚盛元编写第六章；杨众博编写第一章的第二节至第七节；陈思编写第七章的第二节；刘学柱（舒城职业学校）编写第七章的第一节、第三节；朱龙（六安职业技术学院）编写第四章的第八节；段文琦（皖西卫生职业学院）编写第四章的第一节至第七节；薛谦华（安徽广播影视职业技术学院）编写第二章的第二节、第四节至第六节。全书由刘丽华统稿。

我们深知高职人文课程建设是一项艰巨而复杂的工作，我们将为此不懈努力。由于编写人员水平有限，疏漏在所难免，敬请广大师生批评指正。

编　者

目
录

第一章　儒家经典

【中国传统文化经典导读】

第一节

中国传统文化经典阅读的意义和导读方法

一、中国传统文化经典阅读的意义

（一）中国传统文化经典塑造并奠定了中华民族的文化基础

中国传统文化源远流长，博大精深，是中华民族在古代社会形成和发展起来的比较稳定的文化形态，是中华民族的智慧结晶。

中国传统教育以成人教育为目标，以经典阅读为方法，强调教育方式的内在性，即追求内在价值的教化方法，追求道德的自我提升与修炼，从而实现自我教育的目标。我国是一个阅读氛围浓厚的国家，读书和教育是不可分割的。《大学》《中庸》《论语》《孟子》《诗经》《尚书》《礼记》《易经》《春秋》等儒家经典。儒家经典作为中国人的必读书对中国人的价值观和行为方式产生了深远的影响。中国人的价值观正是在儒家思想的持久而深入的影响下逐步形成的。从汉武帝开始儒家思想就一直作为中国的主流价值观而存在。

儒家的经典《论语》《孟子》《大学》《中庸》后来作为科举教材，即文官考试教材，其中蕴含的价值观念不仅为官员提供了共同的文化基础，更重要的是塑造了中国人共同的价值追求——修、齐、治、平。中国人积极有为的人生态度，正是这些典籍凝聚起来的共同文化认同，让中华民族在几千年的历史进程中创造了灿烂的文明。现在培养和践行中华民族价值观首先要牢固树立文化认同。一个国家的国民只有具备了共同的历史、共同的文化才可能实现民族的伟大复兴。

（二）塑造中华民族的文化认同离不开春秋战国时期的经典著作

春秋战国时期是中国思想文化发展的黄金时期，也是中华民族性格和民族心理的形成时期。

春秋战国时期（前770年—前221年）战争频繁，各阶层的斗争激烈而复杂。各个阶层的代言人纷纷发表自己的主张，史称"百家争鸣"。此时先后出现了道家、儒家、墨家、法家等，史称"诸子百家"。

绵延五百多年的春秋战国时期孕育了一个文化经典的璀璨时代。《诗经》《易经》《论

"中国传统文化"课程简介

语》《孟子》《老子》《庄子》《离骚》《左传》等，构成了中华民族思想文化的源头。可以说，每一个中华儿女血管里流淌的精神血液都可以在这些经典里找到注释。所以，经典应当是一种文化体系的源头，是大的文化体系创建时期的代表性作品，具有始源性而不是流派性。原创性是其生命的根基，是其永续传承、连绵不辍的原动力；传承性使其彰显民族的特色，在世界文化之林中树立了民族的标识。对于中国而言，先秦文献之所以普遍获得了经典地位，就是因为历史赋予了它们源头性。不阅读这些典籍，我们就不可能理解中华的文明与文化。先秦经典简明深刻、语约意丰，往往在一两句话里包含丰富的人生哲理和人生经验。其流传后世，则成为人们常用的成语、警句、格言。在思想上，对后世影响最为深远的首先是孔子、孟子的儒家思想，其次是老子、庄子的道家思想，然后是商鞅、韩非子的法家思想和墨子的墨家思想，简称"儒道法墨"。

（三）中国传统文化经典塑造了中国人的传统价值观

中国人的价值观根植于中华优秀传统文化。中国传统价值观包括五伦、五常、四维、八德。

五伦：即"父子有亲，君臣有义，夫妇有别，长幼有序，朋友有信"。指的是五种人伦关系，父子之间有骨肉之亲，君臣之间有礼义之道，夫妻之间挚爱而又内外有别，老少之间有尊卑之序，朋友之间有诚信之德，这是处理人与人之间关系的道理和行为准则。

五常：即"仁、义、礼、智、信"，是用来调整、规范人伦关系的行为准则。它概括得非常简单，每个行为准则只有一个字，易记易行，千百年来成为中国人所奉行的价值观。

四维：管子提出"礼义廉耻，国之四维"，就像支撑房子的四根大柱子一样，礼义廉耻是社会的道德标准和行为规范。

八德：宋代朱熹提出来的"孝悌忠信、礼义廉耻"，成为中国传统文化中基本的道德规范，培养了中国人的道德品质和社会责任感。"八德"构成一个完备的价值评判体系，包含了对个人家国情怀的评价，历经一代代传承与发扬，最终成为中华民族精神世界的厚重底色。

二、中国传统文化经典导读的教学方法

（一）以中国传统文化经典为教材，以经典诵读为主要方法

中国传统文化经典阅读的意义和导读方法

从 20 世纪 90 年代以来，国内学者就经典诵读对青少年教育的作用在理论和实践层面做了大量研究。研究表明：经典诵读能提高学生的阅读和表达能力，让学生在感受作品语言美、意境美、人文精神美的同时培养良好品德，尊敬师长，与人友好相处，勤奋学习，提高自身修养，在潜移默化中提升对热爱祖国、自强不息、尊老爱幼等中华优秀传统文化的自信。

早在 1998 年中国青少年发展基金会就启动了"中华古诗文经典诵读工程"，这是该基金会继希望工程之后推出的又一跨世纪青少年文化工程。南怀瑾担任指导委员会名誉

主任，季羡林、杨振宁、张岱年、王元化、汤一介担任顾问。该基金会组织专业学者编辑了《中华古诗文读本》，选编了从先秦以来具有代表性的300篇古诗文经典作品。此后二十多年来，开展青少年经典诵读成为很多学校的办学特色。

（二）运用现代教育技术、创新教育方式，让经典贴近学生

青少年时期正是人生价值观确立的关键时期。现今的学生伴随着互联网而成长。我们应充分利用现代教育技术传播中华优秀传统文化，让文化经典生动有趣，提高学生对文化典籍的阅读兴趣，让学生体验到人类优秀文化的巨大吸引力和感召力，培养学生良好的读书习惯，使多读书、读好书成为学生的生活方式。

我们应在教学中把现代科学技术与中华优秀传统文化教育相结合，如利用视频微课、翻转课堂，使传统文化找到最贴近学生的传播方式，提高学生对文化典籍的阅读兴趣，让学生体验到中华优秀传统文化的巨大吸引力。

（三）大力推进课外阅读，开展丰富多彩的阅读活动

定期推荐文化经典阅读书目，并指导学生在阅读的基础上结合当下社会现实进行讨论。本书以弘扬中华优秀传统文化为目标。教师扮演的是学生在人文知识海洋中徜徉的引导者，旨在激发学生学习人文科学的兴趣和热情，使其在师生互动中走向人文教育的最佳境界。本书注重对传统价值观如何与当下社会相结合、如何指导个人的行为、如何引导学生关注文化和道德热点等问题的阐述。这样设计的目的是让课程的学习过程成为学生校园生活的一部分。学习过程就是一个情感、人格陶冶的过程，是提高生命质量、体验和提升生命价值的过程。我们应使课程成为高品位校园文化的一个载体，在潜移默化中铸造学生全新的信念与情感，帮助学生除了专业学习，完成从青年人到成年人的角色转变，造就健全的人格。

第二节

儒家与儒家经典

儒家是先秦诸子百家之一，公元前五世纪由孔子创立。其学说脱胎自周朝礼乐传统，以仁、恕、诚、孝为核心价值，注重君子的品德修养，强调仁与礼相辅相成，重视五伦与家族伦理，提倡教化和仁政，反对暴政，力图重建礼乐秩序，移风易俗，秉持入世理想与人文主义精神。儒家学说是孔子所创立、孟子所发展、荀子所集其大成的学说，自汉武帝开始独尊儒术后，作为中国的主流思想，深刻地影响了中国人的价

儒家与儒家经典（上）

值观和行为方式。后来由中国流传至东亚其他国家，形成东亚儒家文化圈。儒家注重"人道大伦"，希望推行"爱与敬"，这些思想至今仍然是东亚文化圈中影响深远的主流思想。

儒家主张对待长辈要尊敬尊重，对待朋友要言而有信，为官要清廉爱民，做人要有自知之明。做人要尽分内事，"君子务本，本立而道生"；统治者要仁政爱民，"为政以德，譬如北辰，居其所而众星共之"；对待上司要忠诚，"君使臣以礼，臣事君以忠"；对待父母要孝敬，"父母在，不远游，游必有方""今之孝者，是谓能养。至于犬马，皆能有养；不敬，何以别乎"；人要有抱负且有毅力，"士不可以不弘毅，任重而道远"。

儒家思想注重以人为本，因此成为中国古代最有影响的思想学派。儒家也是一个不断发展、与时俱进的学术流派。

儒家经典是指承载儒家思想学说的经典著作。古人认为："圣人未生，道在天地；圣人既生，道在圣人；圣人已往，道在《六经》。"儒家经典是道的文字载体，学道必须读经。孔子修订"六经"：《诗》《书》《礼》《乐》《易》《春秋》；汉存"五经"，《乐》失传；唐代"五经"成"九经"：《诗》《书》《易》《仪礼》《周礼》《礼记》《春秋左传》《春秋谷梁传》《春秋公羊传》；宋代在唐代"九经"的基础上又加了《论语》《孝经》《尔雅》《孟子》，合称"十三经"。

儒家经典浩如烟海，清代《四库全书总目》列出经部典籍的就有 10 类、1773 部、20427 卷，难以一一穷尽。"十三经"是宋代以来儒家的主要经典，现对"十三经"做简要介绍。

一、《周易》

据《史记》记载，伏羲画八卦，文王演为六十四卦，周公撰卦辞、爻辞，孔子作传。但据后世学者考证，《周易》是历经多世、集体创作之作。

《周易》主要包括"经"和"传"两部分；"经"，主要是六十四卦的卦形符号和卦辞、三百八十六爻的爻位和爻辞。"传"主要是阐释经文的文字，即《象传上》《象传下》《象传上》《象传下》《文言》《系辞上》《系辞下》《说卦》《序卦》《杂卦》七种十篇。

《周易》原本是一部占卜书，但其卦象、爻象蕴含着天地万物变化的哲理，透过卦象、爻象的象征符号深究其变化哲理，弄懂经传中的内涵，对于认识世间事物的变化义理颇有帮助。孔子晚年，潜心研究《周易》，竹简的系绳都被翻断三次。

二、《尚书》

《尚书》是上古之书，是上古君王的文献汇编，即上古君王贤臣奉天命、理人事的言行记录。

《尚书》由虞书、夏书、商书、周书四部分组成，上起尧舜，终至秦穆公。由于《尚书》翔实记录了上古历朝历代圣王、明君、贤臣的政治言行，凝结了上古政治智慧，故一直为后世儒者看重，被视为治国平天下的指导书。

三、《诗经》

司马迁在《史记》中说，古时诗篇有三千余篇，孔子删去重复冗繁的部分，取其可施于礼义的部分，编订为三百零五篇。所以孔子说："《诗》三百，一言以蔽之，曰：思无邪。"

《诗经》三百零五篇，分为"风""雅""颂"三大部分。

"风"为各地民歌，反映民间的喜怒哀乐、日常生活，具有很强的平民性和艺术性。

"雅"分为"大雅""小雅"。"大雅"用于"飨礼"，即隆重、盛大的宴会典礼；"小雅"用于"燕礼"，即日常生活中的宴会典礼。

"颂"是祭祀神灵祖先的颂歌："周颂"是周朝祭祀神灵祖先的颂歌，"鲁颂"是鲁国祭祀祖先神灵的颂歌，"商颂"是商朝祭祀祖先的颂歌。

《诗经》的表现手法，按照宋代朱熹的解释，有"赋""比""兴"三种，"赋"是直接敷陈，"比"是采用比喻，"兴"是象征联想。

四、《仪礼》

《仪礼》是儒经"三礼"之一，汉代立于官学，共七十篇。《仪礼》主要记载士礼。

《仪礼》专门讲礼的仪式、仪节，即在各种礼仪活动中怎样做，包括程序、参加者身份、穿戴、位置、动作，甚为周详烦琐，人们难以掌握，到唐宋已逐步衰落。

五、《周礼》

《周礼》是儒经"三礼"之一，主要记载周代设官分职的官制，各种官职的职能、隶属、编制等。

《周礼》记载了六大官职系统：天官冢宰，掌管宫廷事务；地官司徒，掌管邦国教化；春官宗伯，掌管宫廷祭礼；夏官司马，掌管邦国军事；秋官司司寇，掌管邦国刑罚；冬官司空缺，汉代以"考工记"补充，掌管邦国营造。

六、《礼记》

先秦礼学家们传习《仪礼》的同时，都附带传习一些参考资料。这种资料阐明礼的作用和意义，叫作"记"。"记"后来摆脱《仪礼》的从属地位而独立成书。汉代儒者编成了两部《礼记》，分别称为《大戴礼记》和《小戴礼记》。戴圣编修的《小戴礼记》较为简洁，成为流传后世的《礼记》。

按照梁启超的分类，《礼记》分为五类：一是通论礼仪或学理的专篇；二是解释《仪礼》的专篇；三是记述孔子言行及门人的杂论；四是记述古代制度礼节的专篇；五是记述古代格言的专篇。

《礼记》中的《大学》《中庸》受到朱熹的特别重视，被抽取出来成为"四书"的两篇。《大学》是讲道德修养之学问，即格物、致知、诚意、正心、修身、齐家、治国、平天下的道理，它对后代的影响很大。《中庸》专论中庸之道，即执中用中、恰到好处、无过无不及、也就是两端平衡的意思。

《礼记》并不是一人或一时的著作，它是战国时期和西汉初期各种礼仪著作的选编，大多出自孔子弟子、再传弟子，甚至三传弟子之手。戴圣只是编修而已。

七、《春秋左传》

《春秋》是一部史书。孔子在鲁国史书的基础上，简约文辞、褒贬是非，撰成《春秋》。但《春秋》不是一般的史书，而是包含儒家义理的经书，所以《春秋》在西汉时期被立为官学的五经之一。

《春秋左传》是一部编年体史书，相传为鲁国史官左丘明所撰，从鲁隐公元年（公元前722年）到鲁哀公二十七年（公元前468年），记述了共255年的历史。《春秋左传》详细记录了春秋这一时期的历史，作为对《春秋》的史实补充和说明，对了解《春秋》意义很大。

《春秋左传》文辞简练优美，对战争的叙述及历史事件的记录生动形象，引人入胜。

八、《春秋公羊传》

《春秋公羊传》由战国时期公羊高撰写，系依据《春秋》的顺序，通过一问一答的形式，解释《春秋》的微言大义。

《春秋公羊传》宣扬一统威权的思想，尤重天子、君、臣、民的等级秩序，提出春秋时期"据乱世""升平世""太平世"的"三世说"，虽不尽合史实，却对后世史学影响很大。

九、《春秋穀梁传》

《春秋穀梁传》是春秋战国时期穀梁赤对《春秋》经文所作的解释，其体例大体与《春秋公羊传》相同，依据《春秋》的顺序以逐句一问一答的方式解释《春秋》经文。

《春秋穀梁传》偏重对《春秋》的经义做解释，对于理解《春秋》的道义内涵颇有启发。

《春秋》是原始经典，《春秋左传》重史料补充，《春秋公羊传》重以大一统解释经义，《春秋穀梁传》重解释经文道义，可谓各具特色。

十、《论语》

《论语》是孔子及其弟子的言行记录集，为孔子弟子以及再传弟子编撰，自汉代以来被列为儒家经典，与《大学》《中庸》《孟子》一起合称"四书"。"四书"被宋代朱熹视为后续再学习"五经"的入门书。

《论语》共二十篇，内容涉及广泛，主要是孔子教化弟子们的言论，言简意赅，生动形象，许多言论带有很强的针对性。

《论语》对于我们了解孔子的思想是非常重要的。

十一、《孝经》

《孝经》是儒家专论孝道的一部经典，相传由曾参整理而成。《孝经》共十八章，第一章"开宗明义章"为本经总论，言孝乃德之本，是教化的基础。孝亲忠君的忠孝两全是孝道的归宿。其余各章分述天子、诸侯、卿大夫、士、庶人的孝道和对孝道的若干重要阐述。

汉代儒家提出以孝治天下，这对处于中国君主专制制度和宗法血亲制度下的古代社会影响深远。其中许多关于子女孝敬父母的名言至今仍具现实意义。

十二、《尔雅》

《尔雅》是一部百科词典。相传《尔雅》为周公所作，孔子及汉初儒者叔孙通作了一些增补。

既然解释词义，《尔雅》涉猎范围就极其广泛，从一般文辞到亲人家庭、宫室器物、天地万物等都做了较详细的解释，故汉以后儒者传习儒经都以《尔雅》作为重要工具书。

著名学者李学勤先生认为，《尔雅》作为"经"，不是偶然的，并不是凑在经部里的。古代的"经"，有的如《诗》《书》《易》的经文、《春秋》的经文等，是自古流传的基本文献，当时教育所必需的，有的则是解说引申上述文献的，如《易》的十翼、《礼》的《礼记》，《春秋》的"三传"等。《尔雅》是周代以至汉初历世学者解经的一种汇编，被视作是"解经的钥匙"。

十三、《孟子》

《孟子》是战国时期孟轲和弟子们的著作。《史记·孟子荀卿列传》说："退而与万章之徒序《诗》《书》，述仲尼之意，作《孟子》七篇。"《汉书·艺文志》把孟子列入"诸子略"中。韩愈认为孟子继承了孔子之学。宋儒对孟子大力传扬，为后代儒者所重。

《孟子》共七篇十四卷（章），其中孟子传扬的人性善、修仁德、养心性、施仁政、民贵君轻、中庸权变等义理，是孟子对儒家思想的重要贡献，对后世儒家文化的发展影响极大，因此孟子被誉称为儒家"亚圣"。

《孟子》思想深邃，文体气势宏大，语言流畅，推理严密，辩论性强，"文以载道"的特色十分鲜明。

第三节

《周易》

一、经典导读

《周易》即《易经》，"三易"（即《连山》《归藏》《周易》）之一。《周易》是我国古老的典籍，有"群经之首，诸子百家之源"之说。《四库全书总目提要》有言道："《易》道广大，无所不包，旁及天文、地理、乐律、兵法、韵学、算术，以逮方外之炉火，皆可援《易》以为说。"可以说，《易经》是中国文化的重要源头，影响着我们生活的方方面面。

《周易》内容包括"经"和"传"两个部分。"经"主要是六十四卦的卦形符号与卦爻辞。所谓六十四卦，是由八卦两两相重而得。八卦则是由阴阳二爻三叠而成。二爻的阴阳，分别呈中断的与相连的线条形状。"传"是阐释《周易》的专著，包括《彖传上》《彖传下》《象传上》《象传下》《文言》《系辞上》《系辞下》《说卦》《序卦》《杂卦》等七种文辞共十篇，因其阐释卦辞和爻辞，故称为"十翼"（"翼"为辅助之义），统称《易传》。《易传》相传为孔子所撰，但后世学者多认为它是集体创作的。

《周易》在流传过程中被视为一本卜筮之书，在孔子对其做出解释之后，成为一部儒家经典，几千年来，代代相传，给人以生活的智慧和前进的动力。

《周易》相传系周文王姬昌所作。《史记》中有"文王拘而演周易"句。周文王姬昌，姬姓，名昌，周朝奠基者，周武王之父。据说经过文王的悉心钻研，将其规范化、条理化，演绎成六十四卦和三百八十四爻。再经过后世周公和孔子等人推论解读，从而形成流传至今的《周易》一书。《汉书·艺文志》中称《周易》成书过程"人更三圣，世历三古"，所谓三个圣人即伏羲、周文王和孔子。

本书选读《周易》的乾卦和坤卦，是六十四卦的第一卦和第二卦，称为"易的门户"。所以，《易传》中的《文言》分别解说"乾""坤"两卦的象征意旨。孔颖达引庄氏曰："以'乾''坤'德大，故特文饰以为《文言》。"易道变化，阴阳交易，都以乾坤为本。

乾卦通过"天"的形象，揭示"阳刚""强健"的本质和变化规律，勉励"君子"像"天"那样努力奋发，就是《象传》所阐述的"天行健，君子以自强不息"。坤卦与乾卦相对，乾为纯阳，坤为纯阴，同为宇宙万物的两大生成因素。坤负载着生命的生长发育，是安详、柔顺而纯正的，与乾一起，阴阳相对，相生相克，生生不息，构成宇宙万物的法则。

二、经典选读

（一）

🪷 原文

乾[1]（卦象 "☰"）：元，亨，利，贞[2]。

《彖》曰：大哉乾元[3]，万物资始[4]，乃统天[5]。云行雨施，品物流形。大明[6]终始，六位[7]时成。时乘六龙[8]以御天。乾道变化，各正性命，保合大和[9]，乃利贞。首出庶物[10]，万国咸宁。

《象》曰：天行健，君子以自强不息。

《文言》[11]曰：元者，善之长[12]也。亨者，嘉[13]之会也。利者，义之和[14]也。贞者，事之干[15]也。君子体仁[16]足以长人，嘉会足以合礼，利物足以和义，贞固足以干事。君子行此四德者，故曰："乾：元、亨、利、贞。"

🪷 注释

[1]乾：卦名，八卦之一，代表天。

[2]元，亨，利，贞：元，开始。亨，亨通，顺利。利，合宜。贞，正且固。

[3]大哉乾元：感叹天体广阔，阳气浩渺。唐孔颖达《正义》："大哉乾元者，阳气昊大，乾体广远，又以元大始生万物，故曰大哉乾元。"

[4]资始：资：凭借，依靠。始：起始，开端。

[5]统天：受天统率。统：统率。

[6]大明：指太阳。太阳光辉灿烂，普照万物，故称"大明"。

[7]六位：指天地四时。

[8]六龙：指太阳。传说日神乘车，驾以六龙。喻指乾卦中的六爻。

[9]大和：即太和，指冲和之气。是最佳状态。

[10]庶物：万物。

[11]《文言》：即《文言传》，对乾、坤两卦卦爻辞的解释。解释《周易》的著作包括《文言》《彖》《象》等十篇，称作"十翼"。

[12]长：首位。

[13]嘉：美好。

[14]和：回应，应和。

[15]干：主体，根本。

[16]体仁：即以"仁"为体。

🪷 翻译

乾卦：包括开始、亨通、合宜、正固的意义，是大吉大利的卦象。

《彖传》说：天的元气真是高大壮观啊，万物依赖它而起始，是统属于天的。流云、下雨，万物生长流变，都有了具体的形态。太阳升升落落，周而复始，东西南北上下六方形成。按时驾驭六龙拉的车子在天际中行进，统御着世间造化。天道这种变化，使万物各自按照其属性、生命轨迹进行，确保天地冲和之气，这是有利于守护性命之正的。天地造就万物，各国都安宁祥和。

《象传》说：天道运行刚健持续，君子应如同天体那样日复一日，自强奋发，永不停息。

《文言传》说："元"是善之首的意思，"亨"是美好集聚的意思，"利"是各种"义"的应和，"贞"是做人行事的根本。君子用仁心作为本体，可以当人们的尊长，寻求美好的会合，就符合"礼"了；施利与他物就符合坚持正固的节操，就可以办好事情了。君子奉行这四种美德，所以说，乾的卦象，是开始、亨通、合宜、正固。

❋ 赏析

在《周易》六十四卦中，乾卦是第一卦。乾为天，象征"阳"和"健"。乾卦根据万物变通的道理，以"元，亨，利，贞"为卦辞，表示吉祥顺利，教导人要循时宜，守天道。

《象传》据传为孔子所作，开始一句"大哉乾元"，感叹苍天元气的浩大壮观，说明天道造就万物，统御万物，强调尊奉天道变化，天地冲和，才能守正固本，各国才能安宁。可见《象传》据乾卦，由揭示自然规律，引申到人面对自然时要秉持的道理，指出要顺应变化，才能做到天地冲和，国泰民安。

《象传》有大象、小象之说，解释卦辞的叫大象，解释爻辞的叫小象。这里的："天行健，君子以自强不息"为《象传》首句，是解释卦辞的大象。强调天行健，揭示天体运行刚健持续，君子以天为法则自强奋发，永不停息。

《文言》对乾卦做出详细解释，揭示"元，亨，利，贞"的内涵，指出君子奉行四德，从而具备如乾卦所蕴含的"元，亨，利，贞"那样的品德。

乾卦中蕴含着丰富的哲理，可以为我们提供许多启示。比如，"天行健，君子以自强不息"就是人所共知的一句名言，这句话也是乾卦的核心精神所在。它鼓励人们要树立远大的志向和坚定的信念，面对困难和挑战时要坚韧不拔、勇往直前。只有不断努力和奋斗才能实现自己的梦想和目标。

（二）

⊕ 原文

坤[1]（卦象"☷"）：元亨，利牝马[2]之贞。君子有攸[3]往，先迷后得主，利；西南得朋，东北丧朋[4]，安贞[5]吉。

《彖》曰：至哉坤元，万物资生，乃顺承天。坤厚载物，德合[6]无疆。含弘[7]光大，品物咸亨。牝马地类，行地无疆，柔顺利贞。君子攸行，先迷失道，后顺得常[8]。西南得朋，乃与类[9]行；东北丧朋，乃终有庆。安贞之吉，应地[10]无疆。

《象》曰：地势坤，君子以厚德载物。

注释

[1] 坤：卦名，是《易经》六十四卦的第二卦。上下卦均为坤，象征地，其性柔顺。

[2] 牝马：雌马。

[3] 攸：所。

[4] 西南得朋，东北丧朋：西南方属阴，东北方属阳。朋：同道，同志。

[5] 安贞：安静而端正。

[6] 德：坤德。合：配合。

[7] 含：蕴含。弘：宏大、深厚。

[8] 常：常道。

[9] 类：同类。

[10] 应地：应和大地。

翻译

坤卦：开始、亨通，如同雌马选择领头公马一样端正利顺。君子要去某地，开始迷失方向，后来则找到目标，这是吉利。去西南方向可以得到志同道合之人，去东北方向则失去志同道合之人。安然稳定，端正牢靠，就会吉利。

《象传》说：伟大啊，大地之初，万物依靠坤地而生长，是顺应承续天道。大地深厚，承载孕育万物，地之德与天之道相合，广阔无垠，蕴含宏大，不断发扬光大，万物亨通畅达。雌马与大地相类，均属阴性，与地顺行，行走无疆，性情柔顺，美德端正。君子争先前行，就会迷失方向，顺随人后，就会回到常道。西南方向得到朋友，这是与同道人同行；东北方向失去朋友，但最终完满成功。安于正道，这是吉利的。呼应大地，恩德无限，前途光明。

《象传》说：大地之势是顺应天道的，君子效法大地，用宽厚的美德来负载接纳天下万物。

赏析

坤为地，孕育着世间万物，负载着生命的生育成长。地属于阴性，安详柔顺，遵循天的法则。坤卦便揭示了这一宇宙规律和人生真谛，以雌马为喻，揭示地的性质，与天的关系。由此而强调君子应投奔合适的领路人，去该去的地方，结识该结识的人。安于正道，忠贞不贰，就会吉祥顺利。

《象传》对此做出详细解释，强调地与天的顺应关系，强调君子走常道，与志同道合者同行，这样才是对大地无边恩德的应和，前途才能一片光明。

《象传》说："地势坤，君子以厚德载物。"乾卦"大象"曰"天行健"，坤卦则曰"地势坤"，两者相对应。

坤卦强调大地是顺应天道的，君子应以大地为效法对象，以宽厚的美德接纳万物。这是对君子的提示和告诫：宽以待人，而不是刻薄寡恩，这才会吉祥顺利。

汉字的魅力

三、阅读链接

汉字的魅力

　　汉字是汉语的记录符号，是由笔画构成的方块状字，所以又叫方块字，属于表意文字，已有六千多年的历史。汉字主要起源于状物的象形性图画。象形字是汉字体系得以形成和发展的基础。汉字由最原始的石刻字符在几千年的演变过程中形成了"汉字七体"，即：甲骨文、金文、篆书、隶书、草书、楷书、行书。现在通用的汉字字形是楷化后的汉字正楷字形，包括繁体字和简体字。汉字是表意文字，一个汉字通常表示汉语里的一个词或一个语素，这就形成了音、形、义统一的特点。

　　汉字的造字法——"六书"，是古人根据汉字的结构和造字规律归纳总结出来的造字方法。"六书"指：象形、指事、形声、会意、假借和转注。"六书"一词最早出现在《周礼》中，但《周礼》没有说明其具体内容。东汉的许慎在《说文解字》一书中对"六书"的内容进行了补充说明，近现代的学者在《说文解字》的基础上对"六书"进行了很多改进，有"三书"说、"四书"说等，但"六书"依然是被广泛认可的造字法。

原则	举 例					释意
象形	人	女	子	口	目	人体全部或一部
	马	虎	犬	象	鹿	动物正像或旁像
	日	月	雨	山	水	自然物体符号

象 形

　　象形：指描画事物形象的造字法。如"日、月、山、水、人、木、火、口、目、田"等就是描绘其图案造的字。象形造字法是人类最本能的造字方法。

　　指事：指在象形字的基础上加象征符号来造字。比如"刃（刀锋的那边加一点）、本（树下加一点，指树根）、甘（口中含物之形）、亦（由"大"张开手臂的人，腋下加两点）"。用纯象征的符号造字也属于指事造字法，比如"一、二、三、五、七、十、上、下"等。用纯象征符号造的字属于记号字。

　　形声：指由表示意义的形旁和表示读音的声旁两部分组成的造字法。形旁是汉字对事物进行归类的表意部件，声旁表示该字的读音，比如：

左形右声"证、抖、城、构、伟";右形左声"战、励、刚、彰、瓴";上形下声"芳、岗、晨、笼、雾";

下形上声"想、熬、袋、劈、汞";外形内声"圆、厘、匪、闺、匈"。

会意：指用两个或两个以上符号组成新字的造字法（不同于形旁和声旁组成的形声字），比如：

"日"和"月"组成"明"字；

"人"和"言"组成"信"字，表示替人带话而不加改变为信；

"人"和"木"组成"休"，表示人在树下休息。

有些会意字是两个或两个以上同样的字重叠组成的。比如：

两个"人"组成"从"，三个"人"组成"众"；

两个"木"组成"林"，三个"木"组成"森"；

两个"口"组成"吕"，三个"口"组成"品"。

假借：指借用读音不同的字和形旁来组字的造字法，假借字和形声字关系密切，只是声旁的表音功能丧失了。

转注：指使字的意义发生变化、转作他用，而其本义用另一个字来注解和代替。转注不是一种造字法，是与造字密切相关的用字法，转注字都是两字一对，比如：

其—箕："其"本义是"簸箕"的象形，后来转做虚词，"其"的原始义用"箕"字代替；

斤—斧："斤"原始义为"斧"，后来转做量词"斤"，原始义用"斧"字代替；

莫—暮："莫"原始义是"太阳落在草下"之会意，后来转做虚词，原始义用"暮"字代替；

要—腰："要"原始义是"人体腰部"之象形，后来转做动词，原始义用"腰"字代替；

益—溢："益"原始义是"水从皿中溢出"的会意，后转做益处之义，本义用"溢"字代替；

自—鼻："自"原始义是"鼻子"之象形，后来转做代词或介词，原始义用"鼻"字代替。

总结以上六书："象形"和"指事"是纯粹的"造字法"，一般用于造独体字；"形声""会意""假借"是"组字法"，一般用于造合体字；"转注"是"用字法"。总而言之，"六书"是古代文字学家群策群力归纳出来的文字学理论，其所含的汉字构成法则，并非一人独创，而是人们在长期使用过程中演化而成，是古人集体智慧的结晶。

汉字是世界上最古老的文字之一，具有集形象、声音和辞义三者于一体的特性。这一特性在世界文字中是独一无二的，因此它具有独特的魅力。汉字是中华民族几千年文化传承的瑰宝，更是民族灵魂的文化纽带。几千年来，汉字与中华文明相辅相成，协同发展，互相成就。汉字不断，中华文明才会绵延不绝；中华民族生生不息，从根本上保障了汉字的持续和稳定。

◗ 四、思考练习

1. 查找资料,看看"周易"二字有哪几种解释,你觉得哪一种解释最有道理?

2. 阐述《周易》的"十翼"统称为《易传》。查阅资料,看看"十翼"包括哪些篇目,结合《彖传》《象传》《文言》说说它们的作用。

3.《象传》曰:"天行健,君子以自强不息。"又曰:"地势坤,君子以厚德载物。"你是如何理解这两句话的?

◗ 五、综合实践

有人说《周易》难懂,有人说《周易》其实不难懂;有人说《周易》是一部占卜的书,有人说《周易》是一部教导人们用系统的方法认知世界的书,是中国文化的本源。试开展一次关于《周易》的辩论会,说说你所理解的《周易》。

◗ 六、阅读书目

1.(魏)王弼撰、楼宇烈校释:《周易注校释》,中华书局,2012 年。

2. 金景芳、吕绍纲著,吕绍纲修订:《周易全解(修订本)》,上海古籍出版社,2017 年。

3. 曾仕强、刘君政著:《易经真的很容易》,陕西师范大学出版社,2009 年。

第四节

《论语》

◗ 一、经典导读

《论语》是一部记述孔子及其弟子言行的典籍,也是一部优秀的语录体散文集。

孔子(前 551 年—前 479 年),名丘,字仲尼,春秋时鲁国陬邑(今山东曲阜)人。儒家学派创始人,中国古代著名的思想家、政治家、教育家,对中国思想文化的发展产生了极其深远的影响。

孔子的祖先本来是宋国的贵族,后因避宫廷祸乱而迁居鲁国。孔子的父亲是一名武士，虽跻身于贵族之列，但地位不高。孔子三岁时，父亲便死去了，他跟着母亲过着贫困的生活。孔子年轻时做过"委吏"（管理仓库）、"乘田"（掌管牛羊畜牧）一类的小官，他把任何差事都做得很好。鲁定公时，孔子曾任中都宰、大司寇（主管司法，与司徒、司马、司空三卿并列）。鲁定公十四年（公元前 496 年），孔子"由大司寇行摄相事"，"与闻国政"（《史记·孔子世家》），政治生涯到了顶峰。由于与当时主宰鲁国政权的季孙氏、叔孙氏、孟孙氏三家政治观点不和，孔子离开鲁国去周游列国，希望在别的国家实现自己的政治抱负。他先后到了卫、宋、陈、蔡、楚等国，都没有受到重用。晚年回到鲁国一心一意讲学和整理古代文献资料，曾整理删订《诗经》《尚书》等，并根据鲁国史官的记载删修《春秋》，使之成为中国第一部编年体历史著作。孔子讲学，学生多达三千人，其中著名的有七十二人。"弟子盖三千焉，身通六艺者七十二人"（《史记·孔子世家》）。

先秦儒家的知行观

《论语》作为儒家最重要的经典，现存 20 篇，492 章，其中记录孔子与其弟子及时人谈论之语 444 章，记录孔门弟子相互谈论之语 48 章。《论语》较为集中地体现了孔子及儒家学派的政治主张、伦理思想、道德观念、教育原则等。

在编排上，《论语》没有严格的编纂体例，每一条就是一章，集章为篇，篇、章之间并无紧密联系，只是大致归类，并有重复章节出现。

《论语》言简意赅、含蓄隽永。其核心思想有：伦理道德范畴"仁"，社会政治范畴"礼"，"忠恕之道""知行合一"，"学而不厌、诲人不倦""有教无类""因材施教"的教育理论。《论语》语言精练而形象生动，善于通过神情语态的描写、刻画人物形象，是语录体散文的典范；简明深刻、语约意丰，往往在一两句话里包含丰富的人生哲理和人生经验。其流传后世，则成为人们常用的成语、警句、格言。"夫子风采，溢于格言"（《文心雕龙·征圣》），围绕孔子这一中心人物，《论语》还成功刻画了一些孔门弟子的形象。如《先进》篇中《子路、曾皙、冉有、公西华侍坐》章，通过叙述四人各述其志以及孔子的分别评价，以传神的文笔和出色的细节描写刻画了人物，使之各具性格特征，便是非常出色的一例。

西汉武帝时期儒家思想取得了正统地位，之后两千多年来一直作为中国人的主流价值观，对中华民族精神的形成产生了巨大的影响。所以就有了北宋赵普半部《论语》治天下之说："臣平生所知，诚不出此，昔以其半辅太祖定天下，今欲以其半辅陛下致太平。"

随着时代的发展，儒家思想逐渐传入西方国家，对世界文化也产生了很大影响。隋朝建立的科举取士制度，主要考儒家经典。儒家经典不仅为幅员辽阔疆域的管理者提供了共同的文化基础，还为其塑造了共同的价值追求——"修身、齐家、治国、平天下"。中国人积极有为入世的人生态度，正是由这些典籍凝聚起来的共同文化认同。其构建的中国人的价值观让中华民族几千年来创造了高度文明，使中国在 18 世纪以前一直遥遥领先于世界。

二、经典选读

《论语》十六则
（一）

🌀 原文

　　子曰[1]："学[2]而时习[3]之，不亦说[4]乎？有朋[5]自远方来，不亦乐[6]乎？人不知[7]而不愠[8]，不亦君子[9]乎？"（《论语·学而》）

🔘 注释

　　[1]子：中国古代对有地位、有学问的男子的尊称，有时也泛指男子。《论语》书中"子曰"的"子"，都是指孔子而言。

　　[2]学：孔子在这里所讲的"学"，主要是指学习西周的礼、乐、诗、书等传统文化典籍。

　　[3]时习：在周秦时代，"时"字用作副词，意为"在一定的时候"或者"在适当的时候"。但朱熹在《论语集注》一书中把"时"解释为"时常"。"习"，指演习礼、乐，复习诗、书，也含有温习、实习、练习的意思。

　　[4]说（yuè）：通"悦"，愉快、高兴的意思。

　　[5]有朋：一本作"友朋"。旧注说，"同门曰朋"，即同在一位老师门下学习的叫朋，也就是志同道合的人。

　　[6]乐：与悦有所区别。旧注说，悦在内心，乐则见于外。

　　[7]人不知：知，是了解的意思。人不知，是说别人不了解自己。

　　[8]愠（yùn）：恼怒，怨恨。

　　[9]君子：《论语》书中的君子，指有德者，或指有位者。此处指孔子理想中具有高尚人格的人。

🌸 翻译

　　孔子说："学了又时常温习和练习，不是很愉快吗？有志同道合的人从远方来，不是很令人高兴的吗？人家不了解我，我也不怨恨、恼怒，不也是一个有德的君子吗？"

✳ 赏析

　　《论语》第一章提到学习要经常复习、温故知新，这样就会心生喜悦。"习"还可理解为"行"，要知行合一，学习的目的是实践。同门曰朋，有共同话题的朋友从远方而来，是人生一大乐事；别人不了解自己却不恼怒，就是君子之德。本章提出以学习为乐事，做到人不知而不愠，反映出孔子学而不厌、诲人不倦、注重修养、严格要求自己的主张。这些思想主张在《论语》书中多处可见，对照阅读有助于对第一章内容的深入了解。宋代著名学者朱熹对此章评价极高，说它是"入道之门，积德之基"。

（二）

🐢 原文

曾子[1]曰："吾日三省[2]吾身，为人谋而不忠[3]乎？与朋友交而不信[4]乎？传不习[5]乎?"（《论语·学而》）

◎ 注释

[1] 曾子：曾子姓曾名参（shēn）字子舆，生于公元前 505 年，鲁国人，是被鲁国灭亡了的鄫国贵族的后代。曾参是孔子的得意门生，以孝子出名。据说《孝经》就是他撰写的。

[2] 三省：省（xǐng），检查、察看。三省有几种解释：一是三次检查；二是从三个方面检查；三是多次检查。其实，古代在有动作性的动词前加上数字，表示动作次数多，不必认定为三次。

[3] 忠：旧注曰：尽己之谓忠。此处指对人应当尽心竭力。

[4] 信：旧注曰：信者，诚也。诚实之谓信。要求人们按照礼的规定相互守信，以调整人们之间的关系。

[5] 传不习：传，老师传授给自己的。习，温习、实习、演习等。

❀ 翻译

曾子说："我每天多次反省自己，为别人办事是不是尽心竭力了呢？同朋友交往是不是做到诚实可信了呢？老师传授给我的学业是不是复习了呢？"

❀ 赏析

该章所讲的自省，则是自我修养的基本方法。儒家十分重视个人的道德修养，以求塑造理想人格。

在春秋时代，社会变化十分剧烈，反映在思想领域中，即人们的思想信仰开始发生动摇，传统观念已经出现危机。于是，曾参提出了"反省内求"的修养办法，不断检查自己的言行，使自己修养成完美的理想人格。《论语》书中多次谈到自省的问题，要求孔门弟子自觉地反省自己，进行自我批评，加强个人思想修养和道德修养，改正个人言谈举止上的各种错误。这种自省的道德修养方式在今天仍有值得借鉴的地方，因为它特别强调进行修养的自觉性。

在本章中，曾子还提出了"忠"和"信"的范畴。忠的特点是一个"尽"字，办事尽力，死而后已。如后来儒家所说的那样"尽己之谓忠"。"为人谋而不忠乎"是泛指对一切人，并非专指对君主，就是指对包括君主在内的所有人，都要尽力帮助。因此，"忠"在先秦是一般的道德范畴，不只用于君臣关系。至于汉代以后逐渐将"忠"字演化为"忠君"，这既与儒家的忠有关联，又有重要的区别。"信"的含义有二，一是信任，二是信用。其内容是诚实不欺，用来处理上下等级和朋友之间的关系时，信特别与言论有关，表示说真话，说话算数。这是一个人立身处世的基石。

（三）

原文

> 子曰："弟子[1]入[2]则孝，出[3]则悌，谨[4]而信，泛[5]爱众，而亲仁[6]，行有余力[7]，则以学文[8]。"（《论语·学而》）

注释

[1]弟子：一般有两种含义：一是年纪较小、为人弟和为人子的人；二是指学生。这里是第一种含义上的"弟子"。

[2]入：古代父子分别住在不同的居处，子学习则在外舍。《礼记·内则》："由命士以上，父子皆异宫。"入是入父宫，指进到父亲住处，或指在家。

[3]出：与"入"相对而言，指外出学习。出则悌，是说要敬爱年长于自己的人。

[4]谨：寡言少语称为谨。

[5]泛（fàn）：广泛的意思。

[6]仁：仁即仁人，有仁德之人。

[7]行有余力：指有闲暇时间。

[8]文：古代文献。主要有诗、书、礼、乐等典籍。

翻译

孔子说："弟子们在父母跟前，要孝顺父母；出门在外，要敬爱师长，言行要谨慎，要诚实可信、寡言少语，要广泛地去爱众人，亲近那些有仁德的人。这样躬行实践之后，还有余力的话，就再去学习文献典籍。"

赏析

在孔子以仁为核心的哲学中，孝悌是仁的根本和出发点。自春秋战国以后的历代统治者和文人，都继承了孔子的孝悌说。孔子要求弟子们首先要致力于孝悌、谨信、爱众、亲仁，培养良好的道德观念，并将道德观念落实于实践之中，如果还有闲暇时间和余力，则用以学习古代典籍，增长文化知识。这表明，孔子的教育以道德教育为中心，重在培养学生的德行修养，而对于书本知识的学习，则摆在第二位，这是孔子教育的基本理念。

（四）

原文

> 子曰："君子食无求饱，居无求安，敏于事而慎于言，就[1]有道[2]而正[3]焉，可谓好学也已。"（《论语·学而》）

注释

[1]就：靠近、看齐。

[2]有道：指有道德的人。

［3］正：匡正、端正。

翻译

孔子说："君子，饮食不求饱，居住不要求舒适，对工作勤劳敏捷，说话却小心谨慎，到有道德的人那里去匡正自己，这样可以说是好学了。"

赏析

"食无求饱""居无求安"是对君子的道德要求。孔子认为，一个有道德的人，不应当过多地讲究自己的饮食与居处，应该克制追求物质享受的欲望，在工作方面应当勤劳敏捷，谨慎小心，经常检讨自己，请有道德的人对自己的言行加以匡正。其中"敏于事而慎于言"，要求君子说话要谨慎而行动要敏捷。

（五）

原文

子贡问君子。子曰："先行[1]其言，而后从之。"（《论语·为政》）

注释

［1］行：做，实行。

翻译

子贡问怎样才是一个君子，孔子说："君子做事在说话前，而后才照他做的说。"

（六）

原文

子曰："君子欲讷[1]于言而敏[2]于行。"（《论语·里仁》）

注释

［1］讷：迟钝。这里指说话要谨慎。

［2］敏：敏捷、快速的意思。

翻译

孔子说："君子说话要谨慎，而行动要敏捷。"

（七）

原文

子曰："君子耻其言而过其行。"（《论语·宪问》）

翻译

孔子说："君子认为说得多而做得少是可耻的。"

❀ 赏析

第五至七则中的"先行其言，而后从之""君子欲讷于言而敏于行""君子耻其言而过其行"，和第四则中的"敏于事而慎于言"都是论述知与行的关系的。孔子认为君子应当言行一致，以行为本，反对言过其实，言行不一。假如一定要有所侧重，宁愿"讷于言而敏于行"。言行关系问题归根到底也就是知行关系问题，要求言行一致也就是要求知行合一。孔子强调道德认知与道德践行的统一。一方面，他强调"知"对"行"的指导意义；另一方面，又强调道德认知的目的全在于践行。孔子所说的"行"主要是讲道德修养问题。在漫长的封建社会，中华民族凝聚力之强、道德文明水准之高令人惊叹，中国素有"文明古国""礼仪之邦"的美誉，这与儒家倡导推行的知行观密不可分。

（八）

❀ 原文

子曰："三人行，必有我师焉。择其善者而从之，其不善者而改之。"（《论语·述而》）

❀ 翻译

孔子说："三个人一起走路，其中必定有人可以做我的老师。我选择他善的品德向他学习，看到他不善的地方就作为借鉴，改掉自己的缺点。"

（九）

❀ 原文

子曰："见贤思齐焉，见不贤而内自省也。"（《论语·里仁》）

❀ 翻译

孔子说："见到贤人，就应该向他学习、看齐，见到不贤的人，就应该自我反省（自己有没有与他相类似的错误）。"

❀ 赏析

第八、九则受到后代知识分子的极力赞赏。孔子始终谦虚好学，从不好为人师，而是时时处处向他人学习。他虚心向别人学习的精神十分可贵，但更可贵的是，他不仅以善者为师，而且以不善者为师，其中包含深刻的哲理。他的这两段话，对于指导我们处世待人、修身养性、增长知识，都是有益的。在孔子看来，面对浩渺博深的天和广阔无垠的地，人类显得那么渺小无知，终身保持谦虚谨慎好学的习惯，才是正确的选择。

（十）

❀ 原文

子曰："志于道，据于德[1]，依于仁，游于艺[2]。"（《论语·述而》）

注释

[1] 德: 旧注"德者, 得也"。能把道贯彻到自己心中而不失掉就叫德。

[2] 艺: 指孔子教授学生的礼、乐、射、御、书、数六艺。

翻译

孔子说: "以道为志向, 以德为根据, 以仁为凭借, 活动于 (礼、乐等) 六艺的范围之中。"

赏析

《礼记·学记》说: "不兴其艺, 不能乐学。故君子之于学也, 藏焉, 修焉, 息焉, 游焉。夫然, 故安其学而亲其师, 乐其友而信其道, 是以虽离师辅而不反也。"这个解释阐明了"游于艺"的意思。孔子培养学生, 就是以仁、德为纲领, 以六艺为基本, 使学生能够得到全面均衡的发展。我们现在的教育方针, 强调"德、智、体、美、劳"全面发展, 也是继承和发展了孔子的教育思想。孔子被称为至圣先师, 与他的先进的教育思想和教育实践密切相关。"先师"是因为他开启私人讲学风气, 一生弟子三千, 贤者七十二, 传播文化知识贡献很大; "至圣"是对孔子学问和德行的总体概括。

(十一)

原文

> 曾子曰: "士不可以不弘毅[1], 任重而道远。仁以为己任, 不亦重乎? 死而后已, 不亦远乎?" (《论语·泰伯》)

注释

[1] 弘毅: 弘, 广大。毅, 强毅。

翻译

曾子说: "士不可以不宏大刚强而有毅力, 因为他责任重大, 道路遥远。把实现仁作为自己的责任, (这责任) 难道还不重大吗? 奋斗终身, 死了以后才罢手, 难道路程还不遥远吗?"

赏析

孔子生活在战乱纷争的春秋末期, 处于"天下无道, 则礼乐征伐自诸侯出"这样一种"礼崩乐坏"时代。孔子一生追求重建社会秩序, 他不但倡导这一点, 而且身体力行实践, 在鲁国任司寇时期推行一系列的改革, 去履行自己的责任, 承担应尽的义务。孔子的思想和行动深深地影响了他的学生和后代知识分子。

曾子作为孔子学说最重要的继承者和传播者之一, 在儒家文化中具有承上启下的重要地位, 上承孔子之道, 下启思孟学派, 对孔子的儒学学派思想既有继承, 又有发展和建树。曾子倡导以"孝恕忠信"为核心的儒家思想, "修齐治平"的政治观, "内省慎独"的修养观, 认为人生的价值在于在现实社会有所作为, 崇尚积极进取、奋发有为的人生理想, 至今仍具有极其宝贵的社会意义和实用价值。曾子参与编撰了《论语》, 撰写《大学》《孝经》《曾子十篇》等作品。其被后世尊称为"宗圣", 成为配享孔庙的四配之一, 仅次于"复圣"颜回。

（十二）

⚬ 原文

> 子贡曰："如有博施于民而能济众[1]，何如？可谓仁乎？"子曰："何事于仁，必也圣乎！尧舜[2]其犹病诸[3]！夫[4]仁者，己欲立而立人，己欲达而达人。能近取譬[5]，可谓仁之方也已。"（《论语·雍也篇》）

⚬ 注释

[1] 众：指众人。

[2] 尧舜：传说中上古时代的两位帝王，也是孔子心目中的榜样。儒家认为他们是圣人。

[3] 病诸：病，担忧；诸，之于的合音字。

[4] 夫：句首发语词。

[5] 能近取譬：能够就自身比喻，即推己及人的意思。

⚬ 翻译

子贡问孔子："假如有一个人，他能给老百姓很多好处又能周济大众，怎么样？可以称为仁吗？"孔子说："岂止可称为仁，简直可称为圣啊！尧舜二帝也因为不能做到这般而感到愧对于民呀！一个怀有仁心的人，一定是首先自己要站得稳，然后帮助别人一同站得稳，要想自己过得好，就要帮助人家一同过得好。凡事能就近以自己作比，而推己及人，可以说就是实行仁的方法了。

（十三）

⚬ 原文

> 子贡问曰："有一言而可以终身行之者乎？"子曰："其'恕'乎！己所不欲，勿施于人。"（《论语·卫灵公》）

⚬ 翻译

子贡问孔子道："有没有一个字可以终身奉行的呢？"孔子回答说："那就是'恕'吧！自己不愿意的，不要强加给别人。"

⚬ 赏析

"仁"是孔子儒家学说的核心，在《论语》里面出现频率最高。"仁者莫大于爱人。"（《礼记·表记》）仁就是去爱别人、帮助别人、体恤别人。孔子言"仁"以"爱人"为核心，以"忠恕"为主要内容，以"己欲立而立人，己欲达而达人""己所不欲，勿施于人"为达成途径。仁的实践包含着为人着想，尽己为人是为"忠"，也就是"己之所欲，施之于人"；还有更重要的另一面"恕"，也就是"己所不欲，勿施于人"。这两方面结合就是"忠恕之道"。"忠"和"恕"的做人原则也就是"仁"的原则。这两则是《论语》中有关"忠""恕"之道的最经典表述。

（十四）

⊕ 原文

或曰："以德报怨，何如？"子曰："何以报德？以直报怨，以德报德。"（《论语·宪问》）

❀ 翻译

有人说："用恩德来报答怨恨怎么样？"孔子说："（那么）用什么来报答恩德呢？应该是用正直来报答怨恨，用恩德来报答恩德。"

❀ 赏析

孔子不同意"以德报怨"的做法，认为应当"以直报怨"。这是说，不以有旧恶旧怨而改变自己的公平正直，也就是坚持了正直。"以直报怨"对于个人道德修养极为重要。

（十五）

⊕ 原文

子贡问政。子曰："足食，足兵，民信之矣。"子贡曰："必不得已而去，于斯三者何先？"曰："去兵。"子贡曰："必不得已而去，于斯二者何先？"曰："去食。自古皆有死，民无信不立。"（《论语·颜渊篇》）

❀ 翻译

子贡问怎样治理国家。孔子说："粮食充足，武装部队充足，老百姓有统一的信仰和信念。"子贡说："如果不得不去掉一项，那么在三项中先去掉哪一项呢？"孔子说："去掉武装部队。"子贡说："如果不得不再去掉一项，那么这两项中去掉哪一项呢？"孔子说："去掉粮食。自古以来人总是要死的，如果老百姓没有统一的信念，那么国家就不能存在了。"

❀ 赏析

本章孔子回答了子贡问政中所连续提出的三个问题。孔子认为，治理一个国家，应当具备三个基本条件：食、兵、信。但在这三者当中，信是最重要的。只有兵和食，而百姓对统治者不信任，这样的国家也是不能存在的。

（十六）

⊕ 原文

子曰："吾十有[1]五而志于学，三十而立[2]，四十而不惑[3]，五十而知天命[4]，六十而耳顺[5]，七十而从心所欲，不逾矩[6]。"（《论语·为政》）

◎ 注释

［1］有：通"又"。

［2］立：立身，指能有所成就。

［3］不惑：掌握了知识，不被外界事物所迷惑。

［4］天命：上天的意旨，此指不能为人力所支配的事情。古代人认为世界上的一切都是由上天掌控的。

［5］耳顺：对此有多种解释。一般而言，指对那些于己不利的意见也能正确对待。

［6］从：遵从。逾：越过。矩：规矩。

❀ 翻译

孔子说："我十五岁立志于学习，三十岁能够自立，四十岁能不被外界事物所迷惑，五十岁懂得了天命，六十岁能正确对待各种言论，不觉得不顺，七十岁能随心所欲，而不越出规矩。"

✹ 赏析

在本章里，孔子自述了他学习和修养的过程。这一过程，是一个随着年龄的增长，思想境界逐步提升的过程。就思想境界来讲，整个过程分为三个阶段：十五岁到四十岁是学习领会的阶段；五六十岁是安心立命的阶段，也就是不受环境左右的阶段；七十岁以后是主观意识和做人的规则融合为一的阶段。在这个阶段中，道德修养达到了最高的境界。孔子的道德修养过程，有合理因素：第一，他看到了人的道德修养不是一朝一夕的事，不能一下子完成，要经过长时间的学习和锻炼，要有一个循序渐进的过程。第二，道德的最高境界是思想和言行的融合，自觉地遵守道德规范，而不是勉强去做。这两点对任何人都是适用的。

三、阅读链接

儒家的"仁、和"文化与中国和平崛起的道路选择

"仁""和"可以译为"仁爱""和谐"，都是儒家的核心思想。儒家文化在汉武帝时期就被确立为正统，几千年来深刻地影响着中国人的主流价值观和行为方式。

"仁"是孔子学说的核心，在《论语》里面出现频率最高。不管"仁"的含义有多少，其必然包含的一条是"爱人"。孔子认为君子的处世原则应该是从"仁"出发，"仁"作为道德规范是一种自觉自律的道德情感。"樊迟问仁，子曰'爱人'"（《论语·颜渊》），"君子学道则爱人"（《论语·阳货》），这种爱人是一种从内心而发的关心他人之情，是一种朴素的人道主义观念。《论语·乡党》记载："厩焚。子退朝。曰：'伤人乎？'不问马。"

"仁"是中国传统文化中最核心的内容，在中国传统文化中仁爱是一体的。"仁，亲也，从人，二。"（《说文·人部》）"仁者人也，亲亲为大。"（《礼记·中庸》）"仁"从字形结构上可以看出，是由"二"和"人"组成的，它表示一种人际关系，单个的人不能构成"仁"，只有一个人对另一个人或一些人的态度行为上才能体现出"仁"的内涵。"仁者莫大于爱人。"（《礼记·表记》）"仁"就是去爱别人、帮助别人、体恤别人。

儒家的
"仁、和"
文化与中国
的和平崛起
道路选择

"和"是孔子学说的另一个核心内容。有子曰："礼之用，和为贵。先王之道，斯为美。小大由之，有所不行；知和而和，不以礼节之，亦不可行也。"（《论语·学而》）

宇宙的最高的境界是"和"，《易经》的乾卦的象辞充溢着对世界之"和"的赞叹；这种和谐，不仅涵括人类社会，而且渗透全宇宙，构成"太和"。《易经》乾卦象辞说："大哉乾元……保合太和，乃利贞。首出庶物，万国咸宁。"乾的生发力量如此浩瀚，充溢整个宇宙，保有至高的和谐，这就是大吉大利。《中庸》从哲学的高度来看待"和"的"喜怒哀乐之未发，谓之中，发而皆中节，谓之和；中也者，天下之大本也；和也者，天下之达道也。致中和，天地位焉，万物育焉"（《中庸》第一章）。

《礼记》反映了周代的基本价值观，记录周代的基本宗法、典章制度。后世被称为儒家经典的《大学》《中庸》皆出于《礼记》，其中对后世影响最大的是《礼记·乐记》。

《礼记·乐记》的核心思想是"和"。"和"本来是讲音乐的，从上而言，将乐之和放到整个天地宇宙中来考察；从下而言，它将乐之和上升至人心灵之中的和谐。这包括三个层面：上则人与天地的和谐（天人合一），中则人与他人的和谐（人际关系），下则人内心世界的和谐。如陶渊明《饮酒》中所描绘的世界"采菊东篱下，悠然见南山"。此间有节奏、有秩序的生命的和谐，表达的是人与自然、人的内心世界高度和谐的状态。如唐宋以后文人山水画，尤其是明清两朝的文人山水画所描绘的意境。

中华文明"美"在哪里？20世纪30年代英国著名哲学家罗素来到中国，当时的欧洲战云密布，矛盾重重。他在中国各处游历，来到泰山，他被挑夫脸上那怡然自得的微笑深深地感染，开始思考中国文明。他回国后写了一本书，书名叫《中国问题》。他在书中写道："中国至高无上的伦理品质中的一些东西，现代世界极为需要。这些品质中我认为和气是第一位的。"这种品质"若能够被全世界采纳，地球上肯定会比现在有更多的欢乐祥和"。

四、思考练习

1. 孔子说君子要"志于道，据于德，依于仁，游于艺"，孔子培养学生，正是以道为方向，以德为立脚点，以仁为根本，以六艺为内容，使学生能够全面发展。请依据这句话，谈谈你的人生理想。

2. "知行合一"是中国传统文化的重要特征，请把《论语》中论述"知"与"行"关系的语句找出来，谈谈你对"知"与"行"关系的认识。

3. "夫仁者，己欲立而立人，己欲达而达人。""己所不欲，勿施于人。"两句话历来被认为是《论语》核心思想，也被称为"忠恕之道"。结合社会现实，谈谈你对此的看法。

五、综合实践

1988年在法国巴黎举行的诺贝尔颁奖大会上，获奖者汉内斯·阿尔文说："如果人类要在 21 世纪生存下去，必须回首 2500 年前去汲取孔子的智慧。"孔子的智慧集中体现在《论语》中。请同学们以组为单位，选择《论语》中与"仁、义、礼、智、信、孝、悌、忠、恕、勇"十个核心要义中相关的六则经典名言进行背诵，然后对所选的主题进行即兴演讲。

六、阅读书目

1. 杨伯峻译注：《论语译注》，中华书局，1980 年。
2.（宋）朱熹撰：《四书章句集注》，中华书局，2011 年。
3. 李零著：《去圣乃得真孔子：〈论语〉纵横读》，生活·读书·新知三联书店，2023 年。
4. 李泽厚著：《论语今读》，中华书局，2015 年。

第五节

《孟子》四章

一、经典导读

《孟子》朴素的可持续发展思想与现今生态文明建设

《孟子》是四书中篇幅最大、部头最重的一部，有三万五千多字，由战国中期孟子所著。

孟子（约前 372 年—约前 289 年），名轲，鲁国邹人，著名的思想家、政治家、教育家，孔子学说的继承者，儒家的重要代表人物。相传孟子是鲁国贵族孟孙氏的后裔，幼年丧父，家庭贫困，受母亲悉心教导，曾授业于孔子孙子子思的门人。荀子把子思和孟子列为一派，这就是后世所称儒家中的思孟学派。

孟子的出生距孔子之死（前 479 年）大约百年，当时诸侯大国都致力于强兵争霸，诉诸武力实现霸业。孟子继承了孔子"仁"的思想，他把孔子侧重于个人道德、修身方面的"仁"扩大到整个社会层面，发展成为"仁政"思想，被称为"亚圣"。孟子还提出"性善论"，为他的"仁政论"确立了可靠的基础。

孟子和孔子一样，也曾带领学生游历梁（魏）、齐、宋、鲁、滕、薛等国，并一度担任过齐宣王的客卿。由于他的政治主张与孔子同样不被重用，因此便回到家乡聚徒讲学，与学生万章等人著书立说。

与语录体的《论语》相比,《孟子》可看作语录体散文向论说体散文的过渡,是中国论说体散文的重要奠基作品之一,其独特的文章风格,为中国政论文开创了一个优良的传统。

孟子文章的特色,首先是主题重大,观点鲜明。孟子从来都是直面现实的,针对当时普遍亟待解决的社会问题,关怀天下民生,立场坚定、旗帜鲜明地宣传自己的政治观点,以期平治天下、建立新社会。

其次,孟子的文章气势磅礴,感情充沛,言辞犀利。孟子文章有磅礴宏大的气势,如滔滔江河从高处直泻下来,奔流不已。读者读来感觉似巨流,一波接连一波。他的言论光明正大,使读者不得不接受,不得不信服。这种气势来自孟子的忧世忧民之心,来自他平治天下、解万民于倒悬的崇高理想。他站在道德的制高点上,所以能够"藐大人",据理侃侃而言,直责其非,可使"王勃然变色"。

最后,孟子的文章具有缜密的思辨逻辑力量。孟子的文章大多是记录与对方的辩论,所以他以"雄辩"著称。他的辩论文章,既具有磅礴的气势、犀利明快的语言,同时又具备严密的逻辑力量。他的文章大多有明显的思辨性质。他的学说正是在论辩中展开的,经过论辩,其理论得以丰富、充实。

本书选的《孟子》四章,都是《孟子》一书中的名篇,可体现孟子文章的特点。

二、经典选读

《孟子》四章
(一)

⚊ 原文

孟子曰:"舜发于畎亩[1]之中,傅说[2]举于版筑[3]之间,胶鬲[4]举于鱼盐之中,管夷吾举于士[5],孙叔敖[6]举于海,百里奚举于市[7]。故天将降大任于是人也,必先苦其心志,劳其筋骨,饿其体肤,空乏其身,行拂乱其所为,所以动心忍性,曾[8]益其所不能。人恒过,然后能改;困于心,衡[9]于虑,而后作;征[10]于色,发于声,而后喻。入则无法家拂士[11],出则无敌国外患者,国恒亡。然后知生于忧患,而死于安乐也。"(《孟子·告子下》)

⊚ 注释

[1]畎(quǎn)亩:田间,田地。

[2]傅说(yuè):殷武丁时人,曾为刑徒,在傅岩筑墙,后被武丁发现,举用为相。

[3]版筑:一种筑墙工作,在两块墙板中,填入泥土夯实。

[4]胶鬲(gé):殷纣王时人,曾以贩鱼、盐为生,被周文王举荐给纣,后辅佐周武王。

[5]管夷吾:管仲。士:此处指狱囚管理者。当年齐桓公和公子纠争夺君位,公子

纠失败后，管仲随他一起逃到鲁国。齐桓公知道管仲贤能，所以要求鲁君杀死公子纠，而把管仲押回齐国由自己处理。鲁君于是派狱囚管理者押管仲回国，结果齐桓公用管仲为宰相。

[6] 孙叔敖：春秋时楚国的隐士，隐居在淮河支流之滨，这可能是孟子说"举于海"的根据。他被楚王发现后任为令尹（宰相）。

[7] 百里奚举于市：春秋时的贤人百里奚，流落在楚国，秦穆公用五张羊皮的价格把他买回，任为宰相，所以说"举于市"。

[8] 曾：通"增"。

[9] 衡：通"横"，指横塞。

[10] 征：表征，表现。

[11] 法家：有法度的大臣。拂：通"弼"，辅佐。拂士即辅佐的贤士。

❀ 翻译

孟子说："舜从田间劳动中成长起来，傅说从筑墙的工作中被选拔出来，胶鬲被选拔于鱼盐的买卖之中，管仲被提拔于囚犯的位置上，孙叔敖从海边被发现，百里奚从市场上被选拔。因此，上天将要把重大使命安排到某人身上，一定要先使他的意志受到磨炼，使他的筋骨受到劳累，使他的身体忍饥挨饿，使他备受穷困之苦，做事总是不能顺利。这样来磨炼他的心志，坚韧他的性情，增长他的才能。人总是要犯错误，然后才能改正错误。心气郁结，殚思极虑，然后才能奋发而起；显露在脸色上，表达在声音中，然后才能被人了解。一个国家，内没有守法的大臣和辅佐的贤士，外没有敌对国家的忧患，往往容易亡国。由此可以知道，忧患使人生存，安逸享乐却足以使人败亡。"

❀ 赏析

此章《孟子》最著名的篇章之一，后人常引以为座右铭，激励了无数志士仁人在逆境中奋起。其思想基础是一种至高无上的使命感和浓厚的生命悲剧意识，一种崇高的献身精神，是对生命痛苦的认同，以及对因艰苦奋斗而获得胜利的精神的弘扬。

借用悲剧哲学家尼采的话来说，是要求我们"去同时面对人类最大的痛苦和最高的希望"（《快乐的科学》）。因为，痛苦与希望本来就同在。

说到生于忧患死于安乐，太史公说得好：周文王被拘羑里而演《周易》，孔子困陈蔡而编《春秋》，屈原遭流放而赋《离骚》，左丘明失明而写《国语》，孙膑受膑刑而著《兵法》，吕不韦迁蜀地而出《吕览》，韩非子被秦国囚有《说难》《孤愤》，《诗经》三百篇，都是发愤所作（《史记·太史公自序》）。之所以如此，正是因为他们身处逆境的忧患之中，心气郁结，奋发而起，置之死地而后生。

至于死于安乐者，历代昏庸之君，荒淫逸乐而身死国亡，其例更是不胜枚举。

对人的一生来说，逆境和忧患不一定是坏事。生命说到底是一种体验。因此，对逆境和忧患的体验倒往往是人生的一笔宝贵财富。当你回首往事的时候，可以自豪而欣慰地说："一切都经历过了，一切都过来了！"

（二）

原文

曰："不违农时，谷不可胜食也；数罟不入洿池[1]，鱼鳖不可胜食也；斧斤以时入山林，材木不可胜用也。谷与鱼鳖不可胜食，材木不可胜用，是使民养生丧死无憾也。养生丧死无憾，王道之始也。五亩之宅，树之以桑，五十者可以衣帛矣。鸡豚狗彘之畜，无失其时，七十者可以食肉矣。百亩之田，勿夺其时，数口之家可以无饥矣。谨庠序[2]之教，申之以孝悌之义，颁白者不负戴于道路矣。七十者衣帛食肉，黎民不饥不寒，然而不王者，未之有也。"（《孟子·梁惠王上》）

注释

[1] 数罟（cù gǔ）：密网。洿（wū）池：大池。
[2] 庠序：古代地方所设的学校。

翻译

不耽误百姓的农时，粮食就吃不完；细密的渔网不放入大塘捕捞，鱼鳖就吃不完；按一定的时令采伐山林，木材就用不完。粮食和鱼鳖吃不完，木材用不完，这就使百姓赡养家口、办理丧事没有什么遗憾的了。百姓养生丧死没有什么遗憾，这就是王道的开始。五亩田的宅地，（房前屋后）多种桑树，五十岁的人就能穿上丝棉袄了。鸡、猪和狗一类家畜不错过它们的繁殖时节，七十岁的人就能吃上肉了。一百亩的田地，不要占夺（种田人的）农时，几口人的家庭就可以不饿肚子了。搞好学校教育，不断向年轻人教授孝顺父母、敬爱兄长的道理，头发花白的老人就不必肩扛头顶着东西赶路了。七十岁的人穿上丝棉袄，吃上肉，百姓不挨冻受饿，做到这样却不能让天下归服的，是绝不会有的。

赏析

此处孟子向梁惠王表明了自己治民的理想，具体地说，按时令耕种、不掠夺式地捕捞砍伐，让民拥有五亩之宅、百亩之田、鸡狗猪之畜，老百姓就能丰衣足食；不仅如此，孟子还非常重视教化，提出了谨庠序的主张，使百姓住有房，耕有田，吃饱穿暖用足，接受教育，懂得礼义，才能使他们归服，实现王道的理想。

（三）

原文

曰："挟太山以超北海[1]，语人曰'我不能'，是诚不能也。为长者折枝[2]，语人曰'我不能'，是不为也，非不能也。故王之不王，非挟太山以超北海之类也；王之不王，是折枝之类也。"

"老吾老，以及人之老；幼吾幼，以及人之幼。天下可运于掌。"（《孟子·梁惠王上》）

⊙ 注释

[1] 挟太山以超北海：太山即泰山，北海即渤海。《墨子·兼爱》云："譬若挈泰山越河济也。"可见这是当时常用比喻。

[2] 折枝：古来有三种解释，一是折取树枝，二是弯腰行礼，三是按摩搔痒。译文取第一种解释。

❀ 翻译

孟子说："用胳膊挟着泰山跳越北海，对人说'这我做不到'，这是真的做不到。替老年人折取树枝，对人说'这我办不到'，这就是不去做，而不是做不到。因此，大王没有做到用仁德治理国家，不属于挟着泰山跳越北海一类；大王没有做到用仁德治理国家，这是属于为老年人折取树枝一类的。"

"尊敬自己的长辈，继而去尊敬别人的长辈；爱护自己的孩子，继而去爱护别人的孩子。一切治国理政都由这一原则出发，（这样）天下就可以在掌中掌握了。"

❀ 赏析

在孟子看来，要实现王道，首先要让老百姓安居乐业，然后就是礼乐教化。只要真正愿意做，实现王道并不难。孟子在和齐宣王的对话中说："若民，则无恒产因无恒心。"只有老百姓有了自己可以赖以生存的土地和房子，不会时时受着饥饿和死亡的威胁，才会做事有顾忌有考虑，这时教导他们孝悌、仁义，他们才会跟着遵循。因此，在亚圣的理想图景中，经过教化后，人人能对父母孝顺，对兄长遵从，对乡里的老者恭敬，"老吾老以及人之老，幼吾幼以及人之幼"，国家不但安定繁荣，想要不得天下人心都不可能了。

孟子认为，秉着以民为本的思想，施以仁政，国家会进入良性的发展轨道，这样不仅施惠于百姓，更能在各个方面使国家达到良好的平衡与和谐，从而实现国泰民安高于一般的利益。

（四）

⊙ 原文

孟子曰："人皆有不忍人之心[1]。先王有不忍人之心，斯有不忍人之政矣。以不忍人之心，行不忍人之政，治天下可运之掌上。所以谓人皆有不忍人之心者：今人乍[2]见孺子将入于井，皆有怵惕[3]恻隐[4]之心——非所以内交[5]于孺子之父母也，非所以要誉[6]于乡党朋友也，非恶其声而然也。由是观之，无恻隐之心，非人也；无羞恶之心，非人也；无辞让之心，非人也；无是非之心，非人也。恻隐之心，仁之端[7]也；羞恶之心，义之端也；辞让之心，礼之端也；是非之心，智之端也。人之有是四端也，犹其有四体也。有是四端而自谓不能者，自贼者也；谓其君不能者，贼其君者也。凡有四端于我[8]者，知皆扩而充之矣，若火之始然[9]，泉之始达。苟能充之，足以保[10]四海；苟不充之，不足以事父母。"（《孟子·公孙丑上》)

注释

[1] 不忍人之心：怜悯心、同情心。
[2] 乍：突然、忽然。
[3] 怵惕：惊惧。
[4] 恻隐：哀痛、同情。
[5] 内交：指结交。内，同"纳"。
[6] 要誉：博取声誉。要，通"邀"，求。
[7] 端：开端，起源，源头。
[8] 我：指自己。
[9] 然：同"燃"。
[10] 保：定，安定。

翻译

孟子说："人都有怜悯人的心。先王因为有怜悯人的心，才有怜悯人的政治。凭着怜悯人的心情来施行怜悯人的政治，那么治理天下就会像在手掌中转动物件那样容易。之所以说人都有怜悯别人的心情，其道理就在于：如现在有人忽然看到一个孩子要掉到井里去了，任何人都会有惊骇同情的心情——这种心情的产生，不是想借此同孩子的父母攀结交情，不是要在乡邻朋友中博取名声，也不是讨厌那孩子惊恐的哭叫声。由此看来，一个人如果没有同情心，就不是人；如果没有羞耻心，就不是人；如果没有谦让心，就不是人；如果没有是非心，就不是人。同情心是仁的开端，羞耻心是义的开端，谦让心是礼的开端，是非心是智的开端。人有这四种开端，就像他有四肢一样。有这四种开端却说自己不行，这是自暴自弃的人；若君主说他自己不行，这是狠毒害人的君主。凡自身保有这四种开端的人，是要懂得扩大充实它们，（它们就会）像火刚刚燃起，泉水刚刚涌出一样（不可遏止）。如果能扩充它们，就足以安定天下；如果不扩充它们，那就连侍奉父母都做不到。"

赏析

孟子周游列国，推行仁政以他的"四端"说为基础。"四端"说形成于孟子周游列国的晚期不是偶然的。如果没有在各诸侯国的游历经历，没有目睹当时人民的苦难，孟子也许不可能提出来"四端"说。以孟子曾游历过的魏国为例，在短短的十余年时间里，"东败于齐，长子死焉，西丧地于秦七百里，南辱于楚"（《梁惠王上》），发生了一系列大规模的战争。即便如此，那个自称"寡人之于国也，尽心焉耳矣"的梁惠王仍不肯罢休，继续发动战争，"寡人耻之，愿比死者一洒之，如之何则可？"（《梁惠王上》）他根本不以涂炭生灵为戒。连年的战争，致使百姓流离失所，"民有饥色，野有饿莩"（《梁惠王上》），"父母冻饿，兄弟妻子离散"（《梁惠王上》），演出了一幕幕的人间悲剧。因此，孟子的"四端"说不是来自书斋里的玄思冥想，而是出于对现实的关注和思索。《说文解字》云："恻，痛也。"赵岐注："隐，痛也。"恻隐一词表示因他人的不幸、危难境遇而产生的哀痛、同情之情。孟子把"四端"与先王的"不忍人之政"联系起来，把它看作"不忍人之政"的先决条件。

三、阅读链接

孟子朴素的可持续发展思想与现今中国的生态文明建设

古代哲人尤其是儒家学者大多有积极的入世精神，表现出对现实的强烈关注，孟子也不例外。孟子和孔子一样，也曾带领学生在诸侯各国间游历，目睹当时人民的苦难。孟子生活的战国中期，正是封建贵族兼并战争最为激烈的时期。孟子曾游历的魏国，看到这个国家年年征战，土地荒芜，"民有饥色，野有饿莩"（《孟子·梁惠王上》）。

孟子给梁惠王提出的实现王道之策，首先就是息兵罢战，促进农桑，尊重自然，不搞竭泽而渔。孟子的这种朴素的可持续发展思想，可看作天人合一、人与环境和谐相处的理念在社会管理和耕种渔樵方面的表现。"不违农时，谷不可胜食也；数罟不入洿池，鱼鳖不可胜食也；斧斤以时入山林，材木不可胜用也"（《孟子·梁惠王上》）。

中国古代是农耕文明社会，农耕文明本质上企盼风调雨顺，守望田园，辛勤劳作。它不培养侵略和掠夺的劣性，而是要掌握耕种和渔樵技能。它无须培养尔虞我诈的商战技巧，而是营造人与自然、人与人和谐相处的环境。尽管以渔樵耕读为代表的农耕文明也不都是田园牧歌，也有争斗和战乱，但较之于游牧文明多稳定和缓。聚族而居、精耕细作的农业文明孕育了自给自足的生活方式、文化传统、农政思想、乡村管理制度等，与今天所提倡的和谐、环保、低碳的理念不谋而合。

农耕文明除了带来稳定的收获和财富，造就了相对富裕而安逸的定居生活，还为进一步孕育出高阶的精神文化创造奠定了基础。因此，与农耕相紧密相关的耕读文化、诗意栖居自然成为中国人的追求。天人合一、人与环境和谐相处的文化传统是中国几千年来诗歌兴盛的基础。几千年的诗教传统，培养了中国人对自然景物精细的审美能力，进而促进人们以诗意栖居的标准来建设自己的生活环境。在舒美环境下，明月、星空、朝霞、流云、山川、大地既是人赖以生存的自然环境，又是人的审美对象。赏春花秋月，看云卷云舒，也就是我们常说的追求诗意栖居的生活。中国典型的耕读文化，无比诗意地发育在中国各地，至今中国许多村落仍保留着古村落的风貌。每年无数中外游客纷至沓来，不就是因为人们对这种幸福生活倾心认同吗？

四、思考练习

1. 简述孔子的"仁"和孟子的"仁政"的联系与区别。
2. 为什么说"四端"说是孟子"仁政"思想的立论基础？
3. 孟子的哪些名言可看作当代可持续性发展思想的源头？

五、综合实践

孟子的"故天将降大任于是人也，必先苦其心志，劳其筋骨，饿其体肤，空乏其身，行拂乱其所为，所以动心忍性，曾益其所不能"，倡导的是在逆境中奋起的拼搏精神。孟子的文章以"雄辩"著称于世。请以"顺境有利于成长还是逆境有利于成长"为题开展分组辩论赛。

六、阅读书目

1. 杨伯峻译注：《孟子译注》(第二版)，中华书局，2005 年。
2. 陈来、王志民主编：《孟子七篇解读》，齐鲁书社，2018 年。
3. 杨泽波著：《孟子评传》，南京大学出版社，1998 年。

第六节

《大学》

一、经典导读

《大学》是一篇论述儒家修身齐家治国平天下思想的散文，原是《小戴礼记》的第四十二篇，相传为春秋战国时期曾子所作，另一说为秦汉时儒家作品，是一部中国古代讨论教育理论的重要著作。

《大学》被北宋程颢、程颐竭力尊崇，南宋朱熹又作《大学章句》，使《大学》最终和《中庸》《论语》《孟子》并称"四书"。明清时期，《大学》成为学校官定的教科书和科举考试的必读书，对中国古代教育产生了巨大的影响。

曾子（前 505 年—前 435 年），《大学》的作者，名参，字子舆，鲁国南武城（今山东平邑，一说山东嘉祥）人。春秋末年思想家，儒家大家，十六岁拜孔子为师，儒家学派的重要代表人物，夏禹后代。其父曾点，字皙，七十二贤之一，与子曾参同师孔子。孔子的孙子孔伋（字子思）师从曾子，子思的门人又教授孟子。因此，曾参上承孔子之道，下启思孟学派，对孔子的儒家学派思想既有继承，又有建树和发展。曾参是孔子学说的主要继承人和传播者之一，在儒家文化中具有承上启下的重要地位。曾参以他的建树，终入大儒之列，与孔子、颜子（颜回）、子思、孟子比肩，共称为五大圣人。

曾子倡导以"孝恕忠信"为核心的儒家思想，"修齐治平"的政治观，"内省慎独"的修养观，"以孝为本"的孝道观，至今仍具有极其宝贵的社会意义和实用价值。

周考王六年（前 435 年），曾子去世，享年七十一岁。曾子被后世尊为"宗圣"，成为配享孔庙的四配之一，仅次于"复圣"颜回。

《大学》开宗明义提出了三纲（明德、亲民、止于至善），八目（格物、致知、正心、诚意、修身、齐家、治国、平天下）。强调修己是治人的前提，修己的目的是治国

《大学》的"三纲领"与"八条目"

平天下，说明治国平天下和个人道德修养的一致性，构成了一套完整的封建伦理道德的理政体系。

《大学》文辞简约，内涵深刻，影响深远，主要概括总结了先秦儒家道德修养理论，以及道德修养的基本原则和方法，对儒家政治哲学也有系统的论述，对做人、处事、治国等有深刻的启迪性。

本书选的《大学》四则是文章开头论述"三纲领"和"八条目"的部分，也是《大学》一文的核心部分。

二、经典选读

（一）

原文

大学之道[1]，在明明德[2]，在亲民[3]，在止于[4]至善。

注释

[1] 大学之道：大学的宗旨，大学的最终目的。大学：在古代其含义有两种，一是"博学"之态，二是与"小学"相对的"大人之学"。古代儿童八岁入学，主要学习"洒扫、应对、进退、礼乐射御书数"之类的文化课和基本的礼节。十五岁后可进入大学，开始学习伦理、政治、哲学等"穷理正心，修己治人"的学问。两种含义虽有明显的区别之处，但都有"博学"之义。道：本指道路，在这里指的是在学习理政、哲学时所掌握的规律和原则。

[2] 明明德：第一个"明"是动词，彰显、发扬之义。第二个"明"是形容词，含有高尚、光辉的意思。

[3] 亲民：一说是"新民"，使人弃旧图新，弃恶扬善。引导、教化人民之义。

[4] 止于：处在。

翻译

《大学》的宗旨，在于弘扬高尚的德行，在于关爱人民，在于达到最高境界的善。

赏析

《大学》开宗明义，阐述儒学三纲八目的追求。所谓三纲，是指明明德、亲民、止于至善。它既是《大学》的纲领旨趣，也是儒学"垂世立教"的目标所在。

（二）

原文

知止[1]而后有定，定而后能静[2]，静而后能安[3]，安而后能虑[4]，虑而后能得[5]。物有本末，事有终始。知所先后，则近道矣。

◎ 注释

[1] 知止：明确目标所在。

[2] 静：心不妄动。

[3] 安：所处而安。

[4] 虑：处事精详。

[5] 得：得到成果。

◎ 翻译

知道要达到"至善"的境界方能确定目标，确定目标后方能心地宁静，心地宁静方能安稳不乱，安稳不乱方能思虑周详，思虑周详方能达到"至善"。凡物都有根本有末节，凡事都有始端有终端，知道了它们的先后次序，就与《大学》的宗旨相差不远了。

◎ 赏析

此处阐释学习的内在规律："知、定、安、虑、得"，即学习是明确目标、专心致志、深入思考、达成目标的过程，也是文章所说的："物有本末，事有终始，知所先后，则近道矣。"

（三）

◎ 原文

古之欲明明德于天下者，先治其国；欲治其国者，先齐其家[1]；欲齐其家者，先修其身[2]；欲修其身者，先正其心；欲正其心者，先诚其意；欲诚其意者，先致其知[3]；致知在格物[4]。物格而后知至，知至而后意诚，意诚而后心正，心正而后身修，身修而后家齐，家齐而后国治，国治而后天下平。

◎ 注释

[1] 齐其家：将自己家庭或家族的事务安排管理得井井有条，人与人之间的关系和谐，家业繁荣的意思。

[2] 修其身：锻造、修炼自己的品行和人格。

[3] 致其知：让自己得到知识和智慧。

[4] 格物：研究、认识世间万物。

◎ 翻译

在古代，意欲将高尚的德行弘扬于天下的人，则先要治理好自己的国家；意欲治理好自己国家的人，则先要调整好自己的家庭；意欲调整好自己家庭的人，则先要修养好自身的品德；意欲修养好自身品德的人，则先要端正自己的心意；意欲端正自己心意的人，则先要使自己的意念真诚；意欲使自己意念真诚的人，则先要获取知识；获取知识的途径则在于探究事理。探究事理后才能获得正确认识，认识正确后才有意念真诚，意念真诚后才能端正心意，心意端正后才能修养好品德，品德修养好后才能调整好家庭，家庭调整好后才能治理好国家，国家治理好后才能使天下太平。

❀ 赏析

这里所展示的，是儒学三纲八目的追求中的八目，即格物、致知、诚意、正心、修身、齐家、治国、平天下。其中，修身以上，"格物、致知、诚意、正心"四者，专注于心性修养，属儒家的"内圣"之学；修身以下，"齐家、治国、平天下"，系君子之行为规范及治政之事，属儒家的"外王"之学，其意主要在于彰明儒家"为政以德"的观念和"道德转化为政治"的思想。《大学》对八条目排列了次序，这主要不是规定实行中的时间先后的次序，而是确定八条目之间的关系。它指明了只有把家庭、封地管理得井井有条，才能获得经验，有资格进而治理国家；要治好家庭、封地，首先要以身作则，进行自我修养；要做好自我修养就要端正思想，而不能只做表面文章，遵守外在的行为准则；端正思想就要做到真诚，心灵纯洁，排除种种私心杂念；而要意念诚实就要学习知识，提高认识，不至于陷入愚昧、偏执，从而避免盲目；而掌握知识、提高认识能力，就要研究事物，以防止被他人之说误导。这说明《大学》全面地展示了同明明德和治国平天下相关的主要方面，深刻地揭示了它们之间的关系，使儒家学说成了一个条理分明的思想体系。

（四）

❀ 原文

自天子以至于庶人[1]，壹是皆以修身为本[2]。其本乱，而末[3]治者，否矣；其所厚者薄[4]，而其所薄者厚[5]，未之有也[6]。

❀ 注释

[1] 庶人：普通百姓。

[2] 壹是："全部、都是"之义。本：本源、根本。

[3] 末：与"本"相对，末节之义。

[4] 厚者薄：该厚待的却怠慢。

[5] 薄者厚：该怠慢的反倒厚待。

[6] 未之有也：宾语前置句，即"未有之也"。意思是还不曾有过这样的做法或事情。

❀ 翻译

从天子到普通百姓，都要把修养品德作为根本。人的根本败坏了，末节反倒能调理好，这是不可能的。正像我厚待他人，他人反而慢待我；我慢待他人，他人反而厚待我这样的事情，还未曾有过。

❀ 赏析

纵览四书五经，我们发现，儒家的全部学说实际上都是循着这三纲八目而展开的。因此，抓住这三纲八目就等于握住了一把打开儒学大门的钥匙。循着这进修阶梯一步一个脚印，就能登堂入室，领略儒学经典的奥义。就这里的阶梯本身而言，实际上包括"内修"和"外治"两大方面：前面四级"格物、致知，诚意、正心"是"内修"，后面三纲"齐家、治国、平天下"是"外治"。而其中间的"修身"一环，则是连接"内修"和"外治"两方面的枢纽，它与前面的"内修"项目连在一起，是"独善其身"；它与后面的"外治"项目连在一起，是"兼善天下"。修身是第一要务，只有通过修身锤炼高尚的品德，才能把自己的能力和才华用在建功立业，服务天下百姓上。一代又一代中国知识分子"穷则独善其身，达则兼善天下"（《孟子·尽心上》），一个人在不得志的时候，就要洁身自好，注重提高个人修养和品德；一个人在得志显达的时候，就要想着把善发扬光大，建功立业，服务天下百姓，实现人生理想。

三、阅读链接

科举制度

科举制度创建于隋朝，随着士族门阀的衰落和庶族地主的兴起，魏晋以来选官注重门第的九品中正制已无法继续下去，通过考试择优选拔官员的科举制度应运而生。隋文帝即位以后，废除九品中正制。

自隋唐科举制度确立以来，平民通过读书考试获取入仕机会，基本就是靠科举。自隋唐开始，科举成为历代封建王朝通过考试选拔官吏的一种制度。中国科举制度创立于隋朝，确立于唐朝，完备于宋朝，兴盛于明清两朝，废除于清朝末年，历经隋、唐、宋、元、明、清。由于采用分科取士的办法，因此叫作科举。魏晋南北朝，官员大多从各地高门权贵的子弟中选拔。权贵子弟无论优劣，都可以做官。而许多出身低微但有才华的人，却不能到中央和地方担任官吏。为改变这种弊端，隋文帝开始用分科考试来选举人才。隋炀帝时期正式设置进士科，考核参选者对时政的看法，按考试成绩选拔人才。我国科举制度正式诞生。

根据史书记载，从隋朝大业元年（605年）的进士科算起到光绪三十一年（1905年）正式废除科举制度，科举制度整整绵延存在了1300年。1300年间，造就了七百多名状元、十多万名进士和上百万名举人。明朝科举制度从下而上分为院试（州、县级考试）、乡试（省级考试）、会试和殿试，

中国科举制度的产生是历史的必然和一大进步，它所一直坚持的是"自由报名、公开考试、平等竞争、择优取士"的原则，对我国古代社会的选官制度，特别是对汉代的察举和征辟制、魏晋南北朝的九品中正制，是一种直接有力的替代，给广大中小地主和平民百姓通过科举的阶梯而入仕以展才华，提供了一个公平竞争的平台、机会和条件。因此说，科举制度曾经是中国历史上，具有开创性和平等性的官吏人才选拔制度。

科举制度吸收了大量出身中下层社会的人士进入政权管理阶层，促进社会阶层的人员流动，和同时代其他国家和地区实行的贵族世袭制相比，科举制度是封建时代所能采取的较为公平的人才选拔形式。特别是唐宋时期，科举制度显示出生机蓬勃的进步性，形成了中国古代文化发展的一个黄金时代。具体来说，科举制度有以下几方面作用。政治方面：科举制度改善了用人制度，使拥有才识的读书人有机会进入各级政府任职。教育、社会风气方面：科举制度促进了教育事业的发展，士人用功读书的风气盛行。文学艺术方面：科举制度促进了文化艺术的发展，进士科重视考诗赋，大大有利于唐诗、唐

赋的繁荣。不可否认，由于长期以儒学、诗赋、策论等作为主要考试内容，科举制度客观上把社会的优秀人才都吸引到科考取士之路上，这是中国明清时期文化艺术高度发达，但科学技术研究的人才力量相对薄弱的一个重要原因。

四、思考练习

1. 在《大学》的"八条目"中，"诚意、正心"谈的是态度问题，它们是连接前后条目的关键，也决定了一个人最终发展的高度。对此请谈谈你的看法。

2. 简述《大学》中的"三纲""八目"之间的逻辑联系。

五、综合实践

《大学》中的"八条目"可看作儒家给古代知识分子规划的人生进阶的八个阶段。借鉴"八条目"，每位同学给自己做职业生涯规划，每组推选一名代表登台阐述自己的职业生涯规划。

六、阅读书目

1. 王文锦译注：《大学中庸译注》，中华书局，2019年。
2. 南怀瑾著：《原本大学微言》，复旦大学出版社，2003年。
3. 蔡志忠著：《大学——博大的学问》，生活·读书·新知三联书店，1990年。

第七节

《中庸》

一、经典导读

《中庸》是中国古代论述人生修养境界的一部道德哲学专著，原是《礼记》的第三十一篇，相传为子思所作，是儒家学说经典论著。经北宋程颢、程颐极力尊崇，南宋朱熹作《中庸集注》，《中庸》最终和《大学》《论语》《孟子》并称为"四书"。宋元以后，《中庸》成为学校官定的教科书和科举考试的必读书，对中国古代教育和社会产生了极大的影响。

子思，鲁国人，姓孔，名伋，孔子之孙，春秋战国之际儒家学派的主要代表人物之一。历史上称之为"述圣"，他开创的学派被称为"子思之儒"，与孟子并称为思孟学派。其主要作品有《汉书·艺文志》著录《子思》二十三篇，已佚。

孔子把中庸看作最高的道德境界。子思继承了孔子的主张，并系统地阐述了中庸之道，认为"至诚"则能达到人生的最高境界，并提出"博学之，审问之，慎思之，明辨之，笃行之"的学习过程和认识方法。

《中庸》提出的"慎独自修""至诚尽性"等主张，对为人处世、人性修养有重要影响。中庸之道的理论基础是天人合一。通常人们讲天人合一主要是从哲学上讲的，大都从《孟子》的"尽其心者，知其性也；知其性，则知天矣"（《孟子·尽心上》）讲起。

其实《中庸》阐述的中庸之道的天人合一，是中国哲学重要的理论基础。《中庸》认为天人合一的真实含义是合一于至诚、至善，达到"致中和，天地位焉，万物育焉""唯天下至诚，为能尽其性；能尽其性，则能尽人之性；能尽人之性，则能尽物之性；能尽物之性，则可以赞天地之化育；可以赞天地之化育，则可以与天地参矣"的境界。"与天地参"是天人合一，这才是《中庸》天人合一的真实含义。

《中庸》与
中庸之道

因此，《中庸》始于"天命之谓性，率性之谓道，修道之谓教"而终于"'上天之载，无声无臭'至矣"，就是圣人所要达到的最高境界，是真正意义上的天人合一。中庸是循和之道而为之。《中庸》所论乃天道、人道的最高深又最恒常的道理，其通篇的主旨是论中和，探讨致中和的方法。

本书所选《中庸》第一章（"天命之谓性"）是全文的总纲；第二十一章（"自诚明，谓之性"）是其相应部分的纲领。本书选了一些《中庸》的名言，以期同学们通过有限的篇幅掌握《中庸》的核心要义。

二、经典选读

《中庸》[1]
（一）

原文

> 天命[2]之谓性，率性之谓道[3]，修道之谓教[4]。道也者，不可须臾离也，可离非道也。是故君子戒慎乎其所不睹[5]，恐惧乎其所不闻[6]。莫见乎隐[7]，莫显乎微，故君子慎其独[8]也。喜怒哀乐之未发[9]，谓之中[10]；发而皆中节[11]，谓之和[12]。中也者，天下之大本[13]也；和也者，天下之达道[14]也。致[15]中和，天地位[16]焉，万物育[17]焉。

注释

[1] 中庸：据朱熹注，为不偏不倚、无过无不及之义。庸，平常。中庸之道是儒家的伦理道德准则，为常行之礼。

[2] 天：此处"天"既有"自然的天"的意蕴，也有形而上的哲学内涵。命：令。

［3］率性：遵循天性。道：本义为路，这里引申为规律。

［4］修道之谓教：指根据道的原则来施行自身的修养。修：整治。教：教化。

［5］不睹：指看不到的地方。

［6］不闻：指听不到的事情。

［7］莫：没有什么比……更……。见（xiàn）：通"现"，显现。隐：隐蔽，暗处。

［8］独：独处。

［9］发：发动，显现。

［10］中：不偏不倚。

［11］中（zhòng）节：符合法度。

［12］和：指情绪平正，无乖戾之气。

［13］大本：最高的根源，即天命之性。

［14］达道：通途，通达之路，即共同之道、普遍的原则。

［15］致：达成。

［16］位：指各得其位，各得其所而不错乱。

［17］育：发育成长，生生不息。

✿ 翻译

天所赋予人的就是天性，遵循天性就是道，遵循道来修养自身就是教。道是片刻不能离开的，可以离开的就不是道。因此，君子在无人看见的地方也要小心谨慎，在无人听得到的地方也要恐惧敬畏。要知道隐蔽时也会被人发现，细微处也会昭著，因此君子在独处时要慎重。喜怒哀乐的情绪没有表露出来，这叫作中；表露出来但合乎法度，这叫作和。中是天地万物运作的根本，和是天下共同遵循的法度。达到了中和，天地便各归其位，万物便生长发育了。

✿ 赏析

《中庸》第一章（"天命之谓性"）是全篇总纲。《中庸》篇提出"性""道""教"的概念。其中"道"具有须臾不离的特点，要求君子做到慎独自修。

中庸：中，不偏不倚，恰到好处；庸，恒常。在《中庸》里，"中"与"和"紧密相连，"喜怒哀乐之未发，谓之中；发而皆中节，谓之和。"（《中庸》第一章）人的感情还未迸发出来时，在内心里无所谓"过分"或"不及"，这时称为"中"，当人的感情倾泻出来却保持得恰如其分，称为"和"。"中""和"是天下最高的"道"，达到"中""和"则有利于万物生长。

（二）

✿ 原文

博学之，审问之，慎思之，明辨之，笃行之。

✿ 翻译

学习要广泛涉猎，有针对性地提问请教，学会周全地思考，形成清晰的判断力，用学习得来的知识和思想指导实践。

❀ 赏析

"博学之，审问之，慎思之，明辨之，笃行之。"这说的是为学的几个层次，或者说是几个递进的阶段。"博学之"意谓为学首先要广泛地获取知识，培养充沛而旺盛的好奇心。好奇心丧失了，为学的欲望随之而消亡，博学遂为不可能之事。"博"还意味着博大和宽容。唯有博大和宽容，才能兼容并包，使为学具有视野和好学的胸襟，因此博学乃为学的第一阶段。"审问之"是指有所不明就要追问到底，要对所学加以怀疑。"慎思之"是指问过以后还要通过自己的思维来仔细考察、分析，否则所学不能为自己所用，是为"慎思之"。"明辨之"则表示，学是越辨越明的，不辨，则所谓"博学之"就会杂乱无章，真伪难辨，良莠不分。"笃行之"是说既然学有所得，就要努力实践所学，使所学最终有所落实，做到"知行合一"。"笃"有忠贞不渝、踏踏实实、一心一意、坚持不懈之义。只有有明确的目标、坚定的意志的人，才能真正做到"笃行"。

（三）

⬢ 原文

> 自诚明[1]，谓之性；自明诚，谓之教。诚则[2]明矣，明则诚矣。

◉ 注释

[1] 自诚明：自，由于；诚，诚信，诚恳；明，明白。

[2] 则：就。

❀ 翻译

由于诚恳而明白事理，这叫作天性；由于明白事理而做到诚恳，这是教育的结果。真诚就会明白事理，能够明白事理也就能达到真诚。

❀ 赏析

这是《中庸》的第二十一章，区分"性"与"教"，与首章区分"率性""修道"相呼应，论述诚与明的关系。人能够明白事理，就可以确定自己内心所向的目标，以目标去指导自己的行为。如此看来，真诚与明白事理，相辅相成。"自诚明"是说由真诚而明理。"自明诚"是说由明理而真诚。不论是出于天性或是教育的结果，一个人处世立身的原则都应是为仁行善，自觉自愿，不为外界力量所左右，做到这样，人就能达到至真至纯、至善至美的境界。

（四）

⬢ 原文

> 唯天下至诚，为能尽其性[1]；能尽其性，则能尽人之性；能尽人之性，则能尽物之性；能尽物之性，则可以赞[2]天地之化育[3]；可以赞天地之化育，则可以与天地参[4]矣。

◎ **注释**

[1] 尽其性：充分发挥本性。尽，竭尽。

[2] 赞：帮助。

[3] 化育：滋养、养育。

[4] 与天地参：和天地并立为三。参：并列、并立。

❀ **翻译**

天下只有最为诚心的人，才能够尽力发挥自己的本性；能够尽力发挥自己的本性，就能够尽力发扬人的本性：能够尽力发扬人的本性，就能够尽力发扬物的本性，这样就可以帮助天地的演化和养育万物了；可以帮助天地的演化和养育万物，就与天、与地并立了。

❀ **赏析**

这是《中庸》的第二十二章。"唯天下至诚，为能尽其性"以下是围绕"自诚明，谓之性"展开的，"明"是尽人之性、尽物之性，乃至赞天地之化育。

《大学》里的"诚意""意诚"都是真心实意，真诚的意思。子思在《中庸》中提升了"诚"字的内涵，《中庸》曰"诚者""至诚"，"中""和""性"最后都落在"诚"字上。在哲学的层面上子思提出了"诚"，认为"诚"是一种精神实体，起着化生万物的作用，是至善和完美。因此子思在《中庸》中言："诚者，自成也，而道自道也。诚者，物之终始，不诚无物""唯天下至诚，为能尽其性；能尽其性，则能尽人之性；能尽人之性，则能尽物之性；能尽物之性，则可以赞天地之化育；可以赞天地之化育，则可以与天地参矣。"

三、阅读链接

中庸之道

中庸之道是道德标准，为历代儒家知识分子遵循与推崇，其核心认为"至诚"则达到人生的最高境界，并提出"博学之，审问之，慎思之，明辨之，笃行之"的学习过程和认识方法。中庸，即中用，"庸"古同"用"，指待人接物保持中正平和，因时制宜、因物制宜、因事制宜、因地制宜。

做事情适可而止，本来一点也不困难，因为人的心里有一个尺度，知道什么该做，什么不该做。但是，为什么在实际生活中，要做到适可而止又那么不容易呢？因为，人往往会被外界的某些东西所诱惑，以致迷失本性，做事情的时候不能适当。如果我们能坚守自己心中的道德，不被花花世界所迷惑，做事情的时候要做到适可而止，就很容易了。

西方哲学家曾经说过这样一句话："中道行为使人成功。"那么什么是中道呢？那就是中庸之道。由此可见，无论西方的大师还是东方的先哲，他们的所感所悟是相通的。这也正是人们说智慧是一种超越时间和空间的存在的一个最好证明。

在那古老而久远的年代，先贤们已经认识到了中庸之道的高明伟大，并且见诸文字，诉诸笔端，希望以此为子孙后代进行智慧的启蒙、灵魂的洗礼、操行的培养。

为什么说中庸之道是最高的德行和智慧所在呢？宋代儒学的集大成者朱熹这样解释说："过则失中，不及则未至，故唯中庸之德为至。"也就是说，中庸之道是一种很难把握的处世之道，也是一种很难达到的思想境界。因为它处在一个不偏不倚、中正平和的临界点上，只有当你达到这一点时，你才真正把握了中庸之道。过一点不行，那就失中了；差一点也不行，那就不及了。对中庸要求的恰到好处的度一般人很难把握，所以中庸成为中国人孜孜以求的最高人生境界。但是，只要我们用心去领悟，并用这种人生至道作为人生法则来为人处世，我们肯定会从中受益。

由于深受"修、齐、治、平"的儒家思想的影响，中国的读书人都有"会当凌绝顶，一览众山小"的渴望和抱负。人的一生中，肯定有些事是永远也无法完成的，有些境界是永远也无法达到的，但是，我们不能因此就否定自己的努力。当我们竭尽全力仍无法达到自己的最高目标时，中庸之道给努力进取的我们一种心理的平衡，要求我们适度为美，恰到好处才是最好的。

在现实生活中，我们可以用中庸思想来指导我们的言谈行为，待人接物不偏不倚，为人处世中正平和。表达观点、发表言说时力求做到不偏激、不极端，不出言不逊、出口伤人，能够切中要害。在处理事情时，兼顾到多方面、各层次人群的需求和感受，给人一种堪担大任、正直无私而非夸夸其谈的印象。可见在日常生活中，我们很多方面都可以用中庸之道作为处世法则，来指导我们的一言一行。

中庸之道是一种人生的"至道"，只有真正拥有智慧的人，才能够感悟到它的伟大，才会有一种"于我心有戚戚焉"的了然于胸的体验，才能真正以中庸之道去为人处世。

四、思考练习

1. 在中国传统文化的语境中，"中庸"有哪两种含义？
2. 请围绕中庸的主要原则"慎独""致中和""至诚尽性"的其中一点谈自己的理解。

五、综合实践

中庸之道作为方法论对中国人的行为方式产生了深远影响，请同学们分组汇报中庸之道对现代大学生成长道路的影响。

六、阅读书目

1. 南怀瑾著：《话说中庸》，东方出版社，2022 年。
2. 冯学成著：《中庸二十讲》，东方出版社，2019 年。
3. 张汝伦著：《〈中庸〉研究（第一卷）：〈中庸〉前传》，上海人民出版社，2023 年。

七、延伸阅读

《论语今读》（节选）

学而第一

子曰："学而时习之，不亦说乎？有朋自远方来，不亦乐乎？人不知而不愠，不亦君子乎？"

译

孔子说，学习而经常温习或实践，不是很愉快吗？有朋友从远方来相聚，不是很快乐吗？别人不了解自己，并不烦恼怨怒，这不才是有修养的君子吗？

注

刘宝楠《论语正义》邢疏云：自此至尧曰是鲁论语二十篇之名及第次也。……案：古人以漆书竹简约当一篇，即为编列，以韦束之。

程树德《论语集释》马融曰：子者，男子之通称，谓孔子也。

朱熹《四书集注》：习，鸟数飞也。学之不已，如鸟数飞也。

记

作为《论语》首章，并不必具有深意。但由于首章突出的"悦""乐"二字，似可借此简略谈论《今读》的一个基本看法，即与西方的"罪感文化"、日本"耻感文化"相比较，以儒学为骨干的中国文化的特征或精神是"乐感文化"。"乐感文化"的关键在于它的"一个世界"（即此世界）的设定，即不谈论、不构想超越此世间的形上世界（哲学）或天堂地狱（宗教）。它具体呈现为"实用理性"（思维方式或理论习惯）和"情感本体"（以此为生活真谛或人生归宿，或曰天地境界，即道德之上的准宗教体验）。"乐感文化""实用理性"乃华夏传统的精神核心。

作为儒学根本，首章揭示的"悦""乐"，就是此世间的快乐：他不离人世，不离感性而又超出它们。学习"为人"以及学习知识技能而实践之，当有益于人、于世、于己，于是中心悦之，得到一种有所收获的成长快乐。有朋友从远方来相聚会，旧注常说"朋"是同学（同门曰朋），因此是来研讨学问，切磋修养；在古希腊"朋友"也是关于哲学、智慧的讨论者。其实，何必拘泥于此？来相见面，来相饮酒，来相聊天不也愉快？特别又从远方来，一定是很久没有见面了，在古代，这就更不容易，当然更加快乐。这"乐"完全是世间性的，却又是很精神性的，是"我与你"的快乐，而且此"乐"还在"悦"之上。"悦"仅关乎一己本人的实践，"乐"则是人世间也就是所谓"主体间行"的关系情感。那是真正友谊情感的快乐。这里愿抄引陶渊明思念朋友的诗：

霭霭停云，蒙蒙时雨。八表同昏，平路伊阻。
静寄东轩，春醪独抚。良朋悠邈，搔首延伫。
停云霭霭，时雨蒙蒙。八表同昏，平陆成江。
有酒有酒，闲饮东窗。愿言怀人，舟车靡从。

东园之树，枝条再荣。竞用新好，以招余情。

人亦有言：日月于征。安得促席，说彼平生……

情真意深，不必做各种穿凿解释。诗人通过写这首诗，读者通过读这首诗，岂不使自己情感更深沉？这就是说，人类的一些基本情感本是生物性的，动物也有友谊和友情，包括狗、马对主人的亲密依恋等。但把情感保存、延续和提升到如此高级水平，触景生情，借景抒情，却正是文化的功绩。这首诗如同孔老夫子这句话一样，它们都在塑造人的情感心理。文化使情感人化。友谊、友情的快乐正是通过文化的积累又特别是文学艺术作品的直接塑造，而在人的心理中培育成长。这首陶诗便是一例，年轻时大概很难欣赏这首诗（以及整个陶诗），但有了足够人生经历之后，便不同了，这就是我说的"积淀"。"积淀"是一种"文化-心理结构"，亦即所谓"自然的人化"，亦即人之区别于动物的"人性"所在。

当然"情"有好些不同层次，在《美学四讲》中，我曾分出审美的悦耳悦目、悦心悦意、悦志悦神三个层次。其中"悦神"的层次，就接近或进入某种宗教境界和宗教体验，它以"天人交会""天人合一"为皈依或指归。"悦志"则充满了悲剧精神，特别是因为无人格神的设定信仰，人必须在自己的旅途中去建立依归、信仰，去设定"天行健"，并总是"知其不可为而为之"，没有任何外在的拯救、希冀和依托，因此其内心之悲苦艰辛、经营惨淡、精神负担便更沉重于具有人格神格局的文化。中国实用理性之所以强调韧性精神、艰苦奋斗，其故在此。中国乐感文化之所以并不肤浅庸俗，其故在此。其中许多哲理近乎常识，却仍然深沉，其故在此；世俗中有高远，平凡中见伟大，这就是以孔子为代表的中国文化精神。这种文化精神以"即世间又超世间"的情感为根源、为基础、为实在、为"本体"。因人的生存意义即在此"生"的世间关系中，此道德责任所在，亦人生归依所在。儒学以此区别于其他宗教和哲学。

本章开宗明义，概而言之："学"者，学为人也。学为人而悦者，因人类即本体所在，认同本体，悦也。友朋来而乐，可见此本体乃群居而作个体独存也。"人不知而不愠"则虽群却不失个体之尊严，实在与价值也。此三层愈转愈深，乃"仁"说之根本，乐感文化、实用理性之枢纽，作为《论语》首章，不亦宜乎。

（节选自《论语今读》，李泽厚，中华书局 2015 年版，有改动）

第二章 璀璨子部

中国传统文化经典导读

子部概述

老子，姓李名耳，字聃，一字伯阳，或曰谥伯阳，春秋末期人。《史记》等记载老子出生于楚国或陈国，曾做过周朝"守藏室之官"（管理藏书的官员）。中国古代思想家、哲学家、文学家和史学家，道家学派创始人和主要代表人物，与庄子并称"老庄"。后被道教尊为始祖，称"太上老君"。被列为世界文化名人，世界百位历史名人之一。

子部简介（上）

据传老子幼年牧牛耕读，聪慧勤快，善于思考。曾担任周朝守藏室之史。守藏室是周朝典籍收藏之所，所藏之书汗牛充栋，无所不有。老子博览泛观，如饥似渴，渐臻佳境，通礼乐之源，明道德之旨，因此名闻遐迩，声播海内。孔子曾数次向老子问礼、求道。晚年老子见天下大乱，就弃官于故里，后骑青牛西行。到灵宝函谷关时，受关令尹喜之请著五千言的《道德经》。

老子强调人要宽厚仁慈，清心寡欲，甘于平淡，谦虚柔和。如"天将救之，以慈卫之""静胜躁，寒胜热，清静为天下正""上善若水，水善利万物而不争，处众人之所恶""知不知，上矣；不知知，病矣""自见者不明，自是者不彰；自伐者无功；自矜者不长"。

庄子（约前369年—约前286年），名周，字子休，宋国蒙（今安徽蒙城，又说河南商丘、山东东明）人。我国先秦（战国）时期伟大的思想家、哲学家、文学家。

庄子原系楚国公族，楚庄王后裔，后因乱迁至宋国。庄子曾做过蒙地管理漆园的小吏，与梁惠王、齐宣王是同时期人，后来厌恶政治，脱离仕途，靠编草鞋糊口，过着隐居生活，专门从事著述。

子部简介（下）

庄子的学问渊博，游历过很多国家，对当时的各学派都有研究，进行过分析批判。庄子反对儒墨两家学说，推崇老子学说，著有《庄子》一书，继承和发展了老子的学说，形成了自己的思想体系，是道家学说的主要创始人，与道家始祖老子并称为"老庄"。他们的哲学思想体系，被学术界尊为"老庄哲学"。因传庄子曾隐居南华山，故唐玄宗天宝初，诏封庄周为南华真人，后世又称《庄子》为《南华真经》。

庄子继承和发展了老子天道无为的思想，认为道是超越时空的无限本体，无所不包，无所不在。道是虚无的但又是真实可信的，人们可以得到它，但又不能察知它。庄子说:"夫道,有情有信,无为无形,可传而不可受,可得而不可见,自本自根,未有天地,自古以固存。神鬼神帝,生天生地;在太极之先而不为高,在六极之下而不为深,先天地生而不为久,长于上古而不为老。"(《大宗师》)在庄子看来,宇宙是有层次的,不同层次有不同的世界观和空间观,道是宇宙的终极层次。庄子在《齐物论》中提出了"万物齐一"的观点,所谓"万物齐一"就是指世界上的万事万物,包括有机物、无机物、动植物乃至于人,都是各自按照自己的规律平等自由地发展的,这里没有什么高下之分、贵贱之别。庄子认为大千世界中的任何事物都有自己内在固有的尺度,即规律性,而且各种不同的规律性还有其共同的一点,就是各自按照自身的规律发展变化。《齐物论》云:"万物一齐,孰短孰长?""物固有所然,物固有所可。无物不然,无物不可。故为是举莛与楹,厉与西施,恢恑憰怪,道通为一。其分也,成也;其成也,毁也。凡物无成与毁,复通为一。"《逍遥游》集中反映了庄子的人生境界,其追求的主要是一种顺应自然的人生境界,这是一种超凡脱俗的境界,也是一种与世无争、没有是非的无差别境界。庄子企图摆脱各种羁绊,追求一种顺应自然、自由自在的生活。这里既有鲲鹏那种凌空万里的理想追求,也不乏蓬间雀这种实际状态,实际上这是各得其所。庄子从道的观念出发,认为美产生于无意识、无目的的无为境界中,美要合乎道,因此音乐、文采、雕刻等违反"道"的人为艺术都应该抛弃,只有自然无为之美,才是最高层次的美。"天地有大美而不言。"庄子在《养生主》篇中提出养生之主即在于养心,心灵的从容与虚静会使人之身体得以自如而保全。因此在《养生主》中,庄子希冀为世间现实生活中的我们找到一个栖身之所,在复杂与拥挤的人间世中为我们寻找生存的缝隙,使我们能够从容而自由地活着,保身、全生、养亲而尽己天年。养生就是要顺应自然,"缘督以为经"。养生就是养心,其以安时而处顺的态度对待自然之生死,忘却情感,不为物累。

韩非子(约前280年—前233年),出身韩国贵族,据说是战国末期韩国国君韩王歇之子,是中国古代著名的哲学家、思想家、政论家和散文家,法家思想的集大成者。

据史书记载,韩非子为人口吃,不善于言辞,却擅长写文章。他和李斯都是荀子的学生。在战国末年,韩非子目睹韩国日趋衰弱,很着急,多次向韩王上书变法,但未被采纳。于是他"观往者得失之变",著书立说。写了《难言》《孤愤》《五蠹》《扬权》《内外储说》《说林》《说难》《解老》等十余万言的著作,全面、系统地阐述了自己的哲学、社会历史、法制等思想。其书传到秦国,秦王读了《孤愤》《五蠹》等文章,十分赞赏,说:"我若能见到此人,与他交游,便是死也没遗憾了。"后秦王发兵攻韩,韩国派韩非为使者至秦,被秦留下。李斯、姚贾出于嫉妒,说韩非子心向韩国,不会为秦所用,不如以过诛之,秦王乃下韩非子于狱。李斯又派人送毒药令韩非子自杀。不久秦王后悔,下令赦免,但为时已晚。

韩非子在政治思想方面,继承了商鞅的"明法",申不害的"任术",慎到的"乘势",把这三者结合起来,集其大成,为建立中央集权的封建统治法典提供了一整套理论武器。韩非子认为,"上古竞于道德,中世逐于智谋,当今争于气力"(《五蠹》)。社会历史是不断进化的。不同的历史条件，就有不同的治国方法。因此，"圣人不期修古，不法常可，论世之事，因为之备"（《五蠹》）。

在哲学上，韩非子吸收了老子"道"的思想，认为"道"就是存在于万物之中的客观规律："道者，万物之所以然也，万理之所以稽也。"（《解老》）他还指出，"道"是可以被人认知的，"今道虽不可得闻见，圣人执其见功以处见其形"（《解老》）。这就消解了老子"道"的神秘性，使之成为可以理解与掌握的东西。

韩非子的文艺思想特点是重质轻文，强调实用，反对雕饰。他认为，事物之美，不在于形式，而在于内容："礼为情貌者也，文为质饰者也。夫君子取情而去貌，好质而恶饰。"他认为真正的艺术必须符合客观实际，必须在现实生活中去检验其真伪美丑。

墨子（约前468年—前376年），姓墨，名翟，战国初年鲁国人（另说其是宋国人）。墨子是墨家学派创始人，一位伟大的思想家、教育家、政治家，而且也是一位杰出的军事家和科学家。据专家考证，墨子的祖先是宋国贵族目夷的后代，后来到鲁国，成为"贱民"。墨子生于鲁，长于鲁，学于鲁，成于鲁。墨子学问渊博，思想深邃，技艺高超。鲁国文化底蕴深厚，使墨子有很好的学习机会。墨子曾学于儒，但逐渐对儒家崇尚天命、重视礼乐、厚葬久丧不满，他认为这些做法劳民伤财，实不足取，因而自创墨家学派，自称奉行大禹遗教。墨家学派实际上是一个有组织的带有宗教色彩的禁欲主义的社会团体，纪律严格，领袖称"巨子"，代代相传。墨子即第一代巨子，跟随墨子的信徒一百八十人，大多来自社会底层。墨家学派的学子生活刻苦，严守纪律，为宣传和实践墨子的政治主张和思想路线奔走于各国，富有舍身殉道的牺牲精神。墨子做过长时间工匠，生活在社会底层，对百姓的艰难生活有深刻感受。墨子从这种亲身经历出发提炼出他的"兼爱"理论。墨家在先秦时期影响很大，与儒家并称"显学"，经常与儒家针锋相对，展开激烈的论争，这种论争对开启战国一代争鸣之风起了重要作用。战国后期墨家分为三派，有相里氏之墨、相夫氏之墨、邓陵氏之墨，各立门户。墨家在秦汉时沦为游侠，后世越来越衰微。

墨子的学说思想包括的方面比较广，有"兼爱""非攻""尚贤""尚同""节用""节葬""非乐""天志""明鬼""非命"十大主张。其中，"兼爱"是核心，"非攻""节用""尚贤"是根本。"兼爱"就是"爱人若爱其身"，包含平等与博爱的意思。墨子认为，君臣、父子、兄弟都要在平等的基础上相互友爱，并认为社会上之所以出现强执弱、富侮贫、贵傲贱的现象，是因天下人不相爱。因此，大家要"兼相爱，交相利"。"非攻"就是反对一切不义战争，他呼吁统治者不要随意发动战争，认为战争只会导致人们流离失所，劳民伤财，战争中没有赢家，都是输家。"尚贤"就是崇尚贤能之才，不分贵贱，唯才是举。墨子认为，古代贤明君主之所以能使天下和、庶民阜，是因为他们身边都有真正的人才在起作用。"尚同"就是要上下一心为民众服务，为社会兴利除害。墨子认为，"天下有义则治，无义则乱"，应"一同天下之义"，即要制止天下动乱，就必须选举贤能的士、卿、大夫、天子等来一同天下之义，从而为万民兴利除害。"天志"就是要掌握自然规律，以实现其"兼相爱，交相利"的社会理想。墨家的"天"具有赏善罚恶的意志，"天志"规范制约着人们的思想和行为，是法律的来源，也是至高的法律。"明鬼"就是尊重前人智慧和经验。"非命"即否定天命，主张通过人的努力来掌握自己的命运。墨子强调"非命尚力"，认为决定人们不同命运的，不是"命"，而是"力"。墨子认为，"赖其力而生，不赖其力则不生"。"非乐"就是要摆脱划分等级的礼乐束缚，废除烦琐奢靡的编钟制作和演奏。墨子认为当时的音乐费时耗力，花费惊人，音乐对于国家并无生产行为，纯粹是无用之事。"节用"就是要天子节约民力；节约以扩大生产，反对奢侈享乐生活。"节葬"就是不要把大量的社会财富浪费在死人身上；墨子认为儒家的厚葬是消耗钱财的浪费，如果都按照儒家所主张的守丧需三年来实行，则三年过后人们的身体就会变得虚弱，需要人扶才能起来，这将严重影响生产活动。

墨子不仅在理论上主张"兼爱"，还带领他的弟子在为天下"兴利除害"的行动中实践这一理论，从而赢得了众多人的由衷赞叹。

墨家的教育思想在先秦诸子中独树一帜，认为当时社会上普遍存在的贫富差异是极不合理的，要改变这种不合理的现实，必须从多方面入手，教育就是一个重要手段。因此墨子主张"有力者疾以助人，有财者勉以分人，有道者劝以教人"（《墨子·尚贤下》）。墨子是第一个不畏劳苦、送教上门的教育家，特别重视教授生产技能、军事技能、自然科学和逻辑学。在长期的教育实践中，墨子总结出了一些有效的方式和方法。他第一个提出了教育上的量力性原则、实践性原则、博约并重原则。教学方法上有因时因材因人施教、主张认识事物的所以然、强调以行为本、注重学生个性发展等，开启了现代教育个人化的先声。

孙子（约前545年—约前470年），姓孙，名武，字长卿；春秋末期齐国乐安（今山东惠民）人。我国古代著名的军事家、政治家，被尊称为兵圣或孙子（孙武子），被誉为"百世兵家之师""东方兵学的鼻祖"。

孙子生长在春秋末期齐国的一个世袭家族的家庭里。其先祖为陈国人。由于齐国内乱，孙子逃到吴国隐居。在隐居时认识了由楚国流亡到吴国并在吴王宗室公子光（后成为吴王阖闾）的门下做门客的伍子胥（伍员），二人交往甚密。后经伍子胥举荐，向吴王阖闾进呈所著兵法十三篇，被阖闾重用为将，协助吴王谋图霸业。孙子首先提出了养民休战、发展经济的原则，同时，使吴国缓和了与越国的矛盾。孙子严格训练军队，并指挥吴军队对楚作战。于公元前506年，攻入楚都郢。战争取得胜利，使吴国声威大震，产生了"北威齐晋，南服越人"的战略效果，使吴国成为"春秋五霸"之一。后又与伍子胥等大臣辅佐吴王夫差，打败越国军队，迫使越王勾践向吴屈辱求和。孙子五十多岁的时候，至交好友伍子胥被杀，由此不再为吴国的对外战争谋划出力，转而隐居乡间，专心修订其兵法著作。

《老子》

一、经典导读

《老子》又名《道德经》《五千文》，是道家的主要经典著作。《道德经》《易经》和《论语》被认为是对中国人影响最深远的三部思想巨著。《道德经》传到海外，被译为多国文字，美国《时代》周刊把老子列为世界十大古代作家之首。据联合国教科文组织统计，《老子》是在全世界出版发行数量最多的书之一。

道家与道教

《道德经》共八十一章，前三十七章为道经，后四十四章为德经。各章都从不同角度围绕"道"这个核心展开论述。道和德之间的关系是：道是德之"体"，德是道之"用"。《道德经》中的"道"有多重规定性。首先，"道"是一种处在精神和物质之间没有明确区分、混沌状态下的东西，是"有"和"无"的统一，"天下万物生于有，有生于无"，"无名，天地之始；有名，万物之母。故常无，欲以观其妙；常有，欲以观其徼。此两者同出而异名，玄之又玄，众妙之门"。其次，"道"是天地万物的始基，天地万物是"道"所创生。"道生一，一生二，二生三，三生万物。"最后，"道"是天地万物的普遍法则，它效法自然，无为而无不为。"人法地，地法天，天法道，道法自然。""道常无为而无不为。"道的最大本性也是最高境界就是"无为"。"是以圣人处无为之事，行不言之教。""是以圣人无为，故无败。"

《道德经》一书富含辩证法思想，认为天地间万事万物存在着相互矛盾的两个对立面。书中提出了大量矛盾概念，列出了数十个对立面，如有与无、天与地、母与子、轻与重、静与躁、雌与雄、黑与白、荣与辱、厚与薄、实与华、贵与贱、上与下、损与益、亲与疏、祸与福，等等，并明确地指出了对立面的相互依存性。老子说："天下皆知美之为美，斯恶已；皆知善之为善，斯不善已。故有无相生，难易相成，长短相形，高下相倾，音声相和，前后相随"，"曲则全，枉则直，洼则盈，敝则新，少则得，多则惑"，"祸兮福之所依，福兮祸之所伏"。

《道德经》的语言平直简洁而又意旨深远，善用比喻，往往赋予理论以生动鲜明的形象，将深奥的理论具象化，使文章雄辩有力。如"飘风不终朝，骤雨不终日。孰为此者？天地。天地尚不能久，而况于人乎？"从狂风暴雨的短暂说明人事的转瞬即逝，暴政的难以持久，言简意赅，有着很深的哲理。许多成语来源于《老子》，如"功成弗居""上善若水""大器晚成""慎终如始""和光同尘""知雄守雌""知足不辱""大巧若拙""千里之行，始于足下""天网恢恢"。

由于《道德经》一书蕴含着丰富的思想资源，它很快就成为中国思想宝库中的重要典籍。统治者从中学习治术，阴谋家从中学习权诈，军事家从中学习谋略，哲学家从中体悟真理……在浩如烟海的中国典籍中，大概只有《论语》一书所起的作用能与之媲美。也正因为如此，《道德经》一书的各种抄本、刻本名目繁多，各本的文字出入也很大。我们今天所读到的《道德经》，是通行的王弼的整理注释本。1973 年，长沙马王堆汉墓出土了两种《道德经》的帛书抄本。1993 年湖北荆门郭店楚墓又出土了三种《道德经》的摘抄本。这都为《道德经》的研究带来了前所未有的契机。对《道德经》和老子的研究也已经形成了一门专门的学问，号称"老学"。

二、经典选读

《道德经》十二章
（一）

◉ 原文

> 道可道，非常道[1]；名可名，非常名[2]。无[3]名，天地之始[4]；有[5]名，万物之母[6]。故常无，欲以观其妙[7]；常有，欲以观其徼[8]。此两者同出而异名。同谓之玄[9]，玄之又玄，众妙之门[10]。

◉ 注释

[1] 道可道，非常道：前一个"道"，名词，指浑然一体的宇宙本体、永恒存在的天地万物之源、运动不息而又对立转化的规律和法则。因此，又称为"一"。后一个"道"，动词，阐述，解说。常道，指浑然一体、永恒存在、运动不息的大道。

[2] 名可名，非常名：前一个"名"，名词，道之名。后一个"名"，动词，命名，称谓。常名，指浑然一体、永恒存在、运动不息的道之名。

[3] 无：指道。

[4] 天地之始：天地的本初。

[5] 有：指由道而产生的万物。

[6] 万物之母：万物的本原，即无名之道是天地的本初，天地混沌初开，然后有万物的产生，才能制名，而道正是天下初始和万物产生的源头和动力，即母体。

[7] 欲：将。妙：微妙。

[8] 徼（jiào）：边际。

[9] 玄：玄妙幽深。

[10] 众妙之门：天地万物变化的总源头。

◉ 翻译

道是可以阐述解说的，但是并非完全等同于浑然一体、永恒存在、运动不息的大道；道名也是可以命名的，但是并非完全等同于浑然一体、永恒存在、运动不息的道之名。无名，称天地的初始；有名，称万物的本原。因此，从常无中，将以观察道的微妙；从常有中，将以观察道的边际。这无、有二者，同出于道而名称不同，都可谓玄妙幽深。玄妙而又玄妙，正是天地万物变化的总源头。

❀ **赏析**

道，是老子提出的一个重要哲学观念，是贯穿于全书的一条思想纽带。这一章写的是老子哲学里最重要的范畴"道"。他所说的道，乃是变动不居、周流不止的。只有随时变易，乃是"常道"。"道"是构成世界的实体，是万物运动变化的动力，是人类行为的准则。它幽昧深远，不可言说。即"道"是无法用具体的言辞来表达的，它超乎言辞。他预知人们对他的"道"会有误解，所以开篇明义，首先阐明"道"的玄妙。"道"无名，又无形。在老子看来，"道"是无限的，一旦有了某种名称，就为这名称所限定，所以它不能用具体的名称来称谓。"道"是永恒的，一旦它为具体的形体束缚，就会有生有灭，所以它没有具体的形体。"道"虽然不能用文字概念来界定，不能用固定的形体来束缚，但它绝非空洞无物。在恍惚寂寥中，"其中有象""其中有物""其中有精""其中有信"。世界上的事物是纷纭繁复、头绪众多的，但"道"却可归纳为单纯的"一"，它不随外物的变化而变化，永久长存，亘古不变，独立不迁。

"道可道，非常道；名可名，非常名"，这句话隐含了道家"自然无为"的思想。它告诉我们，宇宙万物都有其自然的运行法则，人应当顺应自然，不强行干预，以无为之心去生活。在人生旅途中，这意味着要学会放下过多的欲望和执念，以平和的心态去面对生活中的起伏变化，让生命自然地流淌。

（二）

⬦ **原文**

天下皆知美之为美，斯恶已[1]；皆知善之为善，斯不善已。故有无相生[2]，难易相成[3]，长短相形[4]，高下相盈[5]，音声相和[6]，前后相随[7]。是以圣人处无为之事[8]，行不言[9]之教，万物作而不为始[10]，生而不有[11]，为而不恃[12]，功成而弗居[13]。夫唯弗居，是以不去[14]。

⬦ **注释**

[1] 斯恶（è）已：就显露出丑了。斯，则，就。恶，丑陋，与美相反。已，表肯定的语气词，相当于"了"。

[2] 相生：相互依存。生，存。

[3] 相成：相反相成。成，成就。

[4] 形：比较，显现。

[5] 盈：侧，依靠。

[6] 音声相和（hè）：音与声相互和谐。音，组合音。声，始发声。和，和谐。

[7] 随：跟随。

[8] 圣人处无为之事：圣人用无为的方式处事。圣人，老子理想中具有道行的统治

者。无为，不妄为，顺其自然，无为而治。

[9]不言：不用言辞，不用发号施令。

[10]万物作而不为始：万物兴起而不首倡。作，兴起。始，首倡。

[11]有：占有。

[12]恃：倚仗，依赖。

[13]居：当，任，据。

[14]去：离。与"居"相反。

❀ 翻译

天下都知道美之所以为美，就显露出丑了；都知道善之所以为善，就显露出不善了。因此，有与无相互依存，难与易相反相成，长与短相互比较，高与下相互依靠，音与声相互和谐，前与后相互跟随。因此，圣人用无为的方式处事，实行不言的教化；万物兴起而不首倡，生养万物而不占有，培育万物而不倚仗，功业达成而不居功。正因为不居功，所以他的功业不会泯没。

❀ 赏析

这一章主要讲事物之间的相对性。老子认为自然界的一切事物都是相对的、变动不居的，而只有"道"是永恒的。老子认为，有无、难易、长短、高下、音声、前后之类，都以相对而存在，并且相互依赖，彼此转化。这里包含着朴素的辩证法思想。

所谓"天下皆知美之为美，斯恶已"乃是就观念而言。他的原意不是说美的东西变成丑的东西，而是说有了美的观念，丑的观念就同时产生了。这是相反相因、对立相成的。

道家所说的圣人，与儒家所说的圣人不同。儒家所说的圣人是遵从道德礼乐的典范，以修身、齐家、治国、平天下为理想。而道家所说的圣人，能高度体认自然，行为上依照自然发展的规律，净化自己的内心世界，能够摆脱一切影响身心自由的束缚，他们能够尽人之能事，来仿效天地所行之道。

（三）

❀ 原文

不尚贤[1]，使民不争；不贵难得之货[2]，使民不为盗；不见可欲[3]，使民心不乱。是以圣人之治，虚[4]其心，实[5]其腹，弱[6]其志，强[7]其骨。常使民无知无欲[8]，使夫智者不敢为[9]也。为无为[10]，则无不治。

❀ 注释

[1]尚贤：崇尚贤能之人。贤，贤能之人。"尚贤"是墨家的主张。《墨子·尚贤上》曰："夫尚贤者，政之本也。"

[2]难得之货：指珠玉宝器。

[3]不见（xiàn）可欲：不炫耀贪欲的事物。见，同"现"，显现，炫耀。可欲，

贪欲的事物。

　　［4］虚：空虚而无欲。

　　［5］实：充实，满足。

　　［6］弱：削弱，减损

　　［7］强：增强，强健

　　［8］无知无欲：没有智力，没有欲求。

　　［9］不敢为：不敢有所作为。

　　［10］为无为：以无为的方式行事，即以顺应自然的方式处理事务。

✿ 翻译

　　在上者，不崇尚贤能之人，使百姓不争夺；不珍贵难得的财货，使百姓不为强盗；不炫耀贪欲的事物，使百姓思想不惑乱。因此，圣人治理天下，要空虚百姓的心灵，满足百姓的饮食，削弱百姓的意志，强健百姓的筋骨。保持让百姓没有机巧的心智，没有贪婪的欲求，使那些聪明的人不敢有所作为。用无为的方式处理事务，那么天下就没有不大治的。

✿ 赏析

　　老子在这一章描述了导致社会混乱与冲突的主要原因：名利、财物，都足以引起人们的追逐，于是人们有了机巧伪诈。老子因此开出了治理社会混乱的药方：一方面要给予人民安定温饱的物质生活，另一方面要净化人民的内心世界。人们常常误解老子的"无知""无欲"，以为"无知"就是实行愚民政策，"无欲"就是要强行消解人民的自然本能。其实，老子所谓"无知"，乃是要消解机巧伪诈的小聪明，"无欲"乃是要消解贪欲的无限膨胀。

（四）

✿ 原文

> 道冲[1]，而用之或不盈[2]。渊[3]兮，似万物之宗。挫其锐，解其纷，和其光，同其尘[4]。湛[5]兮，似或存[6]。吾不知谁之子，象帝之先[7]。

✿ 注释

　　［1］冲：本为"盅"。引申为空虚。

　　［2］不盈：不盈满。盈，充盈，充实。

　　［3］渊：深邃。

　　［4］此四句疑为第五十六章错简重出，当删。上面"渊兮"句当与"湛兮"句相对成文。

　　［5］湛：隐秘。

　　［6］或：有。

　　［7］象帝之先：好像在天帝之前。象，好像。帝，天帝。

翻译

道是空虚的，然而使用它或许不会穷尽。深邃啊！好像万物的宗主；隐秘啊！又好似实有而存在。我不知道它是谁家之子，但好像是在天帝之前。

赏析

这一章老子充满深情地描述了他心中的"道"：道是虚空的，唯其虚空，所以能包含万物，蕴藏着创造一切的因子，是万物产生的根源，它的作用是没有穷尽的。老子特别推崇虚空的作用，在后来的论述里，他还对虚空的这种妙用做了具体形象的阐释。

（五）

原文

天地不仁[1]，以万物为刍狗[2]；圣人不仁，以百姓为刍狗。天地之间，其犹橐籥乎[3]？虚而不屈[4]，动而愈出。多言数穷[5]，不如守中[6]。

注释

[1] 仁：指儒家的仁爱，源自家族血缘的孝悌之亲，即等差之爱。老子认为，天地作为自然的存在，按照自己的规律运行，是不会有人类的爱憎感情倾向的，因此他主张普遍无私的慈爱，反对亲疏有别的私爱。

[2] 刍（chú）狗：用草扎成的狗，用来作为祭品。《庄子·天运》曰："夫刍狗之未陈也，盛以箧衍，巾以文绣，尸祝齐戒以将之；及其已陈也，行者践其首脊，苏者取而爨之而已。"这就是说，刍狗作为祭品，人们对它并无爱憎，未祭时受人敬重文饰，已祭后受到践踏焚烧。刍狗前后的命运不同，并非由于人们的感情变化，而是由于条件、环境、需要的不同。天地对于万物无憎无爱，顺应自然，按照规律运行，因此，"以万物为刍狗"。

[3] 橐籥（tuó yuè）：风箱。由两部分构成，橐，装气的口袋；籥，通气的竹管。

[4] 屈：竭，尽。

[5] 多言数（shuò）穷：政令繁多而屡次失败。"多言"与"不言"相反，指政令繁多。数穷，屡次失败。

[6] 守中：持守虚静。

翻译

天地没有偏爱，把万物像刍狗一样对待（全凭万物自然生长）；圣人没有偏爱，把百姓像刍狗一样对待（全靠百姓自己成长）。天地之间，岂不像风箱吗？空虚却不竭尽，鼓动起来风吹不息。政令繁多而屡次失败，还不如坚守空虚无为。

赏析

道家思想中有许多容易为人误解的地方，比如这里说的"天地不仁，以万物为刍狗"。很多人认为"不仁"是对儒家强调"仁"的思想的反叛。其实，是指天地无所私党，不偏不倚，公正无私。刍狗万物，乃是说天地无私，而非天地忍心不悯。圣人不仁，是说圣人无所偏私，取法于天地，纯任自然。

（六）

🔅 原文

> 谷神不死[1]，是谓"玄牝"[2]。玄牝之门，是谓天地根。绵绵若存[3]，用之不勤[4]。

◎ 注释

[1] 谷神：谷，养。"谷神"即指道——生养天地万物的神灵。

[2] 玄牝（pìn）：微妙的母体。

[3] 绵绵若存：绵延不绝好像永远存在着。

[4] 勤：辛劳，倦怠。

🌸 翻译

道——生养天地万物的神灵永远不停息，这是微妙的母体。微妙的母性之门，就是天地的根源。绵延不绝好像永远存在，运行而不知倦怠。

✺ 赏析

"谷神"并不是什么神秘不可捉摸的东西，它是在无限的空间里支配万物发展变化的力量。它视而不见其形，听而不闻其声，虚空幽深，生生不息，连绵无穷。它"不死"，体现出道的永恒性；它绵绵若存，体现出道的创造性。

（七）

🔅 原文

> 天长地久。天地所以能长且久者，以其不自生[1]，故能长生[2]。是以圣人后其身而身先[3]，外其身而身存[4]。非以其无私邪？故能成其私[5]。

◎ 注释

[1] 不自生：不为自己而生。

[2] 生：当作"久"，与前文相应。

[3] 后其身而身先：把自身置于众人之后，却能得到大家的推崇而占先。

[4] 外其身而身存：把自身置之度外，却能保存自己。

[5] 成其私：成就自己。

🌸 翻译

天地是长久存在的。天地之所以能够长久存在，是因为天地不是为自己而存在，所以能够长久。圣人是把自身置于众人之后，却能得到大家的推崇而居首；把自身置之度外，却能保存自己。因为他无私，所以能够成就自己。

✺ 赏析

《道德经》一书中处处贯穿着"天道"和"人道"的关系。在老子看来，"人道"要时时处处模仿依照"天道"，才能达到"圣人"的要求。天道崇虚，以谦退冲和为本，那么人如何才能在充满机巧伪诈的世间保全自己并成就自己呢？在老子看来，只要不把自己的欲望强加于他人，自然就能赢得大家的爱戴；只要不优先考虑自己的利益，自然就能赢得大家的拥护。时时处处为他人着想，反而能成就自己的理想。这就是谦退冲和在实际人生里的妙用。

（八）

😈 原文

上善若水[1]。水善利万物而不争，处众人之所恶[2]，故几于道[3]。居善地[4]，心善渊[5]，与善仁[6]，言善信[7]，正善治[8]，事善能[9]，动善时[10]。夫唯不争，故无尤[11]。

🌀 注释

[1] 上善若水：上善之人如同水一样。

[2] 所恶（wù）：厌恶的地方。指低洼之处。

[3] 几（jī）于道：近于道。

[4] 居善地：居住于低洼之地。《道德经》第三十九章曰："贵以贱为本，高以下为基。"第六十六章又曰："江海所以能为百谷王者，以其善下之。"因此，低洼之地就是善地。

[5] 心善渊：思虑深邃宁静。

[6] 与善仁：交接善良之人。仁，当为"人"。

[7] 言善信：说话遵守信用。

[8] 正善治：为政精于治理。正，通"政"。

[9] 事善能：处事发挥特长。

[10] 动善时：行动把握时机。

[11] 尤：过失。

🌸 翻译

上善的人如同水一样。水滋养万物而不与之相争，水汇聚在人们厌恶的低洼之地，因此，近于大道。他居于低洼之地，思虑深邃宁静，交接善良之人，说话遵守信用，为政精于治理，处事发挥特长，行动把握时机。正因为不争夺，所以没有过失。

🌼 赏析

这是一首对水的颂歌，歌颂的对象是像水那样的圣人。水的很多禀性体现了道的特性，而圣人就是道的体现者。圣人的言行近乎水，而水德又近乎道。在中国古代许多哲学家的著作中，水都是重要的体道之物。孔子说："知者乐水，仁者乐山。"因为水总是处在一种变动不居的状态里。在老子看来，水善于滋润万物而不与万物相争，又不避污秽，谦退守中，所以最接近于道。圣人就应该像水一样，与时迁徙，应物变化。

"天下柔弱莫过于水，而攻坚强者莫之能胜，以其无以易之。弱之胜强，柔之胜刚，天下莫不知，莫能行。"水为天下之至柔，却能驰骋于天下，可谓至坚。老子根据自己在生活中观察到的经验，总结出柔弱胜刚强的道理。他看到生物欣欣向荣的时候柔弱，而向死时则坚强枯槁。舌是人身上最柔软的器官之一，牙齿是最坚硬的器官之一，但哪一个先损坏呢？这些生活中显而易见的现象，都成为支持老子"贵柔"哲学的证据。"贵柔"的反面就是逞强。这是老子十分反对的。因为刚愎自用、自伐其功是引来祸患的根源。

老子赞扬水德，不仅仅因为"贵柔"，还因为水能处于下位，能包容万物。他认为有修养的圣人应该像江海，具有包容一切的胸襟。人能够甘居下位，就能保持谦虚谨慎的作风。用这样的方法，一个谨慎的人就能够在世上安居，并能够达到他的人生目的。道家的中心问题本来是全其一生而避害，躲开人世的危险。谨慎地活着的人，必须柔弱、谦虚、知足。柔弱是保存力量因而变得刚强的方法。谦虚与骄傲正好相反，所以，如果说骄傲是一种极限的标志，谦虚则相反，是极限远远没有达到的标志。知足使人不会过分，因而也不会走向极端。

老子由他的天道观（宇宙观）推演出了他的治道观（政治哲学）。其中最为人们关注的是他的"无为而治"思想。按照儒家的说法，圣人一旦为王，应当为人民做许多事情；而按照道家的说法，圣王的职责是不做事，应当完全无为。道家的理由是，天下大乱不是因为有许多事情人还没有做，而是因为人做的事情太多了。

（九）

⊛ 原文

持而盈之[1]，不如其已[2]。揣而锐之[3]，不可长保。金玉满堂，莫之能守[4]。富贵而骄，自遗其咎[5]。功成身退，天之道也[6]。

⊛ 注释

[1]持而盈之：把持而使它满盈。

[2]已：停止。

[3]揣（chuǎi）而锐之：捶击而使它锐利。

[4]莫之能守：没有谁能守护。

[5]咎：灾祸。

[6]功成身退，天之道也：功成身退，是自然的规律。天之道，自然的规律，指四季的运行交替。

⊛ 翻译

把持而使它满盈，不如趁早停止。捶击而使它锐利，不能保持长远。金玉满堂，没有谁能守护。富贵而骄，自己招致祸患。功成身退，这是自然的规律。

⊛ 赏析

老子哲学主张谦退冲和，自然反对"盈"。"盈"就是满溢过度，超出了"守冲"的原则。对于人的自我修养来说，一个人在功成名就后，应该全身而退，否则便不免倾覆。人在功成名就时，往往得寸进尺，而不善于收敛自己的锋芒。因此，老子告诫道：

"揣而锐之，不可长保。"总之，一切要适可而止，不要走向自己的对立面。

（十）

🌐 原文

载营魄抱一[1]，能无离乎？专气致柔[2]，能如婴儿乎？涤除玄览[3]，能无疵[4]乎？爱民治国，能无为乎？天门开阖[5]，能为雌[6]乎？明白四达[7]，能无知乎？生之畜之，生而不有，为而不恃，长而不宰，是谓"玄德"。

⚙ 注释

[1] 载（zài）营魄抱一：守护灵魂与坚持大道。载，加，持。营魄，魂魄，灵魂。抱一，坚守大道。一指"道"。

[2] 专气致柔：聚合精气，归于柔顺。专，聚合。致，归。

[3] 玄览：微妙的心境。

[4] 疵：瑕疵，缺点。

[5] 天门：人体天生的自然门户，即《荀子·正名》所说的"天官"，指目、耳、口、鼻、心等。开阖（hé）：感官的动作行为，指视、听、言、食、嗅、喜、怒、爱、憎等。

[6] 雌：比喻柔弱宁静。

[7] 明白四达：通达四方。

❋ 翻译

精神和形体合一，能不分离吗？抟聚精气以至柔顺，能像婴儿的状态吗？洗清杂念而深入观照心境，能没有瑕疵吗？爱民治国能自然无为吗？感官和外界接触，能守静吗？事事通达，能不用心机吗？生长万物，又养育万物。生长而不占有，蓄养而不依恃，导引而不主宰，这就是最玄妙的德。

✺ 赏析

这一章老子讲修身的工夫。营魄抱一而无离，是说健全的生活必须是形体和精神的合一，精神和肉体应该和谐而不偏离。专气致柔而如婴儿，是说人应该善于保养、抟聚自己的精气神，心境要宁静柔和，像婴儿一样。涤除玄览而无疵，是说人要清除杂念，摒除妄见，反观到自己内心世界的光明。老子这里所说的"为雌"，也就是前面说的"玄牝"，提倡的是人要虚静、谦退。

（十一）

🌐 原文

三十辐共一毂[1]，当其无[2]，有车之用。埏埴[3]以为器，当其无[4]，有器之用。凿户牖[5]以为室，当其无[6]，有室之用。故有之以为利[7]，无之以为用[8]。

注释

[1] 辐：辐条，车轮上连接车毂与轮圈的木条。毂（gǔ）：车轮中心有圆孔的圆木，其中插轴。

[2] 无：这里指车毂中心的圆孔。

[3] 埏（shān）埴（zhí）：制陶。埏，用水和土。埴，制陶的黏土。

[4] 无：这里指陶器中空。

[5] 户牖（yǒu）：门窗。

[6] 无：这里指门窗中空。

[7] 利：便利。

[8] 用：作用。

翻译

三十根辐条安装到一个毂当中，只有有了车毂中空的地方，才会发挥车的作用。揉和陶土做成器皿，有了器皿中空的地方，才会发挥器皿的作用。开凿门窗建造房屋，有了门窗中空的地方，才会发挥房屋的作用。所以"有"给人便利，而"无"才能发挥物体的作用。

赏析

老子在这一章举例说明："有"和"无"是相互依存、交相为用的。一般人只重视有形的、实在的东西，而忽略虚空的东西。但无形的、虚空的东西同样具备很大的作用。所谓"故有之以为利，无之以为用"，"有"带给人们的便利，只有当它和"无"相配合时，才能显示出来。这里同样说明了事物之间是相形而存在的，"有""无"相生。

（十二）

原文

五色[1]令人目盲，五音[2]令人耳聋，五味令人口爽[3]，驰骋畋猎[4]令人心发狂，难得之货令人行妨[5]。是以圣人为腹不为目[6]，故去彼取此[7]。

注释

[1] 五色：青、黄、赤、白、黑，泛指多种颜色。

[2] 五音：宫、商、角、徵（zhǐ）、羽，指多种音乐调式。

[3] 五味：甜、酸、苦、辣、咸，泛指多种味道。爽：伤，败。

[4] 畋（tián）猎：打猎。

[5] 妨：伤害。

[6] 为腹不为目：只为温饱生存，不求纵情声色。目，代称色、音、味、畋猎、宝货等诸多欲望诱惑。

[7] 去彼取此：抛弃物欲，只要温饱。

翻译

缤纷的色彩使人眼花缭乱，繁杂的音调使人听觉不敏，饱食终日使人舌不知味，纵情狩猎使人心放荡，金玉宝物使人德行败坏。因此，圣人只为温饱生存，不求纵情声色，抛弃物欲，只要温饱。

❀ 赏析

这一章中，老子痛心疾首地描述了人们一味偏重对物质生活的追求，从而导致了精神生活的沦丧。在老子看来，人的正常生活应该是精神生活和物质生活合一并重的，所谓"载营魄抱一"。但在现实生活中，人们往往偏重物质生活的享乐，一味追求感官的刺激，对自己的内心世界漠不关心，从而导致了道德的沦丧。

老子这里所说的"为腹"，是要建立宁静恬淡的内心生活，这就要求人们抑制自己对物欲的无尽追求，只满足果腹即可。"为目"是片面追求感官世界的刺激的生活方式。老子所极力反对的对物质文明的单一崇拜，在今天读来，特别具有振聋发聩的作用。

◦ 三、阅读链接

道家与道教

道教是中国本土的宗教。它酝酿于东汉，发展于魏晋。至南北朝时期，北魏嵩山道士寇谦之、刘宋庐山道士陆修静借政权之力清整民间道派，并首次使用"道教"一词统一各道派。与此同时，道教逐步形成一套完整的宗教仪式和斋醮程式、道德戒律。萧梁陶弘景更以"天子师"之尊建构道教神仙谱系，叙述道教传授历史。道教作为一个完整意义上的宗教至此基本定型。

道教从诞生之日起便与老庄之学结下不解之缘，道家哲学是道教的重要思想渊源与宗教理论的主干。道家的创立者老子被奉为道教教主，庄子也被列为道教尊神。《道德经》《庄子》二书被奉为道教经典，称《道德真经》与《南华真经》。

道教的基本信仰是"道"。此"道"由《道德经》而来，不过他们着重从宗教的角度去理解和阐释老子所讲的"道"，把它说成是宇宙万物之本原，同时又是"灵而有性"的神异之物。道教信奉的最高神——"三清尊神"也是"道"的人格化。根据《道德经》的"道生一，一生二，二生三，三生万物"的思想，道教把"道"衍化为"洪元""混元""太初"三个不同的世纪。三个世纪又进一步衍化为"三清尊神"：元始天尊手拿圆珠，象征"洪元"；灵宝天尊身抱坎离匡廓图，象征"混元"；道德天尊手持扇，象征"太初"。这样，道教又从信仰"道"进一步演化为尊奉"三清尊神"。

道教的最终目标是"得道成仙"。所谓"得道"，道教解释为"德言得者，谓得于道果"（《自然经》）。就是说，道之在我谓"德"，"德"者得道也。这显然是从老子《道德经》而来的。道教认为，通过修道，人返本还原，与道合一，就可以升为神仙。道教所说的神仙，不但指灵魂常在，而且指肉体永生。因此，长生久视、全性葆真就成为道教的一个基本教义。

从思想内容、信仰体系看，道教没有什么虚玄高深的理论。但是，作为一种土生土长的宗教，它保留着许多中国传统的东西，因而与中国古代文化的关系十分密切。

四、思考练习

1. 简述老子的生平和事迹。
2. 老子曰："人法地，地法天，天法道，道法自然。"谈谈你对此的理解。

五、综合实践

《史记·老子韩非列传》载孔子回到鲁国，对众弟子说道："鸟，我知道它能飞；鱼，我知道它能游；兽，我知道它能跑。会跑的可以用网捕获它，会游的可用钩去钓它，会飞的可以用箭去射它。至于龙，我就不知道该怎么办了，它是驾着风而飞腾升天的。我今天见到的老子，大概就是龙吧！"在中华文明发展的长河中，老子和孔子的相遇对中华文明的发展具有划时代的意义。请分组讨论汇报老子和孔子的相遇对中华文明的发展的重大意义。

六、阅读书目

1. 陈鼓应著：《老子今注今译》，中华书局，2020年。
2. 孙以楷著：《老子通论》，安徽大学出版社，2004年。
3. 张松辉著：《老子研究》，人民出版社，2006年。

第三节

《庄子》

一、经典导读

《庄子》又被尊称为《南华经》，是庄子及其后学所撰，是主要反映老庄道家思想的著作，也是一部杰出的文学巨著。今本《庄子》共三十三篇，内篇七篇，外篇十五篇，杂篇十一篇。一些学者认为，内篇为庄子所著，外篇和杂篇大多出于庄子门人及后学之手。内篇包括《逍遥游》《齐物论》《养生主》《人间世》《德充符》《大宗师》《应帝王》七篇，它们各有自己的中心思想，又都有内在的联系，反映了庄子的自然观、认识论、人生观、道德观、政治观和社会历史观。

《庄子》一书的自然哲学，突出地表现在"道"说上。他说："恢诡谲怪，道通为一。"意即世界万物表面上看去是离奇神异的，但从"道"的标准审视，都是相通为一的。"道"是庄子古代自然哲学体系中最高的也是最基本的哲学范畴，它是实在的而不是虚幻的，是自然存在的而不是派生的，是世界万物产生的渊源和根据。它无时（无论是远古还是当今）无处（无论是宇宙还是深渊）不在，而且是永恒的。没有"道"，也就没有世界，更不会有色彩斑斓的万事万物。

庄子的人生哲学决定于其对自然的认识。在庄子看来，既然"道"决定世上的一切，人的命运如何自然也取决于"道"，人对自己的生死富贵也就无可奈何，应安时顺命，无所作为，"游乎四海之外"。超脱现实生活中的一切，无心于世俗红尘，无情于人世间是非恩怨，无几无待、逍遥自在地遨游于喧嚣尘世之外，获得精神上的绝对自由。

《庄子》有着与众不同的艺术特色。庄子在外篇的《寓言》中自叙其著述特点为："寓言十九，重言十七，卮言日出，和以天倪。"庄子的寓言在先秦诸子散文中，不仅数量多，而且艺术性强。《庄子》全书有将近二百则寓言。这些寓言奇幻诡谲、灵动多变，具有极强的浪漫色彩。庄子将他的真实思想，寄寓在这些虚妄的寓言故事之中。在整体上，庄子散文构思诡奇怪诞，意境雄奇开阔，笔法变幻多端，语言异趣横生，议论犀利明快。

二、经典选读

《庄子》十五则
（一）

🀄 原文

> 天地有大美[1]而不言，四时有明法[2]而不议，万物有成理[3]而不说。圣人者，原天地之美而达[4]万物之理。（《庄子·知北游》）

◉ 注释

[1] 大美：生养万物而不自居其功，具有最大的美德。
[2] 明法：显明的法则。
[3] 成理：自然生成的条理。
[4] 原：推究。达：通达，通晓。

🀄 翻译

天地有滋养万物的美德却不言说，四时有变化的规律而不需评议，万物自有生成的道理而不需说明。所谓圣人，就是本于天地的美德，而能通达万物的道理。

🀄 赏析

本章中，庄子通过对自然天地四时万物的观察思索和探究，得出"道"存在的永恒性，认为领悟了天地万物的运行、变化，也就领悟到了"道"，达到了至人的境界。

庄子认为，天地催生万物，抚育生命，万物一直处在变化之中，所以天地的美德是巨大的。阴阳四季运行不息，有它自己变化发展的规律。万物也有自己固有的道理和序列，得到养育但又不知是谁在养育，自然而然，好像没有而它又有，看不见形象而它又十分神奇。这种天地之美，万物之理，其本原是大道。六合之大，超不出它的范围；秋毫虽小，也要依赖它构成一体。因此，"道"是天下最美的所在。天地、四季、万物都是遵循"道"来运转的，都离不开"道"这个根本。至人和圣人，也是取法天地，自然无为，力求与道同一。

（二）

☯ 原文

庄子曰："道与之貌，天与之形。无以好恶内伤其身。今子外乎子之神，劳乎子之精[1]，倚树而吟，据槁梧而瞑[2]。天选子之形[3]，子以坚白鸣[4]！"（《庄子·德充符》）

◎ 注释

[1] 今子外乎子之神，劳乎子之精：言惠子将其精神置之于外，又使其精神操劳耗费。

[2] 据槁梧而瞑：靠着干枯的梧桐睡着了，形容惠施与人辩论而疲倦的样子。一说槁梧指古琴。一说槁梧代指几案。瞑，通"眠"。

[3] 天选子之形：意谓人的生命，本属天地自然。选，选择、决定。形，人形，此处指降生为人。

[4] 子以坚白鸣：谓惠子夸谈善辩。

❀ 翻译

这是一段庄子与惠子的言辩之说。庄子说："自然之道已经给了你容貌，天然之理已经给了你形体，加之不以好恶之情损害自己的本性。现在你放纵自己的精神，使它驰骋在外，耗费你的精力，倚着树干呻吟，靠着干枯的梧桐树打瞌睡。大自然赋予你形体，你却抱着坚白之论争鸣不休。"

✺ 赏析

《德充符》中的"德"，解为"得"，"得"解为"获"。"德"是获得，关键是谁使谁获得。古人认为，最大的德是天地生养万物，古人说"道"首先是"天道"，古人说"德"也首先是"天德"。按照古代"天人合一"的模式，人世的制度要顺应天地自然而创设。因此，在政治上，"天德"就引申为"德政"。接下来，才有普通人之间，彼此双方谁给了谁、谁使谁获得的问题。使别人获得，在别人叫作有"得"，在自己叫作有"德"，也就是双方共利的一种关系。给予与获得，古人所重在于给予。获得只是简单的本能，给予则是非常复杂的一种文化行为。因此古人谈论更多的是主体这一方，"德"就转变成为一个内在的反省的概念。

"充"字，古文解为"高""长"，解为"实""满"，也解为"美"。"符"，解为

"信"，解为"验"，解为"合"。

　　按《德充符》这一篇，除篇末关于"天与之形"和"人而无情"一段庄子与惠子的论辩以外，通篇集中讲述了兀者王骀、申徒嘉、叔山无趾、恶人哀骀（tái）它（tuō），以及闉（yīn）跂（qí）支离无脤（shèn）、瓮（wèng）㲼（àng）大瘿（yìng）六个残障人的故事，有学者称之为内七篇中"最切实文字"（朱文熊语），可以认为此篇是中国最早的一篇残障人专史或合传。限于这样一个主题，庄子并没有讨论形体健全的人的问题，他只是提出形体残缺的人依然可以有充实饱满的性命，而形体健全的人并不等于性命也健全。庄子只是要将形体和性命分开，形体残缺或者健全，短命或者长寿，都不能妨碍人们对于生命本质的把握，换言之，残缺与健全，短命与长寿，都与人们对生命的把握无关。实际上，除了对残障人的关注，庄子甚至还说到生不如死和视死如归。即便是死去，仍然不妨碍人们对于生命的把握，何况是身残者。

（三）

☯ 原文

日出而作，日入而息，逍遥于天地之间而心意自得。（《庄子·让王》）

❀ 翻译

日出就去劳作，日落就来休息，自由自在地生活在天地之间，内心悠然自得。

❀ 赏析

尽管小农经济时期已经湮没在历史长河里，但简单的"日出耕耘，日落止息"同样可与现代社会衔接，晨起时拼搏，日落时休憩，周而复始，可谓生活。在这份日复一日的生活模式中，怡然自得，逍遥待世，乃是自由的根本。掌握简单的规律，坚持向前，不正是天地运转里留存的自由吗？

（四）

☯ 原文

夫相收之与相弃亦远矣，且"君子之交淡若水，小人之交甘若醴[1]。君子淡以亲，小人甘以绝"。（《庄子·山木》）

◉ 注释

[1] 醴（lǐ）：甜酒。

❀ 翻译

彼此相互包容与彼此相互抛弃，两者相差太远了。而且君子之交清淡如水，小人之交甘美如甜酒；君子相交清淡而亲密，小人之交虽然甘甜却易断绝。

❀ 赏析

"君子之交淡若水"本是孔子儒学的内容，但在庄子笔下，孔子对此却不记得了，求教于他人。事实并非如此。作者虚构孔子数厄之后，亲朋好友高足离他远去的故事，说明人与人之间不可以利相交，而应从天性出发，情感纯粹如清水。

庄子不重伦理，人们不妨脱离道德说教，从另外的角度来理解这几句话。它完全可能不是说哪种朋友要得，哪种朋友要不得；或者，哪种友情高尚，哪种友情卑劣。中国古人早有"四海之内皆兄弟"的胸怀，西方文明也含有"博爱"的境界，无非是说大家相互之间都应该是朋友。

（五）

☯ 原文

> 凤兮凤兮，何如德之衰也[1]。来世不可待[2]，往世不可追也[3]。天下有道，圣人成焉[4]；天下无道，圣人生焉[5]。（《庄子·人间世》）

◎ 注释

[1] 凤兮凤兮：凤，古代瑞鸟、神鸟。何如：何以。德之衰：是说世人之德行衰落，犹言衰世。意为时逢衰世，无可奈何。此处以来仪应瑞的凤鸟来喻孔子，有道当现，无道当隐，哀叹孔子如何身怀圣德，却来到衰乱之国。

[2] 来世不可待：来世，此章所载指孔子身后之世，故不可待。

[3] 往世不可追也：往世，此章所载指先王的遗迹，因其久远，故不可追。

[4] 圣人成焉：圣人因之有所成就。

[5] 圣人生焉：圣人因之保全性命。

✿ 翻译

凤啊，凤啊，你的德行何以变得这样衰微了呢？来世不可期待，往世不可追回。天下有道，圣人可以成就大业；天下无道，圣人只能保全生命。

✿ 赏析

李白有诗云："我本楚狂人，凤歌笑孔丘。"这个"楚狂人"就是指楚国的隐士接舆。接舆也是一位希望远离世事的隐士。《庄子·逍遥游》中接舆说神人"乘云气，御飞龙，而游乎四海之外"，反映了他向往神人逍遥自由、无所拘束的思想。接舆过孔子之门时对孔子渴望出仕而不听劝告感到惋惜，同时激烈抨击社会现实，这反映了接舆对当时社会的反感和厌恶，渴望做名隐士。《庄子·应帝王》中接舆的语言反映了他躲避乱世、远离灾害的思想。

接舆的形象就是庄子思想的具象体现。庄子通过接舆表达自己的为人处世之道，精神上追求神人般超脱自由，无拘无束，归隐自保。庄子在与纷乱的世界做出抗争后无奈选择了归隐，选择了精神的清净自由，选择了追求当下生活的宁静自在。

正如接舆是激烈的狂士与宁静的隐士的结合体一样，庄子的内心也充满着矛盾性和复杂性，他牵挂于战乱连绵、纷繁复杂的社会，也希望自己能全身而退，精神逍遥自由。这是庄子的无奈，也是庄子抗争的智慧。

（六）

🖋 原文

马，蹄可以践霜雪，毛可以御风寒[1]，龁草饮水，翘足而陆[2]，此马之真性也。虽有义台路寝[3]，无所用之。及至伯乐[4]，曰："我善治马。"烧之，剔之，刻之[5]，雒之[6]。连之以羁馽[7]，编之以皁栈[8]。马之死者十二三矣！饥之，渴之，驰之，骤之，整之，齐之。前有橛饰[9]之患，而后有鞭筴[10]之威，而马之死者已过半矣！（《庄子·马蹄》）

🏵 注释

[1]"蹄可以践霜雪"二句：谓马之蹄与毛均有适宜的用途。

[2]"龁（hé）草饮水"二句：言其自适与愉悦。龁，咬、嚼。陆，司马彪解为"跳也"。

[3]义台路寝：义台，台名。路寝，殿名。

[4]伯乐：伯乐为官名，其得名原由，或者官名在先，人名在后，或者人名在先，官名在后。

[5]烧之，剔之，刻之：成玄英曰："烧，铁炙之也。剔，谓翦其毛；刻，谓削其蹄。"

[6]雒之：雒字，一说通"络"。一说当作"铬"，一说当作"烙"。

[7]羁馽（zhí）：羁，勒绳。馽，绊绳。

[8]皁（zào）栈：皁，马槽、马枥。栈，马棚、马床。

[9]橛饰：橛，马口中所衔的木棍，又称马衔、马镳。饰，在马衔上再加饰物。

[10]鞭筴：古称马杖。今通作"鞭策"，筴通"策"。

🏵 翻译

马蹄可以踏霜雪，马毛可以抵御风寒。马吃草饮水，举足跳跃，这是马的真性情。纵使有高台大室，对马来说也是毫无用处。后来有了伯乐，他说："我善于驯马。"于是用烙铁打上印记，剪除长毛，削修蹄甲，戴上笼头。又用马络头和足绊把马拴在一起，用绳子按顺序编排在马棚马槽中，这样好好的马就有二三成死掉了！然后再让马饿着，渴着，被驱赶着，奔跑着，进行着整齐划一的训练，前有马嚼子和马缨的束缚，后有鞭策抽打的威胁，这时马的死亡就已过半了！

🏵 赏析

《马蹄》篇取首句"马，蹄可以践霜雪，毛可以御风寒"的前两字作为篇名。全文是一篇完整的议论文。由驯马、伯乐而引申到赫胥氏时代、至德之世。

伯乐故事实际上也是一个知音故事。常人所知关于伯乐与马最著名的论述，可能是唐宋八大家之首的韩愈所作《杂说·马说》中的名句："世有伯乐，然后有千里马。千里马常有，而伯乐不常有。"

庄子没有纠缠于知音不遇的愤懑，而是将问题穷究到根本。人类原本和动物聚居在一起，两不猜疑，忽然人类开始驯服动物，络马首，穿牛鼻，不仅动物遭殃，人类自身的利益亦不知何在。杀伤人类最严重的正是人类自己，如果说其他动物的“进化”取决于它们与其他物种的竞争，那么人类的“进化”难道将取决于一些人与另一些人的竞争吗？庄子所阐发的实际上是一个“动物伦理”“生物伦理”的问题，其根本是生物的共同生存问题。问题的根源在于“人为”。庄子之意，真正的千里马实际上只是自然生长的马，亦即野马。

（七）

⊕ 原文

> 荃[1]者所以在鱼，得鱼而忘荃；蹄[2]者所以在兔，得兔而忘蹄；言者所以在意，得意而忘言。吾安得夫忘言之人而与之言哉[3]！（《庄子·外物》）

◎ 注释

[1] 荃（quán）：有本作“筌”，捕鱼的工具。

[2] 蹄：兔网。网其脚，故称蹄。

[3] 吾安得夫忘言之人而与之言哉：忘言而言难，得其人尤难，故深叹之。

✿ 翻译

使用竹笼的目的在于捕鱼，捕到鱼便忘掉了竹笼；使用捕兔器的目的在于捕兔，捕到兔便忘掉了捕兔的工具；使用语言是为了表达意思，意思明白了就要把语言忘掉。我如何找到忘言之人而和他交谈呢！

✿ 赏析

这是《外物》篇的最后一段，论的是得鱼而忘荃，得兔而忘蹄，得意而忘言。庄子认为，“道”是存在的，但“道”以无形的、抽象的形式而存在；“道”是可知的，但“道”并非语言、概念和感觉经验所能描述的。“道”无私，无为，以至无名。“道”是临时、假借的称谓，在此意义上它又可称为有、无、天、大、天地、万物、宇宙、自然，都是它临时、假借的名字。

当然，语言总是要说出来、写出来的，关键只看对“言”的重视程度是否排在了“意”的前面。然而艺术，譬如绘画，偏偏是不用语言的，其所图摹，均在于求意，所以对于庄子“得意忘言”之说尤能引为知己。

（八）

⊕ 原文

> 夫天下莫大于秋豪[1]之末[2]，而大山[3]为小；莫寿于殇子[4]，而彭祖[5]为夭[6]。天地与我并生，而万物与我为一[7]。（《庄子·齐物论》）

◎ 注释

[1] 秋豪：动物秋天换的新毛。豪，通“毫”，细毛。

[2] 末：末梢。

[3] 大山：一作太山，即泰山。

[4] 殇子：未成年而死亡的人。

[5] 彭祖：世传长寿之人。

[6] 夭：夭折。

[7] "天地与我并生"二句：言天地万物本质相同，地位同等，而人类亦不能例外。

翻译

天下没有比秋毫的末端大的东西，而泰山看似大却是小的；不要说寿命会长过半途夭折的人，看似彭祖长寿却是短命的。天地和我共同生存，而万物与我浑然一体。

赏析

"齐物"是万物齐一的意思。《齐物论》承接《逍遥游》关于"小大之辩"的讨论，大的事物在量上的更多的占有，并不比小的事物具有更多的生存理由。既然量上的大小不能作为衡量事物存在意义的标准，庄子提出，应当有一个超越了度量关系的质的标准，作为衡量事物存在意义的绝对标准，这就是"道通为一"。从"道"的角度观察，万物齐一，这样一种观点就叫作"齐物"。

（九）

原文

天下有至乐[1]无有哉？有可以活身[2]者无有哉？今奚为奚据[3]？奚避奚处？奚就奚去？奚乐奚恶[4]？

夫天下之所尊[5]者，富贵寿善[6]也。所乐者，身安厚味美服好色音声[7]也。所下者，贫贱夭恶[8]也。所苦者，身不得安逸，口不得厚味，形不得美服，目不得好色，耳不得音声。若不得者，则大忧以惧[9]，其为形[10]也亦愚哉！（《庄子·至乐》）

注释

[1] 至乐：最大的快乐，绝对的快乐。至，至大、极致。

[2] 活身：活，解为"生"，活身即养身。

[3] 奚为奚据：奚，疑问词，何。据，疑为"拒"字之误，为、拒犹取舍。成玄英解为"依据"，但下文避与处、就与去、乐与恶均取义相反。锺泰谓为、据以动静言，"据"犹言所安，但"据"有安义仍由依据之"依"而来，不得与"为"字相反。

[4] 奚乐奚恶：乐、恶犹言好恶。恶读作 wù。

[5] 尊：尊尚，推崇。

[6] 富贵寿善：富谓多财，贵谓高位，寿谓长寿，善谓美名。

[7] 身安厚味美服好色音声：身安，谓身体安逸。厚味，谓饮食丰厚。美服，谓衣服美好。好色，谓五色悦目。音声，谓五音悦耳。

[8] 贫贱夭恶：谓无财、无位、短命、恶名。

[9] 大忧以惧：忧愁以至惶恐。

[10] 为形：养身。

🌸 翻译

世界上有没有最大的快乐呢？有没有养活性命的方法呢？现在要做什么，又有什么根据呢？要避免什么，要在什么样的环境安身呢？要接近什么，又要舍弃什么呢？应当喜欢什么，又应当厌恶什么呢？

世上所尊贵的，是富有、高贵、长寿和美名；所快乐的，是居处安逸、饮食丰美、服装华丽、颜色悦目和音乐动听；所鄙视的，是贫苦、卑贱、夭折和恶名；所痛苦的，是身体得不到安逸，口腹吃不到美味，身上穿不上美服，眼睛看不到美色，耳朵听不到美声。如果得不到这些，人们就会非常忧虑和焦急，这样对待身体，不也是太愚昧了！

🌸 赏析

《至乐》的"乐"，读音为快乐的"乐"。礼乐的"乐"，读音为音乐的"乐"。两者读音不同，意思却是相通的，礼乐的乐，还可以解为喜悦。因此庄子这一篇也可以看作是他的乐学，而乐学的最终目的应该是身心的快乐和喜悦。"至乐"意为最大的快乐。此篇一开始就提出问题："天下有至乐无有哉？有可以活身者无有哉？"

庄子说，有人籁，有地籁，有天籁。有一种音乐，它奏之以阴阳之和与日月之明，其声能短能长，能柔能刚。它听之不闻其声，视之不见其形，但是充满天地，包裹六极，在谷满谷，在坑满坑。这样的音乐可以带给人真正的快乐，庄子称之为"至乐""至美"，又称之为"天乐""天籁"。"大音希声"，所以至乐也就是无乐。曲高和寡，所以至高也就意味着其和者至寡。庄子说："至乐无乐。"这当然也是一个矛盾，庄子总是在最后揭示出人生的矛盾。

音乐使人快乐。庄子问"天下有至乐无有哉"，接着问"有可以活身者无有哉"。人生是苦难还是欢乐？这个问题关联着另外一个问题：什么是苦难，什么是欢乐？庄子的妻子死了，惠子前往吊唁，看到庄子正箕踞鼓盆而歌。面对死亡，庄子却能快乐地唱歌，说明他所理解的快乐有足以超越生死的地方。有成语说"视死如归"，归于何处？归于道。归于道所以就快乐了。

庄子遇见一具骷髅，提议让其复生，被骷髅深深拒绝。列子也遇见一具骷髅，他就指着骷髅说：到底谁生谁死，到底谁更加骷髅呢？

说到生死变化，庄子最后留给读者的是一段难于理解的叙述。他说物种都有其机微、机缄的变化，出于机微，入于机缄。物种的起源，始于水草。生物的变化，终于人类。

本篇探讨了人生快乐和生死态度的问题。谁不想要至极的快乐？但庄子认为世俗以富贵寿善作为"乐"的评判标准是错误的，他提出"至乐无乐"的观点，认为人的生老病死都是自然的变化，是不以人的忧乐为转移的，只有将这些都统统看破，摒弃世俗的忧伤，安于所化，才能达到至乐的境地。庄子认为人不可以有太多的贪欲，"夫贵者，夜以继日，思虑善否，其为形也亦疏矣"。贵人已经拥有了厚禄和权位，却还整天忧虑，不注意自己的身体，实在是太疏忽了，哪里还有快乐可言？

人没有贪欲时，往往会活得快乐，人一旦有了贪欲，即使他曾经是一个快乐的人，也会走进贪欲的坟墓，不能自拔。正如《伊索寓言》里所说："有些人因为贪婪，想得到更多的东西，却把现在所有的也失掉了。"人总是这样，有了钱，还想更有钱；有了房，还想房子越来越豪华；有了权，还想有更大的权；有了名，还想活得更长久……人总是欲壑难填，于是便产生了各种烦恼、障碍，甚至迫害。

要知道，人的生命之舟根本承载不动太多的贪念，所以要学会适时放下，让心放宽、放平，多看看自己当下所拥有的，而不要放纵自己的贪欲，做过度的非分之想，那样不但得不到你想要的，更会失去你本来已经得到、可以得到的一切。放下是一种觉悟，更是一种心灵的自由。

"身外物，不奢恋"，说的就是知足，它是思悟后的清醒，更是超越世俗的大智大勇，还是放眼未来的豁达胸襟。知足，才能常乐，才能免除恐惧与焦虑，才能把自己从贪婪的精神桎梏中解救出来。谁能做到这一点，谁就会活得轻松，过得自在，遇事想得开，放得下。

（十）

原文

昔者庄周[1]梦为胡蝶[2]，栩栩然[3]胡蝶也。自喻适志与[4]，不知周也。俄然[5]觉，则蘧蘧然周也[6]。不知周之梦为胡蝶与？胡蝶之梦为周与？周与胡蝶则必有分[7]矣。此之谓物化[8]。（《庄子·齐物论》）

注释

[1]庄周：即庄子，下文"周"是庄子自称。后人尊称庄子、庄生。南朝始有"南华"别称，唐玄宗天宝元年诏封南华真人。又别称漆园叟等。

[2]胡蝶：即蝴蝶，古代又称蛱蝶、蛾子。

[3]栩栩然：生动活泼、怡然自得的样子。古人认为蝴蝶的飞行有轻快的特点。

[4]自喻适志与：自己感觉很得意了。

[5]俄然：忽然。俄，顷刻、一会儿。

[6]蘧（qú）蘧然周也：蘧蘧然，惊疑的样子。

[7]分：分别，区别。

[8]物化：事物的变化之理。

翻译

从前庄周梦见自己变成了蝴蝶，一只轻快飞舞的蝴蝶。他自我感觉非常快意，竟然忘记庄周是谁。突然醒来，自己分明是僵卧床上的庄周。不知道是庄周做梦化为了蝴蝶，还是蝴蝶做梦化为了庄周？庄周与蝴蝶必定是有所分别的。这种现象就叫作物化。

赏析

庄子认为，表象上对立的彼此双方同样都没有依据，也同样都有依据，此方的成立正是因为有彼方的存在，彼方的成立也正是因为有此方的存在，彼此双方相互因依而存在。因此，彼此双方所遵循的原则都不能作为衡量事物存在意义的标准。但是，如果从道的角度看，情况就不一样了。从道来看，天地万物在存在的根据和意义上同一，虽然个性和各自的原则不同，却具有同样的理由和依据，同样的权力和资格，而没有大小之别和高低贵贱之差。和彼此是非的相对概念不同，道家所说的"道"是一个绝对的概念，"道"是自然。而"齐物"是一种观点，"自然"是这种观点的依据。

（十一）

🜁 原文

吾生也有涯[1]，而知[2]也无涯。以有涯随无涯，殆已[3]！已而为知者，殆而已矣。（《庄子·养生主》）

◎ 注释

[1] 涯：边际、极限。

[2] 知：通"智"，才智、才辩，也作"心思"讲。此篇言"知"，承上篇是非真伪之辩而来，不指客观知识，而指人类的才智。人类的才智多用于自缚，故此处当解为才辩。

[3] 殆已：殆，危殆，此处指疲惫不堪。已，同"矣"。

❀ 翻译

我们的生命是有限的，而才智是无穷的，以有限的生命去追求无穷的知识，就会陷入困顿之中！既然已经困顿不堪，还要从事求知的活动，那就更加危险了。

✤ 赏析

庄子说："吾生也有涯，而知也无涯。以有涯随无涯，殆已！"不明庄子真意的人，会认为庄子消极，不利用时光来求学求知，而是在荒废时光。真的是这样吗？非也！这是悟道后理性的觉照。

人再怎样求学求知，都不可能穷尽学问，但是这个好学的心，最终目的无非是安顿好自己的这颗心罢了，如果不能觉悟生命的真相，任由心神向外奔驰，这叫逐物，心总得不到安宁，总有一个东西在牵着自己走，自己还做不了主宰，心不能知止，心不知满足，所以心难安。孟子也说过类似意思的话："学问之道无他，唯求放心。"圣人做学问，最终就是为了心安。心安，也就是安顿好自己这颗躁动的妄心。

要安顿好这颗妄心，使心能安止在道中，是不容易的。这需要对人生有相当的觉悟，了悟人生的终极意义——道。觉悟到道后，因为道是终极，即使还达不到终极，但是心已经与大道联系在一起了，找到了人生的方向感和归属感，人心得到大慰藉了。既然如此，就是："不为无益之事，何以遣有涯之生？"生命已得到最大安顿，剩下的都是些看似无关紧要却都是有益的事，生命过得悠闲，好像很随意一样，其实，这个随意，即无为无不为，道遍于一切处，处处都生活在道妙中，这种不为俗务所牵绊的有意义的自由能力，叫作无为！

不知止足的人，没有悟道的人，被外物牵着走的人，表面好像很忙，不浪费光阴，但心是不安的，总处在逐物的状态。相反，悟道知止足的人，已在享受生命的安乐了！

（十二）

🪷 原文

泉涸，鱼相与处于陆，相呴[1]以湿，相濡[2]以沫，不如相忘于江湖[3]。（《庄子·大宗师》）

🪷 注释

[1] 呴（xǔ）：慢慢呼气。

[2] 濡：沾湿。

[3] 不如相忘于江湖：不如归本于自然。

🪷 翻译

泉水干枯了，鱼儿一同困在陆地上，他们互相吐着湿气滋润着对方，又用所吐的水沫沾湿彼此的身体，与其如此，他们宁愿回到江湖中，把彼此都忘掉。

🪷 赏析

泉水干涸之后，水中的鱼都暴露在陆地上。这些鱼互相吐水沫润湿对方，以此来表示不愿意就此死去。庄子说，与其这样做，那还不如就此消泯于"江湖"之中。这句话被误解为，和互相扶持苟延残喘的友谊来比，还不如大家互不相识，在江湖里游弋。但是，我们需要真正明白庄子说的"江湖"到底是什么意思。

这个"江湖"不是指具体的带水的江河湖海，而是指"天地""宇宙"一类的环境。庄子说，这样"相濡以沫"地活着，实际上是违背了自然规律的。鱼离开了水就会死亡，这是规律，所以与其这样苟延残喘，那为什么不坦然地顺应自然法则，回归到"天地"之中呢。这里庄子提出了一个词，叫作"相忘"，表露的是庄子看待死亡的态度。需要注意的是，庄子绝不是劝这些"鱼"去坦然地死亡，而是让它们明白一个道理，那就是如何对待"死亡"。

庄子认为人来自天地，所以最终也应该回归于天地。而人就像材料一般，死亡只不过是这一生命形态的一个阶段罢了，无论是肉体还是精神都将被天地重组，这是另一种新生。

庄子的生死观是中国古代哲学中极具深度和影响力的思想体系之一，它以"道"为理论基础，强调生死自然、生死气化，以及生死之间的辩证关系。庄子重生贵生但又不惧死亡，以苦生乐死的态度看待生死；他齐生死、达观生死，超越生死的束缚；他追求精神的自由和超越，将生死置于自然循环的广阔视野中。这种生死观不仅具有深刻的哲学意蕴，而且对现代人的生死观和人生观具有重要的启示意义。

庄子还编造了一个和孔子有关的故事，做了一个较为形象的对比。说有个人去世了，孔子派子贡前去吊唁。死者的朋友们围绕着死者唱歌跳舞，一点也不感觉悲伤。子贡感觉有点接受不了，回去问孔子这是怎么回事。孔子说："这些人是超脱世俗的人，他们有他们生活的道理，和我们不是一类人。"并且在这个故事里，孔子也提到了那群鱼的做法："鱼相忘乎江湖，人相忘乎道术。"是说，孔子这些人讲求礼义，其实是入世者，用条条框框将人束缚在一定的规矩之内，就像建造一座池塘来养鱼一般；而那些出世者，他们并不在意生死，将自然万物看作一个整体，包括人都是其中的一部分而已，此消彼长，并不会真的消亡。既然不会真的消亡，那么人的死亡只不过是换一种形态罢了，又何必悲伤呢？庄子通过"江湖"的存在，告诉人们一个道理：不要过度干涉事物的发展轨迹，一切变化都有其规律。

在"相濡以沫"的故事之后，庄子总结道："与其誉尧而非桀也，不如两忘而化其道。"是说，与其称颂尧之治世，非议桀之残暴，不如将他们看作世事发展的一个规律，有大治就有大乱，就像有高才有低一样。

其实这种思想在《道德经》中说得更明白："天地不仁，以万物为刍狗；圣人不仁，以百姓为刍狗。"就是说要以公正的眼光来看待事物的发展，超出规则之外的事情自然会受到惩罚，不必去过于忧心。因为羊要被狼吃掉，所以就要对羊进行特殊的照看吗？这显然是不对的。

（十三）

🜨 原文

夫大块载我以形，劳我以生，佚我以老，息我以死[1]。故善吾生者，乃所以善吾死也[2]。夫藏舟于壑，藏山于泽，谓之固矣！然而夜半有力者负之而走，昧者不知也[3]。藏小大有宜，犹有所遁[4]。若夫藏天下于天下，而不得所遁，是恒物之大情也[5]。（《庄子·大宗师》）

🜨 注释

[1]"夫大块载我以形"四句：言人生的各个阶段，包括死亡，同样都是生命的体现。大块，大地，此处指天地、自然。

[2]"故善吾生者"二句：死亡为生命的一个阶段，则如果认为福寿是天地所赐，死亡亦为天地所赐。善，善待，指天地对人的禀赋而言。

[3]昧者不知也：言所思不宏放，则不知天地之大变。藏舟于壑，与"鱼相与处于陆"所喻相同，皆言不如归本于自然。

[4]犹有所遁：承上"负之而走"而言。

[5]"若夫藏天下于天下"三句：藏天下于天下，犹言藏自然于自然。万物无时不变，以万物同归自然，则无所变，不变故曰"恒"。如此则无得无失，故曰"不得所遁"。物之大情，犹言天地之心。恒，常、不变。物，指天地自然。

🜨 翻译

天地赋予我形体以使我有所寄托，给了我生命以使我勤劳，又用衰老让我安逸，最后又用死亡让我安息。所以说把生存看作是好事的，也必然把死亡看作是好事。把船藏在山谷里，把山藏在大泽中，称得上很牢靠了。然而夜半之时，倘若有造化的大力士把它们背走，愚昧的人是不会知道的。把小的东西藏在大的东西里面，可以说是很合适了，但还是有所亡失。如果把天下隐藏在天下之中是不会亡失的，这是万物普遍的至理。

❀ 赏析

《庄子》外篇有一章叫"胠箧（qū qiè）"，"胠箧"意为盗窃，此章由盗窃箱匣的"小盗"而说到盗窃国家与仁义的"大盗"。在这一篇中，庄子不反对仁义，但是他说仁义既能为圣人所施行，也能为大盗利用，而"天下之善人少而不善人多"，所以施行的时候就少，而利用的时候居多，结果是"利天下也少，而害天下也多"。

防止小盗、大盗有什么办法？答案就在《大宗师》中。庄子说道："夫藏舟于壑，藏山于泽，谓之固矣！然而夜半有力者负之而走，昧者不知也。藏大小有宜，犹有所遁。若夫藏天下于天下，而不得所遁，是恒物之大情也。"藏宝物在箱箧，叫作"藏小"。藏大物，叫作"藏大"。何为大物？《在宥》说"夫有土者，有大物也"，"藏天下于天下"就是藏大物。

什么叫作天下？为天下人公共所有的就是天下。

现代政治是社会性的政治，而在庄子的政治哲学中，政治并不区别于自然存在。它含自然于一身，是人与人、人与人类整体、人与自然的关系，是道的最大建构者，而道亦是政治的可能与目的。庄子以"藏天下于天下"作为其政治哲学的关键理念，本意是使每个生命个体在政治生活中回归本性，自做主宰。

（十四）

✿ 原文

秋水时至[1]，百川灌河[2]。泾流[3]之大，两涘[4]渚崖[5]之间，不辩牛马[6]。于是焉河伯[7]欣然自喜，以天下之美[8]为尽在己。顺流而东行，至于北海[9]，东面而视，不见水端。于是焉河伯始旋[10]其面目，望洋[11]向若[12]而叹曰："野语有之曰：'闻道百，以为莫己若[13]'者，我之谓也。且夫我尝闻少仲尼之闻，而轻伯夷之义者[14]，始吾弗信。今我睹子之难穷[15]也，吾非至于子之门则殆[16]矣，吾长见笑于大方之家[17]。"（《庄子·秋水》）

✿ 注释

[1] 秋水时至：秋季之水，应时而至。

[2] 河：黄河。古代河为黄河专名，黄河及其支流均专称为河。

[3] 泾流：水流。

[4] 两涘：两岸。涘，岸。

[5] 渚崖：河洲与河岸。渚，水中山岛或小洲。

[6] 不辩牛马：言以牛马之大，已分辨不清。辩，通"辨"。

[7] 河伯：黄河神名，实为上古山川诸侯，名冯夷。

[8] 天下之美：天下之大。美丑相对，丑亦有小义。下文"观于大海，乃知尔丑"，丑解为"小"。

[9] 北海：黄河入海处，在东海之北，故名。古代黄河入海处在今地北，成玄英谓为唐代莱州。

[10] 旋：回转，反转。

[11] 望洋：仰视貌。

[12] 若：北海神名。下文称作"北海若"。

[13] "闻道百"二句：谓道不只百，闻道百以为莫若己，为不自量之义。物之数不只百，百之上尚有千、万、亿、兆。对兆而言，百仅为万分之一。道，指物之教。下文"号物之数谓之万"亦此意。莫己若，莫若己之倒装。

[14] "且夫我尝闻少仲尼之闻"二句：二句为当时共识，学者均以孔子之学最博，伯夷之义最著，故举为喻。

[15] 穷：穷尽。

[16] 殆：危困。

[17] 吾长见笑于大方之家：见笑，被嘲笑。大方之家，明于大道之学者。方，家，家派，学有所承称为家。成语"贻笑大方"来源于此。

❀ 翻译

秋雨按时而降，大小溪水都灌入了黄河。水流的浩大宽广，两岸及河中水洲之间，连牛马都不能分辨。于是乎河伯欣然自得，以为天下的盛美都集中在自己身上了。它顺着水流向东前进，到达了北海，面向东方望去，不见大海的尽头。于是乎河伯这才改变自得的态度，仰起头对着海神若，感叹说："俗话说'听了很多道理，总觉得都不如自己高明'，说的就是我这种人啊。而且我还曾经听说过认为孔子的见闻很少和轻视伯夷气节的话，当初我还不信。现在我目睹了你那望不到边的海水，难以穷尽，我若不是来到你的门前，那就危险了，我将永远被得道的人嘲笑。"

❀ 赏析

《秋水》这一篇，按次序是排在外篇中间的，但是地位很高，历代都有极好的评价。

此篇开始是河伯和北海若的七次对答，篇幅将近二千字。开篇说河伯欣然自喜，后自称见笑于大方之家，已十分精彩。然后承接《逍遥游》"小大之辩"的话题，讲井蛙不可以语于海的道理。紧接着又否定数量上的大小差别，由万物的"量"讨论到万物的"质"。最后由讨论万物进而阐述天道，天道涵括万物、超越万物，同时道又遍及于万物，因循万物。由此而切入《齐物论》的主题。文中譬喻、说理交错，韵文、散文间杂，确能令人产生目不暇接之感。

需要指出的是，庄子关于道与物的关系的论述，并非简单地讲"共性寓于个性之中，个性与共性相联系而存在"之类。庄子对物性的关注，是透过"量"看到"质"，认为物性到其终极其实与"量"无关。明明是一些物质存在，庄子则提出不能用"量"加以衡定。

这无关乎精粗小大的物究竟是些什么物质，处于什么样的状态，具有怎样的属性，都引人遐想。到了《庚桑楚》篇，我们又可见到庄子提出了一个非常独特的"宇宙"定义，其中心思想仍然是强调物质的质，而否定物质的外在属性。《秋水》和《庚桑楚》这两篇文字内容相互关联，而其他篇中的表述不如这两篇完整，所以这两篇是特别宝贵的。

（十五）

原文

庄子与惠子游于濠梁[1]之上。

庄子曰："儵鱼[2]出游从容，是鱼之乐也。"

惠子曰："子非鱼，安[3]知鱼之乐？"

庄子曰："子非我，安知我不知鱼之乐？"

惠子曰："我非子，固不知子矣；子固非鱼也，子之不知鱼之乐全矣！"

庄子曰："请循其本[4]。子曰'汝安知鱼乐'云者，既已知吾知之而问我。我知之濠上也[5]。"（《庄子·秋水》）

注释

[1] 濠（háo）梁：濠，水名，在今安徽凤阳北。梁：拦河堰。

[2] 儵（tiáo）鱼：鱼名，又名白儵、白鲦。

[3] 安：疑问词，何。

[4] 请循其本：谓返回惠子初始之语。循，解为"由"。本，解为"初"。

[5] 我知之濠上也：此句并非"安知鱼之乐"的真解，庄子似在表明一种直觉感悟。

翻译

庄子与惠子在濠水桥上游玩。庄子说："儵鱼游来游去，从容自在，这是鱼的快乐。"

惠子说："你不是鱼，怎么会知道鱼的快乐？"

庄子说："你不是我，怎么会知道我不知道鱼的快乐？"

惠子说："我不是你，固然不知道你的想法；你原本也不是鱼，你也不知道鱼的快乐，这也是完全可以肯定的！"

庄子说："请追溯你原来问我的话，你说的'你怎么会知道鱼的快乐'这句话，说明你已经知道我知道鱼的快乐才来问我的。现在我来告诉你吧，我是在濠水拦河堰上知道的。"

赏析

《庄子与惠子游于濠梁》轻松闲适，诗意盎然。一力辩，一巧辩；一求真，一尚美；一拘泥，一超然，让人读后会心一笑而沉思良久。惠子好辩，重分析，对于事物有一种寻根究底的认知态度，重在知识的探讨；庄子智辩，重观赏，对外界的认识带有欣赏的态度，将主观的情意发挥到外物上而产生移情同感的作用。如果说惠子带有逻辑家的个性，那么庄子则具有艺术家的风貌。

近年来，也有哲学家对此表示怀疑。因为庄子所说，只是自己的一种体验，把体验当成认知，固然表现了其超然的态度，但对认知却大有不利，因为认知与体验是两回事。严格来说，庄子并没有从逻辑上反驳惠施，而是把逻辑引到了惠施够不到的地方，即个人当下的内心体验，而这是"如鱼饮水，冷暖自知"，不足为外人道的。

三、阅读链接

中国水墨画

中国水墨画肇始于唐代。中国早期的绘画是以丹青赋彩为主的，水墨画只是在唐代才兴起。考唐代及其之前的中国绘画则主要是以人物画为主，且山水、人物均勾线填色，直到唐中期水墨画兴起，自古就以丹青赋彩而胜的中国绘画则逐渐退居到了第二位，代之而起的文人水墨写意画逐渐成了中国画坛的主流，至今在大多数人的心目中，中国画基本上就是指水墨写意画。

唐代王维是水墨山水画之鼻祖。张彦远《历代名画记》卷十王维条记载："余曾见破墨山水，笔迹劲爽。"董其昌在《画禅室随笔》中也写道："南宗则王摩诘（王维）始用渲淡，一变勾斫之法。"水墨画在唐代的出现是中国绘画发展史上的一个重要转折点，从此代表着中国绘画艺术主流精神的文人水墨写意画逐渐兴盛起来。宋、元是文人水墨写意画极其辉煌的时期，元四家的山水画对后世影响特别大。明末董其昌将王维列为南宗画之祖，将李思训列为北宗画之祖。李思训画山水赋彩厚重，金碧辉煌，而王维用水墨画山水，笔墨婉丽，气韵高清。中国绘画自唐之后确实是沿着文人水墨画这条线发展的。

中国水墨画确是一种独特的造型艺术，本来阳光洒向大地，世间充满了温馨和斑斓的色彩，反映在绘画中也应是多姿多彩的。但是，唯中国的水墨画排斥自然界的五彩之美，以单纯朴素的墨色渲染出世间万物的另一种精神面貌，画家在墨色、墨气、墨韵中体悟着艺术的生命，以及由此所获得的精神满足。老子说："天之道，不争而善胜，不言而善应，不召而自来，繟然而善谋。"道不争、不言，却能应万物，所以道常无为而又无不为。道的自然之性被老子奉为最尊贵的道德，老子说："道之尊，德之贵，夫莫之命而常自然。(《老子》第五十一章)，而中国水墨画的艺术精神正体现了道的这种自然之属性，比如荆浩《笔法记》论绘画"六要"，其中谈到："墨者，高低晕淡，品物浅深，文采自然，似非因笔。"荆浩指出了墨在绘画中的表现力，用墨画画，以水分的多少调墨，就可以形成深浅不同的层次，所画对象的阴阳向背皆可得到自然表现，并不是着力用笔刻画的结果。

唐代符载论张璪的画鲜明地体现了水墨画所具有的老庄之道的自然之精神，比如他说："观夫张公之艺非画也，真道也。当其有事，已知夫遗去机巧，意冥玄化，而物在灵府，不在耳目。"按照记载张璪是用水墨画松石的，这也正是画家画画时能够得心应手，顺性而成，以天合天，忘记造作和文饰的主要原因之一，所以符载观看张璪画画时感觉到画家具有了得道的精神。这正如大家所熟悉的《庄子》书中描写的"庖丁解牛"和"孔子观于吕梁"等的故事。

五代山水画家荆浩在《笔法记》中还评王维的渲淡山水"笔墨婉丽，气韵高清。巧写象成，亦动真思"，评项容的画"用墨独得玄门，用笔全无其骨"。这里水墨画给人的感受是，笔气墨韵委婉秀丽，高雅清新，易兴发画家的真性情，而且用墨画画能够独得玄门，这更充分地体现了水墨的精神与老庄哲学道的精神的相契合。因为真和玄都是老庄哲学道的属性，庄子说："礼者，世俗之所为也；真者，所以受于天也，自然不可易也。故圣人法天贵真不拘于俗。"真与礼相对，礼是世人制定的，真受于天，真是天性的自然流露，真是道法自然的结果。因此，荆浩所说的亦动真思就是对道的体悟。《庄子·大宗师》言"且有真人而后有真知"，所谓真人、至人、圣人都是能够得道的人，所以有真知。而"真者，精诚之至也。不精不诚，不能动人""真在内者，神动于外，是所以贵真也"。真就是自然、精诚、厚实。真的反面是礼、华、媚、饰、薄等。老子说："夫礼者，忠信之薄而乱之首；前识者，道之华而愚之始。是以大丈夫处其厚不居其薄，处其实不居其华。"真是事物内在的本质，而华伪是事物的皮相，所以荆浩《笔法记》写道："画者，画也，度物象而取其真。物之华，取其华。物之实，取其实。不可执华为实。若不知术，苟似，可也。图真，不可及也。"

老子认为道是有与无、妙与徼的统一体，同谓之曰玄。玄是道的归属，道就是玄，玄为远。中国画易在咫尺之内，写千里之图，穷天地之不至，显日月之不照，这都是远。北宋郭熙提出画山水画的"三远"法："山有三远，自山下而仰山颠谓之高远，自山前而窥山后谓之深远，自近山而望远山谓之平远。"远的极处即为玄，这正是玄之又玄，众妙之门。玄的终极是奥妙，是虚无，但这是万物的根本，是最终的真实，是道的杳冥虚无的一面。中国画家称赞优秀的绘画作品时会说"笔精墨妙"，墨妙就是具有无法用言语把握的玄奥微妙的韵味。

水墨画最突出的特色就是对墨的发挥和对色彩的排斥，在这一点上水墨画更加充分地体现了老庄哲学的朴素色彩观。老庄哲学的核心是道，而道是原始的混沌，道的特性是自然、朴素、无为、不争、玄妙。老子、庄子都向往道的朴素、自然之美，老子说"挫其锐，解其纷，和其光，同其尘，是为玄同"。庄子说"朴素而天下莫能与之争美""故素也者，谓其无所与杂也；纯也者，谓其不亏其神也。能体纯素，谓之真人"。老子、庄子都认为朴素、纯洁、无瑕，是真美，是圣人所向往的大美。基于这种对道的自然朴素之色彩的崇尚，老子和庄子就自然而然地认为"五色令人目盲"。在老子和庄子看来五色只能刺激人的感官，迷惑人的眼睛，使得人们受事物表面现象的干扰，不能感受到天地间的大美。因此，老子说："是以大丈夫处其厚不居其薄；处其实不居其华。故去彼取此"。

老子和庄子所提倡的素朴、自然的色彩观在中国水墨画中得到了进一步的落实和充分的体现，因为当水墨画在唐代兴起之后，色彩在绘画中的地位不断得到排斥，而有关水墨画的理论却往往不经意地与老子、庄子的哲学精神相吻合。色彩画被认为"虽巧而华"，而水墨画则是"运墨而五色具，谓之得意。意在五色，则物象乖矣"，这里的得意即得道，道是万物原始的混沌，是素朴，所以道（意）在五色则物象怪矣。人们常谓水墨画具有"清水出芙蓉，天然去雕饰"的自然之美，具有空灵虚静之感。

天地间的道是虽动而虚静的，庄子说"唯道集虚，虚者，心斋也"。虚乃是静，圣人之心是静的，画家画画也要求静，宗炳讲"澄怀味象（道）"，画家画画时主体的心胸要虚静，不能为世俗的功利所左右，画的境界也才能静。而水墨画更善于表现这种虚静惨淡的艺术境界，比如倪云林的一河两段式水墨写意山水，平远构图，用笔恬淡，意思深远，皆得之于静的境界。齐白石画虾也是全用水墨，不勾一丝水纹，给人的感觉却是那么的真实、自然，这正源于景静虾才能无拘无束、自由自在地在水中游。

四、思考练习

1. 简述庄子的生平和事迹。

2. 庄子在哲学思想上继承和发展了老子"道法自然"的思想观点,从"贵生""为我"引向"达生""忘我","达生""忘我"可归结为天然的"道"与个人的"我"合一,谈谈你对道我合一的理解。

五、综合实践

"濠梁之辩"是战国时期两位哲学家庄子和惠子的著名辩论,其实质是两种不同的看待世界的方式。庄子以诗意的境界让人与自然融为一体来感受自然的美;惠子以科学的态度来认识世界。

尝试请两个同学扮演庄子和惠子来表演"濠梁之辩"。

六、阅读书目

1. 陈鼓应著:《庄子今注今译》,中华书局,1983 年。

2. 崔大华著:《庄学研究》,人民出版社,1992 年。

3. 王博著:《庄子哲学》,北京大学出版社,2004 年。

第四节

《韩非子》

一、经典导读

《韩非子》是战国时期思想家、法家韩非子的著作总集。《韩非子》是在韩非子逝世后,由后人辑集而成的,全书五十五篇。

韩非子出身韩国贵族,据说是战国末期韩国国君韩王歇之子,约生于公元前 280 年,死于公元前 233 年。是中国古代著名的哲学家、思想家,政论家和散文家,法家思想的集大成者。

《韩非子》中文章说理精密,语言简洁,议论犀利,文字冷峻。体裁有论说体、问答体、叙述体、书信体，善用历史故事、传说、寓言故事等来说理。《韩非子》中寓言故事有三四百则，著名的有"自相矛盾""守株待兔""讳疾忌医""滥竽充数""老马识途"等。这些生动的寓言故事是抽象思维的具体化，具有深刻的哲理性和尖锐的讽刺性，给人们以智慧的启迪，具有不朽的魅力。

二、经典选读

《韩非子》六则
（一）

📖 原文

事[1]在四方[2]，要[3]在中央[4]。圣人[5]执要，四方来效[6]。（《韩非子·扬权》）

🔖 注释

[1] 事：政事，事务。

[2] 四方：天下，各处。此处指各地官员。

[3] 要：要害，关键。此处指国家大权。

[4] 中央：四方之中，古指国君。

[5] 圣人：君主时代对帝王的尊称。此处指贤明的君主。

[6] 效：效劳。

📖 翻译

政事由地方官员去处理，大权集中在国君。圣明君主执掌着大权，各地官员就会来效劳。

📖 赏析

在韩非子生活的时代，各国之间不断纷争，国内常有臣下杀死君主自立或拥立新君的事。"春秋之中，弑君三十六，亡国五十二，诸侯奔走不得保其社稷者不可胜数。"至战国时，这种形势愈演愈烈，整个社会秩序几乎荡然无存。面对这种巨变，韩非子总结了战国时期法家的思想和实践，特别是商鞅的郡县制，并设计了一种不同于西周时期的新型的国家形式——中央集权制，为中央集权的大一统国家的建立提供了理论依据。他主张"事在四方，要在中央。圣人执要，四方来效"。"要在中央"，是指立法大权和行政大权归统一的中央政府掌握，地方必须服从中央。"圣人执要"，是指中央政府的最后决定权要掌握在君主手中，官吏和老百姓必须服从君主，全国分散的人力、物力、财力等组织起来并有效地控制在君主手里，即实行君主专制独裁。君主权力不可分割，君权分散是国家衰败的前兆。韩非子认为，君主要善于发挥臣下的才能，信任他们，政事分给地方官吏去管理。但国家的最高权力，则要集中在君主手中。如果大臣权力太大，威望太高，就会严重影响君主权力的实行，进而导致君权的旁落和国家的灭亡。也就是说，君主权力的大小和君主是否掌握绝对权力，是一个国家存亡的关键所在。只有将治理天下的权力集中于君主一人，才能富国强兵，统一天下。这种加强君权的主张，适合当时即将出现的封建大统一的要求，所以受到秦始皇和后来封建帝王的欢迎。

韩非子加强君主权力、建立中央集权制的主张，对于结束战国纷争，建立封建大一统王朝具有积极作用，对中国历史产生了深远影响。但韩非子君权至上、中央集权的思想也有弊端。一是产生权力崇拜，人们认识到地位越高，权力越大，可支配的资源就越多，所以一些追名逐利之徒，不择手段攫取权力满足私利。同时这种权力崇拜，也容易使君臣关系紧张，在中国历史中，就有大臣因为觊觎、争夺皇权而使朝廷腥风血雨，使国家处于动荡之中，使社会生产力遭到巨大破坏。二是容易造成思想禁锢。为了达到皇权至上，君主独尊的理想境界，掌权者就要钳制人们的思想，起用霸权酷吏之术，如秦始皇焚书坑儒就是如此。三是容易产生愚忠思想，让大臣失去自我。在韩非子看来，君主是神圣不可侵犯的，即使本意出于忠君，但是侵犯君主，就是"大逆"。而在臣子看来，只要忠于君主就有美好声誉，所以一些臣子明知君主做错了，却不阻止。四是君权至上，缺少约束机制，容易产生暴君、昏君。要保持君主绝对权威，君主必定独裁。而一个独裁的君主，就可以任意杀戮，就可以为所欲为。

（二）

🕊 原文

故古之能致[1]功名者，众人助之以力[2]，近者结之以成[3]，远者誉[4]之以名，尊者载[5]之以势。（《韩非子·功名》）

🔘 注释

[1] 致：实现，达到。

[2] 助之以力：倒装句。以力助之。"结之以成""誉之以名""载之以势"同此。

[3] 成：通"诚"。

[4] 誉：称赞，赞美。

[5] 载：通"戴"，拥戴。

🔆 翻译

所以古代能够成就功名的人，是因为众人用力帮助他，身边的人真心和他结交，关系远的人用美名赞誉他，地位高的人用权势拥戴他。

✳ 赏析

韩非子在《功名》中说："明君之所以立功成名者四：一曰天时，二曰人心，三曰技能，四曰势位。"意思是要做一位名垂青史的"明君"，需要四个必备条件：第一是天时，第二是人心，第三是技能，第四是权势地位。而汤因比在《历史研究》中，对此的概括则更为言简意赅：一个人能在多大程度上掌控自己的命运并最终获得成就，在于时机、群众基础、自身才能和地位非凡之人的扶持。

在《功名》中，韩非子认为四个条件中最重要的是"势位"。他在文中说，如果有才能而没有权势，虽然贤能也不能制服不肖之徒。因此，将一尺长的木材放到高山上，就可以俯视千仞深的沟壑，并不是木材很长，而是站的地势很高。夏桀作为天子，别人都听他的话，并不是他贤能，而是他统摄君位的缘故；尧作为一个普通人，不能管好三家人，并不是他不贤，而是他地位卑微的缘故。千钧重的东西得到船载就能浮在水面上，几两重的东西没有船载就会沉入水中，并不是因为千钧轻而几两的东西重，而是因为有载体与没有载体的关系。所以短的木材能够下临千仞之溪，是因为它的位置；不肖之徒能够制服贤人，是因为权势。韩非子文中的"势位"，就是指一个人的政治地位、政治权势。在封建社会里，一个人没有权势，很难有所作为，建功立业。

韩非子认为"势位"重要，但他也认识到"人心"同样重要，所以他在文中得出这样的结论："故古之能致功名者，众人助之以力，近者结之以成，远者誉之以名，尊者载之以势。"从历史和现实看，"人心"比"势位"更重要，因为失去"人心"，"势位"也就难保。孟子曾云："天时不如地利，地利不如人和。""得道多助，失道寡助。"唐太宗也说："水可载舟，亦可覆舟。"从这些名言中，可看出人心的重要性。从中国历史的发展看，当统治者失去人心，国家就会陷于混乱状态，最终导致王朝覆灭。一个公司，主要领导人不能凝聚人心，就缺少凝聚力，就没有号召力和执行力。公司就可能人浮于事，各行其是，效率低下。因此，团队的领导者，要善于凝聚人心，让整个团队形成合力，让每个成员积极主动谋事、干事。

在现代社会，要凝聚人心，"技能"同样重要。现代科技高速发展，知识更新的速度越来越快，一个人领导者如果没有一定的知识储备，没有很强的学习能力，不能与时俱进，这样的人很容易被社会淘汰。因此，每一个人都要时时加强学习，提高自己的学习能力，这样才能跟上时代的步伐，实现自己的理想。

（三）

🪷 原文

树[1]橘柚者，食之则甘，嗅[2]之则香；树枳棘[3]者，成而刺人。故君子慎所树。（《韩非子·外储说左下》）

◎ 注释

[1]树：培育、种植。

[2]嗅：闻。

[3]枳棘：带刺的植物。枳，又叫"枸橘"。棘，酸枣树。

❀ 翻译

种植蜜橘和柚树，吃它们的果实就会感到很甘甜，闻起它们的气味很香，种植枸橘和酸枣树的，树长大后反过来会扎伤人。所以君子要十分谨慎地选择自己所要培养的人。

❀ 赏析

如何培养人才、选拔人才是一个永恒的命题。一个家庭要培养好自己的孩子，一个公司要培养自己的技术人才和管理人才，一个国家要培养大量合格的建设者。如何培养人才，培养什么样的人才，是人们时时要思考的问题，特别是管理者和领导者。韩非子认为能够担任重任的人才必须是"贤"与"能"的有机结合，既是"贤者"，又是"能人"。他强调"所举者必有贤，所用者必有能"(《韩非子·人主》)。培养人才的首要标准是"贤"，也就是人的品德要求。以现代社会标准来看，贤者要有正确的世界观、人生观和价值观，要明纪守法，要忠诚于自己的事业。万千人中如何确定自己所要培养的人才，这就要"听言""察实"。所谓"听言"，即听取言谈。韩非子指出："不听其言也，则无术者不知。"(《韩非子·六反》)语言是思想的外化，是观察人的一个重要渠道。"听言"时不要被华丽的语言所迷惑，要看他是否言之有理、言之有物。"察实"，即检查实绩。也就是查看、调查其平时所作所为是否符合当时的道德和法律，查看他能够做些什么。在培养选拔人才过程中，要避免"为其多智，因惑其信"，也就是不要被其才所吸引而忽视其德。从历史和现实看，一旦有才无德的人掌握一定的权力，就会成为"枳棘"，他们便会借助权力而谋取更多的利益，给集体、国家带来巨大损失。当然，要使培养、选拔的人才是"橘柚"，那就不仅要求他有德有才，还要在具体工作中不断考察他。要选拔优秀人才，就要拓宽人才选拔的面，韩非子主张君主用人应摒弃门户之见，无论是山林野民，还是市井农夫，只要确有才德，都应该任用。

在培养人才之外，还有一个如何用才的问题，人才任用不当，也会使"橘柚"变成"枳棘"。如果一个领导不会用人，那么人才再多也没有作用。三国时，袁绍身边有很多人才，但最后不少杰出人才离他而去。曹操由于会选人、用人，吸引了大量人才，成就了他的大业。韩非子认为对人才要用其长，避其短，把合适的人放在合适的岗位上，做到人尽其才。要善于发挥人才整体作用，做到长短互补，形成最理想的人才优化组合。

（四）

🈯 原文

不以[1]智累心[2]，不以私[3]累[4]己；寄治乱于法术[5]，托是非于赏罚。（《韩非子·大体》）

🈯 注释

[1]不以：不用，不让。

[2]累心：劳心，使心受累。

[3]私：私欲、私利。

[4]累：牵累、拖累。

[5]法术："法"与"术"的合称。韩非子认为商鞅言"法"，申不害言"术"，两人所言皆有所偏，因而主张两者兼用。后因以"法术"指法家的学术。

🈯 翻译

不让智巧干扰心境，不让私利拖累自身；把国家的治乱寄托在法与术上，把事物的是非寄托在赏与罚上。

🈯 赏析

"寄治乱于法术，托是非于赏罚。"强调了法律和赏罚的重要性。韩非子在总结前人思想的基础上特别重视法的作用。他认为法是治国之本,法是治国理政最行之有效的手段。法律条令可以规范人们的言行,从而使得政治稳定,社会和谐。国君只有奉法而治,国家才会稳定、富强。法最主要的作用是赏罚,法令应明确赏罚的界限,守法者赏,违法者罚。要做到有法必依,违法必究,有功必赏,有罪必罚,"王子犯法与庶民同罪",不允许任何人凭借自己的优越条件或手中的权力随意赏罚乃至以权谋私。如果执政者因仁慈之心或人情而不能依法办事,不但会影响法的严肃性,甚至会动摇法的权威性,从而使人对严肃的法律产生怀疑,让人们轻视法律甚至践踏法律,给社会的稳定带来极大的破坏。因此,功罪一经法定,执法者便不能再自作主张,任意加重或减轻刑罚,坚决杜绝任何个人意愿或情感干扰法令执行的可能性。

(五)

☯ 原文

烹小鲜[1]而数[2]挠[3]之,则贼[4]其泽[5];治大国而数变法,则民苦[6]之。(《韩非子·解老》)

◎ 注释

[1]小鲜:鲜,鱼也。小鲜即小鱼。

[2]数(shuò):屡次、频频。

[3]挠:搅动。

[4]贼:残害;伤害。

[5]泽:光泽。

[6]苦:困苦,劳苦。此处为意动用法,即"以……为苦"。

❀ 翻译

烹煮小鱼而频频翻动它,就会伤害它的光泽;治理大国而屡屡改动法令,百姓就会为此而劳苦。

❋ 赏析

"治大国而数变法,则民苦之。"是告诉统治者要保持法的统一性和稳定性,如果朝令夕改,百姓会无所适从,奸臣就有机可乘,就会削弱法的效力,损伤法的权威性。"法禁易变,号令数下者,可亡也。"韩非子多次强调法律的制定和执行要固定统一、不可更改。因为只有保持法的稳定,才能让人信法守法,坚定人奉法而治的决心。只有保持法的稳定性,才能使法逐渐地深入人心,最后使守法成为人们的一种习惯行为。韩非子认为法应该由官府制定并且要公布于众,让人民知道自己的责任和义务,从而更好地去遵守法律秩序。韩非子认为越是稳固的法制就越是好的法制,就越能发挥法的作用。

法律要保持稳定性,这样才能让执法者依法办事,百姓依法行事,社会和谐稳定。但任何事情都是相对的,朝令夕改、反复无常的律法自然不利于法制的建设,但如果随着时代的发展,社会的变化而对法律固守不变,也会降低法律的效用。因此,要随着社会的进步及时作出适当的修改,使法律更好地发挥它对社会的治理作用。

（六）

❀ 原文

> 外举[1]不避[2]仇，内[3]举不避子[4]。（《韩非子·外储说》）

❀ 注释

[1] 举：举荐，推荐。

[2] 避：回避，躲避。

[3] 内：室，内室。此处意为亲属、亲信。

[4] 子：儿女。古人称子兼男女。

❀ 翻译

举荐外人时不回避自己的仇人，举荐亲信时不回避自己的孩子。

❀ 赏析

如何选拔官员，用什么方式选拔官员，是历朝历代都要直面的问题。从远古时期到原始社会末期，人才选拔是主观性极强的禅让制，后来由部落首领讨论推荐，选拔贤能之人。到了西周，是乡举里选，即举荐士大夫阶层以下德才兼备的官员，到了春秋战国时期，选拔的范围不断扩大。到了秦汉时期，除了举荐，选拔官员的最重要方式是察举制。在魏晋时期，推行九品中正制。在隋、唐实行科举选拔人才之前，选人制度以举荐为主。举荐人才的关键是举荐者能否做到公平、公正。"外举不避仇，内举不避子。"就是对举荐者的要求之一。即举荐者在举荐人才时，不但要公平、公正，还要胸怀宽广，没有私心。要做到"外举不避仇，内举不避子"，要求举荐者以集体、国家为重，抛弃个人恩怨，没有私心，不顾毁誉，唯才是举。这句话告诉我们，在任何时候不要被恩仇私利遮蔽双眼，不要被私情拖累身心，要胸怀坦荡，目光长远。

三、阅读链接

商鞅变法与秦统一

对于中华民族的统一，商鞅变法功不可没。商鞅不仅是法家思想体系的奠基人之一，而且是一位杰出的政治家，他被秦孝公重用后，在秦国大刀阔斧地实行变法，取得了一系列成就，使秦国国力大增，从弱国一跃成为强国，商鞅的法治思想及其改革目标就是富国强兵，为秦国一统天下打下基础。

商鞅所处的时代，正是战国七雄逐鹿中原，相互争战、兼并统一的时代。秦国地处西部边陲，政治、经济、文化相对落后，常遭中原诸国欺凌，为了实现富国强兵，秦孝公元年（前361年）下招贤令，商鞅在这一年入秦。商鞅原是卫国贵族的后裔，后来得到了秦孝公的信任，被封为左庶长，在秦国主持变法，于公元前356年、公元前350年先后两次颁布变法措施，主要内容是：开阡陌，废井田，承认土地私有，允许自由买卖，取消贵族世卿世禄制，按军功授田；推行郡县制，在秦境内设立31个县；编定户籍，以五家为"伍"，十家为"什"，实行连坐。在第一次变法时，他颁布了"军功授

商鞅变法与
秦统一

爵"制，论功行赏。在新法颁布前，他在国都徙木立信。在第一次变法后，秦国便大胜卫国，攻取大梁，后来又强渡黄河，围困魏国旧都安邑。

前350年，秦迁都咸阳，普遍推行郡县制。商鞅把许多乡、邑聚合共建县31个，首长由中央派任，直属国君，建立了中国历史上第一个专制的中央集权制。它既加强了对农民的统治，也增强了对贵族和游民的打击。商鞅在全国普遍夺游民的田地来奖励耕战有功的新兴地主和农民，把贵族的封疆（大田界）和阡陌（小田界）全部打开，收归国有，然后按军功爵禄重新分配，重划田界，迫使贵族和普通农民一样平均负担国家的赋税，剥夺了贵族"不课不纳"的经济特权。为保证赋税平均，商鞅同时颁布标准的度量衡器，统一了度量衡。在商鞅第二次变法后，秦国打败魏国收复河西战略要地，这些都是商鞅"以农兴本，以强兵为要"思想的主要体现。

这些改革推动了社会生产力的发展，让秦国迅速崛起，为秦始皇兼并六国奠定了基础。公元前338年，秦孝公去世，商鞅遭到了宗室旧贵族反对者的"车裂"，但其变法则由后世承袭下来，其重要主张经后人整理成《商君书》29篇，《汉书·艺文志》有录，现存24篇。

战国末期，周室已接近崩溃。秦便于前256年出兵兼并了周室，不久，秦王嬴政即位，他加紧进行兼并，用了十年时间先后灭亡了韩、赵、魏、楚、燕、齐六国，在前221年结束战乱统一了中国。

商鞅变法为秦国统一打下了坚实的基础，秦始皇实行的许多重大政策正是从商鞅变法发展而来的。商鞅变法是战国时期地主阶级的一次政治革命，推动了社会生产力的发展，顺应了历史发展的客观要求。

四、思考练习

1. 简述韩非子的生平和事迹。
2. 有人把韩非子列为帝王术的鼻祖，对此请谈谈你的看法。

五、综合实践

《韩非子》是法家的经典著作，多从国体、君王的视角对国家、法制、管理等方面展开思考和论述。全书共五十五章，每一个章节都提出了一个核心观点，通过说理的方法，直接阐述其学说理论，有的通过举例子、讲故事等，用事实说话，很多观点对于今天仍有很强的启示和借鉴意义。人们常说中国传统社会遵从的是外儒内法、儒法兼用的原则。

请以"儒家思想是中国传统社会管理的基础"和"法家思想是中国传统社会管理的基础"为题开展辩论赛。

六、阅读书目

1. （清）王先慎撰：《韩非子集解》，中华书局，2013年。
2. 贾太宏译注：《韩非子通释》，西苑出版社，2016年。
3. 周炽成著：《荀子韩非子的社会历史哲学》，中山大学出版社，2002年。

第五节

《墨子》

一、经典导读

《墨子》是墨子弟子根据墨子生平事迹的史料，收集其语录而形成的，是墨家学派思想成果的总集。

墨子（约前 468 年—前 376 年），姓墨，名翟，战国初期鲁国人（另说其是宋国人）。墨子是墨家学派创始人，一位伟大的思想家、教育家、政治家，而且是一位杰出的军事家和科学家，是中国历史上唯一一个农民出身的哲学家。

据《汉书·艺文志》记载，《墨子》原有 71 篇，但由于墨家在汉代之后就成为绝学，传习者极为罕见，再加上战乱兵祸等，流传至今只存 53 篇。《墨子》思想丰富，几乎涵盖了哲学、逻辑学、心理学、政治学、自然科学等各种学科的内容。《墨子》的科学理论有两点最为宝贵：一是它的一些自然科学定义性的语言，二是它勾画出了堪称科学方法的一整套理论，以及它显示出了真正的科学精神。《墨子》的逻辑学研究成果也达到了很高水平，其逻辑思想是中国历史上第一个较为完整的逻辑学体系。

从《墨子》一书可看出墨家重视生产知识，善于制造精良器械，强调应用科学，重视物理数学知识。书中有形学、力学、光学的研究记录；特别是光学研究，论阴影反射，论光之直线进行性质，平面镜、球面镜等，俨然是一部中国最早的完整光学著作。墨子思想中的科学精神，对古代中国的科学发展，具有一定的影响和贡献。

墨家的一些思想在当代依然有着积极意义。墨家提倡兼爱共处，倡导博爱人民，爱人、爱己，爱百姓，从而实现互爱互助的目标，这对我们构建和谐社会有着积极意义。墨家热爱劳动，急公好义，节俭利人，自苦勉行，勤俭节约，有助于我们确立正确的价值观。墨家特别贵义重信，有助于我们建设诚信社会。墨家崇尚贤能之才，不分贵贱，唯才是举，这种人才观对我们选拔人才仍有着积极意义。墨家敢于牺牲的精神，有助于培养我们勇于承担的精神和见义勇为的精神。墨家对社会财富分配具有远见卓识，关注人民共同富裕，通过兼爱消弭过度的贫富差距。我们在取得很大经济成就的今天，必须特别重视墨家节用制欲的消费观，以及艰苦奋斗、勤俭节约、控制消费、留意积累的合理思想。

墨子的侠义精神

二、经典选读

《墨子》六则
(一)

🔵 原文

> 子墨子[1]言曰："仁人[2]之所以为事[3]者，必兴天下之利，除去天下之害，以此为事者也。"（《墨子·兼爱中》）

🔵 注释

[1] 子墨子：墨子，子是先秦时期对别人的尊称。

[2] 仁人：仁义之人，仁德之人。

[3] 为事：处理政事。

🔵 翻译

墨子说："具有仁德的人处理政事，一定是兴办对天下有利的事情，革除对天下有害的事情，把这作为办事的宗旨。"

🔵 赏析

墨子所处社会是战争不断、生产废弛、生灵涂炭的乱世之秋，是"饥者不得食，寒者不得衣，劳者不得息"的社会，面对如此残酷的社会现实，墨子大声疾呼："仁人之所以为事者，必兴天下之利，除去天下之害。"墨子认为这是治理乱世，实现"兼爱""尚同"理想社会的必然途径。这是告诉当时统治者为政要遵循为天下的原则。墨子所说的利是合乎国家人民的利，是人民生活幸福安康，能够获得平等地位的利。而对百姓没有直接用处或有害的事物都是害，都要将其节制或者摒弃。为了兴利除害，墨子周游列国，不辞劳苦，宣传自己的主张，同时他以身作则、践行自己的主张，他严格规范自己的行为，平时生活清苦，"量腹而食，度身而衣"，希望以"自苦利天下"。墨子认为当时天下最大的害就是各国之间的战争，所以他倡导"非攻"，反对不义的战争。为了除害，墨家提出节俭的生活原则，反对奢侈浪费，重视农业生产。墨子为民兴利除害的思想为后来的进步思想家所继承和发展，在中国历史上产生了积极意义。后世的管子、白居易、王安石等人都主张兴办对人民有益的事业，除去妨碍民生的各种弊端。

墨子说："仁人之所以为事者，必兴天下之利，除去天下之害，以此为事者也。"但是"天下之利"是什么？"天下之害"又是什么？墨子认为天下之利与害存在于社会的和谐与否之中，存在于人与人之间是否"兼爱"之中，存在于国与国之间是否"非攻"之中。简言之，存在于"兼"与"别"之间。

墨子所提倡的"兼相爱、交相利"主要是一种不分人我、亲疏、贵贱、贫富、智愚、众寡等自然差异和社会差异的平等之爱，是与独知爱己的利己主义相对立的。

（二）

⚫ 原文

天下之人皆相爱，强[1]不执[2]弱，众不劫[3]寡，富不侮[4]贫，贵不敖[5]贱，诈不欺愚。凡天下祸篡[6]怨恨，可使毋起者，以相爱生也。是以[7]仁者[8]誉[9]之。（《墨子·兼爱中》）

⚫ 注释

［1］强：强大的人。形容词活用为名词。后面的"弱""众""寡""富""贫""贵""贱""诈""愚"都是这种用法。

［2］执：掌握，控制。

［3］劫：威逼，胁迫。

［4］侮：欺负。

［5］敖：通"傲"。傲慢而轻视。

［6］篡：非法地夺取，掠夺。

［7］是以：即"以是"。意为因此、所以。

［8］仁者：仁义之人。

［9］誉：称赞，赞美。

⚫ 翻译

天下的人都相爱，强大者就不会控制弱小者了，人多者就不会胁迫人少者了，富足者就不会欺侮贫困者了，尊贵者就不会傲视卑贱者了，狡诈者就不会欺骗愚笨者了。举凡天下的祸患、掠夺、埋怨、愤恨不再产生，其原因是相爱产生了。所以仁义之人称赞它。

⚫ 赏析

对于爱，儒家、道家、法家和墨家都有自己不同的见解。墨家的爱是"兼爱"。"兼爱"是墨家的核心思想。"兼爱"就是"兼相爱、交相利"，就是"爱人若爱其身"。兼爱可使"王公大人之所以安也，万民衣食之所以足也"（《墨子·兼爱中》）。墨子认为，君臣、父子、兄弟都要在平等的基础上相互友爱，这样国家和社会就会安定。墨子认为社会上出现强执弱、众劫寡、富侮贫、贵傲贱、诈欺愚的现象，就是天下人不相爱所致。从现代视角看，墨家的兼爱其实就是相互友爱、无私奉献；就是我为人人，人人为我；就是互惠互利，合作双赢；就是天下大同。

（三）

⚫ 原文

况[1]于兼相爱、交相利[2]，则与此异[3]！夫爱人者，人必从[4]而爱之；利人者，人必从而利之；恶[5]人者，人必从而恶之；害[6]人者，人必从而害之。（《墨子·兼爱中》）

◎ 注释

[1] 况：连词，何况。

[2] 兼相爱、交相利：人们全都相爱、交互得利。"兼"意为"全，都"。

[3] 异：不同。

[4] 从：跟随。

[5] 恶（wù）：讨厌；憎恨。

[6] 害：伤害，损害。

◎ 翻译

何况对于人们互相友爱，交互得利来说，则与此完全不同！凡是爱别人的人，别人一定跟随并爱他；有利于别人的人，别人一定跟随并有利于他；憎恶别人的人，别人一定跟随并憎恶他；损害别人的人，别人一定跟随并损害他。

◎ 赏析

"夫爱人者，人必从而爱之；利人者，人必从而利之"这句话道出了一个道理，就是想要得到他人的爱，首先要付出自己的爱，个人的利益必须在与他人利益的交换中实现；任何人只要本着爱的原则去对待他人，别人也会本着爱的原则回报他。时时关爱别人的人会得到别人的关爱，时时惠利别人的人会得到别人的惠利，当人人相互关爱、互利互惠时，人与人之间关系就会变得和谐，社会就十分安定。墨子希望通过人人相爱，实现"饥者得食，寒者得衣，劳者得息"的愿望。"恶人者，人必从而恶之；害人者，人必从而害之。"这两句话告诉我们，一个给他人和社会带来伤害的人，最终会被他人和社会所抛弃，直至受到法律制裁。因此，我们要"勿以善小而不为，勿以恶小而为之"。

墨子认为当时的社会之所以十分混乱、民不聊生，就是因为人与人之间不相爱，而消除这些现象，让国与国、人与人和平相处的最好方法，是相爱互利。

（四）

◎ 原文

墨子言曰："是故古之知者[1]之为天下度[2]也，必顺虑[3]其义，而后为之行。"（《墨子·非攻下》）

◎ 注释

[1] 知者："知"通"智"，知者即有智谋或智慧的人。

[2] 度（duó）：衡量；考虑。

[3] 顺虑：审慎地考虑，顺，通"慎"。

◎ 翻译

墨子说："所以古时有智慧的人为天下谋划，一定先审慎地考虑此事是否合乎义，然后再去做。"

◎ 赏析

墨子"贵义"，认为"万事莫贵于义"，每个人做事说话之前，先要考虑自己的言行是否合乎义，也就是人的所有言论行动都要符合"义"的标准。墨子认为把握了"义"，就像造轮子的人有了圆规、木匠有了曲尺一样。如何判断是否符合"义"呢？那就是是否利民。"义"就是"大不攻小也，强不侮弱也，众不贼寡也，诈不欺愚也，贵不傲贱也，富不骄贫也，壮不夺老也"。义就是国家人民的利益，只要是爱人利人的行为就是"义"，而害人损人的行为则是"不义"。墨子特别重视"义"的作用，他认为"天下有义则生，无义则死；有义则富，无义则贫；有义则治，无义则乱"。用义来治理国家，可以使人民富强，天下大治，社稷安稳，行义可以利民安国。墨子认为，当时的社会之所以战争不断，人们利欲熏心，道德沦丧，就是因为上到统治者，下到普通百姓，很多人做事时不是以"义"为标准，只追求个人私利。人与人之间交往要以"义"为准则，国与国之间交往也要以"义"为准则，否则国与国之间就容易发生冲突。

墨子以"义"为最高道德标准，认为"义"比生命还要宝贵。儒家也倡导杀身成仁、舍生取义。"是故古之知者之为天下度也，必顺虑其义，而后为之行"这句话，对现今仍然有着积极价值。我们在谋划事情的时候，确定奋斗目标的时候，首先要思考自己的所作所为是否符合"义"，也就是是否符合国家人民的利益，是否会损害他人利益，是否合乎社会公德，是否合乎法律法规。我们所作所为只有合乎大义，顺应时代发展潮流，才能实现自己的理想，才能成为一个对社会有用的人。

（五）

⊛ 原文

是故子墨子曰："今且天下之王公大人[1]士君子[2]，中情[3]将欲求兴天下之利，除天下之害，当若繁为攻伐，此实天下之巨害也。今欲为仁义，求为上士[4]，尚[5]欲中[6]圣王之道，下欲中国家百姓之利，故当若[7]'非攻'之为说，而将不可不察者此也！"（《墨子·非攻下》）

◎ 注释

[1]王公大人：国君重臣，后泛指高官贵人。

[2]士君子：古代指上层阶级人物。周制，"士"指做官的人，执法官，"君子"指卿、大夫和士。

[3]中情：谓内心真诚。

[4]上士：贤能之士，道德高尚的人。

[5]尚：通"上"。

[6]中（zhòng）：合于，符合。

[7]当若：倘若。

❀ 翻译

所以墨子说："现在天下的国君重臣和士子们，如果内心确实想谋求兴起天下的利益，除去天下的祸害，那么，假若频繁地进行攻伐，这实在是天下巨大的祸害。现在打算行仁义，求做贤能之士，上要符合圣王之道，下要符合国家百姓之利益，因而对于像

'非攻'这样的主张，将不可不详察的原因就在于此。"

🏵 赏析

墨子认为君子做事要"尚欲中圣王之道，下欲中国家百姓之利"，就不可不察"非攻"。"非攻"就是反对侵略战争。在墨子看来，君子要行仁义，就要"兴天下之利，除天下之害"。墨子站在"义"的立场，认为当时最大的害就是"强凌弱，众暴寡"的不义战争，所以墨子坚决反对侵略和掠夺战争，反对大国侵略小国，主张消除战乱，制止战争，实现和平。他指出"当若繁为攻伐，此实天下之巨害也"。因为对于发动战争的国家来说，战争会耽误农时，造成生产的荒废，使"百姓饥寒冻馁而死"，会耗费大量的财力和物力。对被侵略的国家来说，人民被杀戮，财富被掠夺，国家被灭亡，必然造成天下大乱，百姓不得安宁。这既不合于圣王之道，又不合于"国家百姓人民之利"。墨子提倡"非攻"，反对的是非正义的战争，但不反对抵抗暴力、保卫和平的正义的战争。

（六）

☯ 原文

是故子墨子言曰："古者有语[1]曰：君子不镜于水，而镜于人。镜于水，见面之容[2]；镜于人，则知吉与凶。今以攻战为利，则盖[3]尝[4]鉴之于智伯[5]之事乎？此其为不吉而凶，既可得而知矣。"（《墨子·非攻中》）

🉑 注释

[1]语：谚语、古语或成语。这里指谚语。

[2]容：仪容，容貌。

[3]盖（hé）：同"盍"，文言虚词，何不。

[4]尝：尝试。

[5]智伯：智瑶（前506年—前453年），姬姓，智氏，名瑶，因"智"通"知"，故古书多作知瑶、智瑶，智氏出于荀氏，故又多称其为荀瑶，时人尊称其为智伯（同"知伯"），谥号曰"襄"，故也称智襄子。春秋末年晋国四卿之一。智伯分别向韩康子、魏桓子、赵襄子三大夫勒索土地，只有赵氏不给，荀瑶大怒，联合韩、魏两氏攻击并击败赵襄子。赵襄子慌忙退守根据地晋阳，智伯包围并引晋水灌城二年之久。在即将获胜之际，却因他的一席话导致了韩、魏两氏倒戈，与赵氏联合反攻智氏阵地，智伯被擒并被杀，首级被赵襄子作成首爵，用以饮酒。智伯家族全部被屠灭，所有的领地被韩、魏、赵三家所瓜分。三晋分而七国之形立，历史从此进入战国时代。

🏵 翻译

所以墨子说道："古代的谚语说：'君子不用水为镜照自己，而是以别人为镜子。'在水中照镜子，只能看到人的容貌；而以人为镜子，则可以知吉凶对错。现在如果有人把攻战作为有利的事，那么为什么不试着以智伯失败的事为借鉴呢？这种事并不是吉利之事，而是凶险之事，已经可以知道了。"

❀ 赏析

墨子说："君子不镜于水，而镜于人。镜于水，见面之容；镜于人，则知吉与凶。"这是告诫人们要以人为鉴，以及时知吉凶。后世唐太宗也说过相似的话："以铜为鉴，可正衣冠；以古为鉴，可知兴替；以人为鉴，可明得失。"从墨子和唐太宗的话中看出以人为鉴的重要性。以史为鉴主要是以历史上一些典型人物为鉴，某种程度上就是以人为鉴。墨子面对当时社会现实，以史和人为鉴，创立墨家学说，提出"兼爱""非攻""尚贤"等主张。墨子以智伯这个"鉴"告诉当时的统治者好战必亡，是希望统治者能够以史为鉴、以人为鉴，吸取教训，实现"兼爱""非攻"。唐太宗以史和人为鉴而有了"贞观之治"，唐朝政通人和，百姓安居乐业。以人为鉴，可以知得失，可以闻道释疑，让人们能够从纷繁的人、事、物、史中寻找规律、发现问题，进而总结经验、吸取教训，最终远离歧途、摆正方向。以人为鉴，可以让人们走得正、走得远。这个鉴，可以来自历史，如历史中的先贤和英雄豪杰；可以来自现实，如那些为国为民英勇奋斗的杰出人物。人们要从"鉴"中照出真实的自己，发现自己的不足，如狭隘、偏见、浮躁、冷漠等；要见贤思齐，不断完善自己，提高自己明辨是非的能力，提升自己的道德境界。

既然以人为鉴可以知得失，那么我们交友要慎重。孔子说："益者三友，损者三友。友直，友谅，友多闻，益矣。友便辟，友善柔，友便佞，损矣。"以正直之友、诚信之友、知识渊博之友为鉴，才能使我们多多受益，才能使我们不断进步。以谄媚、奸诈之人为友，那是与"哈哈镜"为友，使我们看不清自己，使我们偏离正确航线，最后可能是船毁人灭。

◦ 三、阅读链接

墨子对于物质本原和属性的看法

对于物质的本原和属性问题，墨子也有精辟的阐述。在先秦诸子中，老子最早提出了物质的本原是"有生于无"。墨子则反对老子的这一思想，提出了万物始于"有"的主张。他指出，"无"有二种，一种是过去有过而如今没有了，如某种灭绝的飞禽，这不能因其已不存在而否定其曾为"有"；一种是从过去到现在从来没有过的事物，如天塌陷之事，这是本来就不存在的"无"。本来就不存在的"无"不会生"有"，本来存在、后来不存在的更不是"有"生于"无"。由此可见，"有"是客观存在的。墨子进而阐发了关于物质属性的问题。他认为，如果没有石头，就不会知道石头的坚硬和颜色，没有太阳和火，就不会知道热。也就是说，属性不会离开物质客体而存在，属性是物质客体的客观反映。

◦ 四、思考练习

1. 简述墨家创始人的生平和事迹。
2. 谈谈你对墨家"兼爱""非攻""尚贤""节用"思想主张的理解。

五、综合实践

墨家在诸子百家中是具有奉献精神和行动能力的一个学派。墨家子弟游走人间，行侠仗义，路见不平，拔刀相助，利国利民，成为传播正义的民间力量。随着秦汉大一统国家的建立，墨家学派逐渐失去了生存的现实基础而解体，后世的人们只能从武侠小说中感知墨家的侠义精神。

请以"金庸先生是墨家文化的弘扬者"为题开展主题研讨活动。

六、阅读书目

1. 方勇译注：《墨子》，中华书局，2015 年。
2. 孙中原著：《墨学通论》，辽宁教育出版社，1993 年。
3. 沈有鼎著：《墨经的逻辑学》，中国社会科学出版社，1982 年。
4. 方孝博著：《墨经中的数学和物理学》，中国社会科学出版社，1983 年。

第六节

《孙子兵法》

一、经典导读

《孙子兵法》的智慧

今本《孙子兵法》共十三篇，每篇皆以"孙子曰"开头。在《孙子兵法》中，孙武认为战争的胜败取决于人事。人事之中主要有五个因素：一是道义，二是天时，三是地利，四是将帅的才能，五是法令、制度，其中最重要的是道义。在谋攻问题上，《孙子兵法》提出了著名的"知彼知己，百战不殆""不知彼，不知己，每战必殆"的观点，指明了对敌对双方情况的了解同战争胜负的关系。在用兵问题上，《孙子兵法》提出了一系列战争中的矛盾的范畴，如众与寡、强与弱、攻与守、进与退、迂与直、患与利、奇与正、乱与治、静与哗、怯与勇、安与危、虚与实、劳与逸等，指出将帅在用兵中必须懂得这些矛盾双方相生相变、相互制约的道理，全面地考虑与运用这些矛盾双方的依存与转化关系。他说："是故智者之虑，必杂于利害。杂于利而务可信也，杂于害而患可解也。"（《九变篇》）"战势不过奇正，奇正之变不可胜穷也。奇正相生，如循环之无端，孰能穷之。"（《势篇》）军争中要"以迂为直，以患为利""以治待乱，以静待哗""以近待远，以佚待劳，以饱待饥"（《军争篇》），等等。在治军问题上，《孙子兵法》提出了"爱"与"严"、"赏"与"罚"、"文"与"武"这些矛盾着的两个方面要相互结合的原则。《孙子兵法》讲的是军事学，但同时具有方法论的意义，故为后世哲学、政治、外交乃至企业家所重视。其书很早就被介绍到世界各国，目前已有近20种语言的译本。现在的世界各国，不仅军事家学习《孙子兵法》，而且各行各业都掀起了学习《孙子兵法》的热潮，并且学以致用，学用结合，屡获佳绩。在日本，大公司训练员工，用《孙子兵法》；在韩国，公司搞"魔鬼拉练"靠《孙子兵法》。在美国，多所大学的商学院都把《孙子兵法》列为未来经理人员的必读书，并要求背诵部分章节。在现代市场营销中，有一种销售法则："人无我有，人有我优，人优我廉，人廉我去。"这就是《孙子兵法》中以己之长，攻彼之短的谋略的翻版。

　　《孙子兵法》篇章架构独具匠心，逻辑严谨；语言隽永绚丽，爱用排比句法，进行铺陈叙说；文风简约谨严，字字珠玑。明人汤宾尹说："其文字约而庄，简而郁，篇篇之中，俱成一家。"

二、经典选读

《孙子兵法》六则

（一）

🌀 原文

> 孙子曰：兵[1]者，国之大事[2]，死生之地，存亡之道[3]，不可不察[4]也。（《孙子兵法·计篇》）

◎ 注释

　　[1] 兵：本义指兵械。《说文解字》："兵，械也。"后引申为兵士、军队、战争等，这里作战争解。

　　[2] 国之大事：意即国家的重大事务。《左传·成公十三年》："国之大事，在祀与戎。"正与《孙子兵法》此语相合。孙子所处的春秋晚期，兼并战争正日趋激烈频繁，故合乎逻辑地产生了这样的思想认识。

　　[3] 死生之地，存亡之道：意谓战争直接关系到军民的安危，国家的存亡。杜牧注："国之存亡，人之死生，皆由于兵。"

　　[4] 不可不察：察，考察、研究。《论语·卫灵公》："众恶之，必察焉；众好之，必察焉。"不可不察，意指不可不仔细审察，谨慎对待。

❀ 翻译

　　孙子说：战争，是国家的重大事情，它关系到军民的生死，影响到政权的存亡，不可不认真地加以考察和研究。

❀ 赏析

《计篇》为《孙子兵法》的第一篇，在全书中具有提纲挈领的作用。

在本篇中，孙子高屋建瓴地提出了"兵者，国之大事，死生之地，存亡之道，不可不察也"这一重要的重战思想，使人有振聋发聩之感。《司马法·仁本第一》曾说："国虽大，好战必亡；天下虽安，忘战必危。"从古至今，无数血的事实无不从正反两个方面印证了孙武这一思想的正确性。

"国之大事，在祀与戎"，观古今历史长河中，军事活动一直占据社会生活中的重要位置。军事上的成败得失，直接关系着社稷的安危、民众的存亡，因此历来为人们所高度重视和认真对待。作为古代兵学文化的最杰出代表，《孙子兵法》在这一点上也不例外，它开宗明义就提出了"兵者，国之大事"这一重要命题，并从这一认识出发，着重强调了要通过对敌我双方现有客观条件——"五事""七计"的考察比较，以期对战争的胜负趋势做出正确的估计。具体地说，就是看哪一方君主政治清明，哪一方将帅指挥高明，哪一方具备更好的天时地利，哪一方法令贯彻到位，哪一方武器装备优良，哪一方兵士训练有素，哪一方赏罚公正严明，从而做到"胜兵先胜而后求战"，"先立于不败之地，而不失敌之败也"。总之，孙子认为，只有"校之以计而索其情"，"多算胜，少算不胜"，方能制订出己方恰当的战略决策，为克敌制胜，提供充分的客观基础。

（二）

🌐 原文

> 兵[1]者，诡道也[2]。故能而示之不能[3]，用而示之不用[4]，近而示之远，远而示之近[5]。利而诱之[6]，乱而取之[7]，实而备之[8]，强而避之[9]，怒而挠之[10]，卑而骄之[11]，佚而劳之[12]，亲而离之[13]。攻其无备，出其不意。此兵家之胜[14]，不可先传也[15]。（《孙子兵法·计篇》）

📖 注释

[1] 兵：用兵打仗。

[2] 诡道也：诡诈、谲变的行为或方式。曹操注："兵无常形，以诡诈为道。"诡，欺诈、诡诈。《管子·法禁》："行辟而坚，言诡而辩。"道，行为、方式、原则。

[3] 能而示之不能：能，有能力、能够。示，显示，假装。言能战却装作不能战的样子。此句至"亲而离之"等十二条作战原则，即著名的"诡道十二法"。

[4] 用而示之不用：实际要打，却装作不想打。用，用兵。

[5] 近而示之远，远而示之近：实际要进攻近处，却装作要进攻远处；实际要进攻远处，却显示要进攻近处，致使敌方无从防备。

[6] 利而诱之：利，此处作动词用，贪利的意思。诱，引诱，诱使。意为敌人贪利，则用小利加以引诱，伺机打击之。

[7] 乱而取之：乱，混乱。取，乘机进攻，夺取胜利。意谓对处于混乱状态的敌人，要抓住时机进攻它。梅尧臣注："彼乱，则乘而取之。"

[8] 实而备之：备，防范、防备。言对待实力雄厚之敌，需严加防备。

[9] 强而避之：面对强大之敌，则当避其锋芒，不可硬拼。

［10］怒而挠之：怒，易怒暴躁的意思。挠，挑逗、扰乱。意谓敌人易怒，就设法挑逗激怒他。另一说：敌人来势凶猛，当设法扼制其气焰。

［11］卑而骄之：卑，小、怯。《左传·僖公二十二年》："公卑邾，不设备而御之。"杜预注："卑，小也。"言敌人卑怯谨慎，应设法使其变得骄傲自大，然后伺机破之。另一说：敌人轻视我方，则将计就计，使之骄傲麻痹。又一说：我方当主动卑辞示弱，给敌人造成错觉，令其骄傲。

［12］佚而劳之：佚，同"逸"，安逸、自在。劳，疲劳，使动用法，设法使他疲劳。

［13］亲而离之：亲，亲近、亲密。离，离间。《广雅·释诂》："离，分也。"此句言如果敌人内部团结，则设法离间分化他们。

［14］兵家之胜：兵家，军事家。胜，奥妙、胜券。此句意为：（上述"诡道十二法"）乃军事家用兵如神、克敌制胜的奥妙所在。

［15］不可先传也：先，预先、事先。传，传授、规定。言不可事先传授，而必须根据具体情况灵活应用。

翻译

军事行为，是以诡诈为规律和法则的。因此，本来能打，却故意装作不能打；本来要用兵，却故意装作不用兵；本来要从近处进攻，却故意装作要从远处进攻；本来要从远处进攻，却故意装作要从近处进攻；敌人贪利，就以小利引诱他；敌人混乱，就乘机战胜他；敌人力量充实，就加意防备他；敌人强大，就主动避开他；敌人容易被激怒，就故意挑逗、激怒他；敌人谨慎卑怯，就设法使他骄傲起来；敌人自在、安逸，就千方百计设法使他疲劳；敌人亲密团结，就设法挑拨、离间他们，使他们离心离德。要在敌人无准备的状态下进行攻击，在敌人意想不到的情况下采取行动。这是兵家克敌制胜的奥妙所在，不可能事先具体地加以规定。

赏析

《计篇》主张积极"造势"以掌握战争的主动权。所谓"势"，是指有利的作战态势。而有利态势的拥有，关键在于战争指导者依凭有利于己的客观条件，灵活机变，巧妙用兵，确保自己牢牢立于不败之地。为此，《计篇》提出了一系列具体的作战"造势"原则，这就是著名的"诡道十二法"，其核心，即那条为后世军事家推崇备至的作战纲领——"攻其无备，出其不意"。

孙子认为，用兵打仗是一种诡诈的行为，一切均以"利益"之大小或有无为出发点，以能否取胜为前提。因此，对敌人丝毫不能讲仁义、讲礼让，而必须通过各种手段将其置于死地。要做到这一点，就应该善于运用"示形动敌"的方法，调动敌人，迫其就范，痛加打击，夺取胜利。具体的措施即："能而示之不能，用而示之不用，近而示之远，远而示之近，利而诱之，乱而取之，实而备之，强而避之，怒而挠之，卑而骄之，佚而劳之，亲而离之。"孙子把这种"诡道"方法推崇为"兵家之胜"，即将其视为克敌制胜的奥妙之所在。

《计篇》这一"诡道"制胜思想的提出，是中国军事思想发展史上的一个划时代进步，是对用兵问题上"以礼为固，以仁为胜"陈腐观念的极大冲击。它适应时代的需要，符合战争活动的本质属性，因此值得充分肯定。

以"因利而制权"为宗旨的"诡道十二法"思想，对后世军事活动的指导意义巨大。直至今天，这一思想的合理内核依然闪烁着真理的光芒，对指导现代战争仍不无重要的借鉴价值。如在现代战争中，多部队迂回突袭敌军纵深，顺利实施作战计划，这种做法也与"远而示之近"的原则相吻合。

（三）

🔖 原文

> 　　夫未战而庙算[1]胜者，得算多也[2]；未战而庙算不胜者，得算少也。多算胜，少算不胜，而况于无算乎[3]！吾以此观之，胜负见矣[4]。（《孙子兵法·计篇》）

◎ 注释

［1］庙算：古代兴师作战之前，通常要在庙堂里商议谋划，分析战争的利害得失，制订作战方略。这一作战准备程序，就叫作"庙算"。庙，古代祭祀祖先与商议国事的场所。

［2］得算多也：意为取得胜利的条件充分、众多。算，即"筹"，古代计数用的筹码。此处引申为胜利的条件。

［3］多算胜，少算不胜，而况于无算乎：言胜利条件具备多者可以获胜，反之，则无法取胜，更何况未曾具备任何取胜条件。而况，何况，更不必说。于，至于。

［4］胜负见矣：胜负结果显而易见。见，同"现"，显现。

🌸 翻译

凡在开战之前就预计能够取胜的，是因为筹划周密，胜利条件充分；凡在开战之前就预计到不能取胜的，是因为筹划不周，胜利条件缺乏。筹划周密、条件充分的就能取胜，筹划不周、条件缺乏的就无法取胜，更何况不作筹划、毫无条件呢？我们依据这些因素来观察分析，那么胜负的结果也就显而易见了。

✴ 赏析

本段强调"庙算"的重要性。古代开战前，君王要到神庙祭拜天地祖先，在庙堂策划计议，分析敌我实力，制订作战计划。通过分析比较，就可以知道我方有几分胜算。《计篇》所反映的孙子从实际出发、谋划战争全局的思想，无疑是唯物的，也是高明的。它同商周以来那种以卜筮方法预测战争胜负态势的行为划清了界限，标志着人们在认识和把握战争问题上质的飞跃。因此既为后人在理论上加以继承和发展，又被众多军事将领奉为圭臬，用以指导战争实践活动。可以毫不夸张地说，历史上许多次重大战争的胜负成败，其原因都与能否遵循《计篇》这一基本原则密切相关。

公元 383 年，东晋军队在淝水一带（今安徽境内）与前秦号称百万大军进行了一场战略决战，战争的结果，是人数少的东晋军队大获全胜，挫败了前秦南下灭晋的战略企图，稳定了东晋王朝在南方地区的统治。用《计篇》的中心思想来对照，这一局面的发生绝非偶然。前秦统治者苻坚昧于对"五事""七计"的了解掌握，主观武断，一意孤行，从而招致了丧师灭国的大辱。明明是绝大多数臣下不与自己同心，反对贸然进攻东晋，却偏偏要执意南伐；明明是内部不稳，士气低落，"兵众"不强，慕容垂等部将有"他志"，却偏偏要锐意轻进；明明是不知南方地区的气候、地理条件，水军力量又不如对方，军队缺乏系统训练，却偏偏要舍长就短，随意开战。那么，惨遭失败，也就不可避免了。反观东晋方面，则上下同心——上自皇帝，下至民众，都主张抗击秦军的进犯；将帅有能——宰相谢安指挥若定，谢石、谢玄等人应变自如，刘牢之骁勇善战；士卒精练——北府兵久经沙场，以一当十；天时、地利掌握得宜——水军实力强大，气候条件适应，地理形势熟悉。所有这些，合在一起，就为东晋在淝水之战中赢得胜利奠定了基础。由此可见，《计篇》以"五事""七计"为中心内容的"庙算"决策思想揭示了军事斗争的内在规律，它超越时空，具有强大的生命力。

战争固然是力量的竞争，同时也是智慧的角逐。孙子的高明之处，在于他不但高度重视对敌我双方各种客观条件的认识和把握，而且强调在此基础上充分发挥战争指导者的主观能动性，积极创造条件，从而取得胜利。这种既立足于战略谋划，又强调把战略谋划付诸实践，既强调物质条件的作用，又不忽视将帅主观能动作用的做法，表明其战略思想既是唯物的，又是朴素辩证的。

（四）

🔵 原文

孙子曰：凡用兵之法，全国为上，破国次之[1]；全军为上，破军次之[2]；全旅为上，破旅次之[3]；全卒为上，破卒次之[4]；全伍[5]为上，破伍次之。是故百战百胜，非善之善者也[6]；不战而屈人之兵，善之善者也[7]。

故上兵伐谋[8]，其次伐交[9]，其次伐兵[10]，其下攻城。攻城之法[11]为不得已[12]。修橹轒辒[13]，具器械[14]，三月而后成[15]，距闉[16]，又三月而后已[17]。将不胜其忿而蚁附之[18]，杀士三分之一而城不拔者[19]，此攻之灾也[20]。

故善用兵者，屈人之兵而非战也[21]，拔人之城而非攻也[22]，毁人之国而非久也[23]，必以全争于天下[24]，故兵不顿而利可全[25]，此谋攻之法也[26]。

故用兵之法，十则围之[27]，五则攻之[28]，倍则分之[29]，敌则能战之[30]，少则能逃之[31]，不若则能避之[32]。故小敌之坚，大敌之擒也[33]。（《孙子兵法·谋攻篇》）

🔵 注释

[1] 全国为上，破国次之：以实力为后盾，迫使敌方城邑完整地降服为上策，而通过战争交锋，攻破敌方的城邑则稍次一些。曹操注："兴师深入长驱，距其城郭，绝其内外，敌举国来服，为上。以兵击破，败而得之，其次也。"全，完整、全部。国，在春秋时指的是国都或大城邑。《国语·周语中》："国有班事，县有序民。"韦昭注："国，城邑也。"破，攻破、击破的意思。

〔2〕全军为上，破军次之：意为能使敌人的"军"完整地降服是上策，击破敌人的"军"则略逊一筹。以下"全旅""破旅"，"全卒""破卒"，"全伍""破伍"等句，也是这一观点的不同表述。军，泛指军队，也是军队的一个编制单位。此处当是后义。《周礼·地官·小司徒》："五旅为师，五师为军。"郑玄注："军，万二千五百人。"春秋战国时各国军队编制不尽相同，故文献中"军"的编制人数也各有差异。

〔3〕全旅为上，破旅次之：旅，古代军队编制单位。通常以五百人为一旅。《左传·襄公元年》："有田一成，有众一旅。"杜预注："五百人为旅。"

〔4〕全卒为上，破卒次之：卒，军队编制单位。《左传》杜预注："百人为卒。"但春秋齐国之"卒"则为二百人，《管子·小匡》："四里为连，故二百人为卒。"

〔5〕伍：古代军队最基本的编制单位，《周礼·地官·乡大夫》："五人为伍。"

〔6〕是故百战百胜，非善之善者也：善，好、高明之义。此句张预注曰："战而能胜，必多杀伤，故曰非善。"

〔7〕不战而屈人之兵，善之善者也：屈，屈服、降服，用作使动。张预注："明赏罚，信号令，完器械，练士卒，暴其所长，使敌从风而靡，则为大善。"这是对孙子"不战而屈人之兵"主张之实现条件及效果的贴切阐述。

〔8〕上兵伐谋：上兵，上乘的用兵之法。张预注："兵之上也。"伐，进攻、攻打。谋，谋略。伐谋，以谋略攻敌赢得胜利。此句意为：用兵的最高境界是用谋略胜敌。

〔9〕其次伐交：交，交合，两军对峙示威。曹操注："将合也。"伐交，在两军阵势已列，战衅将开之际，向敌显示己方的严整军容、强大实力，震慑对手，吓阻敌人，从而使敌丧失斗志和信心，被迫退兵或无奈投降。即所谓"以威胜"（梅尧臣注）。

〔10〕伐兵：通过军队间交锋一决胜负。兵，此处指进行野战。

〔11〕法：途径、手段的意思。

〔12〕为不得已：言实出无奈而为之。

〔13〕修橹轒辒（fén wēn）：制造大盾和攻城的四轮大车。修，制作、建造，曹操注："治也。"橹，曹操注："大楯也"，即藤革等材料制成的大盾牌。轒辒，攻城用的四轮大车，用大木制成，外蒙生牛皮，可以容纳兵士十余人。杜牧注："排大木为之，上蒙以生牛皮，下可以容十人，往来运土填堑，木石所不能伤。"

〔14〕具器械：准备攻城用的各种器械。具，准备，《左传·隐公元年》："缮甲兵，具卒乘。"器械，曹操注："机关攻守之总名，飞楼云梯之属。"

〔15〕三月而后成：此句汉简本作"三月而止"。

〔16〕距闉（yīn）：为攻城做准备而堆积的高出城墙的土山。距，依杨丙安《孙子会笺》说，"距"与"拒"相通，皆有"备""治"之义，故可理解为准备。闉，小土山。武经本作"堙"，义同。

〔17〕又三月而后已：已，完成、竣工之义。此句汉简本作"有三月然后已"。

〔18〕将不胜其忿而蚁附之：胜，克制、制服。《国语·晋语四》"尊明胜患，智也。"忿，恼怒。蚁附之，指驱使士兵像蚂蚁一般爬梯攻城。

〔19〕杀士三分之一而城不拔者：士，士卒。杀士三分之一，言使三分之一的士卒被杀。拔，攻占城邑或军事据点。

〔20〕此攻之灾也：攻，此处特指攻城。

〔21〕屈人之兵而非战也：言不采用直接交战的办法而迫使敌人屈服。张预注："或破其计，或败其交，或绝其粮，或断其路，则可不战而服之。"汉简本"屈"作"绌"，义同。

〔22〕拔人之城而非攻也：意为夺取敌人的城池而不靠硬攻的办法。

〔23〕毁人之国而非久也：非久，不旷日持久。指灭亡敌人之国而无须旷日持久。曹操注："毁灭人国不久露师也。"汉简本"毁人"作"破人"。

〔24〕必以全争于天下：全，即上言"全国""全军""全旅""全卒""全伍"之"全"。此句意为一定要根据全胜的战略争胜于天下。

〔25〕故兵不顿而利可全：顿，同"钝"，指疲惫、受挫折。利，利益。全，保全、万全。

〔26〕此谋攻之法也：这就是以谋略胜敌的最高原则。法，原则、宗旨。

〔27〕十则围之：兵力十倍于敌人就包围敌人。曹操注："以十敌一，则围之。"

〔28〕五则攻之：兵力五倍于敌人就主动向敌人发起进攻。

〔29〕倍则分之：倍，加倍。分，分散。有一倍于敌人的兵力，就设法分散敌人，造成局部上的更大优势。

〔30〕敌则能战之：敌，《尔雅·释诂》："匹也。"指兵力相等，势均力敌。《战国策·秦五》："四国之兵敌。"高诱注："强弱等也。"能，乃、则的意思。此处与则合用，以加重语气。此句言如果敌我力量相当，则当敢于抗击、对峙。

〔31〕少则能逃之：少，兵力少。逃，退却、躲避。四库抄本《孙吴司马法》"逃"作"守"字。

〔32〕不若则能避之：不若，不如，指实际力量不如敌人。

〔33〕小敌：弱小的军队。之：若、如，《左传·宣公十二年》："楚之无恶，除备而盟。"坚：坚定、强硬，此处指固守硬拼。大敌：强大的敌军。擒：捉拿，此处指俘虏。

✿ 翻译

孙子说：一般说来，用兵的原则是：迫使敌人完整地举"国"降服为上策，而以武力将其击破就差一等；迫使敌人完整地举"军"降服为上策，而通过交战将其击破就差一等；迫使敌人完整地举"旅"降服为上策，而通过交战将其击破就差一等；迫使敌人完整地举"卒"降服为上策，而通过交战将其击破就差一等；迫使敌人完整地举"伍"降服为上策，而通过交战将其击破就差一等。因此，百战百胜，不能说是最好的；不通过交战而能迫使敌人屈服，才是最好的。

所以，用兵的上策是以智谋克敌制胜，其次是通过外交途径克敌制胜，再次是运用武力经过野战克敌制胜，最下策是强攻敌人的城池。攻城的做法，是不得已而为之。修造楼橹和四轮车，准备各种攻城用的器械，需要三个月才能完成。堆积、构筑土山，又需要三个月才能完成。将帅控制不住自己的愤怒情绪，驱使士卒像蚂蚁一样爬梯攻城，士卒伤亡了三分之一，而城池却仍然不能攻克，这便是强攻城池所造成的灾难。

所以，善于作战的人，使敌人屈服而不必经过野战，夺取敌人的城池而不必依靠强攻，毁灭敌人的国家而不必长期作战。一定要确保以"全胜"的策略争胜于天下，这样，自己的军队才不至于遭受严重的损失，而胜利也能圆满获得。这就是以智谋克敌制胜的方法。因此，用兵的原则是，拥有十倍于敌人的兵力就包围敌人，拥有五倍于敌人的兵力就进攻敌人，拥有两倍于敌人的兵力就设法分割敌人，兵力与敌人相等就要努力抗击敌人，兵力少于敌人就要设法摆脱敌人，实力弱于敌人就要避免决战。所以，弱小的军队如果一味坚守硬拼，就势必沦为强大敌人的俘虏。

❀ 赏析

本篇题为"谋攻"，意思就是运用谋略战胜敌人。篇中集中论述了以"全胜"为最高理想的伐谋思想，并深入探讨了有关这一战略思想实现的方法和条件。"上兵伐谋""不战而屈人之兵"是孙子所追求的军事艺术的最高境界，也是全篇的中心思想。本篇在《孙子兵法》全书中的地位和价值不亚于《计篇》《虚实篇》等重要篇章，对从事现代军事斗争和其他社会活动都不无积极的启发意义，值得认真吟咏，仔细体味。

战争是流血的政治，它固然是社会进步、文明嬗递过程中一个不可逾越的阶梯，但是，它对物质、文化的毁耗，对生命的吞噬等种种严重后果也同样显而易见。因此，历史上真正伟大的军事家，出于对人类命运的终极关怀，都致力于在确保战略目标实现的前提下，寻找最大限度减少战争伤亡和损失的道路，兵圣孙武就是这方面最杰出的代表。他所找到的道路即所谓的"全胜"理论，提出的方案便是"必以全争于天下"，做到"兵不顿而利可全"。

从全篇文字来看，"全胜"思想包含两个主要层次，一是追求"不战而屈人之兵"的理想境界，二是在不得已而用兵作战的情况下，尽可能减少损失，实现破中之全。前者是高层次的"全胜"，而后者则是相对低层次的"全胜"，然而两者互为关系，相互弥补，相得益彰。

先说第一层次。孙子认为，"百战百胜"并非用兵上的最佳选择，"非善之善者也"。高明的战争指导者应该努力做到"不战而屈人之兵"，即以强大的军事实力为后盾，通过高明的谋略指导，摧毁敌人的抵抗意志，不经过直接交战而使敌人完全屈服，用全胜的计谋争胜于天下，从而"屈人之兵而非战也""拔人之城而非攻也""毁人之国而非久也"，实现战略上的"全胜"。这是孙子孜孜以求的军事艺术的最上乘境界，也是《孙子兵法》立足于战争，又超越于战争的魅力之所在。

孙子"不战而屈人之兵"思想，不仅是理论上的重大建树，而且得到了实践上的有力印证。如先秦两汉时期墨子救宋不以兵革，烛之武夜见秦穆公说退秦师，韩信遣使奉书平定燕地，就是这方面的具体史证。

然而与大量存在的"困兽犹斗""负隅顽抗"现象相比，"不战而屈人之兵"的情况毕竟罕见。因此，孙子也注重从实际出发，立足于高明的作战指导，通过战场交锋来争取胜利。当然这种胜利的出发点也是建立在以最小的代价赢得最大的胜利的认识基础之上，即所谓"以破求全"。这乃是孙子"全胜"思想的第二个层次，与前一个层次相比，它更具有可操作性。如果说，实现高层次的"全胜"的主要方法是"伐谋"和"伐交"，那么实现相对低层次的"全胜"的主要手段则是"伐兵"，在一定情况下也不排斥

"攻城"。当然,这种"伐兵"或"攻城"不是笨拙、死打硬拼的行为,而是依靠智谋奇计为指导的努力,它同样立足于对战争效果的积极追求。为此,孙子提出了一系列正确的战术运用方针:"十则围之,五则攻之,倍则分之,敌则能战之,少则能逃之,不若则能避之。"即根据集中优势兵力歼敌的原则,针对敌我兵力对比不同而采取灵活正确的战术方针,攻守得宜,迫使敌军完整地屈服。这样,孙子就使他的"全胜"战略思想得以系统化和具体化,既有了崇高的理想追求目标"不战而屈人之兵",又具备了付诸军事斗争实践的可操作性,两者相辅相成,共同服务于"必以全争于天下"这一基本宗旨。

(五)

🀄 原文

夫将者,国之辅也[1],辅周则国必强[2],辅隙则国必弱[3]。

故君之所以患[4]于军者三:不知军之不可以进而谓之进[5],不知军之不可以退而谓之退,是谓縻军[6];不知三军之事而同三军之政[7],则军士惑矣[8];不知三军之权而同三军之任[9],则军士疑矣。三军既惑且疑,则诸侯之难至矣。是谓乱军引胜[10]。

故知胜有五:知可以战与不可以战者胜[11];识众寡之用者胜[12];上下同欲者胜[13];以虞待不虞者胜[14];将能而君不御者胜[15]。此五者,知胜之道也[16]。(《孙子兵法·谋攻篇》)

🎯 注释

[1]国之辅也:国,指国君。辅,原意为辅木,《左传·僖公五年》:"辅车相依。"孔颖达疏:"盖辅车一处分为二名耳,辅为外表,车为内骨,故云相依也。"这里引申为辅助、辅佐。

[2]辅周则国必强:言辅助周密、相依无间国家就强盛。周,周密。

[3]辅隙则国必弱:辅助有缺陷则国家必弱。隙,缝隙,此处指有缺陷、不周全。

[4]患:危害,贻害。汉简本"患"下无"于"字。

[5]谓之进:谓,告诉。此处是命令的意思。《诗经·小雅·出车》:"自天子所,谓我来矣。"郑玄笺曰:"以王命召己,将使为将帅也。"可资参证。谓之进,犹言"使(命令)之进"。

[6]是谓縻军:这叫作束缚军队。縻,束缚、羁縻。

[7]不知三军之事而同三军之政:梅尧臣注曰:"不知治军之务而参其政。"三军,泛指军队。周时一些大的诸侯国设三军,有的为上、中、下三军,有的为左、中、右三军。同,共。此处是参与、干预、干涉的意思。政,政务,这里专指军队的行政事务。

[8]军士惑矣:军士,指军队的吏卒。惑,迷惑、困惑。

[9]不知三军之权而同三军之任:此句意谓不知军队行动的权变灵活性质,而直接干预军队的指挥。权,权变、机动。任,指挥、统率。

〔10〕是谓乱军引胜：乱军，扰乱军队。引，去、却、失的意思。《礼记·玉藻》："引而去。"郑玄注："引，却也。"引胜，即却胜。一说"引"为引导、导致之义，引胜即导致敌人胜利。孙子此处实就己方军情发议，故应以前说为善。

〔11〕知可以战与不可以战者胜：指可战则进攻，不可战则退守，知道攻守义，则战无不胜。

〔12〕识众寡之用者胜：能善于根据双方兵力对比情况而采取正确战法，就能取胜。众寡，指兵力多少。

〔13〕上下同欲者胜：上下同心协力的能够获胜。同欲，意愿一致，指齐心协力。

〔14〕以虞待不虞者胜：自己有准备对付没有准备之敌则能得胜。虞，有准备，有戒备。

〔15〕将能而君不御者胜：将帅有才能而国君不加掣肘的能够获胜。杜佑注："将既精能晓练兵势，君能专任事不从中御。"能，贤能、有才能。御，原意为驾驭，这里指牵制、制约。

〔16〕知胜之道也：认识、把握胜利的规律。道，规律、方法。

🌸 翻译

将帅是国家的辅佐，他对国家如能像辅车相依，国家就一定强盛；如果相依有隙，国家就一定衰弱。

国君危害军事行动的情况有三种：不了解军队不能前进而硬使军队前进，不了解军队不能后退而硬令军队后退，这叫作束缚军队；不了解军队的内部事务，而去干预军队的行政，将士就会感到迷惑；不懂得军事上的权宜机变，而去干涉军队的指挥，将士就会产生疑虑。军队既迷惑又心存疑虑，那么诸侯列国乘机进犯的灾难也就随之降临了。这就是所谓自乱其军，自取覆亡。

预知胜利的情况有五种：知道可以打或不可以打的，能够胜利；懂得根据兵力多少而采取不同战法的，能够胜利；全军上下意愿相一致的，能够胜利；以有备之己对付无备之敌的，能够胜利；将帅有才能而国君不加掣肘的，能够胜利。凡此五条，乃是预知胜利的方法。

🌸 赏析

关于将帅决断指挥与"全胜"战略实现的内在关系，孙子认为要想顺利实现"全胜"的目的，重要条件之一在于将帅的素质和能力。俗话说，千军易得，一将难求。其德行情操的优劣，韬略智慧的长短，指挥艺术的高下，直接关系到军队的安危，战争的胜负。因为假如统军之将颟顸无能，"伐谋""伐交"固然无从谈起，"伐兵""攻城"也难以成功。因此，孙子对将帅的作用和地位予以充分的肯定，把它看作是保证"全胜"战略目标实现的重要条件。孙子指出将帅对于国家的作用，就好比辅木对于车毂一样；强调如果将帅在指挥千军万马时，能切实从国家的利益出发，力求以谋制敌，真正做到"兵不顿而利可全"，就一定能使军队保全、国家强盛。

将帅在实现"全胜"战略过程中的地位既然如此重要，那么协调处理好将帅与国君的关系，使之辅车相依、紧密合作也就成了一个不可忽视的问题。孙子认为，在将帅和君主这一对矛盾关系中，占矛盾主导方面的是君主一方，所以要协调处理好君将关系，首先需要解决的是将从中御的问题。他指出君主过多地牵制将帅的行动必然会导致败军祸国的严重恶果，这种恶果具体表现为三个方面：第一，"不知军之不可以进而谓之进，不知军之不可以退而谓之退，是谓縻军"；第二，"不知三军之事而同三军之政，则军士惑矣"；第三，"不知三军之权而同三军之任，则军士疑矣"。要力争"全胜"，就必须克服这些弊端，而克服的途径，在于君主能真正赋予将帅指挥战争的实权，使将帅能充分发挥自己的才干，以追求"全胜"的理想结果。应该说，孙子这一立足于"全胜"战略的重要思想是非常高明的，对后人也有启迪。

（六）

✿ 原文

故曰：知彼知己，百战不殆[1]；不知彼而知己，一胜一负[2]；不知彼，不知己，每战必殆[3]。（《孙子兵法·谋攻篇》）

✿ 注释

［1］知彼知己，百战不殆：孟氏注曰："审知彼己强弱之势，虽百战，实无危殆。"殆，危险。

［2］一胜一负：杜佑注："胜负各半。"指无必胜之把握。

［3］每战必殆：武经本作"每战必败"。

✿ 翻译

所以说：既了解敌人，又了解自己，百战都不会存在任何危险；虽不了解敌人，但是了解自己，那么，有时能胜利，有时会失败；既不了解敌人，又不了解自己，那么每次用兵都会有危险。

✿ 赏析

在本篇中，孙子提出了"知彼知己，百战不殆"的重要观点。他认为要驾驭战争，争取"全胜"的理想结果，就必须全面了解和正确把握敌我双方的情况，预知胜负，制订正确的战略战术方针，确保自己牢牢立于不败之地，而不放过任何战胜敌人的机会。

孙子说，将帅不仅要了解自己，也要了解敌人。知彼知己，就不会打败仗。只知道自己的实力而不知道对手的实力，那么胜负概率参半。如果对敌人不了解，对自己的情况也不清楚，每战必败。毛泽东经常在自己的军事论文中引用《孙子兵法》，但可以看出，他最欣赏的还是"知彼知己，百战不殆"这句话。毛泽东在《中国革命战争的战略问题》一文中说："中国古代大军事家孙武子书上'知彼知己，百战不殆'这句话，是包括学习和使用两个阶段而说的，包括从认识客观实际中的发展规律，并按照这些规律去决定自己的行动克服当前敌人而说的；我们不要看轻这句话。"毛泽东在《论持久战》中又重提孙子的这句话。他说："我们承认战争现象是较之任何别的社会现象更难捉摸，更少确实性，即更带所谓'盖然性'的。但战争不是神物，仍是世间的一种必然运动，因此，孙子的规律，'知彼知己，百战不殆'，仍是科学的真理。"

三、阅读链接

三十六计

在阅读古典军事题材小说和演义故事时，经常会碰到这样的情节：在危难之际，主人公按照事先的安排，打开锦囊，依计而行，顺利地渡过难关。这种带有神奇色彩的描写反映了先人对谋略与奇计的重视和崇拜。

在中国古典军事宝库中，谋略学是其中璀璨的一颗明珠。古人在激烈的斗争中积累了丰富的谋略智慧，在这方面流传有大量的经典著作，《三十六计》就是其中之一。

"三十六计"一语，先于著书之年，语源可考自南朝宋将檀道济（？—436年），据《南齐书·王敬则传》："檀公三十六策，走是上计，汝父子唯应急走耳。"意为败局已定，无可挽回，唯有退却，方是上策。此语后人赓相沿用，宋代惠洪《冷斋夜话》："三十六计，走为上计。"明末清初，引用此语的人更多。于是有心人采集群书，编撰成《三十六计》。但此书为何时何人所撰已难确考。

《三十六计》首为总说，正文依次为胜战计、敌战计、攻战计、混战计、并战计、败战计六套计谋。总说是对全书的宏观把握，阐述了内容主旨和制定运用谋略时所应遵循的基本原则。在六套计谋中，每一套都包含有六条计谋，总共是六六三十六计，可以说是集历代兵家诡道之大成。它总结了以往战争中施计用诈的实践经验，包含有朴素的军事辩证法思想，有较高的参考价值。时至今日，它已经突破了军事领域，广泛运用于政治、经济、外交、生活等各个领域，成为人们克敌制胜的法宝和国内外家喻户晓的著作。

《孙子兵法》偏重道，具有更多普适性和战略性，形成了一整套战略思想。而《三十六计》则侧重"术"，更为零碎，适用于具体场景。因此，《孙子兵法》对于最高决策者的作用更大，而《三十六计》更适合负责具体战斗的指挥官运用。

四、思考练习

1. 简述《孙子兵法》的作者及其生平。

2. 《孙子兵法》提出了著名的"知彼知己，百战不殆""不知彼，不知己，每战必殆"的观点，谈谈你对此的理解。

五、综合实践

《孙子兵法》是我国最著名的一部兵法书，其不仅适用于军事领域，在政治、经济、管理、社会生活中也有广泛运用。请结合《孙子兵法》来讨论，如果你成立一家公司，在初创阶段可以应用到《孙子兵法》的哪些谋略。

六、阅读书目

1. 黄朴民著:《孙子兵法十八讲》,浙江文艺出版社,2023 年。
2. 郭化若译注:《孙子译注》,上海古籍出版社,2016 年。

七、延伸阅读

墨子对儒家的批评

墨子认为,"儒之道足以丧天下者,四政焉":第一,儒者不相信天或鬼,结果是:"天鬼不悦";第二,儒家坚持厚葬,特别是父母去世,子女要守三年之丧,浪费了民众的财富精力;第三,儒家"盛为声乐以淫遇民",结果只是少数贵族奢侈享受;第四,儒家主张宿命论,造成民众怠惰顺命。(见《墨子·公孟》)在《非儒》篇里,墨子还说:"累寿不能尽其学,当年不能行其礼,积财不能赡其乐,繁饰邪术以营世君,盛为声乐以淫遇民,其道不可以期世,其学不可以导众。"

这些批评显示出儒家和墨家不同的社会背景。早在孔子之前,一些有学识、有思想的人已经开始放弃对天帝鬼神的信仰。这时,开始兴起一种怀疑主义思潮。处于社会底层的大众,通常总是落后于社会新思潮,墨子所反映的正是当时社会下层民众的观点。上面墨子批判儒家的第一点,其意义就在于此。墨子批判儒家的第二、三点,也是由这个思想基础出发的。墨子批判儒家的第四点其实并没有击中要害,因为儒家虽然经常谈到命,其含义却并不是墨子所攻击的宿命论。儒家所说的命,是指人力所无法控制的某种力量。而除此以外,还有一些方面是人只要努力就能控制的。因此,人对外部世界首先应当尽力而为,只有在竭尽所能之后,才沉静接受人力所无法改变的部分。这是儒家所讲的"知命"。

(节选自《中国哲学简史》,冯友兰著,赵复三译,
北京联合出版公司 2017 年版,有改动)

中国传统文化经典导读

第三章 读史明智

第一节

中国历史简介

　　史前时期的有巢氏、燧人氏、伏羲氏、神农氏（炎帝）、轩辕氏（黄帝）被尊为中华始祖。约公元前 2070 年，夏朝出现；商朝时出现了已知中国最早的成熟文字——甲骨文；西周时社会进一步发展，春秋战国时生产力提高，思想领域百家争鸣。公元前 221 年，秦始皇建立了中国历史上第一个中央集权国家——秦朝；西汉与东汉时进一步巩固和发展了大一统的局面，汉字基本定型。三国两晋南北朝时期，中国进入分裂割据局面。

　　隋唐五代时期，经济繁荣，科技发展，文化影响广泛。特别是唐朝的国际地位达到顶峰。辽宋夏金元时期，多元文化交融，经济、科技发展到新的高度。明朝时，经济发展到新的高度，明末江南地区出现"资本主义萌芽"；19 世纪中期，鸦片战争使中国开始沦为半殖民地半封建社会。1911 年辛亥革命爆发，推翻了帝制。1912 年，中华民国成立。袁世凯死后，中国进入军阀割据的混乱时期。1931 年日本在东北策动九一八事变，抗日战争爆发。1937 年日本开始全面侵华。1945 年中国人民在抗日战争中取得胜利。

　　解放战争后，中华人民共和国于 1949 年成立。

　　中国历史著作很多，一般来说分为通史、断代史。通史名著有《史记》《资治通鉴》等，断代史名著有《汉书》《三国志》等。

先秦的历史散文

第二节

《史记》选读

一、经典导读

《史记》对中国小说创作的影响

　　《史记》最初称为《太史公书》或《太史公记》《太史记》，是中国历史上第一部纪传体通史，作品中撰写了上自上古传说中的黄帝时代，下至汉武帝时期共3000多年的历史。

　　《史记》是作者司马迁一生心血的凝结，司马迁（约前145年或前135年—？），字子长，夏阳（今陕西韩城）人，西汉史学家、文学家、思想家。司马谈之子，任太史令，被后世尊称为史迁、太史公、历史之父。

　　司马迁少年聪慧，年十岁则诵古文，二十岁漫游各地，了解风俗，采集传闻。初任郎中，奉使西南。二十八岁任太史令，继承父业，著述历史。后因替李陵败降之事辩解而受宫刑，调任中书令，发奋继续完成所著史籍。他以"究天人之际，通古今之变，成一家之言"的史识创作了中国第一部纪传体通史《史记》，该书被公认为是中国史书的第一典籍。

　　《史记》全书包括十二本纪（记历代帝王政绩）、三十世家（记诸侯国和汉代诸侯、勋贵兴亡）、七十列传（记重要人物的言行事迹，主要叙人臣，其中最后一篇为自序）、十表（大事年表）、八书（记各种典章制度，涉及礼、乐、音律、历法、天文、封禅、水利、财用）。《史记》共一百三十篇，五十二万六千五百余字，规模巨大，体系完备，对此后的纪传体史书影响很深，历朝正史皆采用这种体裁撰写史书。

　　《史记》被列为"二十四史"之首，与《汉书》《后汉书》《三国志》合称"前四史"，对后世史学和文学的发展都产生了深远影响。其首创的纪传体编史方法为后来历代"正史"所传承。《史记》还被认为是一部优秀的文学著作，在中国文学史上有重要地位，被鲁迅誉为"史家之绝唱，无韵之《离骚》"。由于作者司马迁独有的家学修养、广博的视野和胸襟、进步的思想、丰富的人生经历，《史记》既是伟大的史学著作，又是不朽的文学作品，特别是本纪、世家、列传三部分，本身就被看作是优秀的传记文学作品。《史记》的文学性特点更为显著，故而其对中国文学，特别是小说创作产生深远影响：在激烈的矛盾冲突中刻画鲜明的人物形象，个性化的人物语言和典型的细节描写等均为后世小说创作所借鉴。刘向等人认为此书"善序事理，辩而不华，质而不俚"。

二、经典选读

（一）《太史公自序》[1]节选

⚫ 原文

太史公曰："先人[2]有言：'自周公[3]卒五百岁而有孔子。孔子卒后至于今五百岁[4]，有能绍明世[5]，正《易传》[6]，继《春秋》，本《诗》《书》《礼》《乐》之际？[7]，意在斯乎[8]！意在斯乎！小子何敢让焉！'"

⚫ 注释

[1]《太史公自序》：是汉代史学家、文学家司马迁创作的一篇文章，编为《史记》末卷。文章概述了作者的家族世系、家学渊源、著书经过及旨趣等，融作者的遭遇和志向于一体，不仅一部《史记》总括于此，而且司马迁一生本末也备见于此。全文可分两大部分：第一部分叙述了作者的生平家世和写作《史记》的时代条件、个人动机，以及受刑后忍辱著书的经历；第二部分是《史记》一百三十篇的各篇小序。文章规模宏大，气势浩瀚，是研究司马迁及其创作的重要资料。

[2]先人：指作者父亲司马谈。

[3]周公：周武王弟，周成王叔，姓姬，名旦。

[4]五百岁：孔子卒于公元前479年，至司马谈在世时仅三百余年。司马谈采用孟子"五百年必有王者兴"的说法。孟子称尧舜至汤五百余岁，汤至文王五百余岁，文王至孔子五百余岁。

[5]绍：继。明世：太平盛世。

[6]《易传》：《周易》的组成部分，是儒家学者对《周易》所作的解释。

[7]本：以……为本，遵奉。《诗》：《诗经》。《书》：《尚书》。《礼》：《周礼》《仪礼》《礼记》三书的合称。《乐》：儒家经典之一，今已不传。

[8]意在斯乎：其用意就在于此吧，指司马谈想继承或希望其子继承孔子的事业。

⚫ 翻译

司马迁说："我父亲曾说过：'自周公死后五百年，出个孔子。孔子死后到现在又有五百年了，有谁能继承发扬古代圣人的事业，订正理解《易传》，接续《春秋》，遵奉《诗》《书》《礼》《乐》的核心要义，来写一部新的著作呢？'他的用意就在于此！其用意在于此！我又怎敢推辞呢！"

⚫ 赏析

司马迁鲜明地表达了撰写《史记》的目的，作为太史令是完成父亲临终前的嘱托，以《史记》上续孔子的《春秋》。

⚫ 原文

于是论次其文，七年而太史公遭李陵之祸，幽于缧绁[1]。乃喟然而叹曰："是余之罪也夫。是余之罪也夫！身毁不用矣！"退而深惟曰："夫《诗》《书》隐约者，欲遂其志之思也。昔西伯拘羑里[2]，演《周易》；孔子厄陈、蔡，作《春秋》[3]；屈原放逐，著《离骚》；左丘[4]失明，厥有《国语》；孙子膑脚[5]，而论兵法；不韦迁蜀，世传《吕览》[6]；韩非囚秦，《说难》《孤愤》[7]；《诗》三百篇，大抵贤圣发愤之所为作也。此人皆意有所郁结，不得通其道也，故述往事，思来者。”于是卒述陶唐[8]以来，至于麟止[9]，自黄帝始。

◎ 注释

[1] 缧（léi）绁（xiè）：捆绑犯人的绳索，借指监狱。

[2] 西伯：周文王。羑（yǒu）里：今河南汤阴北。

[3]“孔子”二句：此将孔子有厄于陈、蔡及作《春秋》二事联系起来，并说成因果关系，乃行文之需要。

[4] 左丘：春秋时鲁国史官。

[5] 孙子：指孙膑。膑（bìn）脚：截去膝盖骨的酷刑。

[6]《吕览》：即吕不韦门下宾客编撰的《吕氏春秋》。

[7]《说难》《孤愤》：《韩非子》中的两篇。

[8] 陶唐：即尧。

[9] 至于麟止：《史记》记事止于汉武帝猎获白麟的元狩元年（前 122 年）。

◎ 翻译

于是开始论述编次所得文献和材料。过了七年，太史公遭逢李陵之祸，被囚禁狱中。叹息道：“这是我的罪过啊！这是我的罪过啊！身体残毁没有用了。”退而深思道：《诗》《书》含义隐微而言辞简约，是作者想要表达他们的心志和情绪。从前周文王被拘禁羑里，推演了《周易》；孔子遭遇陈蔡的困厄，作有《春秋》；屈原被放逐，著了《离骚》；左丘明双目失明，才编撰了《国语》；孙子的腿受了膑刑，却论述兵法；吕不韦被贬徙蜀郡，世上才流传《吕览》；韩非被囚禁在秦国，写下《说难》《孤愤》；《诗》三百篇，大都是圣人贤士抒发愤懑而作的。这些人都是心中聚集郁闷忧愁，理想主张不得实现，因而追述往事，考虑未来。”于是终于下定决心记述陶唐以来直到汉武帝获白麟那一年的历史，而从黄帝开始写起。

◎ 赏析

《太史公自序》是《史记》的最后一篇，是《史记》的总结性文章，共两部分：一是总结《史记》这本书，二是总结司马迁这个人。司马迁在其中追溯了民族的历史、家族的源流、政治的变迁、文化的辨析，熔自己的遭遇和志向于一炉。这是一篇大文章，分辨了当时所有的学问，是一篇深邃复杂的思想性文献。

全文共七千八百十二字，可分为两大部分。第一部分从开篇至“于是卒述陶唐以来，至于麟止，自黄帝始”系全书总论。

作者叙述了自己的生平家世和写作《史记》的时代条件、创作目的，以及受刑后的忍辱著书，并通过对历史人物的描绘、评价，来抒发作者心中的抑郁不平之气，表白他以古人身处逆境、发愤著书的事迹自励，终于忍辱负重，完成了《史记》。

（二）《五帝本纪赞》[1]

原文

太史公[2]曰：学者多称五帝，尚[3]矣。然《尚书》[4]独载尧以来，而百家[5]言黄帝，其文不雅驯[6]，荐绅[7]先生难言之。孔子所传宰予问《五帝德》[8]及《帝系姓》，儒者[9]或不传。余尝西至空峒[10]，北过涿鹿[11]，东渐[12]于海，南浮江淮矣；至长老皆各往往称黄帝、尧、舜之处，风教固殊焉。总之，不离古文[13]者近是[14]。予观《春秋》[15]《国语》[16]，其发明[17]《五帝德》《帝系姓》章[18]矣，顾弟[19]弗深考，其所表见[20]皆不虚。《书》缺有间[21]矣，其轶[22]乃时时见于他说。非好学深思，心知其意，固[23]难为浅见寡闻道也。余并论次[24]，择其言尤雅者，故著为本纪书首。

注释

[1]本纪：《史记》的一种体例，按照年代先后，叙述历代帝王事迹。赞：文章最后的论赞部分。这里是作者在叙事之后，以作者的口气写的议论、总结及补充的文字。《史记》一百三十篇，每篇最后都以"太史公曰"的形式，对所记的历史人物或事件加以评论，一般称为赞。

[2]太史公：官名，掌管政府资料档案文件，秦汉时称"太史令"。因朝会座次，居公之上，在皇帝左右，当时称为"太史公"。司马迁曾担任汉太史令，所以自称太史公。一说，《史记》中称太史公，是因为《史记》传自司马迁的外孙杨恽，恽尊称其外祖为太史公。

[3]尚：通"上"，久远。

[4]《尚书》：中国最古的史书，内容包括上古典谟训诰之文，因此称《尚书》。

[5]百家：指先秦时的思想家，如老子、孔子、庄子、墨子、孟子、荀子等，统称百家，又称诸子百家。

[6]雅：正确、合乎规范。驯：通"训"，可以为训。事有所依，文辞又美，也就是有规范的意思。

[7]荐绅：即"搢绅"，也作"缙绅"。搢，插。绅，大带子。搢绅，谓插笏垂绅，古代高级官吏的装束。借指大人先生。

[8]宰予：字子我，也称宰我，春秋时鲁人，孔子弟子，善于辞令。《五帝德》及《帝系姓》见《大戴礼记》及《孔子家语》。

[9]儒者：指学习儒家学说的诸生。

[10]空峒：也作"崆峒"，山名，在今甘肃平凉西。《庄子》说，黄帝曾在这里向广成子问道。

[11]涿鹿：山名，在今河北涿鹿东南。传说黄帝征蚩尤，战于涿鹿，遂戮蚩尤。

[12]渐（jiān）：流入，这里是到达的意思。

[13]古文：指《尚书》等所载。

[14]近是：近于是。"是"，指代"黄帝尧舜之风教"。前省介词"于"字。

　　[15]《春秋》：鲁国编年体史书名，为孔子所删定，自鲁隐公元年起，至鲁哀公十四年止，凡十二公，二百四十二年。

　　[16]《国语》：书名。传说春秋时左丘明所作，分国纪事。

　　[17]发明：闻名。

　　[18]章：通"彰"。明显。

　　[19]顾弟：只是，不过。弟，同"第"。

　　[20]表见：表现。见，通"现"。

　　[21]间：间隙，这里指脱漏。

　　[22]轶：通"逸"，遗失。这里指逸文。

　　[23]固：本来。

　　[24]论次：谓依次叙述。

❀ 翻译

　　太史公司马迁说：学者多称赞五帝，久远了。然而最可征信的《尚书》，记载的独有尧以来的内容，而不记载黄帝、颛顼、帝喾之事。诸子百家虽言黄帝，又涉于神怪，都不是典雅之训，所以当世缙绅都不敢说，不可取以为证啊。孔子所传的宰予问《五帝德》及《帝系姓》，虽称孔子所传，但儒者怀疑不是圣人之言，所以不传以为实。我曾经西至空峒（黄帝问道于广成子处），北到涿鹿（黄帝、尧、舜之都），东到海，南到江淮，我所经历的地方，所见过的长老，往往称颂黄帝、尧、舜的旧绩与其风俗教化，固然与别处有所不同。总之，不背离《尚书》所记载的接近这些。我看《春秋》《国语》，这两本书发挥阐释《五帝德》《帝系姓》很显著，只是儒者不深考而且有的不传讲。这两本书所发挥阐述得很显著，都是事实，一点也不虚。况《尚书》缺失内容多，岂能因为它缺失就算了呢？它所遗失的，像黄帝以下的事情，就时时见闻其他的传说中，如百家《五帝德》之类，都是其他学说。又怎么可以因为缙绅难言，儒者不传，而不选取了呢？非好学深思、心知其意的人，不能择取。而浅见寡闻者本来就难为它讲说。我按照黄帝、颛顼、帝喾、尧、舜的次序，选择其中语言比较典雅的，写成本纪的开头。

❀ 赏析

　　这篇赞语的宗旨，在于说明《五帝本纪》一文的史料来源及作者的取舍，文章虽不足二百字，却极尽曲折回环之妙，在《史记》诸多赞语中可称超绝。

　　作者探求的是有关五帝的史实。然文章落笔即云：学者多称五帝，可五帝之事已经非常久远。只此一语，便把五帝置于若有若无、可望而不可即之境。

　　"五帝"无疑最符合司马迁的"人君"理想，虽然司马迁自己也说，由于时代的久远，关于黄帝的事迹，就连缙绅也说不出个子丑寅卯，诸子百家虽有一些零星的记载，但又显得鄙陋不堪。文章说：古代典籍，最可征信者是《尚书》，可《尚书》不载黄帝、颛顼、帝喾之事；诸子百家虽常常称道黄帝，却又往往牵扯神仙怪异，不可尽信。因此，士大夫多不便征引百家之说。总之，有关五帝的史实，一直在云遮雾罩之中！文章又说：《五帝德》《帝系姓》两文传自孔子，可当世儒者大都怀疑它们并非"圣人"原意。看来亦不可征信矣！赞语的这一层次，每一句都提出一种希望，每一句都打破一种希望，只使人觉得触目萧索，无有出路。

赞语的第二层突然转出满目生机。司马迁通过实地考证，并在古代典籍中发幽阐微，理出五帝的事略，体现了司马迁考信求实的史学家风范。其一，作者西至空峒，北过涿鹿，东渐于海，南浮江淮，亲访黄帝、尧、舜之旧地，知各地教化、风俗，本有不同。则诸书所说黄帝、尧、舜，可能多少都有一点真相。若深思其意，便可知不背离《尚书》所载者接近历史的真实。其二，作者深考《春秋》《国语》，知道二书明显发挥《五帝德》《帝系姓》之义，其中有关内容均非向壁虚构。既然如此，《五帝德》《帝系姓》可以征信，《春秋》《国语》亦可以参考。其三，《尚书》本有间脱，其逸文往往可以从其他书中发现。因之，考察有关五帝的史实，应"好学深思，心知其意"，此二语乃全部赞语的关键。五帝之事本在疑信之间，非好学深思无以正确择取。

赞语第一层是步步后退，第二层是节节推进，第一层是"山重水复疑无路"，第二层是"柳暗花明又一村"，第一层是"众里寻他千百度"，第二层是"蓦然回首，那人却在灯火阑珊处"。看上去话语平淡、语语漫不经心，实质上句句深醇、句句匠心独运。

这段"赞"语表明了作者司马迁拨乱反正、重实去伪的史学观，同时说明写作《五帝本纪》的缘由。

《史记·五帝本纪》的赞语部分，其宗旨在于说明《五帝本纪》的史料来源和作者的见解。文章先总提有关五帝最早史料，接着写作者实地考察和对史料的分析研究，提出自己的看法。最后说明作者论述的根据。文章不满两百字，言简意赅，曲折回环，是一篇引人入胜的说明性的短文。

（三）《孔子世家赞》[1]

🔅 原文

太史公曰：《诗》有之："高山仰止，景行行止[2]。"虽不能至，然心乡[3]往之。余读孔氏书，想见其为人。适[4]鲁，观仲尼庙堂车服礼器，诸生以时习礼其家，余祇回[5]留之不能去云。天下君王至于贤人众矣，当时则荣，没则已焉。孔子布衣[6]，传十余世，学者宗之。自天子王侯，中国言《六艺》者折中于夫子[7]，可谓至圣矣！

🔅 注释

[1] 世家：《史记》中用以记载侯王家世的一种传记，"世家"之体古已有之。

[2] 高山仰止，景行行止：出自《诗经·小雅·车辇》。仰，这里是仰慕、敬仰的意思。景行，大道。这里喻指高尚的品德。行止中的行，这里是效法的意思。止，句末语气助词，无意义。

[3] 乡：通"向"。

[4] 适：往。

[5] 祇（zhī）回：相当于"低回"。流连，盘桓。祇，恭敬。有的版本作"低回"。

[6] 布衣：没有官职的人。

[7]《六艺》：指六经，即《诗》《书》《礼》《乐》《易》《春秋》。折中：调和取证。

❀ 翻译

太史公说:《诗经》有这样的话:"巍峨的高山令人仰望,宽阔的大路让人行走。"尽管我达不到孔子的境界,然而内心非常向往。我阅读孔子的书籍,可以想见他的为人。我曾到过鲁地,观看过孔子的宗庙厅堂、车辆服装、礼乐器物,那里的儒生定时在孔子故居演习礼仪。我也不由得流连徘徊久久地舍不得离去。自古以来出色的君主贤人也多得是,但他们大多数都是活着的时候非常显赫,而死后也就什么都没有了。唯有孔子,活着的时候是一个平民百姓,死去又已经十几代了,而学者们至今把他奉为祖师。现在上自天子王侯,所有中国讲"六经"的人都把孔子的言论作为衡量一切的标准,真可以算得上是至高无上的圣人了。

❀ 赏析

《史记·孔子世家》的赞语,开篇以总评揭出自己对孔子的无限景仰,继而从遗书、遗物、遗教三个方面,极言自己对孔子的向往,结篇再以总评写自己对孔子的崇奉,无处不洋溢着作者对孔子的无限敬仰之情。全文描写含情,叙事含情,议论亦含情,读之,觉字里行间,深情无限,且文笔简洁,含意深远。

(四)《屈原列传》[1] 节选

❀ 原文

屈平疾王听之不聪也,谗谄[2]之蔽明也,邪曲[3]之害公也,方正之不容也,故忧愁幽思而作《离骚》[4]。"离骚[5]"者,犹离忧也。夫天者,人之始[6]也;父母者,人之本[7]也。人穷则反本[8],故劳苦倦极[9],未尝不呼天也,疾痛惨怛[10],未尝不呼父母也。屈平正道直行,竭忠尽智以事其君,谗人间之,可谓穷矣!信而见疑,忠而被谤,能无怨乎?屈平之作《离骚》,盖[11]自怨生也。《国风》好色而不淫[12],《小雅》怨诽而不乱[13]。若《离骚》者,可谓兼之矣。上称[14]帝喾[15],下道齐桓[16],中述汤、武[17],以刺世事。明道德之广崇,治乱之条贯,靡不毕见[18]。其文约[19],其辞微[20],其志洁,其行廉[21]。其称文小而其指[22]极大,举类迩而见义远[23]。其志洁,故其称物芳[24]。其行廉,故死而不容自疏[25]。濯淖污泥之中[26],蝉蜕于浊秽[27],以浮游尘埃[28]之外,不获世之滋垢[29],皭然泥而不滓者[30]也。推[31]此志也,虽[32]与日月争光可也。

❀ 注释

[1]《屈原列传》节选自《史记·屈原贾生列传》中有关屈原的部分,是一篇风格独特的人物传记。这是现存关于屈原最早的完整的史料,是研究屈原生平的重要依据。

屈原是中国历史上第一位伟大的爱国诗人。他生活在战国中后期的楚国,当时七国争雄,其中最强盛的是秦、楚二国。屈原曾在楚国内政、外交方面发挥了重要作用,此后,虽然遭谗去职,流放江湖,但仍然关心朝政,热爱祖国。最后,毅然自沉汨罗江,以殉自己的理想。本文以强烈的情感颂扬了屈原卓越超群的才华和他对理想执着追求的精神。虽然事迹简略,但文笔沉郁顿挫,咏叹反复,夹叙夹议,是一篇有特色的评传式散文。

　　[2] 谗谄（chǎn）：指说好人的坏话、谄媚国君的人。谄，奉承，巴结。

　　[3] 邪曲：邪和曲同义。这里指邪恶、不正直的人。

　　[4]《离骚》：屈原的代表作品，我国古代最长的抒情诗。全诗三百七十三句，二千四百余字。

　　[5] 离：同"罹"，遭遇，遭受。骚：忧。

　　[6] 人之始：人类的起始。

　　[7] 人之本：每个人的本源。

　　[8] 穷：处境窘迫，无路可走。反本：追念根本。反，通"返"，追念，回想。

　　[9] 极：困惫，疲乏。

　　[10] 惨怛（dá）：内心悲痛。

　　[11] 盖：表示原因的承接连词，原来是。

　　[12]《国风》好色而不淫：《国风》是《诗经》中采自春秋时十五国民歌的部分，多写男女爱情，但不过分。淫：邪，过分。

　　[13]《小雅》怨诽而不乱：《小雅》是《诗经》中贵族宴会的乐歌和批评朝政过失抒发忧愤的诗篇。诽，诽谤。乱，越轨。

　　[14] 称：与下文的"道""述"，互文见义，都有"称道"的意思。

　　[15] 帝喾（kù）：传说中古代部族首领，号高辛氏。

　　[16] 齐桓：即齐桓公，春秋时的齐国国君，五霸之一。

　　[17] 汤、武：汤，即商汤，殷商的开国君主。武，即周武王，灭商后建立西周。

　　[18] 靡（mǐ）不毕见（xiàn）：无不得到充分的体现。靡，没有。毕，全部，充分。见，同"现"。

　　[19] 约：简约，简练。

　　[20] 微：含蓄，精妙。

　　[21] 廉：方正，正直。

　　[22] 称：引用，选用。文：文字，词汇。指：同"旨"，主旨，旨趣；指《离骚》以花鸟草木来表达作者高远的志向。

　　[23] 类：事例，事物。迩（ěr）：近。义：意义，道理。见义远：体现的意义极深远。见，同"现"，体现。

　　[24] 称物芳：指用美人香草作比喻。

　　[25] 死而不容自疏：虽死去也不肯疏远楚国。

　　[26] 濯：洗涤。淖（nào）污泥：三字同义，污秽。

　　[27] 浊秽：指黑暗社会。

　　[28] 以：而，从而。尘埃：比喻尘世、世俗。

　　[29] 不获世之滋垢："不获于世之滋垢"的省略。获，辱。于，被。世，世俗。

　　[30] 皭（jiào）然：洁白干净的样子。皭，白。泥（niè）而不滓（zǐ）：染而不黑。泥，通"涅"，黑色染料，这里指用涅去染。滓，黑。

　　[31] 推：推论，推断。

[32] 虽：即使。

✹ 翻译

屈原痛心楚怀王受惑于小人之言，不能明辨是非；小人混淆黑白，使怀王看不明白；邪恶的小人妨碍国家，端方正直的君子则不为朝廷所容，所以忧愁苦闷，写下了《离骚》。"离骚"，就是遭到忧愁的意思。天是人类的原始，父母是人的根本。人处于困境就会追念本源，所以到了极其劳苦疲倦的时候，没有不叫天的；遇到病痛或忧伤的时候，没有不叫父母的。屈原行为正直，竭尽自己的忠诚和智慧来辅助君主，谗邪的小人来离间他，可以说到了困境了。诚信却被怀疑，忠实却被诽谤，能够没有怨恨吗？屈原之所以写《离骚》，其原因大概是从怨愤引起的。《国风》虽然多写男女爱情，但不过分而失当。《小雅》虽然多讥讽指责，但并不宣扬作乱。像《离骚》，可以说是兼有两者的特点了。它对远古上溯到帝喾，近世称述齐桓公，中古称述商汤和周武王，用来讽刺当时的政事。阐明道德的广阔崇高，国家治乱兴亡的道理，无不完全表现出来。他的文笔简约，词意精微；他的志趣高洁，行为廉正。就其文字描写来看，不过寻常事物，但它的旨趣是极大的（因为关系到国家的治乱），举的是近事，而表达的意思却十分深远。因为志趣高洁，所以文章中称述的事物也是透散着芬芳的。因为行为廉正，所以到死也不为奸邪势力所容。他独自远离污泥浊水之中，像蝉脱壳一样摆脱浊秽，浮游在尘世之外，不受浊世的玷辱，保持皎洁的品质，出污泥而不染。可以推断，屈原的志向，即使和日月争辉，也是可以的。

✹ 赏析

本文是一篇极为优秀的传记文学。文章以记叙屈原生平事迹为主，用记叙和议论相结合的方式热烈歌颂了屈原的爱国精神、政治才能和高尚品德，严厉地谴责了楚怀王的昏庸和上官大夫、令尹子兰的阴险。本文所记叙的屈原的生平事迹，特别是政治上的悲惨遭遇，表现了屈原的一生和楚国的兴衰存亡息息相关，他确实是竭忠尽智了。屈原留给后人的财富甚丰，他的高尚品德、爱国精神乃至文学成就，至今具有深远的影响。

━ 三、阅读链接

《史记》对中国小说创作的影响

《史记》是在继承优秀史学传统再加作者创造性的开拓两方面因素的综合作用下写成的。由于司马迁具有独特的家学修养、开阔的视野和胸襟、坚韧的使命感、跌宕的人生经历，使《史记》的文学性特点更为显著，故而其对中国文学的影响特别是小说创作产生深远影响。《史记》既是伟大的史学著作又是不朽的文学作品，特别是本纪、世家、列传三部分，本身就被看作是优秀的传记文学作品。《史记》对于中国古代小说产生了深远的影响。

1.《史记》是一部具有强烈的主观抒情性和浓烈的悲剧美的作品。"发愤著书"是司马迁提出的一个重要的创作观点。对于作者而言，为什么要著书立说？司马迁给出了一个解释是心有郁愤要借此抒发，"此人皆意有所郁结，不得通其道，故述往事，思来者"。发愤说对中国古代文化（不仅仅是文学）产生了深远的影响，在历代都受到不同程度的应和。至于在古代小说领域，也有不少作者是在此思想的影响下奋笔而书的，《水浒传》《儒林外史》《红楼梦》《聊斋志异》《官场现形记》《二十年目睹之怪现状》等都有发愤的因素蕴于其中。

2. 刻画鲜明的人物形象。《史记》在宏大的历史背景中通过跌宕起伏的情节和激烈的矛盾冲突来刻画人物。《史记》中能载入历史的多是帝王将相，他们的人生经历充满了矛盾和斗争，为传记跌宕起伏的情节奠定了基础。作者通过真实、生动、典型的细节描写，准确细腻地表现人物的性格，不仅使历史人物的精神面貌的本质特征得到充分的表现，而且在可信的历史记录中也反映了作者对人物恰当的取舍和抉择。《史记》对人物形象的塑造为后世小说创造奠定了基础。

3. 司马迁把对人物的评价蕴含在描写中，以道德评价塑人："褒贬固在笔墨之外也。"司马迁在写作过程中注入了强烈的个人情感，在对人物进行褒贬评述时，序赞中蕴藏着一种深长的情思："或是笔墨酣畅的抒情，处处有我在；或是淋漓尽致的暴露和讽刺，每每可见其愤世嫉俗之情；或是对高义奇节之士的向往和对失败者与受侮辱被损害者的同情，时时流泻太史公的真情实感。"例如在《孔子世家》的评语中写道："《诗》有之：'高山仰止，景行行止。'虽不能至，然心乡往之。余读孔氏书，想见其为人……天下君王至于贤人众矣，当时则荣，没则已焉。孔子布衣，传十余世，学者宗之……可谓至圣矣！"对于他所厌恶、摒弃、批判的人事物，则多写其假丑恶凶，爱憎分明。

四、思考练习

1. 简述《五帝本纪赞》的写作特点。
2. 结合《太史公自序》谈谈司马迁的命运观与一般人所信奉的宿命论有何区别。
3. 为什么司马迁给孔子那样高的评价？对此谈谈你的理解。

五、综合实践

阅读《中国通史》等历史书籍，或观看央视网纪录片《中国通史》，开展分组讨论，写读后感或观后感，每组派一个代表登台演说。

六、阅读书目

1. （汉）司马迁著：《史记》，中华书局，2019 年。
2. 吕思勉著：《中国历史》，北京大学出版社，2020 年。

第三节

《资治通鉴》选读

一、经典导读

《资治通鉴》是北宋著名史学家、政治家、文学家司马光（1019年—1086年）和他的助手刘攽、刘恕、范祖禹、司马康等人历时十九年编纂的一部规模空前的编年体通史巨著。著作主要以时间为纲，事件为目，从周威烈王二十三年（前403年）写起，到五代后周世宗显德六年（959年）征淮南停笔，涵盖十六朝1362年的历史。《资治通鉴》全书294卷，300多万字，全书按朝代分为十六纪，即《周纪》五卷、《秦纪》三卷、《汉纪》六十卷、《魏纪》十卷、《晋纪》四十卷、《宋纪》十六卷、《齐纪》十卷、《梁纪》二十二卷、《陈纪》十卷、《隋纪》八卷、《唐纪》八十一卷、《后梁纪》六卷、《后唐纪》八卷、《后晋纪》六卷、《后汉纪》四卷、《后周纪》五卷。另有《考异》《目录》各三十卷。

《资治通鉴》的内容以政治、军事和民族关系为主，兼及经济、文化和历史人物评价，目的是通过对事关国家盛衰、民族兴亡的统治阶级政策的描述警示后人。编者总结出许多历史经验教训，供统治者借鉴，宋神宗认为此书"鉴于往事，有资于治道"，即以历史的得失作为鉴戒来维护主权统治，所以叫《资治通鉴》。

司马光，字君实，号迂夫，晚号迂叟，陕州夏县（今属山西）涑水乡人，世称涑水先生。自幼聪慧，七岁时，以石破瓮抢救坠水儿童，传为佳话。宋仁宗宝元元年（1038年），中进士甲科。四十岁前历任苏州、武成军、郓州、并州判官等职。四十岁召还为开封府推官，累除知制诰、天章阁侍制、知谏院。神宗即位，擢为翰林学士，力辞曰"臣不能为四六"，不获辞。神宗任用王安石实施变法，司马光因与变法派政见不合而又无力抗拒，力求外补。熙宁四年（1071年），以西京留守退居洛阳，筑独乐园，专意编著《资治通鉴》。哲宗即位，高太后垂帘听政，召还主国政，将新法废除殆尽。元祐元年（1086年），拜左仆射兼门下侍郎，是年九月，卒于位，当政仅一年多。赠温国公，谥文正。

司马光在政治上，始终与变法派对立。他为人正直磊落，务实敢言，律己严谨，正如其自称："吾无过人者，但平生所为，未尝有不可对人言者耳！"

《资治通鉴》由司马光总其大成，协修者有刘恕、刘攽、范祖禹等人。刘恕博闻强记，自《史记》以下诸史，旁及私记杂说，无所不览，对《通鉴》的讨论编次，用力最多。刘攽于汉史，范祖禹于唐史，都有专深的研究。他们分工合作，各自作出了重要贡献。最后，由司马光修改润色，写成定稿。其中是非予夺，一出于光。

《资治通鉴》征引史料极为丰富，除十七史外，所引杂史诸书达数百种。书中叙事，往往一事用数种材料写成。遇年月、事迹有歧异处，均加考订，并注明斟酌取舍的原因，以为《考异》。《资治通鉴》具有相当高的史料价值，尤以《隋纪》《唐纪》《五代纪》史料价值最高。

《资治通鉴》因司马光一人精心定稿，统一修辞，故文字优美，叙事生动，且有相当高的文学价值，历来与《史记》并列为中国古代之史家绝笔，除叙事外，还选录了前人的史论 97 篇，又以"臣光曰"的形式，撰写了史论 118 篇，比较集中地反映了作者的政治、历史观点。对历史上有关图谶、占卜、佛道等宗教迷信，采取了批判的态度，是史学思想的重要进步。

本书所选《淝水之战》是记叙公元 383 年东晋和前秦在淝水决战的史料。因前秦皇帝苻坚对敌我双方形式的误判，又一意孤行，貌似强大的前秦军主力未及交战就已兵败如山倒。这是历史上以少胜多、以弱胜强的一次著名的战例。直接描写战役经过只寥寥二三百字，绝大部分篇幅用于记叙秦晋两方人物的对话和内心活动，战略的布置，在瞬息万变、错综复杂的战争中刻画双方统帅苻坚与谢安的精神面貌，描写逼真、生动传神。虽是历史散文，但堪比戏剧般扣人心弦。

对于淝水之战的惨败，苻坚确实要负主要的责任。这是一个知彼知己的反面例证，联系到《资治通鉴》写作的初衷，作者是要强调君主在认识和判断上的错误会带来多么严重的后果。

二、经典选读

《淝水之战》[1] 节选

原文

石[2]闻坚[3]在寿阳，甚惧，欲不战以老秦师[4]。谢琰劝石从序言。十一月，谢玄遣广陵相刘牢之[5]帅精兵五千人趣[6]洛涧，未至十里，梁成阻涧为陈[7]以待之。牢之直前渡水，击成，大破之，斩成及弋阳太守王咏。又分兵断其归津[8]，秦步骑崩溃，争赴淮水，士卒死者万五千人，执秦扬州刺史王显等，尽收其器械军实[9]。于是谢石等诸军，水陆继进。秦王坚与阳平公融登寿阳城望之，见晋兵部阵严整；又望见八公山[10]上草木，皆以为晋兵，顾谓融曰："此亦劲敌，何谓弱也！"怃然[11]始有惧色。

秦兵逼淝水[12]而陈，晋兵不得渡。谢玄遣使谓阳平公融曰："君悬军深入，而置陈逼水，此乃持久之计，非欲速战者也。若移陈[13]少却，使晋兵得渡，以决胜负，不亦善乎！"秦诸将皆曰："我众彼寡，不如遏之，使不得上，可以万全。"坚曰："但引兵少却，使之半渡，我以铁骑蹙[14]而杀之，蔑不[15]胜矣！"融亦以为然，遂麾[16]兵使却。秦兵遂退，不可复止。谢玄、谢琰、桓伊等引兵渡水击之。融驰骑略陈[17]，欲以帅退者，马倒，为晋兵所杀，秦兵遂溃。玄等乘胜追击，至于青冈[18]。秦兵大败，自相蹈藉[19]而死者，蔽野塞川。其走者闻风声鹤唳[20]，皆以为晋兵且至，昼夜不敢息，草行露宿，重以饥冻，死者什七、八。初，秦兵少却，朱序在陈后呼曰："秦兵败矣！"众遂大奔。序因与张天锡[21]、徐元喜皆来奔。获秦王坚所乘云母车[22]。复取寿阳，执其淮南太守郭褒。

……

谢安得驿书，知秦兵已败，时方与客围棋，摄书置床上，了无喜色[23]，围棋如故。客问之，徐答曰："小儿辈遂已破贼。"既罢，还内，过户限，不觉屐齿之折[24]。

注释

[1]《淝水之战》，选自《资治通鉴·晋纪二十七》孝武帝太元八年（383年）。淝水之战是中国历史上以弱胜强的著名战例之一。在这场决定东晋存亡的大战中，双方出场的人物众多，矛盾错综复杂，但司马光只用寥寥二千余字，便勾画得那样清晰完整，成为千载传诵的名篇。

[2]石：谢石（327年—389年），字石奴，陈郡阳夏（今河南太康）人。东晋时期名将，太常谢裒第五子、太傅谢安之弟。太元八年，前秦皇帝苻坚南侵，谢石以征虏将军兼假节、征讨大都督，统领谢玄等于淝水之战中大破前秦军。以功迁任中军将军、尚书令，进封南康郡公。

[3]坚：苻坚，前秦王，氐族人，十六国时期前秦的皇帝。早期很有作为，曾统一中国北方，国力一度超过东晋数倍，很有机会统一全国，但是在淝水之战中惨败。鲜卑、羌等部族相继叛变，西燕慕容冲攻入长安，苻坚出逃被杀。

[4]老秦师：老，疲、衰之义，这里作使动用法，谓使秦军疲乏力衰。

[5]刘牢之：字道坚，彭城（今江苏徐州）人，东晋名将。孝武帝初，谢玄北镇广陵（今江苏扬州），募兵京口，牢之应募任参军，常领精锐为前锋，屡战屡胜，号称"北府兵"，以功升任广陵相。淝水战中，从谢玄为前锋，勇不可当；秦军败，又率师从谢玄北伐，长驱入邺，由此名震天下。

[6]趣：通"趋"，趋赴、奔向。

[7]阻涧为陈：阻，抢先占据。陈，同"阵"。谓抢先占据洛河，布成阵势。

[8]归津：退路。

[9]器械军实：军用器械和粮饷。

[10]八公山：古山名，在今安徽淮南。传说汉淮南王刘安好神仙，有八公须发皆白，至门求见，守门者谓："吾王好长生，今先生等无驻衰之术，未敢以闻。"八公忽都变为童子，淮南王遂于此山立庙祭祀，名为八公山。一说当时庙内所供奉的是淮南王的门客左吴、伍被等八人。

[11]怃然：怅然失意貌。

[12]淝水：亦作肥水，近代俗名东肥河。源出安徽合肥西北将军岭，西北流入寿

县境，折北流经寿县城东，又西北经八公山南入淮河。

[13] 陈：同"阵"，布阵。

[14] 蹵：通"蹴"，踢、踩、踏之义。

[15] 蔑不：蔑，无。蔑不，即无不。

[16] 麾：指挥。

[17] 驰骑略陈：骑着马来回奔驰，想要压住阵脚。

[18] 青冈：古地名。胡三省注："青冈去今寿春县（今安徽寿县）三十里。"

[19] 蹈藉：践踏倒卧，纵横相枕。

[20] 风声鹤唳：形容惊慌失措，或自相惊扰。唳，鹤叫声。

[21] 张天锡：字纯嘏，晋安定乌氏（今甘肃平凉西北）人。本为张轨所建前凉国的末代君主，376 年被苻坚击灭，降秦，官尚书。苻坚攻晋，任南征司马。淝水战中，又奔降东晋，官凉州刺史，甚为晋人所轻。传见《晋书》。

[22] 云母车：别本车下有"及仪服、器械、军资、珍宝、畜产不可胜计"十五字。云母晶体透明，成板状，有色彩，古代用以饰车，以示贵重。晋制：以云母饰犊车，以赐王公，臣下不得乘。

[23] 摄书置床上，了无喜色：摄，收、敛。床，坐榻。了无，全无、毫无。谓谢安把信收起放在坐榻上，脸上全无喜色，这是描写他故作镇静。

[24] 过户限，不觉屐齿之折：户限，门槛。屐齿，木屐的底齿。谓谢安尽管故作镇静，但仍难以控制内心喜悦之情，以致过门槛时步履不稳，不知不觉间竟折断了屐齿。

❀ 翻译

谢石听说符坚在寿阳，很害怕，想不交战而使秦军疲乏力衰。谢琰劝谢石听从朱序的建议。十一月，谢玄派广陵相刘牢之率领精兵五千人奔赴洛涧，离洛涧不到十里，梁成抢先占据洛河布成阵势，等待刘牢之。刘牢之径直前进渡过涧水，攻打梁成，打败了他们，将梁成和弋阳太守王咏斩首，又分兵阻断他们归去的渡口，秦的步兵骑兵溃不成军，士兵争先恐后地跳进淮水。死亡的士卒有一万五千人，抓住秦的扬州刺史王显等人，全部收缴他们的器械等各种军用物资。于是谢石的各路大军，水陆两路同时进发。秦王符坚与阳平公符融登上寿阳城望去，只见晋兵阵容严整，又望见八公山上的草木，以为都是埋伏在那里的晋兵，回头对符融说："这样的军队也是劲敌，怎么能说他们弱小呢！"怅然失意，这才有了害怕的神色。

秦兵紧靠着淝水列阵，晋兵不能渡河。谢玄派使者对平阳公符融说："你孤军深入，却把阵势摆在淝水边，这是持久的打算，而不是想速战速决。如果把你们的阵势移动一下，稍稍退却，让晋兵渡过淝水，来决一胜负，不是很好吗！"秦的众将领都说："我军人多，他们人少，不如阻挡他们，使他们不能渡河，可以万无一失。"付坚说："只须带兵稍稍后退，让他们渡到一半时，我们用铁骑践踏而杀死他们，这样没有不能取胜的！"符融也认为对，于是指挥军队稍稍退后。秦军于是开始后退，这一退无法停下来。谢玄，谢琰、桓伊等率兵渡过淝水攻击秦军。符融骑马奔驰压阵，想以此阻挡退却的士兵。但马倒地，他被晋兵杀死，秦军于是溃败。谢玄等人乘胜追击直至青冈。秦兵大败，自相踩踏而死的士兵躺满原野塞满河川。那些逃跑的士兵听到风吹的声音和鹤叫声，都以为晋兵就要追来，昼夜不敢停，在草丛里行军，在野外住宿，再加上又冷又饿，死的人十分之七八。刚开始，秦兵稍稍退却时，朱序在阵后大声呼叫说："秦兵败了！"士兵们于是狂奔逃命，朱序趁机与张天赐、徐元喜都向东晋的大军奔来。缴获秦兵符坚乘坐的云母车，又攻下了寿阳，活捉了淮南太守郭褒。

……

谢安收到驿马送来的战报，知道秦兵已经被打败，当时他正与客人下围棋，收到书信放在坐榻上，脸上没有一点喜悦的神情，仍像原先那样下围棋，客人问他，他平静地回答说："孩儿们已经如愿把秦兵打败了。"下完棋，他回内室，过门槛时难以控制内心的喜悦而步履不稳，不知不觉间竟折断了屐齿。

❀ 赏析

公元 383 年，东晋和前秦在淝水进行了一场大战，弱小的晋军大败强大的秦军，是历史上以少胜多，以弱胜强的一次著名的战例。对这种强弱形势悬殊，胜负结果相反的历史事实，本文较为客观地作了反映。这场战争的胜败并非出于偶然，也在文章里得到深刻的揭示：符坚昧于敌我形势，狂妄自大，目中无人，对客观形势作出极端错误的判断，是导致战争失败的主要因素，也是淝水之战留给人们的深刻教训。

战争背景：前秦符坚在王猛的辅佐下，将前秦治理得有声有色，也征服了周围很多的小国，国力强大，符坚的名望也越来越高。符坚在自信自满的时候很自然就想到了伐晋，他的心腹谋臣王猛在临终前曾经劝谏他不要起意南征。东晋无论多么弱小，在南北朝人的眼中，终归是正朔之所在。但是在公元 383 年，符坚终于还是决心要和东晋打一仗，符坚的臣下、亲人无一赞成出兵，时人非常清醒地看到前秦的庞大架构中缺陷多多，臣服的诸国各怀异心，而东晋远不如符坚以为的不堪一击。可是符坚这一次非常坚定，或者更准确地说，这就是一意孤行。

最初交战双方的情况和符坚想的差不多，数十万大军的声势也让晋军畏惧。但是刘牢之和梁成一战，前秦军战败，东晋军开始有了信心，而寿阳城里的符坚已开始草木皆兵。其后的淝水一役，前秦军还没怎么打就已经兵败如山倒。

这篇记叙战争的散文，直接描写战役经过只寥寥二三百字，绝大部分篇幅用于记叙秦晋两方人物的对话和内心活动、战略的布置，其中还穿插了潜伏在符坚内部慕容垂叔侄的对白、朱序向谢石等的献策。这些错综复杂的情况，叙述得有条不紊，详略得当。特别突出地描写了双方两个重要人物符坚与谢安的精神面貌。写符坚，起初口出"投鞭断流"的狂言，趾高气扬，接着观望敌阵又"草木皆兵"，"怃然始有惧色"。写谢安在大军压境时，"夷然"自如，"出游山墅"，得捷报却"了无喜色"，但过门槛时，抑制不住内心的激动"不觉屐齿之折"。这些生动逼真的描写，令人印象深刻，趣味无穷，虽是一篇历史散文，却起到了比戏剧艺术更能扣人心弦的艺术效果。

三、阅读链接

中国的围棋

围棋，一种策略型两人棋类游戏，起源于中国，围棋距今已有 4000 多年的历史。据先秦典籍《世本》记载："尧造围棋，丹朱善之。"晋张华在《博物志》中继承并发展了这种说法："尧造围棋，以教子丹朱。若曰：舜以子商均愚，故作围棋以教之。"后围棋流行于东亚国家汉文化圈（中、日、韩、朝），属琴棋书画四艺之一。围棋传说为帝尧所创，春秋战国时期即有记载。隋唐时经朝鲜传入日本，流传到欧美各国。围棋蕴含着中华文明的丰富内涵，它是中华文明的代表之一。

围棋使用矩形格状棋盘及黑白二色圆形棋子进行对弈，正规棋盘上有纵横各 19 条线段，361 个交叉点，棋子必须走在空格非禁着点的交叉点上，双方交替行棋，落子后不能移动或悔棋，以目数多者为胜。因为黑方有先手优势，故而人为规定黑方局终时要给白方贴子。中日韩等各国制定的竞赛规则略有不同。

2019 年 11 月，《国家级非物质文化遗产代表性项目保护单位名单》公布，围棋保护单位为中国围棋协会、北京棋院（北京桥牌院、北京市棋牌运动管理中心）。

四、思考练习

1. 司马光编纂《资治通鉴》的目的是什么？
2. 以"草木皆兵 风声鹤唳"为题，改写淝水之战的精彩片段。不少于 1000 字。

五、综合实践

考察淝水之战古战场，参观八公山、寿县古城墙、楚文化博物馆，或浏览相关网站、地方志等，以班级为单位写一篇淝水之战古战场调研报告。

六、阅读书目

（宋）司马光编著：《资治通鉴》，中华书局，2023 年。

第四章　诗意栖居

诗歌欣赏理论　诗之意象、境界、风格

　　诗的意象是呈现于诗歌作品中的被诗人心灵化了的物象。客观物象进入诗人头脑，经过诗人审美经验的选择、淘洗、加工，渗入诗人的情趣和理想，进入诗歌中就是意象。它是一种主观情意与客观物象融合的艺术晶体。如王安石有两句写梅花的诗："墙角数枝梅，凌寒独自开。"梅花是客观外物，本无人之品性，现在它却是孤处墙角，独自开放，带上了清芳孤傲的意趣，这梅花成了诗中一个精彩的意象。正如诗人艾青所说："意象是具体化了的感觉。"它是一种感官印象，是诗人用感觉的手捕捉而来又诉诸感觉的形象。

　　诗的意境是诗歌创作与鉴赏理论中的核心问题。所谓"意境"，从创作主体而言，它是诗人的主观之情、理与被表现的客观事物之形、神，以及诗人对现实人生的独特感悟所形成的艺术画面。绝大多数的诗歌不以塑造人物、描述故事为己任，它所要表现的是诗人心灵思绪的片段，借助的常常是与之相对应的山水草木等事物的形貌，赋之以灵性，寄之以情思，它们不同的艺术形态，则是诗人独特匠心的展示。从接受主体而言，则是凭借诗歌艺术语言的媒介，糅合一己之人生经验，再现诗歌中的艺术情景，并从中体悟、玩索与反观自身，从而产生心灵的回应与共鸣。在中国诗歌史上，任何一首历经岁月、脍炙人口的佳作，都是诗歌意境创造的成功范例。《诗经》《楚辞》中已不乏其例。例如，《诗经·秦风·蒹葭》："蒹葭苍苍，白露为霜。所谓伊人，在水一方。溯洄从之，道阻且长。溯游从之，宛在水中央。"《九歌·湘夫人》："帝子降兮北渚，目眇眇兮愁予。袅袅兮秋风，洞庭波兮木叶下。"前者表现诗人可望而不可即之心绪，含咫尺千里之感伤，风格婉约柔美，意境朦胧悠远。后者则寓愁思于落叶秋波之中，遂起千古"悲秋"之意象，意境萧瑟而闷约。

　　语言风格是指诗人在长期的创作实践中逐渐形成的独特的语言艺术个性。风格是多种多样的，不同诗人或同一诗人不同时期的作品往往表现出不同的风格。以李白为例，李白诗歌风格特质主要表现在：一是豪迈奔放。李白的抒情诗大多情感炽热，具有浓郁的主观色彩与浪漫主义情怀。"天生我材必有用""长风破浪会有时"直抒胸臆，体现了一种豪放不羁、傲岸不屈的精神。"安能摧眉折腰事权贵，使我不得开心颜"又充分表现了李白不事权贵的性格和心态。一首《将进酒》将豪迈奔放的风格演绎得淋漓尽致。二是清新飘逸。"清水出芙蓉，天然去雕饰。"李白诗歌如行云流水，潇洒自如，清新自

中国诗词概论（上）：概念、特点与分类

中国诗词概论（下）：意象与境界

然。《静夜思》语言率真自然、明白晓畅，毫无矫揉造作之感，勾勒了游子无处排遣的情思和乡愁。"凤凰台上凤凰游，凤去台空江自流"（《登金陵凤凰台》），以不事雕琢的语言抒发了自己对于古今盛衰兴替的感慨。正是这些明白如话、通俗生动的诗句，构成了李白清新飘逸的诗歌语言。三是大胆夸张。李白诗歌善于运用想象，在现实基础之上，通过夸张的艺术手法，加大了对比效果，增强了诗歌魅力。如"黄河之水天上来"在大气磅礴中引发了人们对滔滔黄河的无穷联想。而"蜀道之难，难于上青天"，寥寥数语把古蜀道的艰险刻画得入木三分，夸张手法运用得贴切自然。同时以数字入诗，也是李白作诗的一大特色。"千金散尽还复来""会须一饮三百杯"，表达了李白豁达的人生态度。而"飞流直下三千尺，疑是银河落九天"，以"三千尺"和"九天"相映衬，突出庐山瀑布的起伏跌宕，波澜壮阔。"白发三千丈，缘愁似个长"的夸张表达，用"三千丈"的白发形容愁绪，令人动容，更令人惊叹。

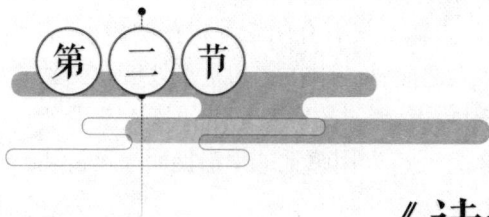

第二节

《诗经》选读

一、经典导读

中国现实主义文学的源头——《诗经》

  《诗经》是我国历史上第一部诗歌总集，记录了从西周初年到春秋中叶近六百年的诗歌。周朝有"采诗"制度，每年有专人到各国收集诗歌，进行编纂整理，后经孔子编订，成为流传至今的《诗经》。《诗经》在先秦只称"诗"或"诗三百"，到西汉时，成为儒家经典，才称《诗经》。这些诗当初都是配乐而歌的歌词，但在长期流传中，乐谱和舞蹈失传，就只剩下了诗歌。

  诗经共 305 篇，分为"风""雅""颂"三部分。"风"是民间歌谣，主要反映下层劳动人民的生活和思想感情。这部分包括《邶风》《鄘风》《卫风》《王风》《郑风》《齐风》《魏风》《唐风》《秦风》《陈风》《桧风》《曹风》《豳风》等十三组地方调的诗歌，加上《周南》《召南》两组，合称"十五国风"。"雅"是宫廷诗歌，即周人所谓的正声雅乐，分为《大雅》和《小雅》，《大雅》用于"飨礼"，即隆重盛大的宴会典礼；《小雅》用于"燕礼"，即日常生活中的宴会典礼。"雅"一般为贵族作品，代表着贵族生活、思想感情，但也夹杂了部分民歌，可能是采取了民歌入"雅乐"的缘故。"颂"是庙堂祭祀诗歌，主要反映统治阶级的生活和思想感情，其目的在于"美盛德之形容"，也就是歌功颂德。从整体上看，"风"共一百六十篇，和《小雅》中部分反映社会现实的篇目是

《诗经》中的精华所在，鲜明地体现出"饥者歌其食，劳者歌其事"的民歌风貌，生动地反映出当时的社会现实和劳动人民的思想情感。

《诗经》的思想内容广泛，主要包括反抗压迫剥削，如《豳风·七月》表现出周人农业生产生活劳动的艰辛与统治者的压迫剥削；描写爱情婚姻，如《邶风·静女》体现出青年男女之间的纯美爱情，《卫风·氓》把女子恋爱、结婚、婚后生活和被遗弃的遭遇完整地描述出来，表现了她命运的不幸和性格的刚强；描写劳动生活，如《周南·芣苢》描绘了妇女们采摘芣苢时的欢快场景。《诗经》中的政治讽喻诗，有的是劳动人民揭露和抨击统治阶级荒淫无耻的生活，锋芒尖锐，也有一些关注政治、头脑清醒的贵族对民生的关注以及对改良政治的热情。《大雅》中有五篇规模较大的叙事史诗，分别是《大明》《绵》《皇矣》《生民》《公刘》，某些描写带有神话色彩，详细地记述了周人祖先建国的艰难，歌颂了艰苦创业中涌现出的英雄，他们表现出的聪明智慧、勇敢勤劳、奋发图强、艰苦创业的民族精神，正是我们弥足珍贵的精神财富。

《诗经》的艺术表现手法，前人总结为赋、比、兴三种。赋、比、兴最早和"风""雅""颂"并列，被称为诗"六义"。关于赋比兴的解说，历来众说纷纭，南宋朱熹的解释为大多数人所接受。"赋"指直接抒写和铺叙，这是所有文学作品最基本的写法。"比"指比喻，以彼物比此物，使事物的表达更加形象生动。"兴"是"先言他物以引起所咏之词"（朱熹《诗集传》）。细究"兴"字，有发端的意思，也称起兴，一般用在诗歌开头。起兴的句子可以与诗的内容有关，也可以无关。赋、比、兴三种方法，在《诗经》中交互使用，有的侧重用赋的方法，如《大雅》和"颂"，而《国风》和《小雅》则用比、兴较多。

《诗经》为中国文学奠定了现实主义的传统。它多样的写作方法、丰富的词汇、复杂的音节，一方面承载着反映现实的功能，另一方面保持了作品的生动活泼，兼具内容的深刻性、广泛性和形式的辞藻美、音乐美，并确立了诗歌反映现实、关注人民的优秀传统。同时，赋比兴的艺术表现手法，也为后世诗人创作提供了学习借鉴的典范。

教材所选《关雎》《蒹葭》均为《诗经》中的爱情名篇，每篇分"原文""注释""赏析"三部分。古人有云"诗无达诂"（对《诗经》没有绝对确切的训诂或解释）"诗无通诂"（没有公认一致的解释），由于《诗经》写作年代距今久远，无法对每首诗的原始义和每个字词都作出绝对确切的解释，但力求言之有据、简洁明了。

二、经典选读

《诗经》
名篇赏析

（一）《关雎》

原文

关雎

关关雎鸠[1]，在河之洲[2]。窈窕淑女[3]，君子好逑[4]。
参差荇菜[5]，左右流[6]之。窈窕淑女，寤寐[7]求之。

> 求之不得，寤寐思服^[8]。悠哉悠哉^[9]，辗转反侧。
> 参差荇菜，左右采之。窈窕淑女，琴瑟友之^[10]。
> 参差荇菜，左右芼^[11]之。窈窕淑女，钟鼓乐之。

🔅 **注释**

[1] 关关：鸟的和鸣声。雎鸠（jū jiū）：一种水鸟，相传此鸟雌雄情意专一。

[2] 洲：水中陆地。

[3] 窈窕（yǎo tiǎo）：美好的样子。

[4] 好逑（qiú）：好配偶。

[5] 参差（cēn cī）：长短不齐。荇（xìng）菜：一种水生植物，叶子浮在水面上，可食。

[6] 流：顺着水流采摘。

[7] 寤寐（wù mèi）：醒着为寤，睡着为寐。

[8] 思服：思念。

[9] 悠哉：形容思念绵长。

[10] 友：亲爱，友好。

[11] 芼（mào）：采摘。

🌸 **赏析**

《关雎》是《诗经》的第一首诗歌，是一首歌颂爱情的乐歌。诗中描绘了一位男子对一位美丽姑娘热烈大胆而坚定执着的追求。"窈窕淑女，君子好逑"成为千百年来，青年男子追求爱情的经典名言，"寤寐求之""求之不得""辗转反侧""琴瑟友之""钟鼓乐之"等，揭示了追求爱情过程中微妙的心理感受，真实地传达了青年男子的爱情体验，具有很高的概括性，引起无数读者的共鸣。

（二）《蒹葭》

🔅 **原文**

蒹 葭

> 蒹葭苍苍^[1]，白露为霜。所谓伊人，在水一方。
> 溯洄从^[2]之，道阻^[3]且长。溯游从之^[4]，宛在水中央。
> 蒹葭萋萋^[5]，白露未晞^[6]。所谓伊人，在水之湄^[7]。
> 溯洄从之，道阻且跻^[8]。溯游从之，宛在水中坻^[9]。
> 蒹葭采采^[10]，白露未已。所谓伊人，在水之涘^[11]。
> 溯洄从之，道阻且右^[12]。溯游从之，宛在水中沚^[13]。

🔅 **注释**

[1] 蒹（jiān）：没长穗的芦苇。葭（jiā）：初生的芦苇。苍苍：茂盛的样子。

[2] 溯（sù）：逆着水流的方向走。洄（huí）：逆流而上。从：跟踪追寻。

［3］阻：险阻。

［4］游：流，指直流的水道。

［5］萋萋：茂盛的样子。

［6］晞（xī）：干。

［7］湄（méi）：岸边。

［8］跻（jī）：地势渐高。

［9］坻（chí）：水中小岛。

［10］采采：众多的样子。

［11］涘（sì）：水边。

［12］右：道路向右边弯曲。

［13］沚（zhǐ）：水中的小块陆地。

❀ **赏析**

这是一首写追求心中思慕的人而不可得的诗。思慕的是谁呢？历来众说纷纭。一说是思念贤才的，一说是招求隐士的，还有认为是想念朋友或追求情人的。朱熹的说法则比较客观，他说："言秋水方盛之时，所谓彼人者，乃在水之一方，上下求之而皆不可得。然不知其何所指也。"（朱熹《诗集传》）解释不清就阙疑，这才是实事求是的态度。此诗写景凄清优美，写人虚无缥缈，全诗无一个"思"字、"愁"字、"求"字，但其中那企慕之情和惆怅之思却表达得非常充分，可以说这是一首不可多得的诗歌佳作。王国维曾将这首诗与晏殊的"昨夜西风凋碧树，独上高楼，望尽天涯路"相比，认为《蒹葭》"最得风人深致"。

━ **三、阅读链接**

中国古代的乐器和音乐

中国是艺术的国度，传统音乐是五千年中华文化与艺术的重要组成。自原始社会起，中国古代的先民们，就用他们的聪明智慧和艺术天赋，创造了独具特色的民族乐器和灿烂辉煌的古典音乐，尽情抒发着他们的喜怒哀乐，表达他们对未来生活的向往之情，从而使他们的生活变得丰富多彩，饶有情调。

据考古材料记载，河南省舞阳县出土的18支七音孔和八音孔的骨笛，距今已有八千多年的历史。在浙江余姚河姆渡和陕西西安半坡新石器时代遗址出土的骨哨和陶哨，距今有六千多年的历史。经过后人的不断改造，陶哨进一步发展为多孔乐器埙（xūn）。在山西万泉荆村新石器时代遗址中发现了中国最早的埙，距今已有将近四千年历史。从单音发展到多音是乐器史上一个跨时代的进步，它标志着上古时期中国乐器已经具备了雏形，音乐随之开始出现。

殷商时期，中国的乐器种类逐渐增多，在乐队中演奏的乐器就有：管乐器，如箫、笙、竽、篪（chí）；弦乐器，如琴、瑟、筝、筑；打击乐，如鼓、钟、磬（qìng）等。到了周代，乐器的种类就更多了。据古代文献记载有70多种，仅《诗经》里记载的乐器就有27种。成语"滥竽充数"说的就是有关音乐演奏方面的故事，主人公南郭先生

中国古代的乐器和音乐

吹的就是"竽",也说明当时在宫廷乐队中使用竽这样一种乐器演奏是很常见的。1978年,湖北随县战国早期的曾侯乙墓出土了罕见的大型编钟。在战国时代,还有一种名为"编磬"的打击乐器,演奏时与"钟"配合,若干组"编磬"和"编钟"摆放在一起,气势恢宏,十分壮观。磬在演奏时音域也相当宽广,音色清越。钟与磬两相配合,更是相得益彰,使得音乐更加空灵悠扬,非常悦耳动听,引起人们无限的遐想,即所谓"金声玉振"。

秦汉以后,乐器的种类不断增加。少数民族乐器如羌笛(与现代的箫接近)和西域传入的乐器如箜篌(kōng hóu)、琵琶等,也在演奏时出现。各类乐器的音色不同,音质有别,使得音乐的表现力大大增强。魏晋至隋唐,大型的编悬乐器和竽、瑟等早期乐器似已不多见。少数民族和西域的乐器、音乐逐渐传入内地,其中尤以琵琶为代表。琵琶在东汉末期传入中国后,由于胡歌胡舞在内地的流行,其地位越发重要。琵琶的音域很宽,技法多样,可以弹出84调中的81调,而其他乐器则很难做到。此外还有笙、排箫、笛、筝、竖箜篌(接近于现代的竖琴)、五弦琴等乐器参与演奏。在打击乐器中,增加了腰鼓、羯鼓、铜钹、拍板等。技法变化多样,节奏轻重缓急可随意掌握。

宋元明清时代,中国的民族乐器种类已经基本齐全,乐器与说、唱、戏曲的关系更加密切。由于戏曲的需要,由胡琴发展演变而来的二胡、板胡、京胡和三弦、唢呐、梆子、竹板等已经出现在乐队的演奏中。明清之际还有一些西洋乐器如现代钢琴的原型击弦古钢琴、与现代小提琴十分相像的"得约总"陆续传入中国。但是这些乐器的使用范围比较小,影响不大。

古代中国的能工巧匠富有创新精神,善于吸取域外的各种乐器,并不断对传统乐器加以改造更新,使中国古代的乐器呈现多姿多彩、百花齐放的局面。如此,才使中国民族音乐不断发展,音乐语言的表现力不断加强。因此,中国古代乐器已经成为世界音乐宝库中独具特色的东方奇葩。

乐器与音乐的关系无须赘言。在春秋战国时代,中国音乐已经形成了7音阶体系,此外还有独特的5音阶体系。总体而言,中国古代音乐的社会功能特点十分突出。主要的音乐种类有:仪式音乐、宫廷乐舞、声乐、独奏器乐和民间乐曲。仪式音乐用于朝廷祭祀天地、祖宗和神灵等各种大典或仪式,乐曲的节奏较慢,音域不宽,给人以庄严、肃穆甚至有些沉重的感觉,音乐完全服从于仪式的需要。例如,一首名为《韶》的仪式乐曲,据说演奏时可以引得"凤凰来仪,百兽率舞",就连圣人孔夫子听了此曲以后,也回味无穷,甚至"三月不知肉味",认为此曲真是尽美尽善,听了这样的乐曲可谓是人生的最大享受。孔子是著名教育家和思想家,他教给弟子的六艺中就有音乐一门。因此,他对音乐也有独特的见解。他认为,好的音乐应当"乐而不淫,哀而不伤""发于情,止乎礼"。既能抒发人的情感,又不要过度忧伤;既要表达愉悦的心情,又要恰如其分;既要抒发心灵的忧伤,又不会伤心过度。总之是要合乎于礼的规范。宫廷乐舞的功能是为帝王服务,满足帝王愉悦和享乐的欲求。这种乐曲必须与舞蹈相配合。好的乐曲往往和舞蹈相得益彰。历代宫廷名乐《秦王破阵乐》《霓裳羽衣曲》等就是其中的典型代表。声乐的数量最多,流传地域最广,吟唱的社会阶层也最普遍。独奏乐曲主要流行于文人中，琴、筝、箫、笛、二胡等乐器都可以用于独奏。这类乐曲在古代具有高雅文化的性质。民间乐曲主要是民俗庆典中的曲调，以吹奏打击乐为主，突出热闹喜庆的气氛。例如，婚丧嫁娶及逢年过节等，都要请来乐班子或吹鼓手，演奏老百姓喜爱的乐曲。像发展到后世形成的陕北腰鼓、山西锣鼓等打击乐，在民众中有广泛的基础。这类乐曲激荡着粗犷豪放的阳刚之美，为老百姓所喜闻乐见，似可归入民俗文化的范围。

《诗经》305篇，实际上篇篇可以演奏、吟唱、朗诵和舞蹈，而不是像今天这样只是朗诵。所以古人说："诵诗三百，弦诗三百，歌诗三百，舞诗三百。"《诗经》中的风，是地方民歌。不同地方的风，有不同的音乐风格，例如"郑风"婉转，"卫音"快捷，"齐声"跳跃，等等。而所谓《阳春》《白雪》《下里》《巴人》显然是巴蜀、荆楚一带的民歌。秦汉以后有著名的《胡笳十八拍》《广陵散》等乐曲在民间流传。后世的著名琴曲《高山流水》《潇湘水云》和琵琶曲《十面埋伏》等，都富有浓郁的民族特色，至今受到人们的普遍喜爱，成为许多音乐会上的保留曲目。

四、思考练习

1. 联系具体作品，谈谈"饥者歌其食，劳者歌其事"在《诗经》中是如何体现的。
2.《诗经》反映现实、关注民生的现实主义传统对后世的影响有哪些？

五、综合实践

近年来，不少经典诗词改编成的歌曲，深受人们的喜爱。经典诗词本身就是中华文化皇冠上最耀眼的明珠，再配上优美的音乐旋律，从而成为一种更加优美的艺术形式，如广受好评的《在水一方》《明月几时有》《知否知否》等歌曲。要求举行古诗词歌唱比赛，进一步感受古诗词的魅力。

六、阅读书目

1.（宋）朱熹注，赵长征点校：《诗集传》，中华书局，2019年。
2. 余冠英注译：《诗经选》，商务印书馆，2024年。

第 三 节

《楚辞》选读

一、经典导读

中国浪漫主义文学的源头——《楚辞》

　　《楚辞》是我国第一部浪漫主义诗歌总集，它开启了诗人独立创作的新纪元。《楚辞》与写实性诗歌渊薮《诗经》并称为"风骚"，是我国诗歌史上影响最深远的两座丰碑。

　　楚辞是战国后期在中国南方楚地出现的一种新诗体。宋人黄伯思云："盖屈、宋诸骚，皆书楚语，作楚声，纪楚地，名楚物，故可谓之楚辞。""楚辞"这一名称的由来，一般认为是因为这一诗体最早由楚国的诗人屈原所创造，其内容和语言具有鲜明的楚地特色。但屈原写作时，并没有这一名称，"楚辞"一词最早见于西汉司马迁《史记·张汤传》。屈原和楚辞紧密相连，是楚辞最具代表性的诗人。

　　屈原（约前340年—前278年），名平，字原，出生于楚国的公族屈氏，至屈原时已没落。屈原在楚怀王时曾任左徒，左徒是当时仅次于宰相的职务，可见地位之高。屈原知识渊博，善于言辞，懂得治理国家之道，"入则与王图议国事，以出号令；出则接遇宾客，应对诸侯"，是不可多得的杰出人才，受到楚怀王信任。屈原为实现楚国的大业，主张对内施行美政，对外联齐抗秦，使楚国一度出现了国富兵强、威震诸侯的局面。但由于他的主张与以怀王幼子子兰为首的上层贵族产生了尖锐矛盾，因此受到谗害而被怀王疏远。楚怀王十六年（前313年），秦使张仪以六百里土地为诱饵骗楚怀王与盟国齐国绝交。天真的楚怀王与齐断交后并未得到土地，便恼羞成怒地向秦国发动进攻，却惨遭大败。楚怀王三十年（前299年），秦王诱骗楚怀王到武关赴约，屈原力谏而触怒楚怀王，被流放到荒凉的汉北；楚怀王受欺入秦而死。顷襄王即位后更加昏庸，不久屈原又受到更大的迫害，被流放至更远的江南，流落于沅、湘之间。楚顷襄王二十一年（前278年），秦将白起攻破郢都，国家的败亡使屈原悲愤绝望，自沉于汨罗江中。屈原死后，他对楚国的深情与不幸遭遇引起了仕途坎坷的文人的同情与相知之感，众多模拟屈原作品的文人形成了文学史上少见的拟骚群体。与屈原同时代的有宋玉。汉代有贾谊、东方朔、淮南小山、庄忌、王褒、刘向、王逸等人。

　　屈原的一生与楚国的政局、国家的命运紧密相连，他在政治上的失败，促成了他诗歌创作上的成功，比如《楚辞》的灵魂作品《离骚》，它是屈原崇高的政治理想、高洁的思想品格、顽强的斗争意识和炽热的爱国感情的结晶。《离骚》既是一首具有史诗性质的宏伟篇章，又是一首充满诗人内心深广忧愤，读后令人鼓舞、积极昂扬的优美抒情诗。鲁迅在《汉文学史纲要》中称《离骚》"其言甚长，其思甚幻，其文甚丽，其旨甚明"，用"长"（篇幅宏伟）、"幻"（想象奇瑰）、"丽"（文辞绚丽）、"明"（主题鲜明）来概括《离骚》的艺术特色和成就，可谓十分精警。

以屈原作品为代表的楚辞，不仅在爱国主义精神与追求美好理想的高洁品格和顽强意志方面，从思想和情操上给予后人极大的激励和感召，而且对中国古典诗歌的发展产生极其深远的影响。历代的大诗人无不从"风""骚"中汲取营养，如"纵使卢王操翰墨，劣于汉魏近风骚""窃攀屈宋宜方驾，恐与齐梁作后尘"（杜甫《戏为六绝句》），"逸响伟辞，卓绝一世。后人惊其文采，相率仿效"（鲁迅《汉文学史纲要》），都给予了"风""骚"很高的评价。

本书节选的《离骚》片段，由"原文""注释""赏析"三部分组成，更能体会到屈原热爱祖国、热爱人民、坚定政治理想、保持美好品格的本意，其中"亦余心之所善兮，虽九死其犹未悔""民生各有所乐兮，余独好修以为常"等千古名句，更是值得我们去揣摩学习。

二、经典选读

《楚辞》
名篇赏析

原文

《离骚》节选 （屈原）

长太息以掩涕兮，哀民生之多艰。余虽好修姱以鞿羁[1]兮，謇朝谇而夕替[2]。既替余以蕙纕兮[3]，又申之以揽茞[4]。亦余心之所善兮，虽九死其犹未悔。

怨灵修之浩荡兮[5]，终不察夫民[6]心。众女嫉余之蛾眉[7]兮，谣诼谓余以善淫[8]。

固时俗之工巧兮，偭规矩而改错[9]。背绳墨以追曲[10]兮，竞周容以为度[11]。忳郁邑余侘傺[12]兮，吾独穷困乎此时也。宁溘死以流亡[13]兮，余不忍为此态[14]也。

鸷鸟之不群[15]兮，自前世而固然。何方圜之能周[16]兮，夫孰异道而相安？屈心而抑志兮，忍尤而攘诟[17]。伏[18]清白以死直兮，固前圣之所厚。

悔相道之不察[19]兮，延伫[20]乎吾将反。回朕车以复路兮，及行迷之未远。步余马于兰皋[21]兮，驰椒丘且焉[22]止息。进不入以离尤兮，退将复脩吾初服[23]。

制芰荷以为衣[24]兮，集芙蓉以为裳[25]。不吾知其[26]亦已兮，苟余情其信芳。

高余冠之岌岌[27]兮，长余佩之陆离[28]。芳与泽其杂糅[29]兮，唯昭质其犹未亏[30]。

忽反顾以游目[31]兮，将往观乎四荒。佩缤纷其繁饰[32]兮，芳菲菲[33]其弥章。

民生[34]各有所乐兮，余独好修以为常[35]。虽体解[36]吾犹未变兮，岂余心之可惩[37]。

🟢 注释

[1] 虽：通"唯"。修姱（kuā）：修洁而姱美，喻类德。鞿羁（jī jī）：马缰绳和络头，比喻束缚。

[2] 謇（jiǎn）：发语词。谇（suì）：谏。一释为"诟""让"，意即指责、责备。替：废，废弃。

[3] 缥（xiāng）：佩带。一说即今香囊之属。

[4] 申：重复。揽茝（zhǐ）：姜亮夫认为此"揽"字当为"兰"字，"揽茝"与上文"蕙缥"为对。

[5] 灵修：指楚国国君。浩荡：犹荒唐。

[6] 民：人，屈原自谓。

[7] 蛾眉：指女子美丽的容貌，又用以比喻屈原自己优秀的品质。

[8] 谣诼（zhuó）：造谣毁谤。淫：邪乱，淫乱。

[9] 偭（miǎn）：背，违背。规矩：规和矩，校正圆形和方形的两种工具。错：通"措"，措施。

[10] 绳墨：木工画直线用的工具，这里比喻正道直行。追曲：随意曲直，没有一定的法则。

[11] 周容：迎合讨好。度：常行之法。一说为态度。

[12] 忳（tún）：忧郁，烦闷。郁邑：忧愤郁结，忧闷压抑。侘傺（chà chì）：失意而神情恍惚的样子。

[13] 溘（kè）死：忽然死去。流亡：谓淹忽而死，随水以去。

[14] 此态：指小人工巧、周容之丑态。

[15] 鸷（zhì）鸟：指凶猛的鸟。一说鸷鸟当为忠贞刚特之鸟。不群：猛禽不与众凡鸟为群，喻刚正之君子不与阘茸之小人为伍。

[16] 方圜：同"方圆"。周：合。

[17] 忍尤：容忍罪过。尤，罪过。攘诟（rǎng gòu）：容忍耻辱。以上"屈心"与"抑志""忍尤"与"攘诟"均为对文。

[18] 伏：通"服"，信服。

[19] 相（xiàng）道：观察道路；一释为寻找道路。察：详细察看。

[20] 延伫（zhù）：长久地站立。一释为长望。

[21] 步余马：骑着我的马慢慢走。一释为训练我的马。兰皋（gāo）：长着兰草的水边高地。

[22] 椒丘：尖削的高丘。一释为生有椒木的丘陵。焉：于此。

[23] 初服：未入仕时的服装。

[24] 制：裁剪。芰（jì）荷：指菱叶与荷叶。一说芰荷为一物。衣：上衣。

[25] 芙蓉：荷花的别名。裳：古代称下身穿的衣裙，男女皆服。

[26] 其：句中衬字，无义。

[27] 岌（jí）岌：高高的样子。

[28] 佩：身上佩戴的剑。陆离：长的样子。

[29] 芳：草香，亦泛指香，香气。糅（róu）：混杂，混合。

[30] 唯：有三解：一释为"独"；二释为"辞也"，即发语词；三释同"惟"，表明心中冀望之义。三说均可通。昭质：明洁的品质。亏：损。

[31] 忽：不经意。游目：放眼纵望。

[32] 缤纷：繁盛的样子。繁饰：众多的彩饰，盛饰。

[33] 菲菲：香气很盛。

[34] 民生：即人生。

[35] 好修：喜作修饰。常：常规，习惯。

[36] 体解：分解人的肢体，古代酷刑之一。

[37] 惩（chéng）：克制，制止。

✸ 赏析

《离骚》是屈原最重要的代表作。全诗三百七十三句、二千四百九十字，是中国古代最为宏伟的抒情诗篇。其写作年代，或以为在楚怀王晚年，屈原第一次遭放逐以后；或以为在顷襄王时期，屈原第二次被放逐以后。在这首长诗中，屈原揭露和批判了楚国的黑暗现实，表达了自己的政治思想及深厚的爱国情感。

关于"离骚"二字的含义，历来有不同解释。司马迁认为，"离"是遭遇的意思，"骚"是忧愁的意思；班固与其意见相同，认为屈原以"离骚"为题，是要"明己遭忧作辞"；王逸则将"离"解释为"离别"。实际上，这些解释并没有根本的矛盾之处。

值得注意的是，屈原的爱国思想虽然与忠君思想、宗族思想有联系，但其爱国情与对民生的关怀和热爱紧密结合，如选段第一句"长太息以掩涕兮，哀民生之多艰"，他关心楚国人民的命运，热爱楚国的美好乡土，发扬楚国的历史和传统文化，顺应历史潮流，热切期盼楚国完成强国大业。正因如此，他的爱国精神深深地激励和感召着千秋万代的爱国志士，愿为祖国的发展建设贡献出自己的一切。

东汉王逸在《楚辞章句·离骚经序》中指出"《离骚》之文，依《诗》取兴，引类譬喻。故善鸟香草以配忠贞，恶禽臭物以比谗佞，灵修美人以媲于君，宓妃佚女以譬近臣，虬龙鸾凤以托君子，飘风云霓以为小人"。《离骚》中的比兴，以具体事物比抽象事物，内涵极为丰富，特别是常以香草美人为喻，用佩戴或种植杜若等香草以表达其异于浑浊俗世的高洁，以追求才貌兼备的女子来表达其对理想君主的渴望，以铲除恶草来表达其对奸佞小人的痛恨。这种象征手法表现出复杂现实生活中的矛盾和诗人内心丰富的感情世界，历来文人所效法继承，形成了独特的香草美人意象群，也成为中国古典诗歌中的一种艺术传统。

三、阅读链接

中国服饰——古代服饰中的忠孝之情

忠孝是儒家伦理道德观念的本元思想。在家国同构的宗法社会里，孝包括对父母孝顺和对国君忠诚。围绕忠和孝的观念，中国古代服饰的内涵及外延形成了许多独具特色的形式，其广泛性世所罕见。

　　所谓孝，乃是善事父母，使他们生有所养，老有所归，是道德的根本。产生于周的五服制度亦名丧服制度，是传统儒家文化的主要标志之一，通过丧葬时所穿着的服装，来体现孝道。五服，分为斩衰、齐衰、大功、小功、缌麻五种级别。根据生者与死者血缘关系的远近亲疏，来确定生者服孝时间的长短，所穿孝服的面料、款式及穿戴方式。五服为麻布所制，麻布的粗细、轻重、工艺的精良或粗糙程度、服丧期长短等取决于死者与生者的亲疏关系。斩衰，是指所穿粗麻布左右两边不缉边，绳缨冠，苴绖、绞带、菅屦，服丧期为三年，是五服中最重的一种。亲缘越近，用的麻布越粗。齐衰仅次于斩衰，是用每幅四至六升的粗麻布制作的丧服，衣服断处辑边，用粗麻布制成。丧冠所用麻布也较斩衰略细，并以麻布为缨，叫冠布缨。疏屦也是草鞋，但用细于菅草的蕉草、蒯草编成。大功，其服用熟麻布做成，麻布较齐衰要细腻，比小功略粗，分为成人大功服和殇大功服，取决于所服对象是否成年。小功，其服用较细的熟麻布做成，分为殇小功服和成人小功服两种，丧期为五个月。缌麻，其服用细麻布制成，是五服中最轻的一种。它是用制作朝服的麻布每幅十五升，抽去一半麻缕做成的，丧期仅为三个月。《孝经》曰："身体发肤，受之父母，不敢毁伤，孝之始也。"《礼记·祭义》曰："天之所生，地之所养，无人为大。父母全而生之，子全而归之，可谓孝矣。不亏其体，不辱其身，可谓全矣。故君子顷步而弗敢忘孝也。"古人认为，发肤、身体是父母所给予的，理应使其完整不损，任何一处损害都会令父母伤心，是不孝的表现，其中以头发最为典型。周代诸侯的同族犯罪以髡刑代替宫刑，是指将头发全部剃去，给予受刑者莫大的羞辱，使其无颜见人，即所谓的"髡者使守职"。更为严重的髡钳，是将头发剃去之后用铁圈锁颈。中原文化中，男女向来以束发、蓄发为典型标志，也是区别蛮夷所在。故断发、披发均被认为是严重的带有侮辱性的行为。可见，在古代人们的意识中，根深蒂固的忠孝思想已落实到生活的各个方面，身体、发肤、着装，无一不体现着"孝"道。儒家认为孝与忠不可分，以孝事君、以孝对国就是忠。忠孝不能两全时，忠可替代孝。东汉儒学大师马融在《忠经》中曰："忠也者，一其心之谓矣。为国之本，何莫由忠？忠能固君臣，安社稷，感天地，动神明，而况于人乎？"（《忠经·天地神明》）"忠"在中国封建社会长期的发展过程中，逐步成为社会文明核心的义务和高尚的品德。以"顺"为特征的"忠"，在政治道德范畴中具有维护社会秩序的普遍意义和重要性。此一点在服饰中也有体现，春秋时士大夫被放逐时须素衣、素裳、素冠而行，到边境要设坛位向国君的方向哭泣，因为"臣无君犹无天也"。如此服丧三月。如国君送来玉环即可归国，送来玉玦则只能远走他乡。在古人看来，衣服是身份的标志，佩饰是心意的"旗帜"。历代章服制度中，均有服饰被赋予忠孝的思想内涵。如明世宗嘉靖年间百官燕居时佩戴的"忠靖冠"，冠框以乌纱制成，后列两山，冠顶平，中间高起三梁，各压金线，边用金缘。忠靖冠式样的宗旨是达到"凡尔内外群臣，尚当稽其名以见其义，观其制以思其德，务期成峨峨之誉髦，无徒侈楚楚之容与，庶道德可一，风俗可同也"（《皇明宝训》）。清后期的"忠孝带"，是短而阔的帉，绣有忠孝二字，挂于腰间，使百官时刻提醒自己对朝廷尽忠尽孝，即要做到："君在则裼，尽饰也。服之袭也，充美也，是故尸袭，执玉、龟，袭。无事则裼，弗敢充也。"（《礼记·玉藻》）

四、思考练习

1. 梁启超曾说："吾以为凡为中国人者，须获有欣赏楚辞之能力，乃为不虚生此国。"对此你如何理解？

2. 屈原的思想性格及其所处的时代背景有何特点？这些特点对他的文学创作有什么影响？

3. 简要谈谈"香草美人"的内涵意义。

五、综合实践

中国传统服饰，是中华民族乃至人类社会的宝贵财富。要求以小组为单位，每组选取中国古代某一时期的服饰为内容，制作 PPT，举行一次中华服饰文化交流会。

六、阅读书目

1. （宋）朱熹撰：《楚辞集注》，上海古籍出版社，2022 年。
2. 陶侃如、龚克昌选译：《楚辞选》，人民文学出版社，2021 年。
3. 林家骊译注：《楚辞》，中华书局，2019 年。

第四节

五言之冠冕——《古诗十九首》选读

一、经典导读

《古诗十九首》收录于南朝梁萧统编纂的《文选》。《古诗十九首》不是一时一地所作，它的作者也不是一人，但都没有留下姓名。因作者无考，故冠以"古诗"之名，以首句为题，列入"杂诗"一类。《古诗十九首》的题材内容、风格颇为相近，大体产生于东汉献帝之前数十年之间。

《古诗十九首》是古代抒情诗的典范，它长于抒情，却不径直言之，而是委曲婉转，反复低回。《古诗十九首》大抵可以分为两类：一类是写游子思妇的相思离别之苦，如《行行重行行》写思妇对久别不归丈夫的思念与哀伤，《明月何皎皎》写游子久客思家、

五言诗之冠冕——《古诗十九首》

夜不成寐的情景。另一类是写追求功名的强烈愿望和人生失意的苦闷哀愁，如"昔我同门友，高举振六翮。不念携手好，弃我如遗迹"（《明月皎夜光》）责难友人高升却不予提携。"何不策高足，先据要路津。无为守穷贱，坎坷长苦辛"（《今日良宴会》）坦率地表达了追求荣名、难耐贫贱的愿望。《古诗十九首》对人生真谛的领悟使这些诗篇具有深邃的意蕴，诗意盎然而又不乏思辨色彩。

《古诗十九首》的艺术成就在于，一是把叙事、写景、抒情统一在一起，达到水乳交融的境地；二是不假雕琢的语言，既浅近生动，又十分凝练；三是以生活中的典型细节，表现人物的思想感情。钟嵘在《诗品》中评其曰："文温以丽，意悲而远，惊心动魄，可谓几乎一字千金。"

《古诗十九首》的产生，标志着中国文人诗创作道路的一个重要转折，它一方面继承和发展了《诗经》、汉乐府民歌的体制和反映现实的精神，另一方面又开建安魏晋五言诗的风气，情感发乎胸臆，风格高古，向为诗家尊奉，历代拟作层出不穷。南朝梁刘勰《文心雕龙》谓其为"五言之冠冕"，后人更有"千古五言之祖""风余""诗母"之誉，可见其在诗史上的地位。

教材所选《迢迢牵牛星》和《西北有高楼》两篇，均由"原文""注释""赏析"三部分组成，一篇以牛郎织女神话传说反映思妇的哀伤，一篇借知音难觅抒写政治上的失意，寓情于景，具有代表性，且有利于学生体会《古诗十九首》"兴象玲珑，意致深婉""深衷浅貌，语短情长"的特点。

二、经典选读

《古诗十九首》名篇赏析

（一）

📖 原文

迢迢牵牛星

迢迢牵牛星[1]，皎皎河汉女[2]。纤纤擢[3]素手，札札弄机杼[4]。
终日不成章[5]，泣涕零如雨[6]。河汉清且浅，相去复几许[7]。
盈盈[8]一水间，脉脉[9]不得语。

📖 注释

[1] 迢迢：形容路途遥远。牵牛星：在银河南。

[2] 皎皎：形容洁白明亮。河汉女：即织女星。它是天琴座主星，在银河北与牵牛星相对。牵牛织女的传说故事大约产生在西汉。

[3] 擢（zhuó）：举，又解为摆动。

[4] 札札：拟声词，织机声。机杼：织布机。杼：织布的梭。

[5] 终日不成章：借用《诗经·小雅·大东》"跂彼织女，终日七襄。虽则七襄，不成报章"的意思，意为因相思而无心织布。章：指布的经纬、纹理。

[6] 泣涕零如雨：借用《诗经·邶风·燕燕》"瞻望弗及，泣涕如雨"的意思，意

为离别的哀思。零：落。

［7］去：距，隔。几许：多少。

［8］盈盈：形容女子姿态美好的样子，这里指织女星与牵牛星相望的样子。

［9］脉脉：形容含情相视的样子。

☀ 赏析

该诗以著名的牛郎织女传说故事为题材，将相思而不得相会的哀伤展现得淋漓尽致。诗人借助银河、机杼、牛郎织女神话的相关物象，塑造了织女终日纺织，脉脉含愁，泪落如雨的形象，来比喻人间思妇对远去丈夫的思念之情，也奠定了中国文学中思妇的典型形象。全诗广泛运用叠音词，"迢迢""皎皎""纤纤""札札""盈盈""脉脉"赋予了诗歌节奏美、韵律美，读来更显缠绵哀怨。

（二）

⊛ 原文

西北有高楼

西北有高楼，上与浮云齐。交疏结绮窗［1］，阿阁［2］三重阶。

上有弦歌声，音响一何悲［3］！谁能为此曲，无乃杞梁妻［4］。

清商［5］随风发，中曲正徘徊［6］。一弹再三叹［7］，慷慨［8］有余哀。

不惜歌者苦，但伤知音稀［9］。愿为双鸿鹄［10］，奋翅起高飞。

◉ 注释

［1］交疏结绮窗：雕刻着如丝绣花纹一般交错花格的窗子。交疏，窗子交错的花格。结绮，有花纹的丝织品。

［2］阿阁：四面都有檐溜的阁子。

［3］一何悲：多么的悲伤。

［4］无乃杞梁妻：恐怕是杞梁的妻子吧。无乃，表不敢肯定的测度语气。杞梁妻：即后世传说中"孟姜女哭长城"中孟姜女的原型，春秋时期齐国大夫杞梁的妻子，因丈夫战死而悲泣，城为之崩。据晋崔豹《古今注·音乐》，杞梁妻的妹妹明月尝为其作歌。

［5］清商：音调凄清的商声。商，五音之一。《韩非子·十过》："公曰：'清商固最悲乎？'师旷曰：'不如清徵。'"

［6］中曲：一首曲子的中间段落。

［7］一弹再三叹：一人弹奏，三人相和。叹，和声。《荀子·礼论》："清庙之歌，一倡而三叹也。"

［8］慷慨：指情绪悲愤激昂。

［9］知音：指能识得曲中真意的人，借喻为知己。

［10］鸿鹄：指大雁和天鹅。皆善高飞，常借以比喻远大的志向。

☀ 赏析

《西北有高楼》抒发了知音难求的感慨。诗人首先勾勒出一座高耸入云、华美精致、恍如仙境的高楼，随后引出高楼上悲凉的歌声与身份未明的歌者，最后在无尽的低回怅惘中，抒发他对歌者"知音难遇"的同情，表明其愿与歌者一同化作鸿鹄，远离尘世，振翅高飞的渴望。曲高者和必寡，在当时的政治环境下，高楼歌者应是诗人理想的化身，这首诗则是诗人自伤自悼的哀音。知音难遇的心情，既包含苦闷又充满期待，是具有广泛社会性质的情感。全诗造虚渺之境，发伤世之音，哀怨缠绵，意蕴隽永。

三、阅读链接

中国神话——牛郎织女

蚕桑神话自然会使人联想到牛郎织女神话。这是以织女为主体的一个古老的神话，在《诗经·小雅·大东》里就已略见其端倪了。《诗经·小雅·大东》写道："维天有汉，监亦有光。跂彼织女，终日七襄；虽则七襄，不成报章。睆（huàn）彼牵牛，不以服箱。"大意是说，织女在天上终日辛勤织作，却并没有织出文采锦绣的织物来；闪闪发光的牵牛星，却不能用来拉车辆：因为他俩虽有织女、牵牛之名，不过是居于银河两旁的两颗星而已。这里似乎只有譬喻，而无故事。

到《古诗十九首》，才开始有了故事的轮廓："迢迢牵牛星，皎皎河汉女。纤纤擢素手，札札弄机杼。终日不成章，泣涕零如雨。河汉清且浅，相去复几许。盈盈一水间，脉脉不得语。"其情景和后世传说的牛郎织女神话是大致相合的。

值得注意的是，诗中"终日不成章，泣涕零如雨"二语，仍沿袭《大东》"虽则七襄，不成报章"的意思，而所表现的织女的悲苦心情则特别鲜明。揣想起来，或者古神话相传，由于织女和牛郎恋爱，犯了天庭的禁条，被天帝罚做苦工，允许于"成章"之后，再让二人相会。但这不过是天帝的故弄狡狯，实际上却凭借着他的神力，永远不让其"成章"。正如"学仙有过"的吴刚，被谪遣到月宫砍伐桂树，树桩随砍随合，再也砍它不倒。织女也是这样，被罚在银河岸边织布，成年累月做着这"不成章"的徒劳无益的工作，遥望清浅银河彼岸的爱人，一水之隔，竟不得相会，故尔才悲从中来，"泣涕零如雨"。

如果揣想大致不错，"不成章"既然沿袭"不成报章"而来，那么"不成报章"当亦实有所指，就不仅是譬喻了。推而言之，牵牛的"不以服箱"（不可以用来拖拉车箱），当亦不仅是譬喻，而是实有所指了。那就是早于《大东》所叙，还该有一段古代民间传说：牛郎织女因私自恋爱，忤触神旨，各均受罚，一者织布而不能成章，一者驾车而不能挽箱，他们只好隔河相望，不能聚首。

《太平御览》卷三一引《日纬书》说："牵牛星，荆州呼为河鼓，主关梁；织女星主瓜果。尝见道书云，牵牛娶织女，取天帝钱二万备礼，久而不还，被驱在营室是也。"营室，就是营造织作之室，牛、女被罚劳作，"道书"中居然也透露出了一些古神话的这方面的消息。

由于中国长时期封建社会家长统治的严酷，牛、女二人便成了神话所反映的不合理社会制度下的牺牲者。人们同情他们纯真的爱情，不满意他们所遭受的严厉的惩罚，因而稍后一点，又有"鹊桥"之说兴起。

《岁华纪丽》卷三引《风俗通》说："织女七夕当渡河，使鹊为桥。"这一对被罚从事苦役的情人，终于也有一年一度的相会，而乌鹊便成了他们横渡银河的桥梁。民间的想象真是丰富而又美丽！宋罗愿《尔雅翼》卷一三所叙即本此，又加上"七夕（鹊）首无故皆髡，相传以为是日河鼓与织女会于汉东，役乌鹊为梁以渡，故毛皆脱去"这样的解释，就更使所叙神话有一种亲切之感。

以上所述各书记叙的神话故事，多不完全，直到明冯应京《月令广义·七月令》引《小说》，才有比较完全的记叙：

> 天河之东有织女，天帝之子也，年年机杼劳役，织成云锦天衣。容貌不暇整，帝怜其独处，许嫁河西牵牛郎。嫁后遂废织纴。天帝怒，责令归河东，但使一年一度相会。

《小说》著者凡四家，据我们所知，此当是六朝梁殷芸的《小说》。《佩文韵府》卷二六"牛"字条下也引了这段神话，文字大体相同，却作《荆楚岁时记》。《荆楚岁时记》的作者是六朝梁宗懔，和殷芸同时代。但这书是唐宋类书经常引用的一部书，这么重要的一段神话，却不见各类书引用，清代的《佩文韵府》何以反首先引之，恐不足信。故这条神话的出处，仍以作梁殷芸的《小说》为宜。但从所叙神话的内容看，恐怕也不是古代民间传说的本来面貌了，而是经过后世文人的某些修篆，因此才将牛郎织女的被罚阻隔天河，单方面诿之于织女的嫁后贪欢，懒惰废织（不说牛郎也废了牧）；而天帝呢，则是被涂饰得这么好心而公正。这些都是封建思想的遗毒，是应视为糟粕而剔除之的。

现代民间流传的牛郎织女神话，就比古书里记叙的要健康、明朗得多。神话大略说，牛郎是人间一个不幸的孤儿，依哥嫂过活，被不公平地分家出来，靠一头老牛自耕而食。某日织女和诸仙女下凡游戏，在银河洗澡；老牛劝牛郎夺取织女的衣裳，牛郎按照老牛的话做了。织女便做了牛郎的妻子。婚后男耕女织，生一儿一女，生活美满幸福。不料被天帝查明，派王母娘娘下凡拘押织女回天受审，恩爱夫妻便被活活拆散。牛郎上天无路，悲痛万分。垂死的老牛劝牛郎在它死后剥下它的皮，披上身去，自能上天。老牛一死，牛郎果然剥下牛皮披在身上，并用箩筐担了一对儿女，上天追寻妻子去。眼看快要追到了，王母娘娘忽然拔下头上金簪，凭空一划，顿时成为一条波涛滚滚的天河。夫妻俩无法过河，只有隔河对泣。后来终于感动天帝，允许他们在每年七月七日，由乌鹊架桥，在天河相会。这个故事除了"隔河对泣"的情节为不大符合敢于抗击封建礼法的牛郎织女的性情，恐怕仍是"号泣于（呼）旻天"的儒家感情在劳动人民的潜意识中起作用而外，其余都朴质茂美可取。我们是欣赏现代民间口头流传的牛郎织女神话的。

（节选自《中国神话通论》，袁珂，四川人民出版社 2019 年版，有改动）

四、思考练习

1.《迢迢牵牛星》的抒情主人公是谁？抒发了怎样的情感？反映了怎样的社会现实？

2.《西北有高楼》抒发了知音难觅之情，请再举几首反映知音难觅的诗文。

五、综合实践

古代神话是一个宝库，反映了先民对自然和社会的种种思索和追求。要求通过读神话、讲神话、看神话的形式，举行一次神话故事读书沙龙活动。分享读到的各种神话故事及其产生原因、影响意义。走进神话世界，与神话中的人物携手同行，感悟古代神话的神奇与魅力。

六、阅读书目

1. 隋书森集释：《古诗十九首集释》，中华书局，2020 年。

2. 马茂元著：《古诗十九首初探》，商务印书馆，2017 年。

3. 赵敏俐著：《汉代诗歌研究论集——赵敏俐学术论文集》，人民出版社，2021 年。

第五节

建安风骨

一、经典导读

建安风骨——曹操

建安是东汉献帝的年号，年代从公元 196 年至 220 年。建安诗歌指以这一时期为中心的汉末魏初的诗歌。这一时期正是社会大动荡的时期，天下群雄割据，后形成魏蜀吴三国鼎立的局面。

建安诗人主要是曹操父子和围绕在他们周围的文士，代表人物有"三曹""建安七子"等。他们都亲身经历了汉末的动乱，亲眼看到了社会的深重苦难，又都有重整乾坤的志愿，企盼新的统一和安宁。他们自由地抒写所见所感，既反映了现实的动乱，又表达了理想的追求，具有时代精神和独特风貌。

建安文学的特色，从内容来说，一方面反映了当时社会的离乱和人民的疾苦，另一方面表达了诗人建功立业、追求理想、一统天下的宏图伟志。从艺术来说，建安诗歌既吸收了诗骚、乐府乃至汉赋的传统，又在前人的基础上有所创新。宏大的意境、明朗的笔调，形成了一种悲凉慷慨、刚健有力的风格，也就是后人所说的"建安风骨"。

建安诗人中成绩最为突出的是曹操、曹植。

曹操（155年—220年），字孟德，沛国谯（今安徽亳州）人。曹操是汉末杰出的政治家和军事家。其祖父为宦官曹腾，父亲曹嵩是曹腾养子。曹操二十岁举孝廉进入仕途，先后任洛阳北部尉、顿丘令、济南相、典军校尉等职。黄巾起义，他参与镇压。董卓乱起，他参与讨董，后收编黄巾，壮大了力量。建安元年（196年），迎献帝都许昌，挟天子以令诸侯，十三年（208年）进位丞相，后封为魏公，进号魏王。死后尊为武帝。在汉末大乱中，曹操"外定武功，内兴文学"。政治上有开创性，兴屯田以解决兵食，抑兼并以缓和阶级矛盾，唯才是举以聚集人才，不断壮大力量，统一了北方。文学上，同样富有开拓精神，他爱好文学，长于诗歌，在戎马倥偬的军旅生活中，也常即兴风雅、横槊赋诗。他向汉乐府学习，却不受古题古意的束缚，汲取"感于哀乐，缘事而发"的现实主义精神，开辟了建安诗歌新风气。代表作有《短歌行》《观沧海》等。

曹植（192年—232年），字子建，沛国谯（今安徽亳州）人，魏武帝曹操第三子，魏文帝曹丕胞弟。幼时颖悟，通诗书，善属文，二十岁即封平原侯，跟随父亲曹操创业，培养了强烈的功名事业心。在曹丕即位后，曹植因其才华，尤遭猜忌，大受排挤，数次迁封，虽贵为王侯，但形同囚犯。他在建安文学中成就最高，与父兄并称"三曹"，长于辞赋，代表作有《洛神赋》《白马篇》等。诗多五言，风格雄健，兼富词采。宋人辑有《曹子建集》。

教材选取曹操《短歌行》和曹植《白马篇》两篇，由"原文""注释""赏析"三部分组成，将建安时期文人胸怀远大、志存高远、渴望建立功勋、一统天下的典型心态展现在读者面前，其慷慨悲凉、雄健深沉的风格，正是"建安风骨"的特点。

二、经典选读

（一）

原文

短歌行（曹操）

对酒当歌[1]，人生几何！譬如朝露，去日苦多[2]。

慨当以慷[3]，忧思难忘。何以解忧？唯有杜康。

青青子衿[4]，悠悠我心。但为君故，沉吟[5]至今。

呦呦鹿鸣，食野之苹[6]。我有嘉宾，鼓瑟吹笙。

明明如月，何时可掇[7]？忧从中来，不可断绝。

越陌度阡[8]，枉用相存[9]。契阔谈䜩[10]，心念旧恩。

月明星稀，乌鹊南飞。绕树三匝[11]，何枝可依？

山不厌高，海不厌深[12]。周公吐哺[13]，天下归心。

◎ **注释**

[1] 对酒当歌：一边喝着酒，一边唱着歌。当，对着。几何，多少。

[2] 去日苦多：跟（朝露）相比一样痛苦却漫长。有慨叹人生短暂之义。

[3] 慨当以慷：指宴会上的歌声激昂慷慨。当以，这里是"应当用"的意思。全句意思是，应当用激昂慷慨（的方式来唱歌）。

[4] 青青子衿，悠悠我心：出自《诗经·郑风·子衿》。原写姑娘思念情人，这里用来比喻渴望得到有才学的人。子，对对方的尊称。衿，古式的衣领。青衿，周代读书人的服装，这里代指有学识的人。悠悠，长久的样子，形容思虑连绵不断。

[5] 沉吟：原指小声叨念和思索，这里指对贤人的思念和倾慕。

[6] 呦呦鹿鸣，食野之苹：出自《诗经·小雅·鹿鸣》。呦呦，鹿叫的声音。苹，艾蒿。

[7] 掇：拾取，摘取。

[8] 越陌度阡：穿过纵横交错的小路。陌，东西向田间小路。阡，南北向田间小路。

[9] 枉用相存：屈驾来往。枉，这里是"枉驾"的意思。用，以。存，问候，思念。

[10] 讌（yàn）：通"宴"。

[11] 匝（zā）：周，圈。

[12] 海不厌深：希望尽可能多地接纳人才。借用《管子·形解》："海不辞水，故能成其大；山不辞土，故能成其高；明主不厌人，故能成其众"。

[13] 周公吐哺：周公礼贤下士，求才心切，进食时多次吐出食物停下来不吃，急于迎客。后遂以"周公吐哺"指在位者礼贤下士之典实。哺，口里含着的食物。

❋ **赏析**

这是一篇饮宴辞，倾吐出诗人感伤乱离、怀念贤才故旧、嗟叹时光易逝之情，展现了求贤若渴的思想和统一天下的雄心壮志，诗歌充满深沉的忧郁，表现出作者创业的艰难和渴望一统天下的强烈愿望。

这首诗是曹操诗歌中具有代表性的言志之作，是政治抱负很强的作品，而其政治内容和意义完全熔铸在浓郁的抒情意境中。此诗写作的背景现在还无定论，但它的主题非常明确，就是希望有大量人才来为自己所用。曹操在其政治活动中，为了扩大他在庶族地主中的统治基础，打击反动的世袭豪强势力，先后发布了"求贤令""举士令""求逸才令"等，而《短歌行》实际上是一首配合政令的"求贤歌"。

全诗以四句为一节。一、二节感叹时光易逝，功业无成，只好以高歌和美酒来解除忧愁；三至六节先引《诗经》中《子衿》《鹿鸣》两篇，表示思贤之苦和得贤之乐，后引出渴思贤才、礼遇贤才之情；七、八节借景抒情，"月明星稀，乌鹊南飞。绕树三匝，何枝可依？"用比兴的手法，勾勒出动乱中英才四散的情景，以月与星的对衬写出月色明亮，以乌鹊不安于巢喻动乱中英才不得安宁，因此提出择枝而栖、择主而事的观点，并立志效法周公广纳贤才以安定天下，从而揭示全诗的主旨。这首《短歌行》气魄雄伟，想象丰富，古朴自然，慷慨悲凉，正是曹操的代表作。

诗人胸怀远大、志向高远，因此诗歌在深沉的忧郁中，几经回旋，激荡着一股慷慨激昂的情感，给人一种积极奋发的力量感，也体现出建安文学"志深笔长，梗概多气"的特点。全诗声音铿锵，换韵自由，袭用《诗经》原句，不着痕迹，展现出诗人高超的艺术功力。

<h2 style="text-align:center">（二）</h2>

⚘ 原文

白马篇（曹植）

白马饰金羁[1]，连翩[2]西北驰。借问谁家子，幽并游侠儿[3]。
少小去乡邑，扬声沙漠垂[4]。宿昔秉良弓[5]，楛矢何参差[6]。
控弦破左的[7]，右发摧月支[8]。仰手接飞猱[9]，俯身散马蹄[10]。
狡捷[11]过猴猿，勇剽若豹螭[12]。边城多警急，虏骑数迁移[13]。
羽檄[14]从北来，厉马登高堤[15]。长驱蹈匈奴[16]，左顾凌鲜卑[17]。
弃身锋刃端[18]，性命安可怀[19]？父母且不顾，何言子与妻！
名编壮士籍[20]，不得中顾私[21]。捐躯赴国难[22]，视死忽如归！

◉ 注释

[1]金羁（jī）：金饰的马笼头。

[2]连翩：连续不断，这里形容白马奔驰的俊逸形象。

[3]幽并：幽州和并州。在今河北、山西、陕西一带。游侠儿：古代把豪爽好交游、轻生重义、勇于排难解纷的人称为"游侠"。

[4]去乡邑：离开家乡。扬声：扬名。垂：同"陲"，边境。

[5]宿昔：早晚。秉：执、持。

[6]楛（hù）矢：用楛木做成的箭。何：多么。

[7]控弦：开弓。的：箭靶。

[8]摧：毁坏。月支：箭靶的名称。

[9]接：接射。飞猱（náo）：飞奔的猿猴。

[10]散：射碎。马蹄：箭靶的名称。

[11]狡捷：灵活敏捷。

[12]勇剽（piāo）：勇敢剽悍。螭（chī）：传说中形状如龙的黄色猛兽。

[13]虏骑（jì）：指匈奴、鲜卑的骑兵。数（shuò）迁移：指经常进兵入侵。数，多次，经常。

[14]羽檄（xí）：军事文书，插鸟羽以示紧急，必须迅速传递。

[15]厉马：扬鞭策马。

[16]长驱：向前奔驰不止。蹈：践踏。

[17]顾：看。陵：压制。鲜卑：中国东北方的少数民族，东汉末成为北方强族。

[18]弃身：舍身。

［19］怀：爱惜。

［20］籍：名册。

［21］中顾私：心里想着个人的私事。中：内心。

［22］捐躯：献身。赴：奔赴。

❀ 赏析

《白马篇》又名《游侠篇》，是曹植前期的代表作品。此诗以曲折动人的情节塑造了一个武艺高超、勇往直前、为国献身的少年英豪形象，歌颂了边塞游侠捐躯赴难、奋不顾身的英勇行为，表达了诗人建功立业的强烈愿望。

诗歌开头两句以奇警飞动之笔，描绘出驰马奔赴西北战场的英雄身影，显示出军情紧急，扣动读者心弦；接着以"借问"领起，以铺陈的笔墨补叙英雄的来历，说明他的英雄形象；"边城"六句，遥接篇首，具体说明"西北驰"的原因和英勇赴敌的气概；末八句展示英雄捐躯为国、视死如归的崇高精神境界。诗歌以忠勇为意脉，采用铺叙手法，前半段写少年的勇，即外在美，飒爽英姿的英雄形象；后半段写他的忠，即心灵美，以身许国的牺牲精神。读罢诗作，掩卷凝思，一股浩然之气扑面盈怀，使人振奋；一股强烈的爱国激情荡气回肠，催人向上。全诗风格雄放，气氛热烈，语言精美，称得上是情调兼胜，诗中的英雄形象既是诗人的自我写照，又凝聚和闪耀着时代的光辉。

三、阅读链接

鲁迅笔下的魏晋文学

鲁迅讲魏晋，首先是从汉魏之际讲起的。他说："汉末魏初这个时代是很重要的时代，在文学方面起一个重大的变化，因当时正在黄巾和董卓大乱之后，而且又是党锢的纠纷之后，这时曹操出来了。"

鲁迅在这里首先突出了时代的特点，指出这时正是农民起义，军阀混战之后，又是历史上一次有名的统治阶级内部的政治斗争——党锢纠纷之后。鲁迅在讲这个时代特点的同时，还突出地讲到曹操这个人物的出现。因为，在鲁迅看来，魏晋时期的文学变化，和时代有关系，也和曹操有关系。甚至可以说，魏晋文学的某些特色，正反映着曹操政治的一些特色。

鲁迅讲曹操政权的特色时说："董卓之后，曹操专权。在他的统治之下，第一个特色便是尚刑名。他的立法是很严的，因为当大乱之后，大家都想作皇帝，大家都想叛乱，故曹操不能不如此。……因此之故，影响到文章方面，成了清峻的风格。——就是文章要简约严明的意思。

此外还有一个特点，就是尚通脱。他为什么要尚通脱呢？自然也与当时的风气有莫大的关系。因为在党锢之祸以前，凡党中人都自命清流，不过讲'清'讲得太过，便成固执……所以深知此弊的曹操要起来反对这种脾气，力倡通脱。通脱即随便之义。此种提倡影响到文坛，便产生多篇想说什么便说什么的文章。"

鲁迅这两段话概括了汉末魏初文章的主要特色。这几句话把时代、政治和文章变化的关系讲得十分明晰，当然，在鲁迅之前，论"汉魏之际文学变迁"的，曾有刘师培的

《中国中古文学史》，其中讲道："两汉之世，户习七经，虽及子家，必缘经术，魏武治国，颇杂刑名，文体因之，渐趋清峻。"又说："建武以还，士民秉礼，迨及建安，渐尚通脱。"由此可知，标"清峻"和"通脱"作为这一时代文学的特色的，并非始于鲁迅。而且，再往前看，讲"魏武治国，颇杂刑名"的，也不始于刘师培。《文心雕龙·论说》已经讲道："魏之初霸，术兼名法。"但是，把曹操的政治主张和文章风格的关系如此明确地讲出来，把文章的变化归因于时事政治，则是鲁迅的突出的看法。

还有，在上面引述的两段文章里，鲁迅在讲政治对文学变化的影响的时候，实际上也主要是强调了个别历史人物曹操对文学变化所起的作用。在中国文学史上，统治阶级的个别人物对文学影响较大的，首先要数曹操。关于这一点前人也不是毫无察觉。例如《文心雕龙·章表》就说过魏初的"章表"在"指事造实"方面是受曹操的影响的。不过刘勰讲这影响时，不是肯定曹操的作用，鲁迅则是充分肯定曹操的作用的。

鲁迅对曹操作用的肯定，也并非故作翻案文章。凡是论及曹操的作用时，都不是片面夸大，而是实事求是的。即以曹操提倡文学来说，鲁迅一方面说这是曹操的功劳，另一方面也就说道："汉文慢慢壮大起来，是时代使然，非专靠曹操父子之功的。"鲁迅还说道：曹操之所以"把天下的方士文士统统搜罗起来"，也是"省得他们跑在外面给他捣乱"。就是说，曹操提倡文学，不仅由于喜好，也是别有政治目的的。

再有，鲁迅讲曹操的作用，又不仅讲他提倡之功，也讲到他的实践。指出："曹操本身，也是一个改造文章的祖师。"即是说，曹操不仅有政治的影响，也有创作的实绩。这政治的影响和创作的实绩一结合，就使曹操在文学发展上具有显著的作用了。

曹操既是个统治者，又是个作家。鲁迅讲曹操的创作时，又是把他看作一个作家而加以评论。鲁迅说曹操的文章"从通脱得力不少"。说他的《让县自明本志令》中的一些话"没有说谎"。"想写的便写出来"。这是说，曹操自己是实践了他的主张的。我觉得做到这一点并不容易。像曹操这样的人物，本来是不大可能讲真话的，但从曹操现存的一些文章来看，有些话确实不假。除了鲁迅所举的例子，其他如《请赠封荀彧表》就是一篇讲了真情实话的好文章，其中说到官渡之战及其后的一些战役之所以得胜，几乎全是荀彧的功劳。其他如《表论田畴功》《请追赠郭嘉封邑表》等文章，都是比较实在地讲述别人的功劳，而不是把功劳归于自己。处在曹操的地位，能够做到这一点，是相当难得的。所谓"指事造实"，这也是通脱的本色。

（节选自《鲁迅笔下的魏晋文学》，郭预衡，《山西师院学报（社会科学版）》，1981（03）：4—10+13，有改动）

四、思考练习

1.《短歌行》中反复出现"忧"字，诗人的"忧"包括哪些内容？

2. 如何理解"对酒当歌，人生几何！譬如朝露，去日苦多"？

3. 清代学者称曹植诗"极工起调"，意为曹植作诗非常讲究开头，请简析《白马篇》开头两句的精彩之处。

4. 简述《白马篇》中的少年形象。

五、综合实践

《短歌行》抒发了作者曹操渴望一统天下的雄心，《白马篇》也显示出作者曹植建功立业的梦想。诗人流沙河曾说："理想是石，敲出星星之火；理想是火，点燃熄灭的灯；理想是灯，照亮夜行的路；理想是路，引你走向黎明。"青年人要树立远大理想，肯吃苦，勇担当。要求以"守望理想"为主题，进行征文比赛。

六、阅读书目

1. 余冠英选注：《汉魏六朝诗选》，人民文学出版社，2000 年。
2. 余冠英选注：《三曹诗选》，人民文学出版社，1999 年。

第六节

田园咏唱——陶渊明诗选读

一、经典导读

陶渊明、谢朓与田园山水诗派（上）

陶渊明（365 年或 372 年或 376 年—427 年），又名潜，字元亮，浔阳柴桑（今江西九江）人，东晋诗人、辞赋散文作家，是田园诗的开山之祖。

陶渊明的生平大约可以分成三个时期，即出仕前的青少年时期，出仕游宦时期和归隐时期。早年的陶渊明受时代思想和风气的影响，既有爱好自然的一面，同时也怀有兼济苍生的愿望。在他十九岁时，发生了历史上著名的淝水之战，东晋成功地阻止了北方前秦的南侵，形势一度大好。可是此后不久，东晋便进入了政治极度腐朽的时代，陶渊明迟迟没有出仕。后为贫穷所迫，从二十九岁到四十一岁这十二年间，断断续续做过州祭酒、参军、县令一类低微的官职。这时期，社会动荡不安，他置身在充满篡夺、倾轧的官场中，只感到"志意多所耻"，便于四十一岁那年从彭泽令任上毅然弃官归田了。

陶渊明的诗歌中，包含着壮志终成泡影的苦闷与慨叹，以及生活日益贫困的煎熬与艰难，但更多的是一种自食其力的自豪感和心灵上的自足感，他亲自参与劳动，广泛交友，既与知识分子谈文析义，也与田父野老饮酒谈农事，怡然自乐、淳朴和谐，这种超脱的精神渗透到他的创作中，形成一种独特的风格，闪烁着理想的光辉，隐含对现实批判的锋芒。他退居田园，保持了清操亮节，不与污浊的世俗同流合污，但他也没有完全忘怀现实，时而也对现实政治露出愤怒。他在这样的环境里对生活进行观察和总结，思想不断得到升华，又受到当时盛行的道家思想的影响，形成"桃花源思想"。在桃花源的理想天地里，没有剥削压迫，也没有战乱争夺，人人躬耕，自给自足，彼此真诚相处，友好互助。这个理想天地某种意义上也寄托着当时社会底层百姓的愿望。

陶渊明在他生活的当下和死后相当长一段时间，都未能得到应有的重视。究其原因，一是其出身寒门，受阶层局限；二是其诗风与当时主流诗风不合。但陶渊明的人格思想和艺术创造具有独特的意义，并在历史的发展过程中逐渐显现出来。

萧统是第一个开始重视陶渊明文学成就的人。他为陶渊明编集、写序、作传，并将他的诗编入《文选》。唐代，陶渊明的思想和文学成就得到重视，在文学史上开始产生广泛而深刻的影响。唐宋许多大诗人如李白、杜甫、白居易、苏轼、陆游等，都极推崇陶渊明。李白评"何时到栗里，一见平生亲""何日到彭泽，长歌陶令前"，对陶渊明超逸绝尘的品格极为赞赏，杜甫说："焉得思如陶谢手，令渠述作与同游。"白居易赞扬陶渊明"常爱陶彭泽，文思何高玄"。陆游说："学诗当学陶。"苏轼更是对陶渊明的人品和诗歌有极高的评价。他曾说："渊明吾所师，夫子乃其后。""吾于诗人，无所甚好，独好渊明之诗。"他仿效陶渊明的自然诗风，作大量和陶诗，成《和陶诗》二卷。这在文学史上是极为少见的。历代注陶诗者之多，几乎只有注杜甫诗者可与之相比，足见他的影响和学界对他的重视。

陶渊明对后世的影响主要集中在四个方面：一是保持自然率性的人生态度和耿介正直的人格模范；二是不肯屈事权贵，不与之同流合污的气节与操守；三是与污浊相对立的社会理想；四是平淡自然、豪放超迈的诗艺与诗风。他的人格品质和人生态度成为后世士大夫效法的榜样，他的名字成为安贫乐道、守节不移的象征，具有相当大的示范力量。

教材选取陶渊明的两首诗作，分别是《读山海经》（其一）《饮酒二十首》（其五），由"原文""注释""赏析"三部分组成，抒写了陶渊明躬耕田园的愉悦之情和超尘脱俗的人生境界。陶诗语言朴实无华，取譬平常，质如璞玉，内蕴极为深厚，是中华传统文化中的精华之作，值得我们认真地研究和继承。

陶渊明、
谢朓与田园
山水诗派
（下）

二、经典选读

（一）

🔘 原文

读山海经（其一）（陶渊明）

孟夏[1]草木长，绕屋树扶疏[2]。众鸟欣有托，吾亦爱吾庐。
既耕亦已种，时还读我书。穷巷隔深辙，颇回故人车[3]。
欢然酌春酒[4]，摘我园中蔬。微雨从东来，好风与之俱。
泛览周王传[5]，流观山海图。俯仰终宇宙[6]，不乐复何如！

⊙ **注释**

[1] 孟夏：初夏，相当于农历四月。孟，每季月份中居首者。

[2] 扶疏：枝叶茂盛纷披的样子。

[3] 颇回故人车：经常使故人之车回转回去。

[4] 春酒：冬天酿造的酒，至春天始熟。一说春天酿造的酒，至冬天始熟。

[5] 周王传：指《穆天子传》。记周穆王驾八骏游行四海，多为神话传说。

[6] 俯仰：俯仰之间，形容时间很短。终：穷，尽。

✸ **赏析**

《读山海经十三首》组诗约作于义熙四年（408年）之前。这首诗是组诗的序诗，展现了诗人悠然自得的隐居生活和读《山海经》而神游天地的愉悦心情。诗中茂盛的绿草、绕屋的树木、喜爱的屋庐、始熟的春酒、园中的蔬菜及微雨好风，都滋润着诗人心田。诗人生活中没有了案牍之劳形，不必向权贵折腰，保持着亦耕亦读的悠闲，心灵漫游宇宙之间，字里行间透露着超俗的乐趣和自然的欣喜。

（二）

🏶 **原文**

> **饮酒（其五）**（陶渊明）
>
> 结庐在人境[1]，而无车马喧[2]。问君何能尔[3]？心远地自偏[4]。
> 采菊东篱下，悠然见南山[5]。山气日夕佳[6]，飞鸟相与还。
> 此中有真意[7]，欲辨已忘言。

⊙ **注释**

[1] 结庐：建屋居住。人境：人间，世间。

[2] 车马喧：车马来往扰攘不已。此谓世俗交往。

[3] 尔：如此，这样。

[4] 心远地自偏：只要心志高远、不慕世俗，虽居闹市亦如处在偏僻之处，超尘脱俗。

[5] 悠然：闲适自得。南山：指庐山。

[6] 山气：山间之云气。日夕：傍晚之时。

[7] 真意：抱朴守真，委运自然之义。

✸ **赏析**

《饮酒二十首》是陶渊明最有代表性的组诗，这一首更是最为人乐道的名篇。本诗约作于义熙十二年（416年），时陶渊明五十二岁。

陶渊明在田园中作诗，并非只写田园，而是抒写多方面思想感情。《饮酒》其五抒写田园中的自由适意的生活境界。所谓"心远"，就是超尘脱俗，精神得到解脱和净化。陶渊明的归隐田园是真正的归隐，绝不是那些矫情做作、身居江海、心存魏阙的人所可比拟的。正因为从心底里扬弃了那个充满倾轧的腐朽的现实，才有了"采菊东篱下，悠然见南山"这种化入身心的自由、自在、自得的生活境界。"采菊""见山"两个极寻常的动作，却浓郁地传出诗人的闲远自得之态。古人认为饮菊花酒可以长寿，诗人长日无事，便到东篱下采菊，一片优游闲逸之味；采菊之中，偶一抬头，秀逸的南山又映入眼帘，真是悠然自得。"山气日夕佳，飞鸟相与还"描绘了南山的景色。夕阳余晖中呈现一抹优美的朦胧暮色，倦飞之鸟也结队投林归巢了。在有限的画面里，包含着深厚的意蕴。太阳自然运行，由朝而暮；山色自然变幻，由光耀到迷蒙；飞鸟在大自然的怀抱里自由生活，晨兴而出，夕倦而返，万物都一任自然。在这样的环境中，诗人采菊东篱的生活是真正"返自然"了。所以在最后发出感叹"此中有真意，欲辨已忘言"，诗人陶醉在返璞归真的生活境界里，其中的真意只能神会，无法言传。

这首诗艺术造诣之高，主要在于意境。主观的意蕴与客观的物象融而为一，故言有尽而意无穷。诗中所取之象并无特别，无非采菊、南山、日夕、飞鸟一类常见景物，然而一经选取入诗，则此象最能尽此意，出神入化，堪称达到了艺术上的化境，值得我们反复品味、咀嚼。

三、阅读链接

中国的"耕读文化"

中国古代一些知识分子以半耕半读为生活方式，以"耕读传家"、耕读结合为价值取向，形成了一种"耕读文化"。

关于耕读关系的认识可追溯到春秋战国时期。孔子把学稼学圃当作小人的事，说"君子谋道不谋食，耕也，馁在其中矣；学也，禄在其中矣"。与孔子同时的依杖荷条的"丈人"则讽刺孔子四体不勤，五谷不分。孟子主张劳心劳力分开，"劳心者治人，劳力者治于人"。被孟子批判的农家学派许行则主张"贤者与民并耕而食"。后世形成两种传统，一种标榜"书香门第""万般皆下品，唯有读书高"，看不起农业劳动，看不起劳动人民；一种提倡"耕读传家"，以耕读为荣。南北朝以后出现的家教一类书多数都有耕读结合的劝导。《颜氏家训》提出"要当稼穑而食，桑麻而衣"。张履祥在《训子语》里说"读而废耕，饥寒交至；耕而废读，礼仪遂亡"。

中国的耕读文化孕育了众多的农学家，产生了大量的古农书。中国的古农书，其数量之多、水平之高是其他国家少有的。古代的农书大都出自过耕读生活的知识分子之手。他们熟悉古代典籍，有写作能力，又参加农业生产，有农业生产知识，具备写作农书的条件。崔寔出自清门望族，少年熟读经史，青年时经营自己的田庄。他根据自己的经验写成了《四民月令》这一部月令体农书。

陈旉隐居扬州，过着耕读生活，他自己说"躬耕西山，心知其故"，"确乎能其事，乃敢著其说以示人"。他示人的著作就是反映江南农业的《农书》。

张履祥在家既教书又务农，他说"予学稼数年，咨访得失，颇知其端"，"因以身所经历之处与老农所尝论列者，笔其概"，48岁时写成了《补农书》。

中国历史上动乱时期，反而出现较多的农书。因为在动乱时不少知识分子失去做官的机会，或不愿在动乱时做官，于是在乡间务农。其中有些人将自己的心得写出来，就成了农书。

明清时，地方性专业性农书开始大量出现，因为这时读书人比较多了，一部分没有做官的知识分子成了经营地主，他们根据自己所处地域和经营内容，写出了地方性专业性农书。

中国的农耕文化对中国古代哲学的天地人相统一的宇宙观和知行统一的知识论的形成起了积极的作用。古代的学者常常从农耕实践中提炼哲学思想，《吕氏春秋·审时》："夫稼，为之者人也，生之者地也，养之者天也。"《淮南子》："上因天时，下尽地才，中用人力，是以群生遂长，五谷蕃殖。"贾思勰说"顺天时量地力，用力少而成功多；任情返道，劳而无获。"过耕读生活的知识分子有理论修养，有农业生产经验，有条件完成从农业到农学思想到哲学思想的提升。张岱年先生在《中国农业文化》序言中说："中国古代哲学理论，价值观念，科学思维及艺术传统，大都受到农业文化的影响。例如中国古代有一个重要的理论观点天人合一，肯定人与自然的统一关系，事实上这是农业生活的反映。古代哲学宣扬的'参天地，赞化育''先天而天弗违，后天而奉天时'，可以说是一种崇高的理论原则，事实上根源于农业生产实践，也只是在农业生产活动中有所表现。"

耕读文化也影响了文学艺术。知识分子通过耕读，接近生产实际，接近农民，写出了一定程度上反映农村生活、反映农民喜怒哀乐的作品。中国古代的田园诗就是耕读文化的产物。晋代的陶渊明是典型的田园诗人。他"既耕亦已种，时还读我书"，从41岁辞官，过了20多年的耕读生活。他根据自己的体验，写了《归去来兮辞》《归田园居》等诗篇。

宋代的辛弃疾在被迫退休的20年内居住在江西农村。他把上饶带湖的新居名之曰"稼轩"，自号稼轩居士，"意他日释位后归，必躬耕于是，故凭高作屋下临之，是为稼轩。田边立亭曰植杖。若将真秉耒之为者"。辛弃疾很重视农业，他说"人生在勤，当以力田为先"。他有耕读的体验，写出了不少反映农村生活的诗词。宋代的范成大，晚年退居石湖，自号石湖居士，他自己可能没参加多少农业劳动，但生活在农村，生活在农民中，他的《四时田园杂兴》(60首)，富有乡土气息，一定程度上反映了农民的苦乐。

中国的耕读文化是中国文化的优良传统，它影响了中国农学、中国文学、中国哲学，使知识分子思想接近人民，养成务实的作风。

（节选自《中国的"耕读文化"》，邹德秀，《中国农史》1996（04）：3，有改动）

四、思考练习

1. 陶渊明为什么回归田园？其"出仕"和"归隐"的思想矛盾吗？
2. 陶渊明在历史上为何被广泛推崇？他的影响主要表现在哪些方面？

五、综合实践

中国的耕读文化是中国文化的优良传统。要求举行一次"耕读文化展"，可以选择农作物贴画、植物拓印、书签制作、风筝 DIY、水彩绘画、现场编织等多种方式，传承优秀农耕文化，提升劳动实践能力，培育师生知农爱农情怀。

六、阅读书目

1. 逯钦立校注：《陶渊明集》，中华书局，1922 年。
2. 袁行霈著：《陶渊明研究》，北京大学出版社，2009 年。
3. 袁行霈撰：《陶渊明集笺注》，中华书局，2022 年。

第七节

唐诗选读

一、经典导读

唐代是中国历史上最为辉煌的时期，中国古代文学发展到一个前所未有的灿烂时期，文化艺术出现百花齐放、全面繁荣的盛况，各种文学体裁都得到了长足的发展，取得了较大的成就，其中最突出的就是诗歌。

中国是一个诗的国度，诗歌作为唐代的主要文学形式，在唐朝二百八十九年间发展到了高度成熟的阶段。唐诗的繁荣主要表现为：一是诸体完备，数量极多。唐诗不仅具备了四言、五言、六言、七言、杂言、楚歌体等多种形式，而且在齐梁新体诗的基础上正式形成五、七言近体诗并取得了极高的成就。七言古诗、以古题乐府写时事、新题乐府的大量涌现，成为唐诗的一大特色，并为后人所继承。据统计，唐代流传下来的诗作有五万多首，可考的诗人有两千八百余人。二是作者身份广泛，创作风气浓厚。《全唐诗》作者小传中所记录的作者身份，上自帝王将相、达官贵人，下至贩夫走卒、倡优释道，几乎涵盖了社会各个阶层。唐太宗奖掖诗歌创作，与宫廷诗人创作；唐中宗立文学馆，以著名诗人为学士，进而天下以文华相尚；开元以后，礼部试进士加试诗赋各一，侧面促进了诗歌创作。诗在日常生活中也被用以交往，或彼此唱和，或群作唱和，诗歌内容包罗万象，渗透日常生活的点点滴滴，写诗成为一种普遍的社会风气。三是流派众多，名家辈出。唐代不仅出现了李白、杜甫两位伟大诗人，还涌现出白居易、杜牧、王维、李商隐、王昌龄、李贺、孟浩然等一大批优秀诗人，他们面向现实，感受生活，勇于探索，创作出各具特色的优秀作品。同时产生了异彩纷呈的风格流派，如元白诗派、

唐诗简介

韩孟诗派、山水田园诗派、边塞诗派等。唐诗的水平超越了中国历史上的任何一个朝代，成为中国诗歌史上的黄金时期。

初唐，是唐诗繁荣的准备阶段。在"初唐四杰"和陈子昂的推动下，诗歌逐渐突破局限。表现领域上，内容逐渐从宫廷台阁走向关山塞漠，作者也从宫廷官吏扩大到一般寒士；情思格调上，北朝文学的清刚劲健之气与南朝文学的清新明媚相融合，走向既有风骨又开朗明丽的境界；声律形式上，摆脱永明体的束缚，创造了一种既有程式约束又留有广阔创造空间的新体诗——律诗。特别是陈子昂诗歌的理论与实践，为唐诗的健康发展开辟了道路。

盛唐，是唐诗繁荣的巅峰时期。开元、天宝年间，国力的强盛，经济的繁荣，思想的兼容并包，文化的中外融合，造就了士人的进取精神、开阔胸怀、恢宏气度，极大地丰富了文学的创造力，也给文学带来了昂扬的精神风貌，创造了被后代一再称道的"盛唐气象"。这一时期涌现出一大批风格各异的杰出诗人，以王维、孟浩然为代表诗人的山水田园诗静谧明秀、清新自然，以高适、岑参为代表诗人的边塞诗瑰奇壮伟、慷慨豪迈。这时最突出的诗人是李白，以其惊艳绝世的才华、豪放飘逸的气质，唱出了时代的最强音。他热烈追求光明，猛烈打击黑暗，敢于蔑视权贵，行云流水，情感滔滔。这时期的诗人大多富于浪漫气质，乐观向上，才华自信，无论是对理想前途的讴歌和展望，还是对人生失意的愤懑宣泄，都来自希望实现自我价值的急切愿望。

天宝后期，社会矛盾激化，安史之乱成为唐代社会由盛转衰的分水岭，百年积累的繁荣毁于一旦。这场社会大变动也引起了文学的变化。盛唐诗歌兴象玲珑、骨气端翔的境界韵味逐渐淡化，理想色彩、浪漫情调逐渐消退。这一时期最伟大的诗人就是杜甫，他经历颠沛流离，直面人生苦难，亲眼见证大繁荣和大灾难，拥有丰富深刻的生活体验，他把深沉的情感融入诗句，大胆揭露社会矛盾，勇敢反映民生疾苦，无论是题材，还是写法都是唐诗发展的一大转变。

中唐，是唐诗发展的另一座高峰。贞元、元和年间，士人渴望中兴，与政治改革同时，诗坛上也出现了革新的风气。以白居易、元稹为代表的诗人，从乐府民歌吸取养料，写实讽喻，诗风浅俗平易，形成元白诗派；以韩愈、孟郊为代表的诗人，受到杜甫奇崛化、散文化、炼字化的影响，精思独造，更加怪变，甚至以丑为美，形成韩孟诗派。这些中唐诗人在盛唐诗那样高的水平上，在盛极难继的局面中，以他们的创新勇气，又开拓出一片诗歌的新天地。

晚唐，是唐诗发展的尾声。长庆以后，中兴成梦，唐王朝日薄西山，士人生活走向平庸，心态内敛，感情也趋向细腻，这一时期杜牧、李商隐创造了唐诗最后的辉煌。杜牧的诗辞采清丽、情思俊朗，自成一家；李商隐的诗深情绵邈，包蕴密致，表现出细密幽深的朦胧情思。但总体来说，他们成就有限，不能挽救当时日渐颓弱华靡的诗风。

本书选取唐代最具代表性的十位诗人，各选一篇诗作，以"原文""注释""作者简介""赏析"四部分解读。为了能让学生在较短的时间里对唐诗有较为全面深刻的学习，编者尽量挑选不同风格、不同流派、不同时期的代表诗人及其最精彩、最可读的传世之作，注释和赏析力求简洁明了，给学习者更多自主学习的空间。

二、经典选读

（一）

原文

春江花月夜（张若虚）

春江[1]潮水连海平，海上明月共潮生[2]。滟滟[3]随波千万里，何处春江无月明！

江流宛转绕芳甸[4]，月照花林皆似霰[5]；空里流霜[6]不觉飞，汀[7]上白沙看不见。

江天一色无纤尘，皎皎空中孤月轮。江畔何人初见月？江月何年初照人？

人生代代无穷已，江月年年望相似。不知江月待何人，但见长江送流水。

白云一片去悠悠，青枫浦[8]上不胜愁。谁家今夜扁舟子[9]？何处相思明月楼[10]？

可怜楼上月裴回[11]，应照离人[12]妆镜台。玉户[13]帘中卷不去，捣衣砧上拂还来[14]。

此时相望不相闻，愿逐月华流照君。鸿雁长飞光不度[15]，鱼龙潜跃水成文[16]。

昨夜闲潭[17]梦落花，可怜春半不还家。江水流春去欲尽，江潭落月复西斜。

斜月沉沉[18]藏海雾，碣石潇湘[19]无限路。不知乘月几人归，落月摇情[20]满江树。

注释

[1] 春江：春天的江水。

[2] 共潮生：指明月升起，恰遇涨潮。

[3] 滟滟：水面闪光貌。

[4] 宛转：回旋。芳甸：香花遍开的郊外。

[5] 霰：雪珠。

[6] 流霜：飞霜，喻月光下泻。

[7] 汀：水边的平地或者小洲。

[8] 青枫浦：地名，在今湖南浏阳浏水中，古人常以此泛指送别分手的地方。

[9] 扁舟子：乘小船漂泊于江上的人。

[10] 明月楼：明月照射下的楼阁。

[11] 裴回：同"徘徊"。

[12] 离人：指闺阁思妇。

[13] 玉户：华美的房屋，指闺房。

[14] 捣衣砧（zhēn）：捣捶衣服的垫石。拂还来：指月色拂拭不去。

[15] 光不度：指鸿雁飞不出月光。度，超越。

[16] 潜跃：在水底跃动。文：同"纹"，波纹。

［17］闲潭：寂静的水潭。

［18］沉沉：深邃貌。

［19］碣石潇湘：碣石，山名，在河北省昌黎县西北。潇湘，水名，在湖南省。湘水流至湖南永州零陵与潇水汇合，称"潇湘"。此处泛指南北相距十分遥远。

［20］摇情：牵动相思之情。

◉ 作者简介

张若虚（约660年—约720年），扬州（今江苏扬州）人，与贺知章、张旭、包融并称"吴中四士"；仅存诗两首，其中《春江花月夜》为千古绝唱，享有"一词压两宋，孤篇盖全唐"之美名，备受后人推崇。

❀ 赏析

《春江花月夜》本是乐府清商曲辞吴声歌曲的旧题，相传为陈后主创制。全诗紧扣题目春、江、花、月、夜五字来写，展开一个阔大的空间和绵远的时间背景，意蕴丰厚，画面鲜明，音韵悠扬，自成格调，闻一多先生誉之为"诗中的诗，顶峰上的顶峰"。

诗人利用月色，将月下的江流、月下的芳甸、月下的花树、月下的沙汀描绘得更加朦胧、神秘而又和谐美丽。面对这如同梦幻般的光明澄澈的境界，诗人由对宇宙自然的美及其永恒的叹赏进而生发出人生短暂的惆怅；由月下江水的流逝进而联想到驾着扁舟在江中漂泊的游子和思念游子的闺中少妇；在自然与人生相互对比和映衬中抒发对人生的感喟。月夜的美景因这些富于哲理意味的诗句而增添神秘气氛，望月怀人的情绪又因这种对宇宙无穷的思索而变得深沉、幽邃。诗中虽带有不少凄凉伤感的成分，但并不消沉颓废，它所表现出的那种对美好事物的憧憬向往、对青春年华的无限珍惜，以及对宇宙人生哲理的思考探索，展示出清新流丽的诗歌风貌。

《春江花月夜》将复杂深沉的人生感受寄托于优美朦胧的意境中，情景交融、含蓄蕴藉，基本摆脱了以赋为诗的写法，洗净浮华藻艳，意象更加清新美丽，抒情更加浓郁绵长，这都标志着诗歌发展距离盛唐高峰已经不远了。

（二）

◉ 原文

宣州谢朓楼饯别校书叔云[1]（李白）

弃我去者，昨日之日不可留；

乱我心者，今日之日多烦忧。

长风万里送秋雁，对此可以酣高楼[2]。

蓬莱文章建安骨[3]，中间小谢又清发[4]。

俱怀逸兴壮思飞，欲上青天览明月[5]。

抽刀断水水更流，举杯消愁愁更愁。

人生在世不称意，明朝散发弄扁舟[6]。

李白诗选读：《宣州谢朓楼饯别校书叔云》

⊛ 注释

[1] 宣州谢朓楼：一名北楼，南齐谢朓为宣城太守时所建，在今宣城市区东南。校书叔云：李白族叔，名李云，曾任秘书省校书郎。

[2] 酣高楼：在高楼上酣饮。

[3] 蓬莱文章建安骨：此为称赞李云的文章。蓬莱文章，此指李云的文章。因李云任秘书省校书郎，专事校订图书，故借蓬莱作比喻。蓬莱，海中神山，仙家秘籍藏所。后用作宫廷藏书与著作之处的美称。《后汉书·窦章传》记载，东汉学者称朝廷藏书楼东观为"蓬莱山"，因为传说海上仙山蓬莱藏有"幽经秘籍"。又，唐人多以东观喻指秘书省。故此处借指李云所在的秘书省。建安骨，建安风骨。汉末建安年间，曹操父子和王粲等七子写作诗文，刚健清新，形成了独特的风格，后代誉之为"建安风骨"。

[4] 小谢：指谢朓，因他晚于谢灵运，所以称谢灵运为大谢，谢朓为小谢。此处是李白自比小谢。清发：清新秀发。

[5] 逸兴：超逸豪迈的意兴。览：通"揽"，摘取。

[6] 散发：不冠不簪，谓隐居不出仕。又因头发披散零乱，有疏狂放纵的意味。扁（piān）舟，小舟。弄扁舟，用范蠡事。《国语·越语下》载，范蠡佐越王勾践灭吴后，辞别越王，乘轻舟浮于五湖，莫知其所终。

⊛ 作者简介

李白（701年—762年），字太白，号青莲居士。祖籍陇西成纪（今甘肃秦安），出生于中亚碎叶城（唐时属安西大都护府，今吉尔吉斯斯坦托克马克城）。五岁时随父迁回四川绵州彰明（今属四川江油）。李白少年时曾在家乡的大匡山隐居读书数年，好游侠，习剑术，追求隐居，求仙问道，二十岁出游蜀中各地，游历青城山、峨眉山等名山大川、名胜古迹，培养起热情奔放、不受束缚的思想性格。二十五岁出蜀漫游，足迹遍历今湖北、湖南、江西、安徽、江苏、浙江、河南、山东、山西、陕西等许多地方，历时十六年，为寻求建功立业的机会，他以仗剑任侠、访道学仙、纵酒赋诗、干谒官员等方式，广泛结交文友，与其交游，因此广泛接触了社会生活，写出了不少佳作，天赋诗才誉满天下。贺知章称之为"谪仙人"。天宝元年（742年），李白应诏入京，供奉翰林，受到唐玄宗极高的礼遇，但唐玄宗只是把他当作一个御用文人，这使其政治理想无法实现。天宝三载（744年）春，因权贵谗毁，李白被玄宗"赐金放还"。至洛阳，与杜甫、高适相会，同游梁宋、齐鲁，建立了深厚友谊。安史之乱中，李白隐卧庐山；永王李璘东巡，被召至幕中。至德二载（757年），李璘谋乱兵败，李白因从永王幕府而获罪，先下浔阳狱，后流放夜郎（今贵州桐梓），途中遇赦放还。宝应元年（762年）在其族叔当涂令李阳冰家中病逝。

李白一生，受儒家、道家、纵横家、游侠等多种思想的影响，一生狂放又坎坷。他企羡神仙，向往隐逸，但又胸怀建功立业之志，渴望实现"申管晏之谈，谋帝王之术，奋其智能，愿为辅弼，使寰区大定，海县清一"的政治理想（《代寿山答孟少府移文书》）。在李白看来，出仕与隐居并不完全矛盾，隐居甚至可以成为求仕的手段。李白虽一生经历多次挫折，但出仕之心坚定不移。李白的诗歌，或以奔放的激情表达对理想政治的热烈追求，对建功立业的渴望；或以犀利的笔锋揭露政治集团的荒淫腐朽；或以善描的画笔点染祖国壮丽的山河。他的诗篇，无论五言七言、古体近体，无不别具风格，具有强烈的浪漫主义色彩。杜甫称赞他"白也诗无敌，飘然思不群"（《春日忆李白》）、"笔落惊风雨，诗成泣鬼神"（《寄李十二白二十韵》）。李白存诗九百九十多首，有《李太白集》传世。

❀ 赏析

此诗是天宝十二载（753 年）李白在宣州饯别族叔时所作。虽题为"饯别"，但全诗都在抒写在世不称意的苦闷。

首句开门见山，言昨日不可留、今日多烦忧，表现出极度愤懑的心情，为全诗定下了情感基调。这种声调抑扬顿挫、极富节奏感的散文句式，也恰到好处地表现了诗人心中起伏不平的心绪，"长风万里送秋雁，对此可以酣高楼"写心旷神怡、逸兴遄飞之景，引出下面李白对李云和自己诗文神采飞扬的议论，他以建安风骨比族叔李云的诗文，以谢朓比自己，着重于表现自己才华超群却无人理解。最后四句，以决绝语发牢骚，要与现时官场划清界限，乘舟而去，不受拘束。

这首诗中，李白言忧言愁，主要在于抒发牢骚之感。但就诗而论，作品发端奇特，语出惊人，气势豪迈，境界开拓。"抽刀断水水更流，举杯消愁愁更愁"给人无限思考。诗歌波澜迭起，瞬息万变，幻想与现实交织，充分表现了诗人心中激烈深沉的矛盾冲突。

（三）

❀ 原文

观公孙大娘弟子舞剑器行[1]（并序）(杜甫)

大历二年十月十九日，夔府别驾元持宅[2]，见临颍李十二娘舞剑器[3]，壮其蔚跂[4]；问其所师，曰："余公孙大娘弟子也。"开元五载，余尚童稚，记于郾城观公孙氏[5]舞剑器浑脱[6]，浏漓顿挫[7]，独出冠时[8]。自高头宜春、梨园二伎坊内人[9]洎外供奉[10]，晓[11]是舞者，圣文神武皇帝初，公孙一人而已。玉貌锦衣[12]，况余白首，今兹弟子，亦非盛颜。既辨其由来[13]，知波澜莫二[14]。抚事慷慨[15]，聊为[16]《剑器行》。昔者吴人张旭，善草书书帖，数常于邺县见公孙大娘舞西河剑器[17]，自此草书长进，豪荡感激[18]，即公孙可知矣。

昔有佳人公孙氏，一舞剑器动四方。
观者如山色沮丧[19]，天地为之久低昂[20]。
㸌[21]如羿射九日落，矫如群帝骖龙翔[22]。
来如雷霆收震怒，罢如江海凝清光[23]。
绛唇珠袖两寂寞[24]，晚有弟子传芬芳。
临颍美人[25]在白帝，妙舞此曲神扬扬。
与余问答既有以，感时抚事增惋伤。
先帝侍女八千人，公孙剑器初第一。

五十年间似反掌[26]，风尘澒洞[27]昏王室。
梨园弟子散如烟，女乐余姿[28]映寒日。
金粟堆南木已拱[29]，瞿唐石城草萧瑟。
玳筵急管曲复终[30]，乐极哀来月东出。
老夫不知其所往，足茧荒山转愁疾。

⊙ **注释**

[1]公孙大娘：开元年间著名的舞蹈艺人，能为《邻里曲》《西河》《剑器》《浑脱》等舞。剑器：唐代"剑器舞"之一，属"武舞"，舞者穿戎装，执剑。

[2]夔（kuí）府：贞观十四年（640年），夔州曾设督府，故夔州又称夔府，在今重庆奉节。别驾：官名，州刺史的佐史。元持：人名，其人不详。

[3]临颍：今河南临颍县。

[4]壮：激赏之义。蔚跂（qǐ）：光彩照人，姿态豪健。

[5]郾城：今河南漯河市郾城区。

[6]剑器浑脱：是《剑器》和《浑脱》两种武舞综合而成的舞蹈。

[7]浏漓顿挫：流畅活泼而富有节奏。

[8]独出：独树一帜。冠时：冠绝一时。

[9]高头：前头，指在皇帝面前。宜春、梨园二伎坊：伎坊即教坊，或称"内供奉"，是唐皇宫内教练歌舞人员的机构，宜春院和梨园是这类机构的名称。

[10]洎（jì）：及。外供奉：教坊以外设于宫外的外教坊。

[11]晓：明白，精通。

[12]玉貌锦衣：指公孙大娘当时年轻貌美、衣着华丽。

[13]辨：明白，弄清。由来：指李十二娘舞艺的师承溯源。

[14]波澜：指舞蹈的技巧风格。莫二：没有两样。

[15]抚事：缅怀往事。慷慨：心情激动。

[16]聊为：姑且写作。

[17]西河剑器：用西河（指黄河以西地区）乐曲伴奏的《剑器》舞。李肇《国史补》卷上："旭尝言：始吾见公主担夫争路，而得笔法之意；后见公孙氏舞《剑器》，而得其神。"

[18]感激：激动人心。

[19]如山：形容观者极多。色沮丧：指由于舞蹈惊心动魄而面为改色。

[20]低昂：上下震荡。

[21]爀（huò）：剑光闪烁貌。

[22]矫：矫健。群帝：众天神。骖（cān）龙翔：驾着龙车飞舞。

[23]凝清光：言舞终剑光凝固，如江海澄息。

[24]绛唇：容颜，指年轻时的公孙大娘。珠袖：指公孙大娘的舞姿。两寂寞：人和舞都看不到了。

［25］临颖美人：指李十二娘。

［26］五十年：从开元五年至大历二年，正好五十年。反掌：反掌之间，形容时光流逝之快。

［27］风尘颎（hòng）洞：指安史之乱。颎洞，晃动，动荡。

［28］女乐余姿：指李十二娘的舞姿有开元歌舞的神韵。

［29］金粟堆：即金粟山，在今陕西蒲城东北，唐玄宗陵泰陵即在山上。木已拱：树木已长大，形容玄宗已死多年。拱，合抱。

［30］玳筵：盛宴，指元持宅华盛的宴席。急管：节拍急促的音乐。

✿ 作者简介

杜甫（712 年—770 年），字子美。祖籍湖北襄阳（今湖北襄阳），生于河南巩县（今河南巩义），其祖先杜预是西晋时期著名的军事家和学者，祖父杜审言是初唐著名诗人，父亲杜闲做过兖州司马和奉天县令等小官。在这样奉儒守官的小官僚家庭中，杜甫从小就受到正统思想的教育和诗艺的熏陶。

杜甫七岁写诗，十四五岁即有文名。二十岁杜甫开始壮游生活，先后到了古吴越之地（今江苏、浙江一带）和古齐鲁之地（今河南、山东、河北等地），开元二十三年（735 年）举进士落第，游齐、赵，"裘马颇清狂"。天宝三载（744 年）与李白、高适同游梁宋、齐鲁间，登高怀古，饮酒赋诗，入山泽射猎。这一时期的杜甫鲜衣怒马，充满活力。

唐诗的现实主义高峰：杜甫

746 年—755 年，杜甫结束壮游来到长安，寻求做官的机会，但李林甫为相，政治黑暗腐败，杜甫未能得到从政机会，直至天宝十载（751 年），进《三大礼赋》，为唐玄宗称赞，命待制集贤院。天宝十五载（756 年）得授右卫率府胄曹参军（管理武器仓库的小官），无法实现政治理想。困守长安十年，杜甫饱尝辛酸，政治上的失意和生活上的贫困，使杜甫对黑暗的现实有了更为深刻的体验。

安史之乱爆发的第二年，杜甫 45 岁。杜甫带着妻儿逃难，颠沛流离，逃至鄜州（今陕西富县）羌村。后听闻唐肃宗已经在灵武即位，只身奔赴前往。在投奔新皇帝唐肃宗的途中为安史叛军俘获，押到长安，被迫做了伪官。在长安，杜甫用诗歌记录下了贼寇控制下的长安破败的景象和种种人间惨状。半年后，他潜逃至凤翔，找到了唐肃宗，授官左拾遗。乾元元年（758 年）杜甫因上疏营救房琯所累，被贬为华州司功，杜甫对官场之路也彻底灰心。次年，杜甫由洛阳返回华州，正值邺城战役，郭子仪六十万大军溃败，朝廷大肆抓丁以补充军力，杜甫就沿途所见所感，创作了著名的"三吏三别"。

759 年底，杜甫弃官入蜀，在成都西郊盖了一座草堂，后称"杜甫草堂"，定居下来。宝应元年（762 年）蜀乱，流亡梓州、阆州，两年后得归成都。故人严武镇蜀，表荐杜甫为节度参谋、检校工部员外郎。大历五年（770 年）病死于湘中小舟上。

杜诗的艺术风格，历来被公认为"沉郁顿挫"。"沉郁顿挫"指诗歌以一种抑扬曲折、跌宕顿挫的方式，含蓄委婉地表现其深沉浓厚、忧愤郁勃的诗情。这种感情浑厚饱满，练达深沉，给人悲壮的审美感受。"沉郁"指诗歌的内容和情感特点，"顿挫"指诗歌的章法结构与声律节奏等艺术形式的特征（这是一种简单的归类，实际上"沉郁"有形式的因素，"顿挫"也有内容的成分)，这种艺术风格展现了杜诗内容与形式的高度统一。

杜甫被称为"诗圣"，一方面指他忧国忧民的崇高品格和人道主义的博大胸怀，另一方面指他在诗艺上的总结之功和多方面杰出的创造，是一位集大成者。他的诗歌被称为"诗史"，则是因为其诗能全面反映当时的政治、军事、社会情况，不仅可以补史之阙，还可以提供正史中没有的生活细节，揭示了杜诗与时代、社会的深刻联系。

杜甫的人格思想及其诗艺都对后世产生了深刻影响。人格思想上，杜诗中表现出的忧国忧民之心，对后世关注现实的爱国诗人产生了深刻影响，如中唐时期"新乐府运动"倡导者元稹、白居易，北宋政治革新家王安石，南宋爱国诗人陆游等都着眼于杜甫忧国忧民的高贵品质，以极大的热情学习杜诗，并从杜诗中汲取思想艺术营养。诗艺上，元稹指出"至于子美，盖所谓上薄风骚，下该沈宋，言夺苏李，气吞曹刘，掩颜谢之孤高，杂徐庾之流丽，尽得古今之体势，而兼今人之所独专矣……则诗人以来，未有如子美者。"(《唐故检校工部员外郎杜君墓系铭并序》) 杜诗艺术创造为后世诗人提供了丰富的艺术借鉴，如唐代元白诗派、韩孟诗派、大历十才子，宋代王安石、江西诗派，清代钱谦益等都善于学杜，受其影响。

另外，对杜诗的研究也越来越广泛深入，历代杜诗注本之多，为世所少见。宋人有"千家注杜"之叹，清人成果最为辉煌，如王嗣奭《杜臆》、钱谦益《钱注杜诗》、杜鹤龄《杜工部集辑注》、仇兆鳌《杜诗详注》、浦起龙《读杜心解》、杨伦《杜诗镜铨》。今有《杜工部集》二十卷、《补遗》一卷行世，《全唐诗》编其诗十九卷。

✹ 赏析

此诗是唐代宗大历二年(767年)杜甫在夔州观剑器舞时"感时抚事"之作。公孙大娘是开元间著名舞蹈家，她的剑器舞，是一种戎装持剑的武舞。《明皇杂录》载"时有公孙大娘者，善剑舞，能为《邻里曲》《裴将军满堂势》《西河剑器浑脱》"。题目中公孙大娘弟子即序中的李十二娘。

这首诗的序，交代写作背景：杜甫于唐代宗大历二年，在夔州看到公孙大娘的弟子表演剑器舞，勾起他儿时在郾城亲见公孙大娘舞蹈的回忆，有感成篇。序以诗为文，富有诗意，同样是一篇不可多得的佳作。全诗分为四个部分，前八句为第一部分，刻画公孙大娘的舞蹈，前四句概括她超群出众的舞技，后四个"四如句"，把她舞蹈过程中的燿、矫、来、罢，用形象的事物表达出来，想象丰富。其后六句为第二部分，写公孙大娘死后，弟子李十二娘传其衣钵。与李十二娘的问答，引起诗人感时抚事的悲伤。再后六句为第三部分，倒叙五十年前，唐玄宗女乐八千人的繁荣景象，但旋即"风尘澒动昏王室"，国家由盛转衰，梨园弟子散尽。最后六句是第四部分，回归到杜甫自身。唐玄宗陵墓四周木已成拱，而诗人自己也流落到草木萧瑟的石头城。元持宅里曲终人散，诗人乐极哀来，又年老不知去处，双足长满老茧，在荒山中踽踽独行。杜甫老景颓唐，感叹世事沧桑的悲惨形象跃然纸上。

全诗以剑器舞为线索，写出了五十年来国家的兴衰治乱，体现了诗人对国家命运的深切关注。

（四）

🔅 原文

终南别业（王维）

中岁颇好道[1]，晚家南山陲[2]。

兴来每独往，胜事空自知[3]。

行到水穷处，坐看云起时。

偶然值林叟[4]，谈笑无还期[5]。

◎ 注释

[1] 道：佛道。

[2] 南山：终南山，唐都城长安附近。南山陲（chuí）：终南山脚下，即辋川别业的所在地。

[3] 胜事：佳事，快意之事。空：白白地。

[4] 值：遇。林叟：山林野老。

[5] 还期：回家的时间。

✿ 作者简介

王维（约 701 年—761 年），字摩诘，祖籍太原祁县（今属山西晋中）人，后迁居蒲州河东（今山西永济）。开元九年（721 年）中进士，当过右拾遗、左补阙、给事中等职。开元二十四年（736 年）张九龄罢相，奸相李林甫手握朝政大权。为防暗算，王维隐居终南，过着亦官亦隐的生活，安史之乱后，虽因曾任伪职而被贬官，但不久复为太子左庶子、中书舍人、给事中，最终官至尚书右丞，世称"王右丞"。王维诗兼众体，尤擅长五言律绝，当时就有"天下文宗"之誉；与孟浩然齐名，被视作盛唐山水田园诗派的代表，世称"王孟"。

王维多才多艺，通音乐，善绘画，工诗歌，这使他的诗作既富音律之韵，又多绘画之美。宋苏轼评"味摩诘之诗，诗中有画；观摩诘之画，画中有诗。"（《书摩诘蓝田烟雨图》）。受母亲影响，王维笃志奉佛，晚年在退朝之余，焚香默坐，以诵禅为事。王维借助禅家的顿悟，开通了中国山水田园诗逐渐走向心灵深处的美学历程，表现出一种空灵清净的禅悦之境，诗理禅理相通，诗趣禅趣盎然，胡应麟《诗薮》评王维诗曰"读之身世两忘，万念俱寂"。司空图评王维诗曰"澄澹精微"，欧阳修评其诗曰"淳古淡泊"。王维代表作有《使至塞上》《山居秋暝》等。迄今为止，王维诗集以清乾隆年间赵殿成的《王右丞集笺注》二十八卷为注本最佳。《全唐诗》编其诗四卷。

❋ 赏析

作品大约写于唐肃宗乾元元年（758 年）以后，此时王维已官至尚书右丞，但在经历了政局的动荡变化，体验到了仕途的凶险后，便想归隐。他吃斋奉佛，过起了亦官亦隐的生活。这首诗描写的便是他在终南山辋川别业的悠闲生活，表现随缘任运的禅趣和闲适。

"行到水穷处，坐看云起时"极富哲理，既描绘了一幅优美的山水画，也寄寓了绝处逢生、随遇而安、穷则变通的道理。尾联又突出"偶然"二字，更显出诗人一切随缘的风采。后三联虽都是写事，但句句都暗合难于明言的禅理，使人可以从中悟出无穷的妙境，生发无限的联想。这首诗表达的是如行云流水般自由自在的情绪，同时在语言的表现上也非常自然，不见刻意用力之处，平淡而超脱，与诗中恬淡无为的思想相得益彰。

（五）

🪷 **原文**

一字至七字诗·茶（元稹）

茶，

香叶，嫩芽。

慕诗客，爱僧家。

碾[1] 雕白玉，罗[2] 织红纱。

铫[3] 煎黄蕊色，碗转曲尘花[4]。

夜后邀陪明月，晨前命对朝霞。

洗尽古今人不倦，将知醉后岂堪夸。

中国名茶与茶文化

◉ **注释**

[1] 碾：将茶碾成细末，此指茶碾。

[2] 罗：茶罗。

[3] 铫（yáo）：一种带柄有嘴的小锅，用以煎茶。

[4] 曲尘花：指烹煎的茶上乳状细沫。

🪷 **作者简介**

元稹（779 年—831 年），字微之，别字威明，河南河内（今河南洛阳附近）人。贞元九年（793 年）明经登第，贞元十八年（802 年）举书判拔萃科，授秘书省校书郎。元和元年（806 年）又登制举甲科，授左拾遗；后当过监察御史、通州司马、虢州长史、膳部员外郎、祠部郎中、中书舍人等。长庆二年（822 年）拜为宰相。大和五年（831 年）以武昌节度使卒于任所。

元稹与白居易为至交，两人文学主张相同，共同倡导新乐府运动，唱和极多，时称"元白"。其乐府诗遵循"美刺"传统，最为警策。但元稹最出色的诗歌是为亡妻所作的悼亡诗，这些诗歌情真意切，甚为动人。"诚知此恨人人有，贫贱夫妻百事哀""曾经沧海难为水，除却巫山不是云"等爱情名句，千古传诵，受到读者称赞。今有《元氏长庆集》六十卷行世，《全唐诗》编其诗二十八卷。

🌸 **赏析**

一字至七字诗，原称"宝塔诗"，从一字句至七字句逐句成韵，或叠两句为一韵，后又增至八字句或九字句，每句或每两句字数依次递增。宝塔茶诗很少见，从古到今，只收集到 11 首，元稹写的这一首是最早的。

此诗为元稹等七人为白居易送行，途经兴化亭所作。《唐诗纪事》卷三九云："乐天分司东洛，朝贤悉会兴化亭送别，酒酣，各请一字至七字诗，以题为韵。"其中王起赋花，李绅赋月，令狐楚赋山，元稹赋茶，魏扶赋愁，韦式赋竹，张籍赋花，范尧佐道士赋书，白居易赋诗，均用宝塔诗作。元稹的这一首诗表面写茶，实则以茶喻人，饱含了对友人的赞美，也体现出元白的真挚情谊。

这首诗概括地叙述了茶叶的品质，人们对茶叶的喜爱，以及人们的饮茶习惯和茶叶的功用。诗的开头，用了香叶、嫩芽四字来说明茶叶的香和嫩，接着说诗人和僧侣们对茶的喜爱。然后谈到煎茶之事，十分讲究，用白玉碾把茶叶碾碎，又用红纱茶罗过筛，当放进茶铫煎煮及随后盛到碗里时，茶汤都泛起黄花般的浮沫，这表明茶叶品质佳美。对于茶，人们不但晚上要喝（夜后邀陪明月），而且早上也要喝（晨前独对朝霞）。不论古人或今人，饮了茶都会感到精神饱满。用"慕""爱""邀""命"等动词及诗句的主谓倒装，令茶反客为主，使得全诗神气灵动。

（六）

📖 原文

钱塘湖[1]**春行**（白居易）

孤山寺[2]北贾亭[3]西，水面初平云脚低。
几处早莺争暖树，谁家新燕啄春泥。
乱花渐欲迷人眼，浅草才能没马蹄。
最爱湖东行不足，绿杨阴里白沙堤[4]。

📖 注释

[1] 钱塘湖：西湖。
[2] 孤山寺：永福寺，原名广化寺，在西湖湖心孤山上。
[3] 贾亭：贾公亭。贞元中杭州刺史贾全建，在西湖。
[4] 白沙堤：西湖白堤。白居易在任杭州刺史时所筑白堤在钱塘门外，非此处白堤。

📖 作者简介

白居易（772年—846年），字乐天，祖籍太原（今属山西），居于下邽（今陕西渭南），生于新郑（今属河南）。贞元十六年（800年）登进士第，历任秘书省校书郎、左拾遗、京兆府户曹参军等职，为翰林学士。元和十年（815年）因上书请急捕刺杀宰相武元衡凶手，遭当权者嫉恨，被贬为江州司马。穆宗即位后，召为尚书司门员外郎。以后当过主客郎中、知制诰、中书舍人、杭州刺史、苏州刺史、刑部侍郎、河南尹、太子宾客等。会昌二年（842年）以刑部尚书致仕。白居易晚年皈依佛教，吟咏自适，自号"醉吟先生""香山居士"。

白居易以诗著称，其诗语言优美通俗、浅切平易、音调和谐、形象鲜明，和元稹并称"元白"。其思想，综合儒、佛、道三家，以儒家思想为主导。元和年间提倡新乐府，主张作诗"辞质而径""言直而切""事核而实""体顺而肆"，"文章合为时而著，歌诗合为事而作"，影响深远。他的七言古诗以《长恨歌》《琵琶行》最著名，后世把白居易和元稹的这类七言长篇叙事歌行称作"长庆体"。今有《白氏长庆集》七十一卷（原本七十五卷宋时亡佚四卷），《全唐诗》编其诗三十九卷。

❁ 赏析

这首诗约作于唐穆宗长庆三年（823 年）或长庆四年（824 年），当时白居易任杭州刺史，写过不少歌颂杭州湖光山色的诗篇，其中这首诗最负盛名。全诗紧扣西湖早春的环境和季候特征，书写了诗人一路行去所见景象，早莺新燕、飞花浅草、绿杨白堤，恬淡平和，明朗自然。"几处""谁家""渐欲""才能"这些词的运用，体现出作者用笔的细致入微。诗中处处透露着盎然的春意，字里行间流露出诗人面对明媚春色的喜悦之情，也显示了他对自然景物敏锐的观察力和细腻的表现力。

（七）

❀ 原文

白雪歌送武判官归京[1]（岑参）

北风卷地白草折，胡天八月即飞雪。
忽如一夜春风来，千树万树梨花开。
散入珠帘湿罗幕，狐裘不暖锦衾[2]薄。
将军角弓不得控[3]，都护[4]铁衣冷难着。
瀚海阑干[5]百丈冰，愁云惨淡万里凝。
中军[6]置酒饮归客，胡琴琵琶与羌笛。
纷纷暮雪下辕门[7]，风掣红旗冻不翻[8]。
轮台[9]东门送君去，去时雪满天山路[10]。
山回路转不见君，雪上空[11]留马行处。

◉ 注释

[1] 白雪歌：乐府琴曲中有《白雪歌》。判官：官名。唐时节度使、观察使下掌书记之官吏。武判官：其人不详。

[2] 衾（qīn）：被子。

[3] 角弓：饰以兽角的弓。控：拉开。

[4] 都护：官名。唐安西及北庭都护府，皆各置都护一人，总领府事。此为泛指，与上文"将军"互文。

[5] 瀚海：大沙漠。阑干：纵横。

[6] 中军：指主帅所居营帐。

[7] 辕门：军营之门。

[8] 风掣（chè）红旗冻不翻：红旗因被冰雪冻住，风吹也不能使它拂动。掣：牵曳。翻：飘动。

[9] 轮台：唐庭州属县，在今新疆乌鲁木齐北。

[10] 天山路：自轮台归京需翻越天山，故云天山路。

[11] 空：只。

⊛ 作者简介

岑参（约715年—770年），祖籍南阳（今属河南），后徙居荆州江陵（今属湖北）。岑参"早岁孤贫，能自砥砺，遍览史籍，尤工缀文"（杜确《岑嘉州诗集序》）。天宝三载（744年）进士。天宝八载（749年）入安西节度使高仙芝幕为掌书记。天宝十三载（754年）又入安西北庭节度使封常清幕为节度判官。至德二载（757年）入朝为右补阙。宝应元年（762年）又入幕府，为关西节度判官。大历元年（766年）以殿中侍御史随剑南西川节度使杜鸿渐入蜀。以嘉州刺史终，世称"岑嘉州"。

十余年的戎马生活，开阔了他的眼界。奇美的边塞风光、真实的征战生活及异域的文化风俗给予了岑参不同于居住在中原的奇妙感受，因此其边塞诗尤多佳作。其作品对中国传统写景诗有较强的开拓性意义。因此，岑参与高适作为盛唐边塞诗派的代表，世人并称"高岑"。

奇峭苍峻是岑诗的特点。殷璠评论其边塞诗曰："语奇体峻，意亦造奇。"（《河岳英灵集》）徐献忠论曰："嘉州诗一以风骨为主，故体裁峻整，语亦造奇，持意方严，竟鲜落韵。"（《唐诗品》）他最擅长五古、七古，胡应麟称赞其五古"清新奇逸，大是俊才"（《诗薮》），施补华称其七古"劲骨奇翼，如霜天一鹗，故施之边塞最宜"（《岘佣说诗》）。今有《岑嘉州集》七卷行世，《全唐诗》编其诗四卷。

⊛ 赏析

这首诗约写于天宝十三载（754年）秋。此诗与《轮台歌》作于同年，描写边地八月飞雪的奇丽景象，抒发送别武判官的无尽离思。

全诗可分为两段，前十句为第一段，写边塞雪景。先描绘了"忽如一夜春风来，千树万树梨花开"的瑰丽世界，后描绘雪花落入屋内，巧妙地引出人物和送别主题。狐裘不暖，锦衾太薄，"将军角弓不得控，都护铁衣冷难着"，通过人物的触觉表现雪中酷寒；"瀚海阑干百丈冰，愁云惨淡万里凝"，通过人物的视觉表现雪中酷寒。这奇寒的天气把读者视线引向武判官遥遥万里的归程，从而唤起了"愁云惨淡"的心理感受。

后八句为第二段，以白雪为背景写送别。中军帐内，戍边将士为武判官饯行轮番进酒，在胡琴琵琶与羌笛声中，气氛热烈悲壮。行人即将出发，帐外的大雪还没有停止的迹象，而辕门上的军旗，已被冻得不能翻动。这"风掣红旗冻不翻"的奇丽形象，表现了边地严寒，更体现了戍边将士不畏艰苦、昂扬勇毅的精神风貌。结尾四句，仍以咏雪烘托送行，目送行人远去不见，却还凝望其留在雪上的马蹄印迹，言已尽而意无穷。全诗紧扣诗题，以奇丽雪景烘托出惜别之情。

作者以咏雪为线索，"胡天八月即飞雪""纷纷暮雪下辕门""去时雪满天山路""雪上空留马行处"四句，既渲染了西北边塞的奇寒景象，又紧扣送别主题，从送别前、饯行、临别之际、送别后，环环相扣，构思十分精巧。

作者充分利用七言歌行体换韵的特点，使换韵与画面转换相结合。诗中多次换韵，有时二句一换，有时四句一转，转韵时画面场景随之转换更迭。全诗的音韵、诗情与画面互相配合，读起来形象生动、声情并茂。

（八）

🔹 原文

乌衣巷[1]（刘禹锡）

朱雀桥边野草花[2]，乌衣巷口夕阳斜。

旧时王谢堂前燕，飞入寻常[3]百姓家。

🔹 注释

［1］乌衣巷：在今南京东南。自东晋至唐代，乌衣巷一直是王、谢两大世家的居处。

［2］朱雀桥：秦淮河上的浮桥，在六朝都城金陵正南朱雀门外，为交通要道。花：开花。

［3］寻常：平常。

🔹 作者简介

刘禹锡（772年—842年），字梦得，洛阳（今河南洛阳）人。唐德宗贞元九年（793年）进士，登博学宏词科，为监察御史。因参加"永贞革新"，贬朗州司马，迁连州刺史，移夔、和二州。文宗初，入为主客、礼部郎中。又出为苏、汝、同三州刺史。开成元年（836年）迁为太子宾客、检校礼部尚书。其诗凝练委婉，韵味深醇。尤长七绝，其《竹枝词》《浪淘沙》等，清新俊爽，富民歌情韵，为唐诗别开生面。有《刘梦得文集》，《全唐诗》存诗十二卷。

🔹 赏析

乌衣巷原是东吴戍守石头城的乌衣营的所在地，后成为东晋时王、谢两大家族所居的里巷。《乌衣巷》是《金陵五题》的第二首。此诗借朱雀桥、乌衣巷的今昔变迁，将抚今吊古的感慨寄寓景物描写中。后两句巧用飞燕形象，通过燕子栖息旧巢的特点，表现出乌衣巷的变化，这种以小见大的表现手法，使全诗的主旨含蓄深沉，又给读者以驰骋想象的空间。

（九）

🔹 原文

无题·相见时难别亦难（李商隐）

相见时难别亦难，东风无力百花残。

春蚕到死丝方尽[1]，蜡炬成灰泪始干。

晓镜[2]但愁云鬓改，夜吟应觉月光寒。

蓬山[3]此去无多路，青鸟殷勤为探看[4]。

⊚ 注释

[1]春蚕到死丝方尽：南朝乐府《西曲歌·作蚕丝》有"春蚕不应老，昼夜常怀丝。何惜微躯尽，缠绵自有时"句，"丝"字与"思"谐音双关。此句化用其意。

[2]晓镜：清晨对镜。

[3]蓬山：海上三神山之一，此喻指对方住处。

[4]青鸟：西王母的神禽。据《汉武故事》记载，西王母见汉武帝时，先有青鸟临殿前报信。后人常以青鸟为信使。探看：打听。

⊚ 作者简介

李商隐（约813年—约858年），字义山，号玉谿生，怀州河内（今河南沁阳）人。他出身于小官僚家庭，九岁父亡后，发愤苦学，于开成二年（837年）登进士第。因受牛李党争影响，仕途失意。除一度入京任秘书省校书郎、正字等低微官职外，先后在桂林、徐州、梓州等地做幕僚。大中十二年（858年）退职还乡，不久病卒。诗与杜牧、温庭筠并称，为晚唐杰出诗人。七律精警博丽，其佳者足以追踪杜甫。七绝沉着深婉，一唱三叹，自成一家。但有些诗用典过多、用思太过，有晦涩之弊。有《李义山诗集》，《全唐诗》编其诗三卷。

❀ 赏析

此诗所咏，历代说法不一。有人说是怀念朋友的，有人说是写给心爱的女人的。今天看来，其曲折缠绵的情感，更像首爱情诗。

首联以东风之无力表现春去，东风催春，百花盛开；东风力微，百花凋残，包含着年华消逝之叹，良辰美景虚度之恨，"春风"和"百花"意象韵致宛然，包蕴丰富的情思。颔联运用两个绝妙比喻，春蚕吐丝和蜡烛燃烧，将矢志不渝的爱情和至死方休的相思抒写得分外感人，两句相互映照，情真意切。颈联为作者对爱人的想象，清晨对镜梳妆，会因青春虚度、云鬓日改而愁绪重重；夜不安席，对月沉吟，环境的孤寂更显心境的凄凉。尾联表达只能寄托青鸟，带去自己的思念。整首诗抒情浓挚、意象幽美、造语新奇、对仗工整，均表现出诗人高超的艺术技巧。

李商隐的爱情诗，特别是一些无题诗，尤为著名。或许他曾遭遇过一种在当时不可能实现的爱情，感情深挚，追求热烈，却没有希望，因此凄清伤感，引人同情。由于这些诗情思婉转、唱叹有情、用笔精美，有很高的美学价值，也更加引人注目。

（十）

⊛ 原文

山行（杜牧）

远上寒山石径斜，白云生处[1]有人家。

停车坐爱枫林晚[2]，霜叶红于二月花。

⊚ 注释

[1]生处：一作"深处"。

［2］坐：因。

◎ 作者简介

杜牧（803年—853年），字牧之，京兆万年（今陕西西安）人，出身于世家大族，其祖父杜佑历任德宗、顺宗、宪宗三朝宰相。杜牧继承了祖父经邦济世的精神，喜谈政论兵。大和二年（828年）登进士第，授弘文馆校书郎。后曾在江西观察使、宣歙观察使、淮南节度使为幕僚。又因刚正直言，在牛李党争中受排挤，先后为黄州、池州、睦州刺史。官终中书舍人。

杜牧是晚唐文学大家，古文、诗赋、书画无一不精。杜牧的诗歌是诗人超逸的才华、洒脱的个性和热烈的情感相融合的产物。因为晚唐诗风柔靡，杜牧力矫其弊，"恐流于平弱，故措词必拗峭，立意必奇辟"（赵翼《瓯北诗话》）。徐献忠评其诗"含思悲凄，流情感慨，下语精切，含声圆整，而抑扬顿挫之节尤其所长"（《唐诗品》）。有《樊川集》二十卷，《全唐诗》编其诗八卷。

❀ 赏析

《山行》为杜牧的一首写景佳作，景色幽邃，色彩明艳，语言简洁，情景逼真，情韵悠长，读来仿佛跟随杜牧行于山间石径。特别是最后两句"停车坐爱枫林晚，霜叶红于二月花"描绘出黄昏晚霞中，大片大片的枫叶红透，比起二月艳李秾桃更加艳丽，满目秋光绚烂如画。杜牧笔下的秋景不仅没有一点衰败之气，反而是一片火红绚烂的景象。体现出诗人的豪爽乐观的精神风貌。

三、阅读链接

李白与安徽

李白"一生好入名山游"，足迹几遍大半个中国，其中安徽的山山水水也印满了诗人漫游的屐痕。笔者根据安旗女士主编的《李白全集编年注释》初步统计，李白游历安徽多达十余次。从时间上看，自诗人二十几岁"仗剑去国，辞亲远游"，江行初经安徽，到晚年六十多岁流寓当涂而仙逝，跨越了人生大半；从地域范围上看，诗人先后到过唐时皖北的亳州，皖中的和州、庐州，皖西的舒州，皖南的宣州和歙州等地，涉及安徽的全境。尤其是地处江南的宣州，诗人往来最多、盘桓最久，当时宣州所属诸县如宣城、南陵、秋浦、青阳、泾县、太平和当涂等地均留下了诗人往返流连的足迹。

李白在安徽期间，肆志游遨、广泛交往，创作了大量的诗文，有诗一百四十余首、文十一篇，约占现存作品总数的七分之一。另外还有在他处所作而涉及安徽的诗文约十篇，其中许多名篇千古传诵，屡被后世唐诗选本所采撷，如《望天门山》《夜泊牛渚怀古》《秋登宣城谢朓北楼》《宣城谢朓楼饯别校书叔云》《独坐敬亭山》《秋浦歌·白发三千丈》《赠汪伦》《宿五松山下荀媪家》《赠张相镐二首》《宣城见杜鹃花》《哭宣城善酿纪叟》等。

李白为什么多次游历安徽呢？这个问题需要从李白平生的生活特点和安徽的地域环境特点两个方面来加以考察。

李白与安徽

李白一生漫游天下，漂泊四方，但是在不同的人生阶段也有相对稳定的栖息地和较为集中的游历区。如果从居处、游历的角度来看，诗人一生可以大致分为四个阶段：①青少年时期，李白的家乡是绵州昌明县，诗人在蜀中度过了青少年时代；②三十岁前后，出川后，成婚定居于安州，以此为中心，经常南游江汉、北游洛阳，并曾西入长安；③四十岁前后，可能因许氏夫人病故，李白徙居鲁郡（今山东曲阜），以此为中心出游各地，其间曾奉诏入京供奉翰林；④中年以后，李白离开鲁中南下，从此诗人的活动区域发生了一个明显的转变，基本上以金陵为中心，游历东南一带，直至在当涂去世（目前全国有四个李白纪念馆，分别建于江油、安陆、济宁和马鞍山，这种格局正是李白一生活动特点的客观反映）。

李白一生游历安徽有十余次，其中绝大多数都是发生在第四个阶段，即中年以后。其活动地点则集中在安徽的南半部分。这是因为该区域邻近金陵，正好位于金陵上游的长江两岸，水上交通十分便利。宣州尤具地理优势，它是江南东西道的上州雄郡，处在金陵与江州（九江）之间的长江南岸，地域宽阔，名山胜水、历史古迹、伽蓝浮图，屈指难计，仅于李白诗文所见的就有五六十处之多，如天门山、牛渚矶（采石矶）、敬亭山、陵阳山、黄山、响山、青山（谢公山）、大楼山、江祖山、九子山（九华山）、五松山、铜官山、横江浦、琴溪、宛溪、虾湖、清溪、秋浦河、白苛陂、泾溪、桃花潭、落星潭、谢朓楼、谢公亭、双桥、姑熟亭、灵源寺、隐静寺、水西寺、化城寺等。此外，宣州经济富庶、物阜民丰，游人使者往来不绝。李白《赠宣城宇文太守兼呈崔待御》云"鱼盐满市井，布帛如云烟"。《赵公西侯新亭颂》又云"此郡东堑巨海，西襟长江，咽三吴，扼五岭，辖轩错出，无旬日而息焉。"

李白后期活动的中心由北方转向南方，而安徽南半部分又恰好位于长江两岸，交通便利、山川秀丽、经济文化发达。这两个因素的结合大概就是李白多次游历安徽的主要原因。

李白在皖期间，虽然是在两遭政治打击之后，但他并未一蹶不振，忘情政治。每每于翘首西望之际，系心"魏阙"，而且这种"恋阙"情结，并非出于对个人功名富贵的贪恋，而是由于要实现其"济苍生""安社稷"的终生追求。这正是李白作为一个中国伟大诗人所具备的"第一等襟抱"（沈德潜语）。

● 四、思考练习

1. 简述唐诗的发展脉络。

2. 请列举与山川相关的唐诗作品，并赏析。

3. 对比李白与杜甫在人物性格、人生经历、诗歌内容风格上的异同。

4. 中唐诗坛出现了两大派别，即韩孟诗派与元白诗派。请简要阐述两派的代表作家、文学主张、诗歌风格、影响意义。

五、综合实践

飞花令，原本是古人行酒令时的一种文字游戏，源自古人的诗词之趣，得名于唐代诗人韩翃《寒食》中的名句"春城无处不飞花"。经《中国诗词大会》等诗词综艺栏目引进并改良，"飞花令"广受诗词爱好者好评。要求举行"飞花令"比赛，以击鼓传花的方式，随机挑选出竞赛选手，选择"花、水、春、秋、滚、山、雪、家、窗、云"为关键字进行比赛。

六、阅读书目

1. 陈贻焮主编：《增订注释全唐诗》，文化艺术出版社，2001 年。

2. 袁行霈：《中国诗歌艺术研究》，北京大学出版社，2010 年。

第八节

宋词选读

一、经典导读

在中国古典文学光华璀璨的阆苑中，词可谓是其中一朵芬芳绚丽的仙葩。人们常常"诗""词"并称，"唐诗""宋词"对举，将二者视为古典文学中的双璧。词作为一种文学样式，更是以其独特的思想艺术魅力，千载之下仍陶冶着人们的情操，滋养着读者的心灵。

词又名曲子词、长短句、诗余、乐府等。词的起源至今仍是一个有争议的问题，而其兴起受到外来音乐的影响则是不争的事实。隋唐时期雅乐、清乐逐渐式微而燕乐兴盛，为词的萌芽注入了新鲜的活力，"倚声之学，源于隋之燕乐"（吴梅《词话丛编》序）。

词这种文学形式的出现，先起源于民间，之后才被文人接纳发展。20 世纪敦煌曲子词的发现就是词始自民间的明证。其中的词大多作于唐玄宗时期到唐末五代，作者多为普通民众，遍布各个阶层，涵盖各色人等，内容无所不包，反映了广阔丰富的社会生活，同时保留了朴素自然的民间风格。

词在民间日渐流行，也使得文人加入到这一新兴文体的创作中来。首先是大诗人

五代宋词
简介

李白。宋代词选家黄昇在编选《唐宋诸贤绝妙词选》时将李白的七首词置于卷首，并推《菩萨蛮》《忆秦娥》二词为"百代词曲之祖"（黄昇《花庵词选》）。明代杨慎《词品》云：《忆秦娥》《菩萨蛮》二首为诗之余，而百代词曲之祖也。"顾起纶《花庵词选跋》云："李太白首倡《忆秦娥》，凄婉清丽，颇臻其妙，为千载词家之祖。"后世的这些评价无不说明了李白在词史上的始祖地位。李白的词作留存不多，有表现宫人承宠的宫廷应制词，也有念远怀人、游子思归、忧思怀古、喟叹兴亡之作。尤以《菩萨蛮》《忆秦娥》二首艺术成就最高。

继李白之后，刘禹锡和白居易是中唐时期词作成就最为显著的两位。刘禹锡的代表词作有《竹枝词》，清新刚健，婉转悠扬，颇具民歌之风。乐天词既有如《忆江南》般的酣畅明丽之作，也有蕴含个人襟怀，寄托身世之感的作品，如《花非花》。除刘、白之外，张志和、韦应物、王建等人也有词作问世。较为知名的如张志和的《渔歌子》，色彩鲜明，意境优美。

晚唐至五代，中原地区频遭战火，而蜀地和江南却保持着相对的安宁，成为词作茁壮生长的沃土。蜀地词当推《花间集》，代表词人有温庭筠、韦庄等，江南词以"二李""一冯"为代表。温庭筠是唐人，但被花间派奉为鼻祖。

《花间集》共收录18位词人共500首词作，卷首有欧阳炯所撰《花间集序》，其词的性质主要还是歌筵酒宴，娱宾助兴之作。在题材和内容上无外乎儿女情长、相思离别、闺阁生活之类，绮罗香泽，秾艳华丽。也有少量写景抒怀、歌咏南方风土人情之作。曲折委婉，深微细腻。

温庭筠在《花间集》中排第一，所收作品数量最多，共计66首。温词从风格和内容上来说基本不脱花间的范畴，辞藻富丽，如代表作《菩萨蛮》"小山重叠金明灭，鬓云欲度香腮雪"篇。且"能逐弦吹之音"（刘昫《旧唐书》），有创调之功，被后人称为"花间鼻祖"，与韦庄齐名，并称"温韦"。韦庄词风清丽，语言疏淡，注重自我情感的抒发，代表作如《菩萨蛮》"人人尽说江南好"五首。

这一时期的词，蜀地之外，则数江南。江南词的兴起较蜀地略晚，虽不如蜀地词作者众多，只有二主一臣，但在词史上却占据着非常重要的地位。尤其是南唐后主李煜的作品，对后世词坛影响深远。

冯延巳为南唐宰相，有词集《阳春集》，题材内容上虽然还是传统的离情别恨，伤春悲秋之类，却有了不同于花间词的突破与创新。在表现相思苦闷的同时渗透着一种时间意识与生命意识。如《踏鹊枝》"谁道闲情抛弃久"二首，将爱情的失落与时光的易逝、生命的短暂融为一体，文辞简约精练，"深美闳约"（王国维《人间词话》）。

南唐中主李璟与其子李煜在词史上并称"二李"。李璟仅存词四首。存词虽少，却有着很高的艺术价值与思想内涵。如代表作《浣溪沙》"菡萏香销翠叶残"篇，王国维评价有"众芳芜秽，美人迟暮之感"（王国维《人间词话》），有一种对于美好事物逝去的伤悼之情与忧患意识，情辞兼备，哀而不伤。

李煜的词大致可以分为两个时期，以南唐的覆亡为界。前期多为反映宫廷生活的声色享乐之作，风格绮丽。后期词则浸透了亡国之恨、家国之痛，句句含泪，字字泣血。

两宋是词的鼎盛时期，"凡一代有一代之文学，楚之骚，汉之赋，六代之骈语，唐之诗，宋之词，元之曲，皆所谓一代之文学，而后世莫能继焉者也"（王国维《宋元戏曲考》）。对于词这种文学样式来说，尽管前有唐五代词的发展，后有清词的中兴，宋词仍是当之无愧的巅峰。

北宋统治者吸取晚唐五代的历史教训，重文轻武，士大夫阶层待遇优渥，得风气之先，因而宋初是官僚士大夫一统词坛，代表词人是晏殊与欧阳修。二人并称"晏欧"，都身居高位，官至宰辅。词也多为娱宾遣兴、流连光景之作，侧重表现士大夫阶层的悠游生活。二人都受到南唐冯延巳很深的影响。另外，晏殊之子晏几道与其父并称"二晏"，工于小令，语言清丽，感情深挚。北宋前期的词坛呈现出官僚士大夫词与市民词、雅词与俗词、令词与慢词双峰对峙的局面。柳永正是市民词、俗词、慢词的代表。柳永之后婉约派的代表词人是秦观与周邦彦，秦观被推为一代圣手，词风哀婉秀丽，本色当行。周邦彦为北宋词坛婉约派集大成式的人物，作词讲求章法与格律，语言典雅圆融。李清照的创作横跨两宋，前期词风清新婉转，南渡后多悲叹身世，情调感伤。南宋后期词坛婉约派的代表人物为姜夔与吴文英，二人继承周邦彦的风格，精通音乐，格律谨严，音韵响亮，属于雅词一派。

两宋词坛上与婉约派相对应的是豪放派。其发轫之始可以追溯到范仲淹。范仲淹虽仅存词五首，但至范仲淹出，豪放之作才正式成为文人词的一种自觉的创作倾向。北宋后期，王安石在创作上学习范仲淹，所作怀古咏史词刚健亢爽，颇有豪放之风。而豪放派当之无愧的开创者与奠基者当属苏轼。苏轼以诗为词，打破了词为"艳科"、为"小道"的传统格局，推进了词体的发展，提高了词的文学地位。苏轼之后有许多站在抗敌前线的爱国词人，如岳飞、张元幹、张孝祥、辛弃疾、陈亮，刘过、刘克庄、文天祥等，词的天平急剧地向豪放派一侧倾倒。如辛弃疾，与苏轼并称"苏辛"，文韬武略，横戈铁马，以文为词，苍莽浑厚。如文天祥，孤军抗元，被俘后英勇不屈，从容就义，其词精忠耿耿，声情激壮。宋词史上最慷慨激昂、踔厉奋发的一页就是由这批词人用热血写就的。

本书所选十首词都是具有代表性词人的经典名篇，每首词都以"词人小传""原文""注释""赏析"四个部分进行解读。为了方便学生理解与掌握，大致以词的发展时间为序对篇目进行编排，兼以风格流派及传承关系。如第一首是南唐李后主降宋之后所作，第二至第五首是北宋词人的作品，第六首为横跨两宋而偏南宋的词人李清照的词。前六首都可归为婉约派词作。苏轼是北宋豪放派大词人，既开宗立派，又攀登高峰。故第七首编选了一首苏轼的词。第八至第十首是南宋词人作品，创作风格深受苏轼影响，可归为豪放一派。

二、经典选读

宋词十首

（一）

📀 原文

虞美人[1]（李煜）

春花秋月何时了，往事[2]知多少？小楼昨夜又东风，故国[3]不堪回首月明中。雕栏玉砌[4]应犹在，只是朱颜[5]改。问君能有几多愁，恰似一江春水向东流。

📀 注释

[1] 虞美人：唐教坊曲，取义于项羽"虞兮"之歌，音节悲凉慷慨。

[2] 往事：作者过去在金陵做皇帝时的种种事情。

[3] 故国：指旧都金陵。

[4] 雕栏玉砌：雕有花纹的栏杆、白玉砌成的台阶。指南唐华美的宫殿。

[5] 朱颜：红润的面容，指青春年少。

📀 词人小传

李煜（937年—978年），五代时期南唐后主，中主李璟第六子，字重光，号钟隐。籍贯徐州彭城（今江苏徐州）。生于南唐升元元年（937年）七夕，因相貌奇特、目有重瞳而遭长兄太子李弘冀忌惮，为避祸端不问政事。后父兄病逝，李煜于北宋建隆二年（961年）在金陵登基继位，为保国祚向宋称臣纳贡。开宝四年（971年）去除国号"唐"，改为"江南国主"，次年，贬损仪制以示对宋的尊奉。开宝八年（975年）兵败降宋，被俘至东京，成为北宋的阶下囚。太平兴国三年（978年）七月七日死于东京，追封吴王，葬洛阳北邙山。李煜多才多艺，在书法、音乐、绘画、诗文方面均有一定造诣，而尤以词闻名于世。前期词作多表现帝王生活和宫闱琐事，风格绮丽柔媚；后期作品多抒发亡国之痛，"眼界始大，感慨遂深"（王国维《人间词话》），一扫晚唐以来浮靡局促的词风，使词跳脱出风花雪月的狭小范畴，"变伶工之词为士大夫之词"（王国维《人间词话》），可谓是词史上里程碑式的人物。

📀 赏析

这首词作于李煜兵败被俘之后。回首往事，五内俱焚；追思故国，百感交集。据说这首词是李煜的绝命词。李煜于生日夜晚在寓所命故伎作乐，演唱此词。宋太祖听闻，对他这种胆敢直抒亡国之痛的行为勃然大怒，赐牵机药将其毒死。

词的首句出现了两个意象：春花与秋月。这本是两种非常美好的事物：春日里似锦的繁花，秋夜里如水的明月。然而词人却说"何时了"，到底什么时候才能结束？仿佛对此充满了不耐与灰心。汤显祖《牡丹亭》里的杜丽娘，面对满园春色，发出了"锦屏人忒看得这韶光贱"的感慨，既是哀叹春光，也是慨叹自己被禁锢于深闺、不能自由行动与自由思想的年华岁月。李煜被幽囚于汴京，面对春花与秋月，也许有种和杜丽娘相类似的情感。只是杜丽娘在惜春伤春中还有着对于青春朦胧的觉醒和希冀，词人此句却是格外沉痛与绝望了。故国的欢乐时光、自由生活全都烟消云散，自此之后，再美的春花秋月也了无生趣，反而愈发在提醒着他今日处境的不堪。往事愈多，心痛愈甚。同时"春"与"秋"又暗含着季节的轮转、时光的流逝。

在被囚禁的小楼仰望明月，怀念逝去的故国，东风浩荡，明月千里，不堪回首。记忆中故国的雕梁画栋、玉砌石阶也许依然矗立，只是今非昔比，物是人非。今日不同往昔，当年在旁流连光景的人也早已是形容憔悴，朱颜不复，空留无限怅惘悔恨。最后一句设问更是流传千古的佳句，将无形的愁绪具象化，唯美而又哀伤，非常容易引发人的共鸣，把个体的情感上升到一个普世的层面。试问又有谁能够做到没有哀伤忧愁呢？而这忧愁啊，就像一江东逝而去的春水，连绵浩荡，奔流不息。境界之大，感慨之深，远非个人的小情小爱可比。

李煜的身上其实有种矛盾或者说是错位，他本质上是个文士而非君王，于治国理政方面也没什么天赋。《古今词统》云："天何不使后主现文士身而必予以天子位，不配才，殊为恨恨。"然而历史的吊诡之处在于，如果没有这种身份上的错位，就不会有那些椎心泣血的经历，也不会有那些千古流传的词篇了。李煜的词以纯挚贯之，流淌着赤子的一腔热忱。王国维《人间词话》慨叹道："词人者，不失其赤子之心者也。故生于深宫之中，长于妇人之手，是后主为人君所短处，亦即为词人所长处。""阅世愈浅，则性情愈真，李后主是也。"李煜的赤子心与真性情，表现在词中，就是即便面临杀身之祸，也要发出杜鹃啼血般的哀鸣，抒真情、不掩饰、不矫饰。字字皆是自肺腑流出，真切动人。

（二）

😊 原文

> **浣溪沙**[1]（晏殊）
> 一曲新词酒一杯[2]，去年[3]天气旧亭台。夕阳西下几时回？
> 无可奈何花落去，似曾相识燕归来。小园香径[4]独徘徊。

😊 注释

［1］浣溪沙：唐教坊曲名。也作"浣溪纱"，相传由春秋时越国美人西施于溪畔浣纱而得名。此词牌名又名小庭花、减字浣溪沙、满园春、东风寒、醉木犀等。

［2］"一曲"句：化用唐白居易《长安道》诗句："花枝缺处青楼开，艳歌一曲酒一杯。"

［3］"去年"句：感今怀旧，意思是说天气、亭台仍和去年一样。化用唐郑谷《和知己秋日伤怀》诗句："流水歌声共不回，去年天气旧池台。"

［4］香径：充满花香的小路。

😊 词人小传

晏殊（991年—1055年）字同叔，临川（今江西抚州）人，年少聪颖，七岁即能写文章，景德二年（1005年）以神童应试，赐同进士出身，授秘书省正字，年仅十五岁。仁宗朝官至同中书门下平章事，兼枢密使，卒于仁宗志和二年（1055 年）。享年六十五岁。死时仁宗亲自前往吊唁，悔恨没能在其病中探视，并特为此罢朝两日，以示哀悼。晏殊性格刚峻，待人以诚，虽位极人臣，一生却"自奉为寒士"（《东都事略》卷五十六，《宋史》卷三百十一），并不自矜身份。且能汲引贤俊，提拔新秀，范仲淹、欧阳修、富弼、杨察等，皆受其奖掖。这些人都是当时有名的儒将、良相、学者与外交家。晏殊自身在政治上虽然没有什么显赫功绩，却为北宋朝廷输送了许多人才，其功甚伟。晏词承袭五代，受花间派和冯延巳影响颇深，娴雅婉丽，音韵和谐，具有一种富贵气象。内容多反映歌舞升平、闲愁绮怨，尤擅小令，"为北宋倚声家初祖"。有《珠玉词》传世。《全宋词》辑其全篇 136 首，残篇 1 首。《全宋词补辑》又辑其全篇 3 首。

❀ 赏析

　　这是晏殊一首脍炙人口的小令，也是其代表作之一。词的上片从今景写起：暮春时节，夕阳西下，词人独自在花园的小径徘徊，一丝拂之不去的惆怅萦绕心头。回想起去年，也是这样的暮春时节，在这样的天气、这样的亭台楼榭里热热闹闹地填词唱曲、宴饮涵咏。宋代并不要求士大夫有什么强烈的进取精神，只需安分守己，"多积金、市田宅以遗子孙，歌儿舞女以终天年"（《宋史·石守信传》）。士大夫阶层生活待遇优厚，文酒雅集风气盛行。而晏殊"唯喜宾客，未尝一日不宴饮……每有佳客必留，亦必以歌乐相佐"，"日以饮酒赋诗为乐，佳时胜日，未尝辄废"。他在另一首《浣溪沙》中也写道"一向年光有限身，等闲离别易消魂，酒筵歌席莫辞频"。无不反映出词人似乎十分醉心于宴饮之乐。只是在这热闹欢庆的表象下也流露出人生易老、及时行乐的淡淡哀愁。晏殊被称为"太平宰相"，从政时又是北宋最承平无事的年代，自然无所作为，也只能无所作为。之所以喜筵宾客，也许是不自甘寂寞，便只能用这种方式来打发时光，拂拭岁月。而年华易逝，好景难留，"夕阳无限好，只是近黄昏"（李商隐《乐游原》），词人面对落日，顿生怅惘之情。夕阳西下，落日东升，周而复始。而时光的流逝，人事的变更，却不能重来。所谓"年年岁岁花相似，岁岁年年人不同"（刘希夷《代悲白头翁》）。年年岁岁相似的场景触发了作者对往昔的回忆，词的上片今夕绾合，时空交叠。而太阳的东升西落，也意味着无尽的人世更替、岁月沧桑，词人在写景抒怀中也融入了某种时间、宇宙意识。

　　下片"无可奈何花落去，似曾相识燕归来"是历来为人赞颂的佳句，如杨慎《词品》云："'无可奈何'二语工丽，天然奇偶"，卓人月《古今词统》评："实处易工，虚处难工，对法之妙无两。"可谓说出了这句词的妙处：对仗工整而浑然天成，语言精丽、虚实结合。花开花落，燕去燕来本是自然界再正常不过的现象，这是实写，并无特别之处，但加上"无可奈何"与"似曾相识"两句虚词略加点染之后，便情致缠绵，意蕴无穷。由此也可见晏殊遣词造句的功力。前句是一种伤春的惋惜与无奈，后句在失落惆怅中又暗含了一丝希望，使得整首词的基调不至于过分消沉。春残花谢固然无法阻挡，但旧燕来归，就如同那些曾经逝去的美好，或许有一天就会以一种似曾相识的样貌归来。这句词中灌注了韶光易逝、人生苦短的生命意识，也寄寓着生生不息的希望，千百年来一直打动着读者的心。整首词始终萦绕着淡淡的惆怅，并不哭天抢地、撕心裂肺，而有一种雍容娴雅的气度。

（三）

🜲 原文

苏幕遮[1]（范仲淹）

碧云天，黄叶地，秋色连波，波上寒烟翠。山映斜阳天接水[2]，芳草无情，更在斜阳外。　　黯乡魂[3]，追旅思[4]，夜夜除非，好梦留人睡。明月楼高休独倚。酒入愁肠，化作相思泪。

🜲 注释

［1］苏幕遮：词牌。为唐玄宗时教坊曲，来自西域。

［2］"山映"句：斜阳映山，远水接天。

［3］黯乡魂：思念家乡，黯然销魂。南朝江淹《别赋》："黯然销魂者，惟别而已矣。"黯然，形容内心凄苦，心神颓丧的样子。

［4］追旅思：羁旅的愁思缠扰不休，追随人不肯舍去。

🜲 词人小传

范仲淹（989年—1052年）字希文，吴县（今江苏苏州）人。北宋时期杰出的政治家、文学家。宋真宗大中祥符八年（1015年）进士。历任枢密副使、参政知事等职，知邠、邓、荆南、杭、青等州。仁宗景祐五年（1038年），北宋藩属党项政权脱宋自立，在银川称帝，两国爆发战争，在宋连续失利的情况下，范仲淹被派往防御西夏的重地延安守边，他采取了一系列的军事措施，整顿州兵，实行屯田，巩固西北边防。戍边多年，"胸中自有数万甲兵"（《五朝名臣言行录》卷七），西夏不敢来犯。政治上力图革新，主持"庆历新政"，因旧派势力阻挠而以失败告终。为官卓有政绩，关心民间疾苦，"先天下之忧而忧，后天下之乐而乐"（《岳阳楼记》）。谥号文正，世称"范文正公"。文学创作上，文、诗、词皆有佳篇传世，有《范文正公文集》一卷，《全宋词》辑其全篇4首，残篇1首。范仲淹的词于绮丽中透出疏朗遒劲，尤其边塞词气象阔大，为北宋词坛吹进了一股新风，对后来苏轼扩大词的表现领域有借鉴作用，可谓苏、辛词派的先声。

🜲 赏析

这首词抒写羁旅愁思、去国怀乡之情。词的上片写景。起首两句，自上而下、由天而地，勾勒出一幅色彩鲜明、苍凉高远的秋景图：长空碧蓝，大地澄黄。元代王实甫《西厢记》中"长亭送别"一折"碧云天，黄花地，西风紧，北雁南飞"即化用这两句而来。陈廷焯《云韶集》卷二云："《西厢》长亭篇从此脱胎，起三语无数秋景。"短短两句就渲染出充塞天地的秋色秋景。下接"秋色连波，波上寒烟翠"，层层递进，由近及远，仿佛随着词人的视线站在高处远眺：寥廓苍凉的碧云天黄叶地不断地向远方延伸，与天地尽头的茫茫秋水融为一体，水波浩渺，寒烟生翠。"上有青冥之长天，下有渌水之波澜"（李白《长相思》），使得原本白色的烟霭也被这天、这水映染成一片碧色。碧与翠都是冷色调，再加上一个"寒"字，给整首词增添了一丝清冷的秋意。紧接着三句进一步将天地山水通过斜阳、芳草的意象连接在一起：远山映照着斜阳，落日熔金，水天相接。萋萋芳草绵延天涯，勾起了客子的乡愁后又自顾自地隐没在斜阳照不到的天边，完全不管人的情绪，所以说"无情"。古诗词中芳草或春草的意象常喻指乡思离愁，如"王孙游兮不归，春草生兮萋萋"（淮南小山《招隐士》）、"离恨恰如春草，更行更远还生"（李煜《清平乐·别来春半》）、"长亭外，古道边，芳草碧连天"（李叔同《送别》）等。到此句，由写景牵引出离情。

词的下片紧承上片的天涯芳草，引出"黯乡魂，追旅思"的羁旅别恨。用黯然销魂的"黯"来写乡魂，可见内心之凄苦；用追逐不休的"追"来写旅思，可见乡愁之缠绕。"乡魂""旅思"无时无刻不横亘在心头，缠绵萦绕，挥之不去。除了夜里偶尔的好梦，别无解脱。但这好梦很少，更多的是无眠的长夜。既然夜不能寐，那就倚着楼看看天上的月亮吧，或许能从月光的清辉中得到一丝宁静与慰藉。接着词人笔锋一转，"明月楼高休独倚"，还是罢了吧，所谓"举头望明月，低头思故乡"，这月光怕是又要触发思乡的愁肠，更添惆怅。高楼独倚，天涯颙望，从"斜阳"到"明月"，也暗含着时间的推移，足见乡思离愁之深重。那这愁肠究竟要如何排遣呢？"慨当以慷，忧思难忘。何以解忧，唯有杜康"（曹操《短歌行》）。不要独倚高楼了，来"举杯邀明月，对影成三人"（李白《月下独酌·其一》）吧，来用美酒浇胸中块垒，让明月清风一起"与尔同销万古愁"（李白《将进酒》）吧。这本是自我开解之语，但酒入愁肠，反而更添相思苦，化作相思泪。结拍两句，深切动人。许昂霄《词综偶评》云："铁石心肠人亦作此销魂语。"冯金伯《词苑萃编》也说"公之正气塞天地，而情语入妙至此。"范仲淹作为政治家，作为边关主帅，一身正气，性格坚毅，既有刚强的一面，也有作为词人的善感情怀，才能写出如此情语、妙语。

总体说来，词的上片写景，下片抒情，将秾丽之景与深挚之情融为一体，"前段多入丽语，后段纯写柔情，遂成绝唱"。内容上虽然还是不出离愁别恨的传统范畴，但整首词境界辽远，疏朗开阔，耐人寻味。

（四）

🔖 原文

> **望海潮**[1]（柳永）
>
> 东南形胜[2]，三吴[3]都会，钱塘[4]自古繁华。烟柳画桥，风帘翠幕[5]，参差[6]十万人家。云树[7]绕堤沙。怒涛卷霜雪[8]，天堑[9]无涯。市列珠玑，户盈罗绮[10]，竞豪奢。　　重湖叠巘清嘉[11]，有三秋[12]桂子，十里荷花。羌管[13]弄晴，菱歌[14]泛夜，嬉嬉钓叟莲娃[15]。千骑拥高牙[16]。乘醉听箫鼓，吟赏烟霞[17]。异日图将好景[18]，归去凤池[19]夸。

🔖 注释

［1］望海潮：词牌名。首见于柳永词作，词调名当取意于钱塘观潮。

［2］形胜：地势重要、交通便利的地区。此指山水佳美。

［3］三吴：其说不一。《水经注》以吴兴、会稽及吴郡，为三吴。一作"江吴"。

［4］钱塘：今浙江杭州。

［5］风帘翠幕：挡风的帘子和翠色的帷幕。

［6］参差：形容楼台房屋，高低不一。

［7］云树：树冠浓密远望如云，故曰云树。

［8］"怒涛"句：钱塘江每年农历八月十八日大潮，谓之浙江潮。卷霜雪，怒涛卷空而来，白如霜雪。

［9］天堑：天然的险阻，本指长江，此指钱塘江。堑：隔断交通的沟。

［10］"市列"二句：市集上陈列种种珍贵商品，家家户户不缺绮罗绸缎。玑，不圆的珠。罗绮，两种丝织品。竞豪奢：竞赛豪华奢侈的享受。

［11］"重湖"句：西湖中的白堤，把湖水分隔为里外两湖，所以称重湖。叠𪩘：重叠的山峰。清嘉：清秀，美丽。

［12］三秋：初秋、中秋、晚秋合称三秋，此处指晚秋，秋季第三月，即农历九月。

［13］羌管：即羌笛，羌族之簧管乐器，出自羌地。羌，古代少数民族。

［14］菱歌：采菱人的歌声。

［15］莲娃：采莲女。

［16］"千骑"句：此句写驻节杭州的官员两浙转运使孙何出行时的排场。骑，指卫队。一人一马称骑。古乐府《陌上桑》："东方千余骑，夫婿居上头。"牙，指牙旗。牙旗，将军之旌，杆上以象牙饰之。

［17］烟霞：指山水风景。

［18］"异日"句：他日把这些好景描绘出来。图，描绘。将，语助词。

［19］凤池：凤凰池，中书省的美称。唐杜佑《通典·职官三》"中书令"条："魏晋以来，中书监令掌赞诏命，记会时事，典作文书。以其地在枢近，多承宠任，是以人固其位，谓之凤凰池焉。"唐宋时中书省是最高行政机关，这里用来指朝廷。

◉ 词人小传

柳永（约987年—约1054年）字耆卿，初名三变。崇安（今福建）人。因排行第七，世称柳七。出身仕宦之家，父柳宜，曾任南唐监察御史，正直果敢，不避权贵，入宋后官至工部侍郎。兄柳三复、柳三接皆有科第功名在身。柳永接受的是传统儒家教育，浸润着出入仕途的追求，但生性又放荡不羁，为举子时，就流连于歌台舞榭、秦楼楚馆，替乐工伎女们撰填歌词，"教坊乐工每得新腔，必求永为词，始行于世，于是声传一时"（叶梦得《避暑录话》）。曾以"柳三变"之名参加科考而落第，自负才华作《鹤冲天》词"且把浮名，换了浅斟低唱"，流传至宫中，为宋仁宗所不喜，在科举考试中不予录取。后改名参加科考，于景祐元年（1034年）考取进士，曾任睦州推官、屯田员外郎等，故又称柳屯田。仕途坎坷，一生潦倒，词的内容多反映歌伎、市民生活及失意文人的羁旅行役等。语多俚俗，深受民间喜爱，"凡有井水饮处即能歌柳词"（叶梦得《避暑录话》）。柳永通晓音律，能创制长调，尤长于慢词，发展了词的铺叙功能，增强了词的表现力，对北宋慢词的发展兴盛起了重要作用。有《乐章集》传世。《全宋词》辑其全篇211首，残篇2首。

❀ 赏析

《望海潮》是柳永慢词代表作之一，一般认为作于其仕宦不显、流寓杭州之时。相传"孙何帅钱塘，柳耆卿作《望海潮》词赠之"（《鹤林玉露》卷十三）。杨湜《古今词话》中也有类似记载。此篇当是干谒投赠之作。

柳永是婉约派的代表，"长于纤艳之词"（黄昇《花庵词选》），但这首词却一反其惯常的婉约风格，用大开大阖、直起直落的笔法浓墨重彩地铺叙了杭州城富丽繁华的景象，颇具豪放之风。据说金主完颜亮听罢此词，词中的秀丽景色、繁华富贵愈发激起了他对南方的觊觎之心，以及一统天下的愿望，"欣然有慕于'三秋桂子，十里荷花'，遂起投鞭渡江之志"（《鹤林玉露》卷十三），隔年便以六十万大军南下攻宋。这种说法虽有待考证，但这首词的表现力，由此可见一斑。

词的上片，开头三句先从地理位置与历史沿革两个方面对杭州城做了高度概括，将其放置在一个比较大的环境与背景下考量。"东南形胜"形容地理形势的优越，"三吴都会"言明其历史的悠久。杭州早在春秋时期就是吴、越争霸之地，秦代设置钱塘县，隋朝改设杭州。五代时吴越国建都于此，发展为东南第一州。"钱塘自古繁华"一句可谓纵观古今。开篇总写以后，词人开始进行多角度、全方位的细笔描摹：柳色如烟，彩桥如画，家家户户都垂挂着挡风的珠帘、绿色的帷幕。轻轻一笔写出了街巷河桥的美丽与市民住宅的雅致，有一种风流蕴藉之美。而"参差十万人家"则直接刻画出了城市的繁荣。正如吴自牧《梦粱录》中记载："杭州人烟稠密，城内外不下数十万户，百十万口。"接着词人的视线从城内转向郊外。"云树绕堤沙，怒涛卷霜雪，天堑无涯"颇有几分苏轼"乱石穿空，惊涛拍岸，卷起千堆雪"的豪壮与激越。钱塘江波涛汹涌，浪花飞溅，水波浩渺，横无际涯。"无涯"之"天堑"与前面的"形胜"又形成照应，连番烘托出杭州城的奇伟。写罢威仪壮观的钱塘大潮，词人又翻转一笔，再次流连杭州城的繁华：街市上各种珍贵物品琳琅满目，家家都穿着绫罗绸缎，争享奢华。"列""盈""竞"字的运用可谓将"承平气象，形容尽致"（陈振孙《直斋书录解题》）。

词的上片，以写杭州城的豪奢作结，下片则以西湖的妩媚开端。唐代诗人白居易任杭州刺史时，在钱塘门外筑了一条长堤，世称"白堤"，将西湖分为外湖和里湖，所以词人称西湖为"重湖"。"叠巘"指灵隐山、南屏山、慧日峰等重重叠叠的山岭。"重湖叠巘清嘉"一句十分准确地抓住了湖外有湖、山外有山的特点。"三秋桂子，十里荷花"也是西湖乃至杭城的典型景物，如白居易《忆江南》中写道："江南忆，最忆是杭州，山寺月中寻桂子，郡亭枕上看潮头。"杨万里《晚出净慈寺送林子方》诗云："毕竟西湖六月中，风光不与四时同。接天莲叶无穷碧，映日荷花别样红。"而"羌管"句开始，词的描写对象由景转向人，由自然景观转向人文风貌。"弄晴""泛夜"为互文。优美的笛声与采莲姑娘的歌声、欢笑声不分昼夜地传来，不管是晴和的白天还是瑰丽的夜晚，都能看到怡然自乐的垂钓老翁和嬉闹欢歌的采莲姑娘，俨然一派昼夜笙歌的太平景象。那么这盛世美景从何而来呢？"千骑拥高牙"以下三句赞笔既是在歌颂孙何治理有方、与民同乐的政绩，也是对前词中描写的繁华生活的旁证与烘托，虽不免有歌功颂德的嫌疑却并不显得谄媚。在柳永的笔下，一位饮酒赏乐、啸傲山水、威武风流的地方长官形象跃然纸上。结尾两句祝愿孙何能够入"凤池",升迁进入中书省这样的高层机构。所谓诗言志,言为心声。其实这又何尝不是柳永自己这样的落拓文人心中对仕途的向往呢?整首词以柳永最为擅长的"赋"的手法层层铺写,由宏观而微观,由内而外,由近而远。淋漓尽致、穷形尽相地描绘了人间天堂杭州城的"形胜"与"繁华"、美景与欢乐,如同一幅《清明上河图》,令人心驰神往。

(五)

🔖 原文

踏莎行[1]（秦观）

雾失楼台[2]，月迷津渡[3]，桃源[4]望断无寻处。可堪[5]孤馆闭春寒，杜鹃声里斜阳暮。　　驿寄梅花[6]，鱼传尺素[7]，砌成此恨无重数。郴江[8]幸自[9]绕郴山，为谁流下潇湘去？

📖 注释

[1]踏莎行：词牌名，又名柳长春、喜朝天等。

[2]雾失楼台：浓雾遮住了楼台。

[3]月迷津渡：夜月迷蒙，看不清渡口。津，渡口。

[4]桃源：本词中"桃源"的所指有两种说法，一说是陶渊明诗文中所写的武陵桃花源，与郴州同属湖南；一说是郴州苏仙岭，唐大历十三年，郴州刺史孙会曾称之为"何异武陵之境"，有桃花洞、桃花溪等名胜。

[5]可堪：哪堪。

[6]驿寄梅花：晋盛弘之《荆州记》："吴陆凯与范晔善，自江南寄梅花诣长安与晔，并赠诗曰：'折梅逢驿使，寄与陇头人。'"

[7]鱼传尺素：指远方来信。古乐府《饮马长城窟行》："客从北方来，遗我双鲤鱼。呼儿烹鲤鱼，中有尺素书。"尺素，古以素绢为信笺，长约一尺，故名。

[8]郴江：源出郴州之黄岑山，北流而入耒水，至衡阳而东入于湘江。

[9]幸自：本自，本来。

🔖 词人小传

秦观（1049年—1100年）字少游，一字太虚。号淮海居士。高邮（今属江苏）人。"苏门四学士"之一。出生于耕读之家，自幼聪慧，博览群书。十五岁父亲去世，家道中落。两度落榜后于宋神宗元丰八年（1085年）进士及第，曾任秘书省正字、太常博士兼国史院编修官。因与苏轼相交而卷入党争，遭受贬谪，以元祐党籍贬监处州酒税，历贬郴州（今湖南郴州）、横州（今广西横州）、雷州（今广东雷州）。元符三年（1100年）徽宗即位，遇赦召还，死于放还途中的藤州（今广西藤县），卒年五十二。少有文名，诗、词、文皆善而以词的成就最高，受到苏轼与王安石赏识。苏轼赞其有屈、宋之才，王安石称其有鲍、谢之致。秦观被认为是婉约魁首、词家正宗。性格多愁善感，情感细腻缠绵，词作内容多表现男女爱情及身世之慨。词风柔婉秀丽，充斥着细密幽微的哀愁。经过政治挫伤后的作品则更为低沉伤感、愁绪满怀，故而秦观也被称为"千古伤心人"（冯煦《蒿庵论词》）。词集有《淮海居士长短句》。《全宋词》辑其全篇 87 首，残篇 3 首。

❀ 赏析

此词约作于绍圣四年（1097 年）春。彼时秦观一路遭贬，又被罗织罪名，从处州酒税南贬至郴州，且被削去所有官爵与俸禄，客次旅舍，内心之悲苦可想而知。故此词刻画羁旅之愁，抒写谪居之恨。

开篇三句，即给人一种凄迷怅惘之感：楼台被茫茫大雾吞噬，渡口也隐没在朦胧惨淡的月色中看不真切，至于陶渊明笔下离郴州不远的武陵桃花源，更是望眼欲穿而无处可寻。楼台本是登高望远、驰目骋怀之所，如今却被迷雾深锁。津渡本是往来出口，通向远方，如今却被浓黑的夜色深埋。桃源本是"黄发垂髫，并怡然自乐"（陶渊明《桃花源记》）的一片理想乐土，如今也遍寻人间而不得。"楼台""津渡""桃源"这三种意象本来都是美好事物的代指，如今统统消隐不见，也映照出一个屡遭贬谪的失意文人内心的凄苦与对未来的迷茫。开头三句更像是想象中的景象而非真实的场景。从空间上来看，下句写"可堪孤馆闭春寒"，既是闭居客舍，又如何能看到津渡呢？从时间上看，"杜鹃声里斜阳暮"，前句既写雾气迷蒙的月夜，这句怎么又倒退回黄昏了呢？显然这几句是因情造景，而非借景抒情。春寒料峭，词人独居贬所，听着杜鹃鸟在斜阳里声声哀鸣，叫着"不如归去，不如归去"，故而因情设景，抒发内心的凄苦迷茫。而"可堪"二句，尤为断肠。可堪者，岂堪也。此情此景，到底如何才能承受！少游这两句词不禁令人想起李清照的《声声慢》"寻寻觅觅，冷冷清清，凄凄惨惨戚戚""守着窗儿，独自怎生得黑！梧桐更兼细雨，到黄昏，点点滴滴"，声情相类，都有一种杜鹃啼血的凄厉。王国维《人间词话》云："少游词最为凄婉，至'可堪孤馆闭春寒，杜鹃声里斜阳暮'则变而为凄厉矣。"这两句也被王国维称为"有我之境"，即描绘的景物充满了自我的主观意识与感情色彩，历来为人称赏。

词的下片连用了两个典故，写亲友们从远方寄来慰问的书信。对于遭受贬谪，独自在外漂泊流荡的词人来说，本该是一种安慰，而词人却说寄来的这些"梅花"与"尺素"，如同砖石一样，层层砌成无数重的离恨，如同一堵沉重的墙压在心头，反而愈发勾起了思乡念远的情绪。离愁别绪本是抽象的，词人在这里将其具象化，含蓄而深刻，令人想见词人心中离恨之深之重。结尾两句，词人问了一个似乎很无理的问题：郴江啊，你原本是环绕着郴山流着的，为什么能流出去，流进湘江呢？其言下之意是，江水都能流出去，而我为什么会沦落至此，就是走不出去呢？愈发映衬出自己内心的悲伤。这两句还可以解读为：郴江啊，你本来何其有幸环绕着故土的郴山，又是为了谁，又是何苦流向湘江呢？就如同词人自己，本无心功名，却被名缰利锁所困，宦海沉浮，流亡异乡。"为谁流下潇湘去"也是对自己身世命运的诘问。这两句尤为苏轼所激赏，王士禛《花草蒙拾》载："'郴江幸自绕郴山，为谁流下潇湘去'千古绝唱。秦殁后，坡公尝书此于扇子云：'少游已矣，虽万人何赎！'"结尾两句确实是语意凄切，委婉蕴藉。

（六）

⊛ 原文

> #### 醉花阴[1]（李清照）
>
> 薄雾浓云愁永昼[2]，瑞脑销金兽[3]。佳节又重阳[4]，玉枕纱橱[5]，半夜凉初透。　　东篱把酒[6]黄昏后，有暗香[7]盈袖。莫道不消魂[8]，帘卷西风[9]，人比黄花[10]瘦。

⊛ 注释

［1］醉花阴：词牌。最早见于宋代词人毛滂的词作。

［2］永昼：漫长的白天。

［3］瑞脑：名贵香料，即龙脑，旧称冰片。销：燃尽。金兽：兽形的铜香炉。

［4］重阳：又称"重九"，农历九月初九日。

［5］玉枕：枕的美称。纱橱：即碧纱橱，以木架罩以绿色轻纱，内可置榻，用以避蚊。

［6］东篱：指菊圃。晋陶渊明《饮酒》（其五）："采菊东篱下，悠然见南山。"把酒：饮酒。把，持，拿。

［7］暗香：指菊花的幽香。

［8］消魂：同"销魂"，指愁闷、沮丧。

［9］帘卷西风：西风卷帘的倒装，指秋风吹卷门帘。西风，秋风。

［10］黄花：菊花的别称。

⊛ 词人小传

李清照（1084年—约1155年），号易安居士，章丘（今属山东）人。出身书香门第，父亲李格非为苏门"后四学士"之一，是颇有名气的学者与散文家。母亲王氏亦工诗文。李清照自幼聪慧，少有才情，诗、书、画、散文皆善，而尤以词著称，为婉约派代表词人。清人王士祯推其为婉约词之宗主。十八岁嫁于礼部侍郎赵挺之之子、金石学家赵明诚。婚后两人志趣相投，感情甚笃，共同从事金石研究。建炎三年（1129年）赵明诚因病去世，时值金兵南下，李清照流寓于越州、杭州等地，后居金华，晚景凄凉。创作上以南渡为界分为两个时期。前期词作多表现闺情闲愁、离别相思、自然风物等，后期词作融入身世悲慨与家国之痛，风格哀沉凄婉。其词善于锤炼口语，语言清新平易而意蕴丰富，被称为"易安体"。另有《词论》一篇，主张"词别是一家"，论词崇尚典雅、协律。诗文感时咏史，有豪放之致，与词风迥异。有《漱玉词》传世，真伪杂陈。《全宋词》辑其全篇45首，残篇12首。《全宋词补辑》又辑其全篇1首。

李清照与婉约派（上）

李清照与婉约派（下）

⊛ 赏析

这是一首佳节怀人之作，抒发了词人孤独寂寥之情和对丈夫的思念。秋高气爽，又逢重阳佳节，词作却是以一片愁云惨雾开头。"薄雾浓云"不仅布满整个阴沉的天空，也笼罩在词人心头。"瑞脑销金兽"则写出了时间的漫长与词人的百无聊赖，同时又烘托出了环境的孤寂与冷清。次三句从夜间着笔，"佳节又重阳"点明时节，古人对九月九日重阳节是十分重视的，在这天亲友团聚，赏菊饮酒，遍插茱萸。可是如此良辰佳节，丈夫却不在身边，怎能不"每逢佳节倍思亲"（王维《九月九日忆山东兄弟》）呢。"玉枕纱橱，半夜凉初透"用具有特征性的事物写出了沁入肌肤的秋寒与词人特殊的感受，也暗示了词人当时的心境。而贯穿"永昼"与"半夜"的则是"愁"与"凉"二字，写尽深秋的节候、物态与人情。词的上片，用寥寥数语刻画出一位愁绪满怀、心事重重的闺中少妇形象。

词的下片，写赏菊经过，重在感怀。词中的主人公在屋里闷坐了一天，直至黄昏才出来应个景。黄昏时节连鸟儿都归巢了，丈夫却仍在远方。所谓"玉阶空伫立，宿鸟归飞急"（李白《菩萨蛮》）。佳节依旧，赏菊依旧，但词中人的情状却有所不同了，即便是把酒东篱也是兴致缺缺，只有"暗香盈袖"的幽思。这句词化用《古诗十九首》"馨香盈怀袖，路远莫致之"句意，还是写对远行丈夫的思念。结尾三句可谓是脍炙人口的绝句。据元代伊世珍《琅嬛记》记载，李清照把这首《醉花阴》寄给丈夫赵明诚，赵明诚看后既十分赞赏，又十分不服气，闭门谢客，废寝忘食写了三天三夜，写出五十首《醉花阴》，把李清照的这首混进去，拿给友人陆德夫评价。陆德夫玩味再三，评价"只三句绝佳"。而这三句正是"莫道不消魂，帘卷西风，人比黄花瘦"。比喻之巧妙，情致之风流，令人拍案叫绝。古诗词中不乏以花木喻人瘦的例子，如秦观《如梦令》"依旧，依旧，人与绿杨俱瘦"、康与之《江城梅花引》"人瘦也，比梅花，瘦几分"等，都不如易安"莫道"三句显得出彩。原因是易安词中的这个比喻并非简单、孤立的类比，而是与全词的整体形象结合得十分紧密，有整体环境与气氛的烘托：因前句中的佳节冷落，东篱把酒，念远怀人，才有暗香幽思，才有结尾三句的西风卷帘，黯然销魂，人比黄花。这三句也十分契合女词人的身份和情致，浑然天成，高华清隽。以此作结，情韵无限。

更值得一提的是，本词写菊，并以菊喻人，通篇却不见一"菊"字，而菊的香味、色彩、形态乃至意韵却跃然纸上。所谓"不著一字，尽得风流"（司空图《诗品》）。就如同词人并未明言独居的孤寂和对丈夫的思念，但句句景语皆情语，词中无所不在的一种深情，令闻者动容。故陈廷焯《云韶集》评此词："无一字不秀雅。深情苦调，元人词曲往往宗之。"唐圭璋《唐宋词简释》评曰"此首情深词苦，古今共赏"。

（七）

🌸 原文

> **水调歌头**[1]（苏轼）
>
> 丙辰[2]中秋，欢饮达旦[3]，大醉，作此篇，兼怀子由[4]。
>
> 明月几时有？把酒问青天。不知天上宫阙[5]，今夕是何年？我欲乘风归去[6]，又恐琼楼玉宇[7]，高处不胜寒。起舞弄清影[8]，何似在人间！　转朱阁[9]，低绮户[10]，照无眠。不应有恨，何事长向别时圆？人有悲欢离合，月有阴晴圆缺，此事古难全。但愿人长久，千里共婵娟[11]。

◎ 注释

[1] 水调歌头：词牌名。相传隋炀帝开汴河时曾制《水调歌》，唐人演为大曲。

[2] 丙辰：宋神宗熙宁九年（1076 年），岁次丙辰。

[3] 达旦：到天亮。

[4] 子由：苏轼的弟弟苏辙，字子由。

[5] 宫阙：宫殿。阙，宫殿门楼。

[6] 归去：李白曾被称为"谪仙人"，苏轼也自比谪仙，故称上天为"归去"。

[7] 琼楼玉宇：月中宫殿。

[8] 弄清影：和自己的影子嬉戏。

[9] 转朱阁：谓月亮从朱阁东面转到西面。朱阁，华丽的楼阁。

[10] 低绮（qǐ）户：谓月亮低下来，照进绮户。绮户，雕刻花纹的窗户。

[11] 婵娟：美女，色态美好貌，这里指月光。

◎ 词人小传

苏轼（1036 年—1101 年）字子瞻，号东坡居士，眉山（今属四川）人。仁宗嘉祐二年（1057 年）进士，应试文章深为欧阳修赞赏。累官中书舍人、翰林学士、端明殿学士、礼部尚书等职，历知杭州、密州、徐州、湖州、颍州等地，能兴利除弊，颇有政绩。神宗元丰二年（1079 年），苏轼因"乌台诗案"（写诗被指讽刺王安石新法）入狱，随后贬黄州。绍圣初，又贬惠州、儋州。徽宗立，赦还。卒于常州。苏轼是一位全能的大家。诗歌方面与黄庭坚并称"苏黄"，是宋代诗歌最高成就的代表；文与欧阳修并称"欧苏"，与父苏洵、弟苏辙同入"唐宋八大家"之列；书法在"苏黄米蔡"中名列第一；绘画方面被认为是北宋湖州竹派的代表人物之一。苏轼对词的贡献尤为巨大，打破了晚唐五代以来"词为艳科"的藩篱，"一洗绮罗香泽之态，摆脱绸缪婉转之度"（胡寅《酒边词序》）。以诗为词，无意不可入，无事不可言，拓宽了词的表现领域与境界，开一代豪放之风，与南宋辛弃疾并称"苏辛"，是豪放词派的开创者与主要代表人物。东坡词风豪迈旷达，气象万千，亦有婉丽之作。有《东坡乐府》二卷传世，《全宋词》辑其全篇 346 首，残篇 15 首。《全宋词补辑》又辑残篇 1 首。

❀ 赏析

这首词写于宋神宗熙宁九年（1076 年）的中秋。这一年苏轼身在密州（今山东诸城），为避政治冲突而辗转各地任地方官，与胞弟苏辙已经七年未见。时值中秋佳节，一轮明月照见了词人的满怀心绪和对胞弟的深切思念，于是有了这么一篇千古流传的佳作。中国古代有很多描写中秋的诗词，就词而言，这首《水调歌头》无有出其右者。宋人胡仔在《苕溪渔隐丛话·后集》中说："中秋词自东坡《水调歌头》一出，余词尽废。"足见其影响力。

词中小序云"欢饮达旦"，"达旦"是真，大醉是真，而"欢饮"则未必。世人皆云东坡豁达，但豁达并不代表没有烦恼与忧愁。此时的苏轼，又何尝不是满腹的心事。这个时期正值王安石实行新法，而苏轼与新党政见不合，对变法有诸多不同意见。自求外放，实则也是无奈之举。另一方面，苏轼与弟弟苏辙两人一同学习一同考试，手足情深，后来各自在不同的地方做官，因种种问题不得相见。这样一个本该团圆的夜晚，愈发触动了词人对胞弟的思念,故而"兼怀子由"。

词的上片以一个颇具哲学意味的设问开篇:"明月几时有,把酒问青天。"此句化用李白《把酒问天》"青天有月来几时,我今停杯一问之"句意。李白此句语气较为徐缓,苏词则问得尤为奇崛,仿佛劈空而来。既是对自然现象的一种敏锐,也是借此排解自身的怫郁。但这注定是个无解的问题。如同张若虚《春江花月夜》"江畔何人初见月,江月何年初照人"一样没有答案。望着月亮,想到人世百年沧桑,而月中的宫殿,今夕又是何年何月呢? 既然人间有那么多的烦恼,不如就乘风而去吧。可那天上宫阙,那琼楼玉宇又是多么冷清啊,没有亲人朋友的陪伴,没有人间烟火的温暖,有的只是"碧海青天夜夜心"(李商隐《嫦娥》)的孤寂与清寒。在人间起舞,至少还有月相伴,有影相随。而月宫之上,怕是连自己的影子都看不见吧。如此说来,天上不如人间。"起舞弄清影"句显然受到李白《月下独酌》"我歌月徘徊,我舞影零乱"的影响。这几句在写法上,一气贯注又层层转折,也反映出苏轼颇为矛盾的心理:既向往天国的超脱,又执着于人际的温情;既有儒家积极入世的思想,也有佛、道出世的一面。如苏轼后来在黄州所作"夜阑风静縠纹平,小舟从此逝,江海寄余生"就流露出了归隐之心,但这种念头终究还是让位于现实人生。人间虽然有烦恼,有坎坷,有分离,有那么多让人心生疲惫的东西,但也有欢乐,有温暖,有感动,有对团聚的念想与希望,是一个鲜活的、热气腾腾的人世间。

词的上片写望月的层层幻想,下片写由望月引发的种种思绪。月亮似乎是多情的,"转朱阁,低绮户,照无眠",人到哪里月亮就跟到哪里,温情脉脉地陪伴着孤寂无眠的人。可它又显得那么无情,在本该团圆的夜晚,却明晃晃地照见人间的离散,衬托出月圆人不圆的遗憾。那月亮到底是有情还是无情呢? 问得无理,可是有情。苏轼毕竟是超脱旷达的,从一片纷乱的思绪中杀将出来:人的悲欢离合,月的阴晴圆缺都有各自的规律,也都不由自身做主,既然如此,又何必去质疑、去责怪月亮呢? 人无法控制生命的际遇,却可以选择以怎样的态度来对待人生,对待生命中的那些挫折与坎坷、思念与别离,可以选择把自我从苦难中解脱出来。结尾两句,突破时间的局限与空间的阻隔,把对人生的美好祝愿上升到一种普遍层面,从开头的矛盾、对立到趋于和谐与消解,词的最后营造了一个十分圆融完满的境界,引发人们无尽的感悟与思考。

(八)

🏵 原文

> **满江红**[1] (岳飞)
>
> 怒发冲冠[2],凭栏处、潇潇[3]雨歇。抬望眼,仰天长啸,壮怀激烈。三十功名尘与土[4],八千里路云和月[5]。莫等闲[6]、白了少年头,空悲切。　　靖康耻[7],犹未雪。臣子恨,何时灭! 驾长车[8],踏破贺兰山[9]缺。壮志饥餐胡虏[10]肉,笑谈渴饮匈奴[11]血。待从头、收拾旧山河,朝天阙[12]。

⊚ 注释

[1] 满江红：词牌名。双调九十三字，仄韵。

[2] 怒发冲冠：愤怒时头发竖立，上冲帽冠。《史记·廉颇蔺相如列传》："相如因持璧却立倚柱，怒发上冲冠。"

[3] 潇潇：风雨急骤貌。

[4] "三十"句：意谓虽年已三十，但所建功业还如同尘土般微不足道，没有价值。

[5] "八千"句：意谓转战南北，跋涉千里。

[6] 等闲：轻易，随便。

[7] 靖康耻：钦宗靖康元年，金兵攻陷汴京，赵佶、赵桓二帝被俘北去，乃奇耻大辱。

[8] 长车：古时的兵车、战车。

[9] 贺兰山：亦名阿拉善山，在今宁夏和内蒙古交界处，这里泛指宋金边界。

[10] 胡虏：对金兵入侵者的蔑称。

[11] 匈奴：古代北方少数民族之一，这里实指金统治者。

[12] 朝天阙：朝见皇帝。天阙，天子宫殿前的楼观。

⊚ 词人小传

岳飞（1103 年—1142 年）字鹏举，相州汤阴（今河南汤阴）人。南宋抗金名将。出身农家，勤奋好学，尤喜兵书，神力善射。《宋史·岳飞传》说他"生有神力，未冠，挽弓三百斤"。徽宗宣和五年（1123 年），年仅 21 岁应募入伍，屡立战功。1127 年发生靖康之变，北宋亡国，宋高宗一路南逃，岳飞越级上书恳请北伐，却被革除军籍。他再次投军，得到主战派张所与老将宗泽的赏识。后张所被贬，宗泽病逝，岳飞北伐热望再度成空。1134 年，十万金军再度南犯，宋高宗被迫下令北伐。岳飞带领军队不断收复失地，1140 年岳飞大败金将完颜兀术于郾城，进军朱仙镇，把金军逼入绝境，却被朝廷十二道金牌令强行召回，并被勒令退兵。岳飞继而被诬下狱，以"莫须有"的罪名被害，后被追谥武穆，追封鄂王。有《岳武穆集》十卷，不传。《全宋词》辑其全篇 3 首。

⊛ 赏析

这首悲歌慷慨、壮怀激烈的词作于南宋绍兴四年（1134 年）岳飞第一次北伐前后。学术界对此词的作者、写作时间等问题尚有争议，但这并不影响我们欣赏这首词本身的思想艺术魅力及激荡其中的爱国热忱。

词的开头劈空而来，用太史公写蔺相如句来表达自己的愤怒之深、之重，表明与敌寇是不共戴天的深仇大恨。词人站在楼台高处凭栏远眺，疾风骤雨刚刚息止，心绪却仍汹涌激荡。怒的是金兵铁蹄踏我国土、杀我人民之仇，冲的是投降派苟且偷安、不顾家国之恨。啸的是请缨无路、报国无门之一腔忧愤；烈的是抗金救国、收复失地之豪壮襟怀。这几句一气贯注，激荡沸腾。"怒发冲冠"见英雄之气概，"潇潇雨歇"写依栏所见之氛围，"仰天长啸""壮怀激烈"写百战将军之悲慨。接着四句抒膺自理半生悲绪。回顾往昔，戎马倥偬，战功赫赫，词人却说自己三十余年的功名勋业如同尘土般微不足道。只因他眼中的建功立业并非加官晋爵，建节封侯，而是收复国土，雪洗国耻。如今这个宏大的目标还未实现，过往取得的那些功业又算得了什么？转战南北，披星戴月又如何？只要是为国为民，八千里征途，堪随云月共赏。这是何等的胸襟与气魄！"莫等闲、白了少年头，空悲切"谓切莫虚度年华，空自悲切。既是词人自诫，也是说与天下人体会。清代词评家陈廷焯说此二语"当为千古箴铭"（《白雨斋词话》）。其中洋溢着的进取精神与昂扬斗志，与偏安一隅、苟且偷生的投降派的妥协形成了鲜明对比，同时也反映出词人对实现抗金复国理想的急迫感与忧患意识。

下片承接上片的急迫与忧患，词人杀敌报国的豪情壮志喷薄而出。山河破碎，徽、钦二帝被掳的奇耻大辱尚未洗雪，臣子百姓抱恨无穷。"天长地久有时尽，此恨绵绵无绝期"（白居易《长恨歌》）。"驾长车，踏破贺兰山缺"不仅仅是遣怀抒愤，也是长驱直入、收复失地的决心，更是许身报国的誓言。这决心、这誓言可谓"气吞万里如虎"（辛弃疾《永遇乐·京口北固亭怀古》）。"壮志""笑谈"表现出大无畏的乐观主义精神，"饥餐""渴饮"用的是夸张笔法，反映出对敌人的仇恨及我军将士的勇猛。酣畅淋漓，痛快之至。结尾两句写收复失地，凯旋报捷，朝见天子。词人发于肺腑的一腔忠愤，碧血丹心，以及重整河山的伟大气魄，无所保留，倾泻而出。

全词激越豪迈，忠愤填膺，气吞河山。陈廷焯云："何等气概！何等志向！千载下读之，凛凛有生气焉"（《白雨斋词话》）。唐圭璋评曰"孤忠耿耿，大义凛然"（唐圭璋《唐宋词简释》）。岳飞也变成了一个符号，激励着万千中华儿女的爱国心。

（九）

原文

念奴娇[1]·过洞庭（张孝祥）

洞庭青草[2]，近中秋、更无一点风色[3]。玉鉴琼田三万顷[4]，着我扁舟一叶。素月分辉，明河[5]共影，表里俱澄澈。悠然心会，妙处难与君说。 应念岭表经年[6]，孤光自照，肝胆皆冰雪。短发萧骚[7]襟袖冷，稳泛沧浪[8]空阔。尽挹[9]西江，细斟北斗[10]，万象[11]为宾客。扣舷[12]独啸，不知今夕何夕。

注释

[1]念奴娇：词牌名。又名百字令、大江东去、酹江月等。

[2]洞庭青草：二湖名，洞庭湖在湖南岳阳之西，青草湖在洞庭湖之南，二湖相连。

[3]风色：风、风势。

[4]"玉鉴"句：比喻月光下湖面的莹洁平如玉镜。琼田，琼玉铺就的田地。

[5]明河：银河。

[6]岭表：指岭南两广一带，另本作"岭海"。经年：经过一年或若干年。

[7]萧骚：冷落貌，形容头发稀疏短少。另本作"萧疏"。

[8]沧浪：大海，此指洞庭湖。

[9]挹（yì）：汲取、舀取。另本作"吸"。

[10]细斟北斗：谓举北斗七星当酒杯慢慢斟酒饮用。

[11]万象：天地间万物。

[12]扣舷：敲着船舷。

🕮 词人小传

张孝祥（1132年—1170年），字安国，号于湖居士，历阳乌江（今安徽和县乌江镇）人。高宗绍兴二十四年（1154年）中进士。方及第，即上疏为岳飞鸣冤，仕途之初便遭秦桧一党诬陷打击。桧死，召为秘书省正字，累迁起居舍人、权中书舍人。孝宗朝，知平江府，后召为中书舍人，迁直学士院，领建康留守。因力主抗金，支持张浚北伐而被罢职。后知荆南府，兼荆湖北路安抚使，兴修水利，颇有政绩。乾道五年（1169年），因病归养于芜湖。次年冬疾病复作，遂卒。词风豪放，境界开阔，追步苏轼，与南宋另一位豪放派词人张元幹并称"二张"。早期亦有清丽婉约之作，南渡后转为慷慨悲凉，多感怀时事，抒发爱国情怀。有《于湖词》传世，《全宋词》辑其全篇220首，残篇3首，《全宋词补辑》又辑其残篇1首。

🌸 赏析

这首词是张孝祥的代表作之一，作于孝宗乾道二年（1166年）词人遭政敌弹劾诬陷，被罢免广南西路安抚使一职，从桂林北归，路经洞庭之时词人借景抒怀，以生动细致的笔触描画了中秋前夕洞庭湖清明澄澈的美景，同时也抒写了自己光明磊落、肝胆冰雪的豪迈襟怀。

上片从洞庭湖写起，前三句点明地域与节候。孟浩然笔下的洞庭湖是"气蒸云梦泽，波撼岳阳城"（《望洞庭湖赠张丞相》），一派云雾蒸腾，风波兼天的景象，而此词中的洞庭湖却是平湖秋月，水波不兴的另一种样貌。"玉鉴""琼田"极写月光下湖面的平静澄澈，也暗示了词人内心世界的恬静安宁。"三万"与"一叶"形成多与少、大与小的强烈反差，一个"着"字则反映出物我合一、悠然自得的心境，不禁让人想起苏轼《赤壁赋》中"纵一苇之所如，凌万顷之茫然"的名句。"素月"三句是对前句的扩充，亦是写"江天一色无纤尘"（张若虚《春江花月夜》）的湖光月色。面对如此莹润光洁的世界，若有所思，若有所感，若有所得，此中真意不足为外人道也。词人此时刚被弹劾贬官，却能有如此悠然的心境，实属难得。这种心态并非天生，而是在经历了仕途的艰难险阻，经过思想上种种的矛盾与冲突后才达到的一种圆融与超脱的精神境界。如词人在《西江月》中写道："世路如今已惯，此心到处悠然。"世道艰险，仕途坎坷，但只要保持人格的纯洁与思想的达观，并不影响拥有悠然澄净的心境。

下片直抒胸臆，词人回忆起"岭表经年"的为官生涯，以"孤光自照，肝胆皆冰雪"来对这段生涯作结，点明自己品行的高洁。在意境上与上片"表里俱澄澈"相呼应。"孤光"当取自苏轼《西江月》"中秋谁与共孤光，把盏凄然北望"的典故。显然词人是孤高寂寞的，然其心地又是纯净如冰雪、"一片冰心在玉壶"（王昌龄《芙蓉楼送辛渐》）的。这几句实际上是说，尽管自己被罢官免职，但其行光明磊落，其心日月可鉴。话中不无失落与愤慨，更多的则是俯仰无愧的自豪。"短发"二句写出词人的不甘与不平，更写出了词人内心的执着与坚守。尽管屡遭谗害，世道险恶，年岁渐老，不免有萧条冷落之感，但如今依然稳坐钓鱼船，泛舟于横无际涯的洞庭之上，任凭风吹浪起，心神毫不动摇。"尽挹"三句壮思奇想，气势宏大，颇具浪漫主义色彩。词人舀尽西江之水，以天上的星辰北斗作酒器，来宴飨天地万物，这是何等的英姿奇气。末句以"扣舷独啸，不知今夕何夕"作结，进一步显示出了词人的坦荡襟怀及豪爽超迈。此句显然受到苏轼《赤壁赋》"于是饮酒乐甚，扣舷而歌之"及《念奴娇·中秋》"起舞徘徊风露下，今夕不知何夕"的影响。

这首词画面优美，意境开阔，飘然有凌云之气，铿然有忠亮之节。

（十）

🏵 原文

青玉案[1]·元夕[2]（辛弃疾）

东风夜放花千树[3]，更吹落，星如雨[4]。宝马雕车[5]香满路。凤箫[6]声动，玉壶[7]光转，一夜鱼龙舞[8]。　　蛾儿雪柳黄金缕[9]，笑语盈盈[10]暗香去。众里寻他千百度[11]，蓦然[12]回首，那人却在，灯火阑珊[13]处。

🏵 注释

[1]青玉案：词牌名。取义于东汉张衡《四愁诗》"何以报之青玉案"句。又名《横塘路》等。

[2]元夕：农历正月十五日为元宵节，是夜称元夕或元夜。

[3]花千树：花灯之多如千树开花。

[4]星如雨：星，比喻灯。一说形容焰火纷纷，乱落如雨。

[5]宝马雕车：装饰华美的马车。

[6]凤箫：因箫史吹箫引凤，故用为对箫的美称。

[7]玉壶：代指月亮，一说指灯。

[8]鱼龙舞：汉代"百戏"的一种，一说指扎成鱼龙鸟兽形状的灯。

[9]蛾儿、雪柳、黄金缕：元夕观灯女子头上所戴的饰物，用绸或纸制成。

[10]盈盈：仪态美好的样子。

[11]千百度：千百次。

[12]蓦然：猛然。

[13]阑珊：零落稀少。

🏵 词人小传

辛弃疾（1140年—1207年），字幼安，号稼轩，历城（今山东济南）人，宋高宗绍兴三十年（1160年）进士。出生于汴京沦陷后的金人占领区。祖父辛赞在其身上倾注了复国的热望，因钦慕驱除匈奴的西汉名将霍去病，故为其取名"辛弃疾"。辛弃疾从小接受爱国教育，文武双修，年少时即两度进入燕山，考察地形，手绘地图，刺探金国情况。绍兴三十一年（1161年）集结两千人马起义抗金，归于耿京麾下，任掌书记。次年奉表归宋，率五十骑兵直闯金军大营，生擒叛将张安国，率万人突破金军包围，渡江驰奔南宋。南归后授江阴签判，献《美芹十论》，陈述抗金复国之主张，然而不被苟安的朝廷采纳与重用，又因来自沦陷区的"归正人"身份遭到猜疑，仕宦于湖北、江西、湖南、福建等地方州郡，一生三次罢官，遭求和派谗劾，赋闲于江西农村二十年之久。宋宁宗开禧三年（1207年）壮志未酬身先死，葬于铅山。与苏轼并称"苏辛"，为宋代豪放词派代表，词风慷慨激昂，雄奇豪壮，词多抚时感事，抒发爱国之情怀，亦有描写村居生活与深婉清丽之作。有《稼轩词》《稼轩长短句》两种版本传世，《全宋词》辑其全篇620首，残篇6首，《全宋词补编》又辑其全篇3首。

❋ 赏析

如果说苏轼的《水调歌头》是中秋词中最为著名的篇章，那么辛弃疾的这首《青玉案》则是元夕词之绝唱。词的开头便是一幅火树银花、光彩明耀的景象：一夜和煦的东风吹开琼花千树，吹落繁星如雨，将春晓之花与点点繁星化为人间光华璀璨的彩灯与焰火。"放"字既写出了彩灯被点亮的动态犹如鲜花开放，也点出了东风化物的功效，所谓"忽如一夜春风来，千树万树梨花开"（岑参《白雪歌送武判官归京》）。"星"字喻写焰火的晶亮耀目。开头两句化用了唐人诗句与《左传·庄公七年》"星陨如雨"之说，想象丰富瑰丽，极富意趣。正如清末词评家谭献在《谭评词辨》中所言："起二句赋色瑰异，收处和婉。"下几句写车马，写乐声，写灯与月交相辉映的盛况。"宝马雕车"点明车马之华丽，"香满路"言香气之浓郁，又衬托出车乘之众多。街道上熙熙攘攘，车水马龙，香气四溢。仙乐般的风箫声，清润明洁的月光，鱼龙曼衍的百戏杂耍，好一派歌舞升平的景象。词的上片用比喻与夸张的手法极写元宵夜灯火辉煌、彻夜歌舞的欢乐场面，只是偏安一隅的南宋朝廷如此铺张与奢靡，颇有些"暖风熏得游人醉，直把杭州作汴州"（林升《题临安邸》）的乐不思蜀与醉生梦死。

词的下片仍以反衬的手法营造气氛，但已开始涉及人物活动。观赏游玩的仕女盛装丽饰，笑语幽香，飘然而过，然而都不是词人要寻找的人。千百次的努力换回千百次的失落，千百次的寻求换回千百次的无奈，眼看希望渺茫，近乎绝望，却在偶然回首的瞬间发现"那人"正独自伫立在灯火寥落之处。"那人"所处的环境与前词中的热闹情景形成了对照；"那人"的孤寂与游人的欢闹形成了对比，显出其不肯随波逐流，宁愿因此被冷落的孤高品质。这句表面写爱情艳遇，其实又何尝不是词人自身遭际与命运的写照。梁启超《饮冰室评词》评价这首词曰"自怜幽独，伤心人别有怀抱"。国难当头，朝廷只顾享乐偷安、粉饰太平，人们也都"笑语盈盈"，又有谁在为风雨飘摇中的国家忧虑呢？词人寻找着知音，"那人"不在"蛾儿雪柳黄金缕"之中，却独立在灯火阑珊处。自甘寂寞的"那人"不正是词人毕生所寻的吗？词人这一生，遗落故土，渴望复国雪耻而不得；领兵作战，报效国家而不得；上书陈情，大展宏图而不得，又何尝不是个"伤心人"呢？正如他在另一首词《水龙吟·登建康赏心亭》中写的那样，"把吴钩看了，栏杆拍遍，无人会，登临意"。而无论遭到怎样的孤立与排挤，他都始终不忘报国的初心，九死无悔，矢志不渝。当我们蓦然回首，他依然屹立在历史的风云际会处，傲对千年孤独。稼轩词以豪放著称，而深婉处亦不输北宋婉约派大家，此篇便是明证。而一篇文学佳作的魅力常常不止于它所塑造的艺术形象本身所具有的感染力，还表现在形象之外能给人以丰富的联想和深刻的启示。王国维就从此词联想到了做学问的境界，将结尾一句"蓦然回首，那人却在灯火阑珊处"引申为"成大事业，做大学问"必至的最高境界，从而使这首词更加脍炙人口。

三、知识链接

中国的节日

"白露沾野草，时节忽复易。"时间没有温度，它默默地流淌，不为风月，不为悲喜；时节却有冷暖，自然万物随着时序推移生、长、熟、落，变幻生命的色彩。当时间链条上那些与四时交替、生命轮回相关的日子印入人们心里，被拣选，被认定，没有温度的时间点便被赋予了意义与使命，升格为人类时间轴上的节点，成为具有特殊名称、特定活动与特别情感体验的"节日"。

同天地万物一样，节日也有成长的过程。最初，节日源于生活在漫长农耕岁月里的先民，对自然的感恩、对生命的崇拜、对未知的敬畏以及对未来的憧憬。当人的意识逐渐增强，一些历史人物渐渐融入节日，被赋予了祭祀对象的主角光环，节日也从原始崇拜的神秘，走向人文精神的真实。特别是唐代以后，节日的古老禁忌尚在，但大多完成了世俗化、娱乐化的转向。傅道彬先生说："'礼俗'是文化在一个民族身上表现出来的整体化境，最能体现出'文明以止，化成天下'的意蕴，它是浸润于一个民族肌骨的文化精神。"元日爆竹阵阵、元夕烟花漫天、人日剪彩人胜、立春执鞭打牛、花朝节扑蝶、上巳节祓禊、寒食节放飞纸鸢、清明节游春踏青、端午龙舟竞技、七夕庭中乞巧、中秋阖家赏月、重阳登高饮酒、冬至拜谒、腊八赠粥、除夕一家老小围炉夜话、守岁熬年，宴饮、欢笑、祝福，节日披上了鲜艳亮丽的外衣，洋溢着生活的热情，在世代中国人的操持之下，展示着和谐、圆融的审美趣味与天人合一、阴阳平衡的哲学思想。人们也在节日中感受自然的力量，体验世态人情，或欣喜或叹惋，胸中涌动着的情感与眼前的景物交织，落笔成文便成了千百年长吟低唱的辞章。

（节选自《节日里的诗歌盛宴：中国传统节日读词选》，
陈树千著，中华书局 2019 年，有改动）

四、思考练习

秦观是苏门弟子，苏轼对其来说亦师亦友，二人也都经历过仕途的坎坷，但词作的风格却截然不同，除了豪放婉约之分，东坡词旷达超迈，少游词却低沉哀伤，秦观本人也被称为"千古伤心人"。试分析二人词风差异，说说从二人不同的人生态度中得到的启示。

五、综合实践

1. 从十首词中任选两句你觉得感触比较深的，配上自己平时拍摄的能反映词句景象与意境的照片。

2. 李清照在她的《词论》中主张词"别是一家"，即词有独特的表现形式，与诗不一样，不赞同苏轼打破诗词的界限，认为苏轼的词只是句读不葺之诗。你是赞同李清照的词"别是一家"观点还是倾向于苏轼的以诗为词？分正反方对这个问题进行辩论。

六、阅读书目

1. 龙榆生编注:《唐五代词选注》,人民文学出版社,2017 年。
2. 夏承焘选编,吴无闻、周笃文、徐晋如注析:《宋词三百首》,中华书局,2014 年。
3. 叶嘉莹著:《唐宋词十七讲》,北京大学出版社,2007 年。
4. 蒋勋著:《蒋勋说宋词》,中信出版社,2014 年。

七、延伸阅读

《人间词话》节选

一

词以境界为最上。有境界则自成高格,自有名句。五代、北宋之词所以独绝者在此。

二

有造境,有写境,此理想与写实二派之所由分。然二者颇难分别。因大诗人所造之境,必合乎自然,所写之境,亦必邻于理想故也。

三

有有我之境,有无我之境。"泪眼问花花不语,乱红飞过秋千去。"[1]"可堪孤馆闭春寒,杜鹃声里斜阳暮。"[2] 有我之境也。"采菊东篱下,悠然见南山。"[3]"寒波澹澹起,白鸟悠悠下。"[4] 无我之境也。有我之境,以我观物,故物皆著我之色彩。无我之境,以物观物,故不知何者为我,何者为物。古人为词,写有我之境者为多,然未始不能写无我之境,此在豪杰之士能自树立耳。

◎ 注释

[1]冯延巳《鹊踏枝》:"庭院深深深几许?杨柳堆烟,帘幕无重数。玉勒雕鞍游冶处,楼高不见章台路。雨横风狂三月暮。门掩黄昏,无计留春住。泪眼问花花不语,乱红飞入(别作'过')秋千去。"(据四印斋本《阳春集》)

[2]秦观《踏莎行》:"雾失楼台,月迷津度。桃源望断无寻处。可堪孤馆闭春寒,杜鹃声里斜阳暮。驿寄梅花,鱼传尺素,砌成此恨无重数。郴江幸自绕郴山,为谁流下潇湘去。"(据番禺叶氏宋本两种合印《淮海长短句》卷中)

[3]陶潜《饮酒》第五首:"结庐在人境,而无车马喧。问君何能尔,心远地自偏。采菊东篱下,悠然见南山。山气日夕佳,飞鸟相与还。此中有真意,欲辨已忘言。"(据陶澍集注本《陶靖节集》卷三)

[4]元好问《颍亭留别》:"故人重分携,临流驻归驾。乾坤展清眺,万景若相借。北风三日雪,太素秉元化。九山郁峥嵘,了不受陵跨。寒波澹澹起,白鸟悠悠下。怀归人自急,物态本闲暇。壶觞负吟啸,尘土足悲咤。回首亭中人,平林澹如画。"(据《四部备要》本《遗山诗集笺注》卷一)

(节选自《人间词话》,王国维,人民文学出版社 2018 年版)

第五章　中国戏曲

第一节

中国戏曲概述

戏曲是我国传统的戏剧形式，是我国最具民族特点和风格的艺术形式之一，主要由民间歌舞、说唱和滑稽戏三种不同的艺术形式综合而成。戏曲起源于原始歌舞，是一种历史悠久的综合舞台艺术。比较完整的戏曲艺术形成于宋代，它是由文学、音乐、舞蹈、美术、武术、说唱、杂技及表演艺术综合而成的。换句话说，中国戏曲是在文学（民间说唱）、音乐、舞蹈各种艺术成分都充分发展，且相互兼容的基础上，才形成了以对话、动作为表现特征的戏剧样式。它的特点是将众多艺术形式根据一种标准聚合在一起，在共性中体现其各自的个性。

中国戏曲艺术

中国戏曲与希腊悲剧和喜剧、印度梵剧并称为世界三大古老的戏剧文化，在表演艺术上具有虚拟化、写意化、程式化的特点，具有生、末、旦、净、丑完整的角色行当；经过长期的发展演变，形成了表演艺术特点鲜明、角色行当完备、三百多个剧种争奇斗妍的中国戏曲百花园。

一、中国戏曲萌芽于先秦时期

中国戏曲最早可以追溯到上古时代用来娱神的原始歌舞。《尚书·尧典》言："於！予击石拊石，百兽率舞。"《吕氏春秋·古乐》上也说："昔葛天氏之乐，三人操牛尾，投足以歌八阕：一曰《载民》，二曰《玄鸟》，三曰《遂草木》，四曰《奋五谷》，五曰《敬天常》，六曰《建帝功》，七曰《依地德》，八曰《总禽兽之极》。"正是这些歌舞演出，造就出一批又一批技艺娴熟的民间艺人，并向着戏曲的方向一点点迈进。《诗经》里的"颂"，《楚辞》里的"九歌"，就是祭神、祭祖时歌舞的唱词。从春秋战国到汉代，祭神、祭祖的歌舞逐渐演变为娱人的歌舞。从汉魏到中唐，又先后出现了以竞技为主的"角抵"（即百戏）、以问答方式表演的"参军戏"和扮演生活小故事的歌舞"踏摇娘"等，这些都是戏曲的早期形态。

二、中唐以后，中国戏曲艺术逐渐形成

唐代文学艺术的繁荣，是经济高度发展的结果，促进了戏曲艺术的自立门户，并给

戏曲艺术以丰富的营养，诗歌的声律和叙事诗的成熟给了戏曲决定性影响。音乐、舞蹈的昌盛，为戏曲提供了雄厚的表演、唱腔的基础。教坊梨园的专业性研究、正规化训练，提高了艺人的艺术水平，使歌舞戏剧化进程加快，产生了一批用歌舞表演故事的戏曲剧目。

三、宋金时期是中国戏曲的发展时期

宋代的"杂剧"、金代的"院本"和讲唱形式的"诸宫调"，从乐曲、结构到内容，都为元代杂剧的产生奠定了基础。

四、元代是中国戏曲的成熟期

元代在宋代的"杂剧"、金代的"院本"和讲唱形式的"诸宫调"的基础上，逐渐产生了职业艺术和商业性的演出团体及反映市民生活和观点的元杂剧，如关汉卿的《窦娥冤》、马致远的《汉宫秋》等作品。这个时期是戏曲舞台的繁荣时期。元杂剧不仅是一种成熟的高级戏剧形态，还因其最富于时代特色，最具有艺术独创性，而被视为当时文学的主流。元杂剧最初以大都（今北京）为中心，流行于北方。元灭南宋后，元杂剧发展成为全国性的剧种。元代的剧坛，群星璀璨，名作如云。

五、明清是中国戏曲的繁荣时期

到了明代，传奇发展起来。由于明代的这种传奇戏剧样式一直延续至清代，因此它又被人习惯地称作明清传奇。明代中叶，传奇作家和剧本大量涌现，其中成就最大的是汤显祖，他的著名戏曲作品有"临川四梦"。明后期的舞台开始流行以演折子戏为主的风尚。所谓折子戏，是指从有头有尾的全本传奇剧目中摘选出来的剧目。它只是全剧中相对独立的一些片段，但是在这些片段里，场面精彩，唱做俱佳。明末清初的作品多是写普通民众心中的英雄，如穆桂英、陶三春、赵匡胤。这时的地方戏，主要有北方梆子和南方皮黄。

六、近现代中国戏曲的发展群星璀璨

近现代，中国戏曲逐步形成了有以"京剧、昆曲、越剧、黄梅戏、评剧、豫剧"六大剧种为核心的三百六十多个种类的中国戏曲百花苑。

现在被称为国粹的京剧流传全国，影响甚广。京剧的诞生可追溯到清代。自清代乾隆五十五年（1790年）起，原在南方演出的以安徽籍艺人为主的"三庆、四喜、春台、和春"四大徽班陆续进入北京表演，与来自湖北的汉调艺人合作，同时吸收了昆曲、秦腔的部分剧目、曲调和表演方法，又吸收了一些地方民间曲调，通过不断地交流、融合，最终发展出京剧。京剧有多个流派，其中以梅兰芳命名的京剧表演体系被视为东方戏剧表演体系的代表，为世界三大表演体系之一。京剧是中华民族传统文化的重要表现形式，其中的多种艺术元素被当作中国传统文化的象征符号。

　　本书所选的《窦娥冤》《西厢记》《牡丹亭》分别是元代戏剧家关汉卿、王实甫和明代戏剧家汤显祖的代表作，都是中国戏曲的经典剧目。《窦娥冤》是中国戏曲悲剧的代表作，《西厢记》是中国古典戏曲文采派的代表作，《牡丹亭》代表明代戏剧家汤显祖的最高成就。这里所选剧目或情节曲折，或唱词典雅，充满诗情画意，充分体现了中国诗词对戏曲创作的巨大影响。

第二节

中国戏曲选读

一、经典选读

（一）

原文

窦娥冤·法场[1]（关汉卿[2]）

（外[3]扮监斩官上）云下官监斩官是也。今日处决犯人，着做公的[4]把住巷口，休放往来人闲走。（净扮公人[5]，鼓三通、锣三下科[6]）（刽子磨旗、提刀，押正旦带枷上[7]）（刽子云）行动些[8]，行动些，监斩官去法场上多时了。（正旦唱）

【正宫】【端正好[9]】没来由[10]犯王法，不堤防遭刑宪[11]，叫声屈动地惊天！顷刻间游魂先赴森罗殿[12]，怎不将天地也生[13]埋怨。

【滚绣球】有日月朝暮悬，有鬼神掌著生死权。天地也，只[14]合把清浊分辨，可怎生糊突了盗跖颜渊[15]？为善的受贫穷更命短，造恶的享富贵又寿延。天地也，做得个怕硬欺软，却元来也这般顺水推船。地也，你不分好歹何为地？天也，你错勘贤愚枉做天！哎，只落得两泪涟涟[16]。

（刽子云）快行动些，误了时辰也！（正旦唱）

【倘秀才】则被这枷纽的我左侧右偏[17]，人拥的我前合后偃[18]，我窦娥向哥哥行[19]有句言。（刽子云）你有甚么话说？（正旦唱）前街里去心怀恨，后街里去死无冤，休推辞路远。

（刽子云）你如今到法场上面，有甚么亲眷要见的，可教他过来，见你一面也好。（正旦唱）

【叨叨令】可怜我孤身只影无亲眷，则落的吞声忍气空嗟怨。（刽子云）难道你爷娘家也没的？（正旦云）止有个爹爹，十三年前上朝取应[20]去了，至今杳无音信。（唱）蚤已是十年多不睹[21]爹爹面。（刽子云）你适才要我往后街里去，是甚么主意？（正旦唱）怕则怕前街里被我婆婆见。（刽子云）你的性命也顾不得，怕他见怎的？（正旦云）俺婆婆若见我披枷带锁赴法场餐刀[22]去呵，（唱）枉将他气杀也么哥[23]，枉将他气杀也么哥。告哥哥，临危好与人行方便。

（卜儿[24]哭上科，云）天那，兀的[25]不是我媳妇儿？（刽子云）婆子，靠后。

（正旦云）既是俺婆婆来了，叫他来，待我嘱咐他几句话咱。（刽子云）那婆子，近前来，你媳妇要嘱咐你话哩。（卜儿云）孩儿，痛杀我也！（正旦云）婆婆，那张驴儿把毒药放在羊肚儿汤里，实指望药死了你，要霸占我为妻。不想婆婆让与他老子吃，倒把他老子药死了。我怕连累婆婆，屈招了药死公公，今日赴法场典刑[26]。婆婆，此后遇着冬时年节[27]，月一十五，有瀽不了的浆水饭[28]，瀽半碗儿与我吃，烧不了的纸钱，与窦娥烧一陌儿[29]。则是看你死的孩儿面上！（唱）

【快活三】念窦娥葫芦提当罪愆[30]，念窦娥身首不完全，念窦娥从前已往干家缘[31]。婆婆也，你只看窦娥少爷无娘面。

【鲍老儿】念窦娥伏侍婆婆这几年，遇时节将碗凉浆奠；你去那受刑法尸骸上烈[32]些纸钱，只当把你亡化的孩儿荐[33]。（卜儿哭科，云）孩儿放心，这个老身都记得。天那，兀的不痛杀我也！（正旦唱）婆婆也，再也不要啼啼哭哭，烦烦恼恼，怨气冲天。这都是我做窦娥的没时没运，不明不暗，负屈衔冤。

（刽子做喝科，云）兀那婆子靠后，时辰到了也。（正旦跪科）（刽子开枷科）（正旦云）窦娥告监斩大人，有一事肯依窦娥，便死而无怨。（监斩官云）你有甚么事？你说。（正旦云）要一领[34]净席，等我窦娥站立；又要丈二白练[35]，挂在旗枪[36]上。若是我窦娥委实冤枉，刀过处头落，一腔热血休半点儿沾在地下，都飞在白练上者。（监斩官云）这个就依你，打甚么不紧[37]。（刽子做取席站科，又取白练挂旗上科）（正旦唱）

【耍孩儿】不是我窦娥罚下这等无头愿[38]，委实的冤情不浅。若没些儿灵圣[39]与世人传，也不见得湛湛青天[40]。我不要半星热血红尘洒，都只在八尺旗枪素练悬。等他四下里皆瞧见，这就是咱苌弘化碧[41]，望帝啼鹃[42]。

（刽子云）你还有甚的说话？此时不对监斩大人说，几时说那？（正旦再跪科，云）大人，如今是三伏天道[43]，若窦娥委实冤枉，身死之后，天降三尺瑞雪[44]，遮掩了窦娥尸首。（监斩官云）这等三伏天道，你便有冲天的怨气，也召不得一片雪来，可不胡说！（正旦唱）

【二煞】你道是暑气暄[45]，不是那下雪天，岂不闻飞霜六月因邹衍[46]？若果有一腔怨气喷如火，定要感的六出冰花滚似绵[47]，免着我尸骸现。要甚么素车白马，断送出古陌荒阡[48]！

（正旦再跪科，云）大人，我窦娥死的委实冤枉，从今以后，着这楚州亢旱[49]三年。（监斩官云）打嘴！那有这等说话！（正旦唱）

【一煞】你道是天公不可期，人心不可怜，不知皇天也肯从人愿。做甚么三年不见甘霖降，也只为东海曾经孝妇冤[50]。如今轮到你山阳县，这都是官吏每无心正法[51]，使百姓有口难言。

（刽子做磨旗科，云）怎么这一会儿天色阴了也？（内[52]做风科，刽子云）好冷风也！（正旦唱）

【煞尾】浮云为我阴，悲风为我旋，三桩儿誓愿明题遍[53]。（做哭科，云）婆婆也，直等待雪飞六月，亢旱三年呵，（唱）那期间才把你个屈死的冤魂这窦娥显。

（刽子做开刀，正旦倒科）（监斩官惊云）呀，真个下雪了，有这等异事！（刽子云）我也道平日杀人，满地都是鲜血，这个窦娥的血都飞在那丈二白练上，并无半点落地，委实奇怪。（监斩官云）这死罪必有冤枉。早两桩儿应验了，不知亢旱三年的说话，准也不准？且看后来如何。左右，也不必等待雪晴，便与我抬他尸首，还了那蔡婆婆去罢。（众应科，抬尸下）

◎ 注释

[1]《窦娥冤》是关汉卿的代表作，也是元杂剧中悲剧的典范。元杂剧是在金院本和诸宫调的基础上，进一步融合其他表演艺术而发展起来的一种完整的戏剧形式。元杂剧的出现，标志着我国戏曲艺术的成熟。《窦娥冤》的故事写楚州山阳（今江苏淮安）一年轻寡妇窦娥与婆婆相依度日，恶人张驴儿企图药死她的婆婆，霸占窦娥，却药死了自己的父亲。昏庸的官吏竟判处窦娥死刑。窦娥屈死的冤魂告状，终于申冤报仇。本篇为该剧第三折，为全剧的高潮，叙述窦娥法场屈死的情景。

[2]关汉卿：原名不详，字汉卿，号已斋（又作一斋、已斋叟），解州（今山西运城）人，另有籍贯大都（今北京）或祁州（今河北安国）等说。关汉卿与白朴、马致远、郑光祖并称为"元曲四大家"，居四大家之首，也是元杂剧的奠基者。关汉卿共作杂剧六十余种，数量惊人而质量上乘。明朱权《太和正音谱》分杂剧题材为十二科，现存关剧的十余种多有涉及。关剧多写下层人民的苦难及其对强权势力的反抗，尤其善写妇女的生活，现存关剧多以妇女为主角。关剧形式多样，悲剧、喜剧并擅，社会剧、爱情剧、公案剧、英雄剧均有杰作，郑振铎称其"有天马行空，仪态万方之概"。《窦娥冤》为关汉卿晚年所作，艺术上尤为炉火纯青，是他的代表作，王国维《宋元戏曲史》誉其为"即列之于世界大悲剧中亦无愧也"。

[3]外：杂剧角色名，多为"外末"的简称，有时也作"外旦""外净"的省称。末是元杂剧中的男主角，外末，指次要男角。

[4]做公的：衙门中的差役。

[5]净：以扮演刚猛人物为主的角色，一般是男角。公人：差役。

[6]科：元杂剧中称舞台动作为科。

[7]磨旗：摇旗。正旦：杂剧中的女主角，这里指扮演窦娥的演员。枷：套在脖子上的刑具。

[8]行动些：走快一点。

［9］正宫：乐曲的宫调名，表示音乐的调式。端正好：正宫中的一个曲牌名，表示音乐的曲调、唱法。

［10］没来由：无缘无故。

［11］不堤防：没防备。堤防，即提防。这里有没料到的意思。刑宪：刑法。

［12］森罗殿：佛教中管理阴间地狱的阎罗王审判鬼魂的公堂。

［13］生：硬，深。

［14］合：应该。

［15］糊突：即糊涂。盗跖（zhí）：传说中春秋时的大盗。颜渊：春秋末年鲁国人，孔子最喜欢的学生，有名的贤人。这句意谓分不清好人坏人。

［16］涟涟：泪流不止的样子。

［17］纽：同"扭"，由外力影响而不由自主地转动。左侧右偏：东歪西倒。

［18］拥：挤。前合后偃：前俯后仰。偃，仰。

［19］哥哥：这里是对刽子手的尊称。行（háng）：元曲中用于人称、自称之后，作指示方位的词，相当于那边、这里。

［20］上朝取应：到京城赶考。取，朝廷开科取士。应，自己参加应选。

［21］蚤：通"早"。睹：见。

［22］餐刀：挨刀，被斩。

［23］气杀：气坏了，气死了。杀，副词，表示程度很高。也么哥：戏曲语言中的语尾助词，没有实际含义。"叨叨令"曲牌格律要求用也么哥三字作结尾，并重复全句。

［24］卜儿：扮演老年妇女的角色，相当于后来戏曲中的老旦。这里指扮演蔡婆的演员。

［25］兀的：指示词，这里兼表惊异的口气。

［26］典刑：按判决执行，指处死刑。

［27］冬时：指冬至日，又称冬节。古代这一天要祭祀死去的祖先和家属。年节：就是春节，农历新年。

［28］灒（jiǎn）：泼，倒。浆水饭：带有水分的米饭。

［29］一陌儿：一百文钱为一陌，这里是很少、一点儿的意思。

［30］葫芦提：糊里糊涂，不明不白。罪愆（qiān）：罪过。

［31］干家缘：操劳家务。

［32］烈：烧。

［33］亡化：死去。荐：献，祭奠的意思。

［34］一领：一张。

［35］白练：白绸子。

［36］旗枪：此处指旗杆顶端的金属装饰物。

［37］打甚么不紧：当时口语，就是打什么紧，要什么紧。"不"字为语中助词，没有意义。

［38］罚：同"发"。无头愿：没头没脑、不着边际的誓愿。

［39］灵圣：灵验。

［40］不见得：显不出。湛湛：深沉的样子。

［41］苌（cháng）弘化碧：古代传说，周朝大夫苌弘含冤被杀，他的血经过三年，变成了碧玉。碧，青绿色的玉石。

［42］望帝啼鹃：望帝就是古代传说中的蜀帝杜宇，传说他死后魂魄化为杜鹃鸟，在山中日夜悲啼，叫后口角流血。因此，人们常用杜鹃的叫声形容心情的悲伤。啼，鸟叫。

［43］三伏：指天气极为炎热的季节。中国古代以干支纪日，把夏至后第三个庚日叫初伏，第四个庚日叫中伏，立秋后第一个庚日叫终伏，合称三伏，这一段时间，是天气最热的时候。天道：天气。

［44］瑞雪：本指吉祥的雪，这里泛指大雪。

［45］暄（xuān）：暖和，这里是炎热的意思。

［46］邹衍：战国时燕惠王的忠臣，相传他无罪下狱，仰天长叹，竟感动得夏天下起霜来。

［47］六出冰花：雪花为六角形结晶体，所以称雪为六出冰花。绵：丝绵。

［48］断送：发送。古陌荒阡：荒郊野外。田间小路南北为阡，东西为陌。

［49］亢旱：大旱。亢，极度，十分。

［50］东海曾经孝妇冤：相传汉代东海地方的寡妇周青非常孝顺婆婆。婆婆不愿给她添累赘，自缢而死。小姑诬告周青杀死婆婆，周青含冤被杀，东海一带因此大旱三年。后来官府平反了这件冤案，天才下雨。

［51］每：们。正法：公正地执行法律。

［52］内：指后台。

［53］明题遍：都清清楚楚地说过。

翻译

（监斩官上说）我是监斩官。今天处决犯人，派公差守住巷口，不要让闲杂人员乱走动。（公差打鼓三下，敲锣三下）（刽子手摇着旗子、提着大刀，押着正旦上场）（正旦戴着枷锁）（刽子手说）走快点！走快点！监斩官到法场很久了。（正旦演唱正宫调子）

【正宫】【端正好】无缘无故说我犯了王法，没有想到却遭受了严重的刑罚，大叫一声"冤枉啊"惊天动地。顷刻间我的游魂就回到那阎罗殿，怎么不把天地呀深深埋怨！

【滚绣球】有日月从早到晚在天高悬，有鬼神主宰着人间生杀大权。天地呀，你只应当把清白和污浊来分辨，可怎么混淆颠倒盗跖与颜渊：行善的受贫穷又命短，作恶的享富贵又寿延。天地呀，你做事这样怕硬欺软，却原来也不过是这般趋炎附势顺水推船！地呀，你不分好坏算什么地！天呀，你错误地判断好人坏人，白做天！哎，只落得我两眼泪水涟涟。

（刽子手说）快点，走快点，不然就耽误了行刑的时辰。

【倘秀才】沉重的枷锁扭得我东倒西歪，一路上人拥得我前俯后仰。我窦娥对公差哥哥想说句话。刽子手说：你有什么话要说？（正旦唱）走前街心里有不满，走后街死去就不怨恨了，也不推辞说这样走路远。

（刽子手说）你现在到法场，要看哪个亲戚，就叫他来见你一面，这也是好事。（正

旦唱）

【叨叨令】可怜我孤身一个人，没有任何亲戚家眷，只能忍气吞声，白白叹息哀怨。（刽子手说）难道你没有父母家？正旦说：只有个父亲，十三年前到京师赶考去了，至今杳无音信。（正旦唱）早已有十多年没有见到父亲的面了。刽子手说：你这要我从后街走，是什么主意？（正旦唱）怕就怕走前街的时候，被我婆婆看见。刽子手说：你自己的性命都顾不上，怕她看见怎么的？正旦说：我婆婆要是看见我披枷戴锁赴法场挨刀子，（正旦唱）那不将她白白气死啊！求哥哥，在临死前给人行个方便。

（卜儿哭着走上场，说）天哪，这不是我的儿媳妇！（刽子手说）老婆子靠后。（正旦说）既然是我的婆婆来了，叫她过来，让我嘱咐她几句话。（刽子手说）那老婆子到跟前来，你儿媳妇要嘱咐你话呢。（卜儿说）孩子，心痛死我了！（正旦说）婆婆，那张驴儿把毒药放在羊肚儿汤里，其实是想毒死了你，要霸占我做他的妻子。没想到婆婆让给的他父亲吃了，反倒把他父亲毒死了。我害怕连累婆婆受罪，在公堂屈招了毒死张公公，今天到法场受死刑。婆婆，这以后逢着冬至、过年，初一、十五，有倒不了的浆水饭，倒半碗给我吃，又烧不了的纸钱，给我烧上一叠，只当是看在你死去的儿子的面上。（唱）

【快活三】可怜我窦娥被官府糊里糊涂地判了死罪，可怜我窦娥身首异处尸体不全，可怜我窦娥多年来一直操劳家务，婆婆呀，你就看在我自小没爹没娘的情分上，多多理解我。

【鲍老儿】想起我伺候婆婆这么多年，遇到祭日请端碗冷饭去祭奠；你再去那葬埋我尸骨的坟头上烧点纸钱，只当是祭奠你那死去的儿子吧。（卜儿哭着说）孩子放心，这些我都记得。天哪，这真的心痛死我了！（正旦唱）婆婆呀，你再也不要哭哭啼啼，不要烦恼，不要怨气冲天。这都是我窦娥生不逢时没有好运气，糊里糊涂，蒙冤又受屈。

（刽子手喝叫着，说）那老婆子退后些，处决的时间到了。（正旦跪下）（刽子手给窦娥打开枷锁），（正旦说）我窦娥求监斩官大人，有一事如果能依从我，死去后便无怨恨。（监斩官说）你有什么事情，你说。（正旦说）我要一张干净的席子，让我窦娥站在上面，还要一丈二尺的绸布，挂在旗杆头上，如果我窦娥确实冤枉，刀过头落地，一腔热血没有半点儿沾在地上，都飞溅到白绸布上。（监斩官说）这个就依从你，有什么要紧。（刽子手取来席子，让窦娥站在上面，又取来白绸挂在旗杆头上）（正旦唱）

【耍孩儿】不是我窦娥发下这等没头没脑的誓愿，实在是我的冤情不浅。如果没有那些灵圣在世间流传，也显不出天理昭彰，再见青天。我不要半点热血洒在地面，让所有热血都溅在八尺旗杆挂的白绸上面。叫他四周的乡亲们都能看见，这就表明了我如苌弘化碧、望帝啼鹃一样悲冤。

（刽子手说）你还有什么话？这时不对监斩官大人说，等到什么时候再说呢？（正旦又跪下，说）大人，现在是三伏天气，如果我窦娥确实冤枉，死了之后，天降三尺深的大雪，遮盖我窦娥的尸骨。（监斩官说）这样的三伏天气，你即使有冲天的怨气，也招不来一片雪，可不要胡说！（正旦唱）

【二煞】你以为这暑气炎热，不是那下雪天，难道就没听说六月飞霜是因为邹衍？

如果真有一腔怨气喷发像火焰，一定能感动老天鹅毛大雪从天降，免得我尸骨露野无遮掩；还要什么素车白马，发送到荒郊野外去殡葬？

（正旦再次跪下，说）大人，我窦娥死得确实冤枉，从今以后，让这楚州地区大旱三年。（监斩官说）打嘴巴！哪有这样说话的！（正旦唱）

【一煞】 你以为对苍天不能有任何期盼，人心不值得可怜，你不知道皇天也会遂人愿。为什么三年不见一滴雨，一直都干旱着？也只是因为东海曾经有位孝妇一直有冤情。今日该轮到你山阳县，这都是官吏们无心行公正，不公平，不秉公办案，使老百姓有口难言。

（刽子手摇动旗子，说）怎么这一会儿天色变阴了呢？（后台发出刮风的声音，刽子手说）风好冷呀！（正旦唱）

【煞尾】 浮云为我遮日变阴，悲风为我旋转咆哮，我把三桩誓愿公开说完。（正旦哭着，说）婆婆呀，一直等待六月飞雪，大旱三年啊，（正旦唱）到时候才能把你屈死的窦娥冤魂显现。

（刽子手开刀砍头，正旦扑倒在地）（监斩官惊讶地说）呀，真的下雪了，竟有这样奇怪的事！（刽子手说）我也说平时杀人，满地都是鲜血，这个窦娥的血却都飞溅到那丈二尺的白绸上，并没有半点落到地上，确实奇怪。（监斩官说）这个死罪一定有冤枉。前面两桩事都就应验了，不知道大旱三年的事情准不准？等着看以后怎样，公差们，不必要等到雪停天晴，现在就给我抬着他的尸体，还给那蔡婆婆去吧。（众公差答应着，抬着尸体下场）

✸ **赏析**

《窦娥冤》为关汉卿的代表作，全剧共四折，前面加一"楔子"，剧情紧凑，矛盾集中，情节推进迅速，主人公性格也随之变化发展。作品在艺术上，体现出现实主义与浪漫主义风格的融合。作品用丰富的想象和大胆的夸张，设计超现实的情节，显示出正义的强大力量，寄托了作者鲜明的爱憎，反映了广大人民伸张正义、惩治邪恶的愿望。

地痞恶棍张驴儿想毒死蔡婆，要挟窦娥成亲，不料却药死了自己的父亲，他反诬窦娥杀人，提出"私休""官休"让窦娥选择，"私休"即答应嫁给他，"官休"即由官断。窦娥自认未做亏心事，情愿见官，满以为官府"明如镜，清似水，照妾身肝胆虚实"，殊不知桃杌太守贪暴成性，竟将她严刑逼供，她才知道"覆盆不照太阳晖"，她为了使婆婆免受酷刑而屈招"药死公公"，"只道官吏每还覆勘"，谁知竟要将她"屈斩首在长街"，当她被押赴法场时，她才彻底看清了黑暗社会的真面目，她的反抗精神也发展到顶点。第三折是全剧高潮，被王季思先生评为"悲愤激越，千古绝唱"。这一折笔墨凝练，激情外溢，由"怨"到"悲"再到"愤"，如长江大河浑浩流转，开始即波涛汹涌，中间略作回旋，然后蓄足气势而一泻千里，作者"凌云健笔意纵横"，"三桩儿誓愿明题遍"一段，正是奇气满纸，为千古不朽之文，将窦娥之冤发挥得淋漓尽致，誓言的实现及第四折中窦娥冤魂争得昭雪平反，亦非如此，不足以遂亿万人民之心愿。作者运用丰富的想象和大胆的夸张，设计了三桩誓愿的超现实情节，使悲剧气氛更浓烈，人物形象更突出，故事情节更生动，主题思想更深刻，既洋溢着浓郁的生活气息，又充满奇异的浪漫色彩，具有震撼人心的艺术力量。这是全剧刻画主人公形象最着力的一笔。

无怪王国维《宋元戏曲考》称赞关汉卿"一空倚傍，自铸伟词，而曲尽人情，字字本色，故当为元人第一"。《窦娥冤》至今仍活跃在艺术舞台之上，其问世以来，如此征服中国乃至世界读者观众之心，这本身就是对剧作家的最高褒奖！

（二）

🔘 原文

西厢记·长亭送别[1]（王实甫[2]）

（夫人、长老上，开[3]）今日送张生赴京，十里长亭安排下筵席。我和长老先行，不见张生、小姐来到。（旦、末、红同上）（旦云）今日送张生上朝取应去，早是离人伤感，况值那暮秋天气，好烦恼人也呵！悲欢聚散一杯酒，南北东西万里程。（旦唱）

【正宫】【端正好】碧云天，黄花地[4]，西风紧。北雁南飞。晓来谁染霜林醉？总是离人泪[5]。

【滚绣球】恨相见得迟，怨归去得疾。柳丝长玉骢难系[6]，恨不得倩疏林挂住斜晖。马儿迍迍[7]的行，车儿快快的随，却告了相思回避，破题儿又早别离[8]。听得道一声去也，松了金钏[9]；遥望见十里长亭，减了玉肌：此恨[10]谁知？

（红云）姐姐今日不打扮？（旦云）红娘呵，你那知我的心哩！（旦唱）

【叨叨令】见安排着车儿、马儿，不由人熬熬煎煎的气；有甚么心情花儿、靥儿[11]，打扮得娇娇滴滴的媚；准备着被儿、枕儿，则索昏昏沉沉的睡；从今后衫儿、袖儿，揾湿做重重叠叠的泪。兀的不闷杀人也么哥！兀的不闷杀人也么哥！久已后书儿、信儿，索[12]与我凄凄惶惶的寄。

（做到了科，见夫人了）（夫人云）张生和长老坐，小姐这壁坐，红娘将酒来。张生，你向前来，是自家亲眷，不要回避。俺今日将莺莺与你，到京师休辱没了俺孩儿，挣揣[13]一个状元回来者。（末云）小生托夫人余荫，凭着胸中之才，视官如拾芥耳[14]。（洁云）夫人主张不差，张生不是落后的人。（把酒了，坐）（旦长吁科）

【脱布衫】下西风黄叶纷飞，染寒烟衰草萋迷。酒席上斜签着坐[15]地，蹙愁眉死临侵地[16]。

【小梁州】我见他阁泪汪汪不敢垂[17]，恐怕人知；猛然见了把头低，长吁气，推整素罗衣[18]。

【幺篇】虽然久后成佳配，奈时间怎不悲啼。意似痴，心如醉[19]，昨宵今日，清减了小腰围。

（夫人云）小姐把盏者。（红递酒，旦把盏长吁科，云）请吃酒。

【上小楼】合欢未已，离愁相继。想着俺前暮私情，昨夜成亲，今日别离。我谂知这几日相思滋味，却原来比别离情更增十倍[20]。

【幺篇】年少呵轻远别，情薄呵易弃掷[21]全不想腿儿相挨，脸儿相偎，手儿相携。你与俺崔相国做女婿，妻荣夫贵[22]，但得一个并头莲，强似状元及第。

（红云）姐姐，不曾吃早饭，饮一口儿汤水。（旦云）红娘呵，甚么汤水咽得下。（唱）

【满庭芳】供食太急，须臾对面，顷刻别离。若不是酒席间子母每当回避，有心待与他举案齐眉。

【幺篇】虽然是厮守得一时半刻，也合着俺夫妻共桌而食。眼底空留意[23]，寻思起就里，险化做望夫石。

（夫人云）红娘把盏者。（红把酒科）（旦唱）

【快活三】将来的酒共食，尝着似土和泥。假若便是土和泥，也有些土气息、泥滋味。

【朝天子】暖溶溶玉醅[24]，白泠泠似水，多半是相思泪。眼面前茶饭怕不待要[25]吃，恨塞满愁肠胃。"蜗角虚名[26]，蝇头微利[27]"，拆鸳鸯在两下里。一个这壁，一个那壁，一递一声长吁气。

（夫人云）辆[28]起车儿，俺先回去，小姐随后和红娘来。（下）（末辞洁科）（洁云）此一行别无话说，贫僧准备买登科录[29]，看做亲的茶饭，少不了贫僧的。先生在意，鞍马上保重者！从今经忏无心礼，专听春雷第一声[30]。（下）（旦唱）

【四边静】霎时间杯盘狼藉，车儿投东，马儿向西，两意徘徊，落日山横翠。知他今宵宿在那里？在梦也难寻觅。

（旦云）张生，此一行，得官不得官，疾早便回来。（末云）小生这一去，白夺一个状元，真乃是"青霄有路终须到，金榜无名誓不归[31]"。（旦云）君行别无所赠，口占一绝[32]，为君送行："弃掷今何在，当时且自亲。还将旧来意，怜取眼前人。"（末云）小姐之意差矣，张珙更敢怜谁？谨赓[33]一绝，以剖寸心："人生长远别，孰与最关亲？不遇知音者，谁怜长叹人？"（旦唱）

【耍孩儿】淋漓襟袖啼红泪，比司马青衫更湿。伯劳东去燕西飞，未登程先问归期。虽然眼底人千里，且尽生前酒一杯。未饮心先醉，眼中流血，心内成灰。

【五煞】到京师服水土，趁程途节饮食[34]，顺时自保揣身体[35]。荒村雨露宜眠早，野店风霜要起迟！鞍马秋风里，最难调护，最要扶持。

【四煞】这忧愁诉与谁？相思只自知，老天不管人憔悴。泪添九曲黄河溢，恨压三峰华岳低[36]。到晚来闷把西楼倚，见了些夕阳古道，衰草长堤。

【三煞】笑吟吟一处来，哭啼啼独自归。归家若到罗帏里，昨宵个绣衾香暖留春住，今夜个翠被生寒有梦知。留恋你别无意，见据鞍[37]上马，阁不住泪眼愁眉。

（末云）有甚言语嘱咐小生咱？（旦唱）

【二煞】你休忧文齐福不齐，我则怕你停妻再娶妻。休要"一春鱼雁无消息"！我这里"青鸾有信频须寄"，你却休"金榜无名誓不归"。此一节君须记：若见了那异乡花草，再休似此处栖迟[38]。

（末云）再谁似小姐？小生又生此念？仆童赶早行一程儿，早寻个宿处。（末念）泪随流水急，愁逐野云飞。（下）（旦唱）

【一煞】青山隔送行，疏林不做美，淡烟暮霭相遮蔽。夕阳古道无人语，禾黍秋风听马嘶。我为甚么懒上车儿内，来时甚急，去后何迟？

（红云）夫人去好一会，姐姐，咱家去！（旦唱）

【收尾】四围山色中，一鞭残照里。遍人间烦恼填胸臆，量这些大小车儿如何载得起？

（旦、红下）

注释

[1]《长亭送别》是《西厢记》中第四本第三折。《西厢记》是一部著名的元杂剧。其故事取材于中唐诗人元稹所作的传奇小说《莺莺传》。《西厢记》是王实甫在继承和吸收金代董解元所作《西厢记诸宫调》的基础上创作的作品，也是作者驰名中外的代表作。

[2]王实甫：名德信，字实甫，大都（今北京）人，元代著名杂剧作家。生卒年不详，他的创作活动时期约在元成宗元贞、大德年间。据贾仲明《凌波仙》吊词写道"风月营密匝匝列旌旗，莺花寨明飙飙排剑戟，翠红乡雄赳赳施谋智"，说明王实甫在当时即享有盛名，常与演员、歌伎往来。所作杂剧十四种，仅存《西厢记》《丽春堂》《破窑记》三种及《芙蓉亭》《贩茶船》各一折。

[3]开：元杂句术语，即开始说话的意思。

[4]碧云天，黄花地：句本范仲淹《苏幕遮》词："碧云天，黄叶地，秋色连波，波上寒烟翠。"黄花，指菊花，秋天开放。

[5]"晓来"二句：意谓是离人带血的泪，把深秋早晨的枫林染红了。霜林醉，深秋的枫林经霜变红，就像人喝醉酒脸色红晕一样。

[6]"柳丝长"句：玉骢（cōng），马名，一种青白色的骏马。此指张生赴试所乘之马。古人有折柳送别之习惯，故写别情多借助于柳，此言柳丝虽长却系不住玉骢，犹言情虽长却留不住张生。

[7]迍迍：行动缓慢，留连不进的样子。

[8]"却告"二句：却，犹恰。破题，唐宋诗赋多于开头几句点破题意，元曲中用于比喻开端、起始或第一次。

[9]钏：古代称臂环为钏，今谓之手镯。

[10]恨：遗憾，不满意。与今天"仇恨""怨恨"的恨相别。

[11]花儿、靥儿：即花钿。

[12]索：须。

[13]挣揣：争取，夺得。

[14]视官如拾芥耳：把取得官职看得像从地上拾取一棵小草那样容易。

[15]斜签着坐：侧身半坐，封建时代晚辈在长辈面前不能实坐。

[16]死临侵地：没精打采的样子。

[17]阁泪汪汪不敢垂：强忍泪水而不敢任其流出。阁泪，含泪。

［18］推整素罗衣：意谓装作整理衣裳。推，借口，这里有"假装"的意思。

［19］意似痴，心如醉：《乐府新声》无名氏《骂玉郎带感皇恩采茶歌》："心似烧，意似痴，情如醉。"

［20］"我谂知"二句：意谓这几天我已经深深知道了相思滋味的苦痛难堪，原来这离别比相思更苦十倍。谂，知道。

［21］弃掷：本指抛弃，此指撇下莺莺而远离。

［22］妻荣夫贵：本指妻子可以依靠丈夫的爵位而尊贵，这里反其义用之，意谓说你与崔相国家做女婿，本已因妻而贵，大可不必再去求取功名了。

［23］眼底空留意：意谓母亲在座，有所避忌，不得与张生同桌共食以诉衷曲，只能以眉眼传情表达心意。

［24］玉醅（pēi）：美酒。

［25］怕不待要：难道不想、何尝不想之义。

［26］蜗角虚名：蜗角极细极微，喻微小之浮名。

［27］蝇头微利：比喻因小利而忘危难。

［28］辆：动词，驾好，套好。

［29］登科录：登载录取进士姓名的名册。

［30］春雷第一声：进士试于春天正月、二月举行，故称中第消息为春雷第一声。

［31］"青霄"二句：此为当时成语，青霄路即致身青云之路。

［32］口占一绝：随口吟出一首绝句诗。不打草稿，随口成文叫口占。

［33］赓（gēng）：续作。

［34］趁程途节饮食：意谓路途中要节制饮食。趁，赶；趁程途，赶路。

［35］顺时自保揣身体：估量自己的身体情况，适应季节变化，自己保重。

［36］"泪添"二句：上句以水喻愁之多，下句以山喻愁之重。华岳三峰，即西岳华山的莲花峰、仙人掌、落雁峰。

［37］据鞍：跨鞍。

［38］栖迟：留连，逗留。

⊕ **翻译**

（夫人、长老上场，说）今天送张生进京赶考，在这十里长亭，准备了送别酒宴；我和长老先行动身来到了长亭，只是还没见张生和小姐到来。（莺莺、张生、红娘一同上场）（莺莺说）今天送张生进京赶考，离别已让人伤感，何况在这深秋季节，多么烦恼呀！"悲欢离合都在这一杯酒中，从此就要各分东西相隔万里。"（莺莺唱）

【正宫】【端正好】碧蓝的天空，开满了菊花的大地，西风猛烈吹，大雁从北往南飞。清晨，是谁把经霜的枫林染红了？那总是离人的眼泪。

【滚绣球】恨相见得太迟，怨离别得太快。柳丝虽长，却难系住远行人的马，恨不能请疏林一直挂住那斜阳。张生的马慢慢地走，我的车紧紧地跟随，刚刚结束了相思之苦，却又早开始了别离之愁。听他说"要走了"，顿时消瘦下来；远远地望见十里长亭，更消瘦了：这离愁别恨有谁能理解？

（红娘说）姐姐今天怎么不打扮？（莺莺说）你哪里知道我的心啊！（莺莺唱）

【叨叨令】看见准备着离去的车和马，不由得我难过生气；还有什么心情去插花儿、贴靥儿，打扮得娇娇滴滴的妩媚；准备好被子、枕头，只要昏昏沉沉地闷睡，从今后，那衫儿、袖儿，只会揾满流不断的泪。怎么不愁煞人呀？怎么不愁煞人呀？从今往后，张生你要书信给我赶紧寄。

（到达长亭，拜见夫人）（夫人说）张生跟长老坐，小姐这边坐，红娘拿酒来。张生，你也上前来，都是自家的亲眷，不要回避。我今天把莺莺许配给了你，到了京城后不要辱没了我孩儿，努力争取考一个状元回来。（张生说）小生我托夫人洪福，凭着胸中的才气，把考个功名看得就像拾棵小草一样。（长老说）夫人的见识不会错，张生不是个落后的人。（斟酒后，坐下）（莺莺长叹）（莺莺唱）

【脱布衫】西风吹来，黄叶乱飞，染上了寒霜之后的枯草满地都是。酒席上斜偏着身子坐的张生，紧锁着愁眉，没精打采，呆呆发愣。

【小梁州】我看见她强忍着泪水而不敢任其流出，恐怕被人发觉；猛然间又看见她把头低下，长长地吁气，假装整理着自己素色的绸衣。

【幺篇】虽然久后终成美好姻缘，无奈眼前这个时候，怎么不让人伤心悲泣！心意好像痴迷，心情如同醉酒，从昨夜到今天，细腰儿更加瘦减。

（夫人说）小姐斟酒！（红娘递酒壶，莺莺端着酒杯长吁叹，说）请喝酒！（莺莺唱）

【上小楼】团圆欢聚没多久，离情别绪相随而来。想着我前天晚上私下订情，昨天晚上结为夫妻，今日却要分开。我深切知道了这几天相思的滋味，却原来比别离的愁苦还要深十倍。

【幺篇】青春年少呵，把别离看得很轻，情意淡薄呵，容易遗弃对方。全不想过去腿儿相挨、脸儿相依、手儿相携的情形与甜蜜。你给我崔相国家做女婿，算得上妻荣夫贵，只求像并蒂莲似的永不分离，远胜过状元及第。

（红娘说）姐姐不曾吃过早饭，就喝一口汤吧。（莺莺说）红娘，什么汤儿咽得下去呢！（莺莺唱）

【满庭芳】斟酒上菜太快，相对片刻，马上又要分离。如果不是酒席上母子间需要回避，真想和他叙叙夫妻之情。

【幺篇】虽然只能相守一时半会儿，也算是我们夫妻同桌共食了。眼里空留着深意，回想起其中的波折，差一点化成望夫石。

（夫人说）红娘倒酒吧！（红娘倒酒）（莺莺唱）

【快活三】拿来的酒和饭，吃着就像土和泥。假若就是真的土和泥，也有些土的气息，泥的滋味。

【朝天子】暖融融的美酒，清淡得如同水一样，这里边多半是相思的泪水。眼前的茶饭难道不想吃，只是愁恨塞满了肠胃。为了一些"微不足道的虚名小利"，却把一对夫妻拆开在两处。一个在这边，一个在那里，一声接着一声长长地叹气。

（夫人说）套上车儿，我先回去，小姐随后和红娘一起回来。（夫人下场）（张生和长老辞别）（长老说）你这一走我没有别的话要说，我准备买科举后的录取名册看，你结婚酒的茶饭还少不得我的。先生当心，一路上多保重！从今往后我无心诵习佛经，专听你高中状元的捷报。（长老下场）（莺莺唱）

【四边静】一会儿送别的筵席已经结束，我的车往东，张生的马儿向西，两情依依难别离，落阳的余晖照在绿色的山岗上。不知他今晚住在哪里？即使在梦中也难寻觅。

（莺莺说）张生，这一去不管得官不得官，早早地回来。（张生说）我这一去一定不费力地考取一个状元。正是"青天有路终会到，金榜无名誓不回"。（莺莺说）你这一次赴考我没有什么相送的，吟诗一首，为你送行："抛弃我的人现在何处？想当初对我那么亲热。现在又用原来对我的情意，去爱怜眼前的新人。"（张生说）小姐的想法错了，我张珙怎么敢去爱怜新人？我续上一首绝句诗，来表达我的真心："人生难免有远别，我跟谁更亲密？如果不是遇上知音你，又有谁可怜我张生呢？"（莺莺唱）

【耍孩儿】湿淋淋的衣袖上沾满眼泪，比白居易的青衫更湿。伯劳鸟向东飞去，燕子向西飞，还没有启程倒先问归期。虽然眼前人要远别千里，姑且先干了面前的这一杯酒。没有喝酒心却先醉，眼里流泪，内心如同死灰。

【五煞】到京城望你适应水土，及时赶路，节制饮食，顺应时节，保重自己的身体。荒村野店应早点休息，风霜雨雪天气应起得迟！在秋风中远行，身体最难调护，也就最需要照顾好自己。

【四煞】这忧愁向谁去诉说？相思之苦只有自己心里明白，老天爷不管人是否憔悴。相思的泪水使九曲黄河都泛滥起来，怨恨能将华岳三峰都压低。到黄昏独自闷倚西楼，只见那夕阳古道，依依杨柳，千里长堤。

【三煞】笑嘻嘻一道来，哭啼啼独自回。回家后若是入罗帏，昨夜绣花被里又香又暖，春意迷人，今夜里绣被冰冷难成梦。留恋你不为别的，只是见你攀鞍上马，忍不住泪水横流，紧锁眉头。

（张生说）有什么话要嘱咐我吗？（莺莺唱）

【二煞】你不要担心"有文才而没有福气"，我只怕你"撇下前妻再娶妻"。你不要"一去就杳无音讯"！我这里有信经常寄给你，你千万不要"考不中就坚决不回来"。这一点你必须记住：如果遇上那他乡女子，不要像在这里似的逗留迷恋。

（张生说）还有谁能比得上小姐？我又怎么会产生这种念头。仆童趁早赶一段路程，早些找个住处。（张生念）泪水随着流水更加多了，忧愁追逐着野云四处飘飞。（张生下场）（莺莺唱）

【一煞】青山阻隔我送行，疏林挡住我目光，淡淡炊烟和那傍晚的雾气相互掩映。残阳斜照的古道没有人声，秋风吹过庄稼传来马的嘶鸣。我为什么懒得上车呢，来的时候多么急切，别离独回却又多么迟缓？

（红娘说）夫人回去好一会儿了，姐姐，咱们回家去！（莺莺唱）

【收尾】四周群山中，一马远去残阳里。整个人间的烦恼都填在我胸中，估量这样大的小车子怎么能载得起呢？

（莺莺、红娘下场）

赏析

《西厢记》是中国古典戏曲文采派代表作，讲述的是书生张生与小姐崔莺莺在侍女红娘的帮助下，冲破重重阻挠，终成眷属的故事。《西厢记》的突出成就表现在作者意境的创造和语言驾驭方面。王实甫是酿造气氛、描摹环境的圣手，全剧处处有诗的意境，洋溢着诗情画意的气氛。如《长亭送别》一折，并不着重去渲染主人公摧肝裂胆的痛苦，而是借助古典诗词描写愁绪时特有的一些表现手法，以景写人，达到情景交融的艺术境界。这里没有呼天抢地，没有抱头痛哭，有的是"碧云天，黄花地，西风紧。北雁南飞"那种诗意的迷惘和浓浓的哀愁，让离愁别恨表现出诗情画意的动人色调。

王实甫既能熟练地驾驭民间语言，又善于吸取古典诗词中的精华为己所用，两者奇妙的结合，便形成既典雅又质朴，既有文采又不废本色的独特的艺术风格。而浓郁的诗情画意，弥漫在字里行间，《长亭送别》是全剧诗意最为浓郁的部分。现代戏曲史家蒋星煜《元曲鉴赏辞典》说："长亭送别"并没有曲折复杂的戏剧情节，其艺术魅力主要来自对人物心灵的深刻探索和真实描摹。作者将艺术触角伸展到处于"长亭送别"这一特定时空交叉点上的莺莺的心灵深处，细腻而多层次地展示了"此恨谁知"的复杂心理内涵——交织着对"前暮私情，昨夜成亲，今日别离"的亲人的百般依恋，对即将来临的"南北东西万里程"的别离的无限悲戚，对追求"蜗角虚名，蝇头微利"而"强拆鸳鸯在两下里"的做法的深深怨恨，对当时司空见惯的身荣弃妻爱情悲剧的不尽忧虑。同时，也深刻而令人信服地揭示了这一复杂心理内涵的纯净的灵魂美。莺莺在送别张生时的依恋、痛苦、怨恨、忧虑，都是与她美好的爱情理想紧紧联系在一起的。她对张生的爱，是相互倾慕的产物，丝毫没有掺杂进世俗的考虑和利害的打算。在她看来，"但得一个并头莲，煞强如状元及第"，她所追求的是纯真专一、天长地久的爱情幸福，而不是封建的"家世利益"。总之，作者不仅写出了人物心灵中颤动着的爱情旋律，而且写出了激荡着巨大情感潮汐的人物心灵。

（三）

🏵 原文

牡丹亭·游园[1]（汤显祖[2]）

【绕池游】（旦上[3]）梦回莺啭，乱煞年光遍[4]。人立小庭深院。（贴[5]上）炷尽沉烟[6]，抛残绣线[7]，恁今春关情似去年[8]。[乌夜啼]（旦）晓来望断梅关[9]，宿妆残[10]。（贴）你侧着宜春髻子[11]恰凭栏。（旦）剪不断，理还乱[12]，闷无端。（贴）已吩咐催花莺燕借春看。（旦）春香，可曾叫人扫除花径？（贴）分付了。（旦）取镜台衣服来。（贴取镜台衣服上）云髻罢梳还对镜，罗衣欲换更添香[13]。镜台衣服在此。

【步步娇】（旦）袅晴丝吹来闲庭院，摇漾春如线。停半晌，整花钿。没揣菱花[14]，偷人半面，迤逗的彩云偏[15]。（行介[16]）步香闺怎便把全身现。（贴）今日穿插的好！

【醉扶归】（旦）你道翠生生出落的裙衫儿茜[17]，艳晶晶花簪八宝钿。可知我一生儿爱好是天然？恰三春好处无人见，不提防沉鱼落雁鸟惊喧，则怕的羞花闭月花愁颤。

（贴）早茶时了，请行。（行介）你看：画廊金粉半零星，池馆苍苔一片青。踏草怕泥新绣袜，惜花疼煞小金铃[18]。（旦）不到园林，怎知春色如许！

【皂罗袍】原来姹紫嫣红开遍，似这般都付与断井颓垣[19]。良辰美景奈何天，赏心乐事谁家院[20]？恁般景致，我老爷和奶奶再不提起。（合）朝飞暮卷[21]，云霞翠轩[22]；雨丝风片，烟波画船[23]。锦屏人忒看得这韶光贱[24]！

（贴）是花都放了，那牡丹还早。

【好姐姐】（旦）遍青山啼红了杜鹃，那荼蘼外烟丝醉软[25]。春香呵，牡丹虽好，他春归怎占的先[26]？（贴）成对儿莺燕呵，（合）闲凝眄[27]，生生燕语明如剪，呖呖莺歌溜的圆。

（旦）去罢。（贴）这园子委是观之不足也。（旦）提他怎的！（行介）

【隔尾】观之不足由他缱[28]，便赏遍了十二[29]亭台是枉然。倒不如兴尽回家闲过遣。

（作到介）（贴）开我西阁门，展我东阁床；瓶插映山紫，炉添沉水香。小姐，你歇息片时，俺瞧老夫人去也。（下）

🎵 注释

[1]《牡丹亭》是明代剧作家汤显祖的代表作，与《紫钗记》《南柯记》和《邯郸记》并称为"临川四梦"或"玉茗堂四梦"。《牡丹亭》又名《还魂记》，或称《牡丹亭还魂记》，是汤显祖剧作中成就最高的作品，他也说："一生四梦，得意处唯在《牡丹》。"《牡丹亭》全剧共五十五出（场），【绕池游】至【隔尾】称为《游园》，《游园》处于《学堂》和《惊梦》之间，既是贯穿剧情的需要，又是为《惊梦》《寻梦》以至于后来杜丽娘为情而死、因情而复生做铺垫。

[2]汤显祖：（1550年—1616年）字义仍，号若士，别号清远道人，临川（今江西抚州）人，明朝杰出的戏剧家。

[3]旦：传统戏曲角色行当，扮演女性人物。在传奇中扮演女主角的演员称"旦"，这里指扮演杜丽娘的演员。上：上场。

[4]梦回莺啭，乱煞年光遍：鸟唱声婉转，撩乱人的春光到处弥漫着。年光：春光。

[5]贴：即贴旦，扮演剧中次要的女角。这里指扮演丫头春香的演员。

[6]炷（zhù）：燃烧。沉烟：沉香燃烧的烟。这里指沉香，一种珍贵的香料。

[7]抛残绣线：丢下绣剩的丝绒。此句表现青春少女春思慵懒的情态。

[8]恁："怎么"的省文，即为什么。关情：牵动人的情怀。似：胜似，超过。

[9]望断梅关：呆呆地看着梅关方向。梅关：即江西与广东交界的大庾岭，宋时设有梅关，位置在剧中故事发生地南安府（今江西大余）的南面。

[10]宿妆残：隔夜的妆粉还残留着。这里说杜丽娘早起懒于梳洗。

[11]侧着宜春髻子：即侧着头。宜春髻子：相传立春那天，妇女剪彩绸为燕子形，上贴"宜春"二字，戴在头上。

[12]剪不断，理还乱：原为李煜词《乌夜啼》中的句子。这里是比喻杜丽娘无法摆脱由于长期禁锢而产生的苦闷。

[13]"云髻"二句：引自薛逢《宫词》。云髻，形容妇女的发髻卷曲如云。

[14]菱花：镜子。古时镜子用铜制成，背面多雕菱花图案，故有此称。

[15]迤逗：牵引，引惹。彩云：妇女发髻的美称。

[16]介：戏曲术语，南戏、传奇剧本里关于动作、表情、演出效果等的舞台指示。与元杂剧剧本中的"科"相同。

[17]茜（qiàn）：红色。

[18]惜花疼煞小金铃：据《开元天宝遗事》记载，唐天宝时，宁王惜花，怕被花鸟雀啄坏，便在花园里扯上红绳，系上小金铃，一有鸟来便拉响金铃驱赶。因为拉得多，小金铃都"感到疼了"。

[19]断井颓垣：废坏的井，倒塌的墙，形容庭院破败。

[20]"良辰"二句：写杜丽娘看到盛开的鲜花和破败的花园，产生无限惆怅之情。出自谢灵运《拟魏太子邺中集诗序》："天下良辰、美景、赏心、乐事，四者难并。"谁家，哪一家。

[21]朝飞暮卷：借唐王勃《滕王阁诗》"画栋朝飞南浦云，珠帘暮卷西山雨"诗意，形容亭台楼阁的高旷壮丽。

[22]翠轩：华美的亭台楼阁。

[23]画船：装饰华美的游船。

[24]锦屏人：指被隔绝在画屏里面的人，这里指幽居深闺、不能领略自然美景的人。忒：太、过于。韶光：美好的时光，即春光。

[25]荼蘼：花名，属蔷薇科，晚春时开放。这里指荼蘼架。烟丝：游丝。醉软：娇柔无力的样子。

[26]"牡丹"二句：意思是牡丹虽美，但开在春尽之时，怎能占得春季百花之先呢？这里暗寓杜丽娘对美好青春被耽误的伤感和幽怨的情绪。

[27]凝眄（miǎn）：这里是注视的意思。

[28]缱（qiǎn）：留恋不舍。

[29]十二：虚指，犹言所有。

🏵 翻译

[绕池游]（丽娘上场）春天的莺声惊醒迷梦，撩乱人心的春光到处弥漫。闺中人站在小小深深的院子里。（春香说）香柱燃尽沉余烟烬，抛下了未完成的绣线。你为什么比去年更关心和向往春天？[乌夜啼]（丽娘）早上起来带着昨夜的残妆痴痴地眺望远方。（春香）你戴着宜春燕子的发髻凭栏眺望太美了。（丽娘）长期禁锢的生活，无法摆脱苦闷，剪不断，理还乱。（春香）已经吩咐黄莺、燕子带着春天早点归来。（丽娘）春香，可吩咐人把花园的小路打扫干净？（春香）吩咐了。（丽娘）取镜子和衣服来。（春香拿着镜子和衣服上场）"刚刚梳罢那浓密如云的发髻，又对着镜子端详，唯恐有什么不妥帖之处；想再换一件新艳的罗衣，又给它加熏一些香气。"镜子和衣服在这里。

【步步娇】（丽娘）空中飘荡的游丝吹进了寂寞的庭院，春光摇曳荡漾像线一样。过了一会儿，我梳整好了我的头饰。没料到菱花镜偷偷照出了我的半边脸，引逗我羞答答地把头发也弄歪了。我怎么能步出闺房让身影出现在外面被人看到？（春香）今天穿戴得真漂亮。

【醉扶归】（丽娘）你说我穿着鲜艳的红色裙子，戴着镶满宝石的花簪。你可知道爱美正是我的天性？春天正值好时节，却无人欣赏。不想我的容貌沉鱼落雁，鸟见也惊而喧鸣，只怕我的容貌让花羞月闭，花见便自惭忧愁。谁又能欣赏青春之美？

（春香）到吃早茶时间了，请走吧。（边走边唱）你看：画廊的金粉已经零星地脱落，池边的馆舍已长满青苔，走在草地上怕弄脏我新的绣花鞋袜，爱惜鲜花把驱赶鸟的小金铃都拉疼了。（丽娘）不到这园林，怎知道春色是如此美丽？

【皂罗袍】（丽娘）原来花园里姹紫嫣红的花朵早已经开遍，可惜像这样的春景都交付给了断井残墙。像这样的良辰美景美好宝贵的时光该怎样度过呢，让人欢喜愉快的事究竟在谁家呢！这样的美景，我父母双亲从没有向我提起。（合唱）朝云铺扬，暮云卷收；云霞映着亭台楼阁；细雨几丝，和风片片；烟波浩渺如同画船前行。我这深闺中的人太把这美好的春光看得不珍贵了！

（春香）花都开了，只有这牡丹还早。

【好姐姐】（丽娘）青山披红杜鹃花，那荼蘼花花藤如烟一样细，花朵如醉一般软。春香啊，牡丹虽然美好，但开在春天将尽时，它怎能占到先机呢？（春香）这里还有成对的黄莺和燕子。（合）悠闲地看着，燕鸣脆生生明快尖利如剪刀，莺啼婉转溜滑如圆。

（丽娘）回去吧。（春香）这花园怎么也看不够。（丽娘）别再提它！（走）

【隔尾】看不够让她去留恋不舍，就是赏遍了所有的亭台也是枉然。倒不如兴尽回家去。

（做到达的动作）（春香）开我西边的门，铺我东边的床，瓶子里插着紫色的映山红，香炉中再添上沉香。小姐，你先休息片刻，我去看看老夫人去。（下）

✿ 赏析

《牡丹亭》写的是太守的女儿杜丽娘为追求爱情因梦而死，因梦而生，终于同书生柳梦梅结为夫妻的故事，充满浪漫色彩。汤显祖曾说："一生四梦，得意处唯在《牡丹》。"作品通过杜丽娘和柳梦梅生死离合的爱情故事，热情歌颂了反对封建礼教，追求自由主义的爱情和强烈要求个性解放的精神。

全剧五十五出，本书选取第十出"惊梦"中"游园"部分。这一折中的"游园"由女主角杜丽娘的六支唱曲组成。前三支表现杜丽娘游园前的心绪，后三支则写游园中的种种思想活动。整出戏通过描绘杜丽娘在游园过程中"迎春—爱春—惜春—伤春"的感情变化，表现了她青春的觉醒，对封建礼教的不满和对幸福自由的向往，由此揭示出封建礼教对生命的束缚和摧残。"游园"这一关目，成为杜丽娘从墨守成规的名门闺秀走上叛逆封建礼教道路的起点，对全剧情节发展具有重要意义。这一部分不仅是全剧情节发展的重要关节，更是全剧最精彩的片段。作者把写景、抒情和刻画人物心理活动非常巧妙地结合起来，表现出情与理的冲突，显示了女主人公觉醒的过程；采用多层次的细腻描写，刻画了杜丽娘美好的精神世界，使人物形象十分鲜明生动；创造迷人的戏剧场面，将明媚的春天同人物孤寂的处境相映照，使剧本带有浓烈的抒情性，产生强烈的艺术效果；语言典雅清丽，准确生动，华美工巧，充满诗情画意，具有高度的艺术表现力。

其中的【皂罗袍】更是《牡丹亭》中最有名的一支曲子，虽短却流传甚广，历久不衰。此曲描写贵族小姐杜丽娘偷偷出了闺房，到自家的后花园里去游览，于是便触景生情，空叹自己让良辰美景白白流逝，感到十分惋惜。

首句"原来姹紫嫣红开遍"，可以看出深闭幽闺的少女从未涉足园林，这次偷偷出来，乍进后园，只见百花盛开，万紫千红，艳丽炫目的春园物态，予人以强烈的视觉冲击，叩开了少女的心扉。接着，"断井颓垣"的残败破落的画面从另一个极端给予少女强烈的震撼，少女预见到浓艳富丽之春景的未来都将是付与这破败，即"都付与断井颓垣"。这里暗含一种生命的觉醒，自己的年华不就像这姹紫嫣红的春天吗，可就像无人欣赏这院里的花儿一样，没人走进自己的人生，总有一天，都会成为那破败的断壁残垣，不免深深的伤感油然而生。此刻，主人公杜丽娘的情绪跌入低谷之后，但仍念念不忘"良辰美景""赏心乐事""云霞翠轩""烟波画船"，这些令人无限向往的美好的事物始终深刻内嵌于少女的思维深处，短短几句，却真实自然地抒发了杜丽娘对美好青春被禁锢、被扼杀的埋怨与叹息。放在全文中，这也为下一段奇遇柳梦梅，为情而死的故事找到心理缘由。

此曲通过杜丽娘游园所感，表达对时光易逝、青春寂寞的喟叹，实则表达了封建礼教和封建观念对少女青春的无情摧残，有着人性对自由幸福生活的渴望和强烈追求身心解放的精神。

二、阅读链接

中国古典建筑之园林

中国古典园林艺术是指以江南私家园林和北方皇家园林为代表的中国山水园林形式。中国园林从汉代开端到明清达到鼎盛，从园林性质、地域等方面可分为分皇家园林和江南私家园林和岭南园林。中国古典园林共由以下要素构成：筑山、理池、植物、动物、建筑、匾额、楹联与刻石。园林建筑的高度艺术化，其景物、其风格、其布局，移步借景，动静相兼的美学理论的运用已臻成熟，各种建筑形式的风景景观，水木石植物的精心安排与建筑物的排列融为一体，都起到了立体效果，甚至在附属设施的样式、内部装修和环境色彩等方面也都进行了统一的和谐的设计，体现了中国造园思想的高超境界。秦汉的上林苑，用太液池所挖之土堆成岛，象征东海神山，开创了人为造山的先例。现存的颐和园、苏州拙政园，都是明清园林的代表作。在中国传统建筑中，古典园林是独树一帜的建筑。被举世公认为世界园林之母、世界艺术之奇观、人类文明的重要遗产。其造园手法已被其他国家推崇和模仿，甚至在西方国家曾掀起了一股"中国园林热"。

中国的造园艺术，以追求自然精神境界为最高目的，注重"虽由人作，宛自天开"的审美旨趣。它深浸着中华文化的内蕴，是中国五千年文化史造就的艺术珍品。以中国园林为代表的古建筑因其所属性质、地域的不同，决定了建筑风格、空间细分形式和色彩的不同。例如，皇家园林建筑体量大，装饰豪华，色彩金碧辉煌，表现出恢宏的皇家气派；江南园林建筑轻巧、玲珑、纤细、通透、朴素、淡雅，表现出秀丽、雅致的风格；岭南园林建筑轻盈、通透、朴实、装修精美、华丽，表现出求实兼蓄、精巧秀丽的风格。但就园林建筑而言，中国园林建筑与欧洲古典园林建筑有很大区别，欧洲古典园林以建筑为中心，使人文自然化，也可称为自然见人工；中国园林整体以造园为中心，其中的建筑有自然化的特点，可称为人工见自然。从局部讲，建筑又往往成为景域构图的中心，为营造整个园林景观服务。"中国园林设置有个有形的世界，还有个无形的世界。香的灵韵则是这无形世界的主角。所以园林特别注意花木的点缀。岸边的垂柳、山中的青藤、墙角的绿筠、溪边的小梅，都别具风味。春天看柳，夏日观莲，秋天赏桂，冬日寻梅，一一得其时宜。"中国园林建筑艺术是中国灿烂的古代文化的组成部分。它是中国古代劳动人民智慧和创造力的结晶，也是中国古代哲学思想、宗教信仰、文化艺术等的综合反映。

18世纪，中国园林的审美情趣在欧洲风靡，英国建筑家钱伯斯曾两次来到广州考察园林建筑，将中国建筑设计风格带到了欧洲，极大地影响了18世纪西方建筑"中国风格"的发展，欧洲建筑模仿中国情调的时尚持续了近百年。

（节选自《曲院风荷：中国艺术论十讲》，朱良志，安徽教育出版社2010年版，有改动）

三、思考练习

1. 窦娥艺术形象的主要特点是什么？
2. 试论《西厢记》的语言特色。
3. "游园"在《牡丹亭》全剧中起到了怎样的艺术作用？

四、综合实践

1. 开展名剧欣赏活动，欣赏京剧、昆曲、黄梅戏、豫剧、越剧等剧种中的经典唱段，通过欣赏培养对中国戏曲的热爱。
2. 成立戏曲兴趣小组，开展戏曲汇报演出活动。

五、阅读书目

1. 郭汉城总主编：《中国戏曲经典》，山东教育出版社，2005年。
2. 胡淳艳著：《中国戏曲十五讲》，北京师范大学出版社，2012年。

六、延伸阅读

李渔《闲情偶寄》节选

尝怪天地之间有一种文字，即有一种文字之法脉准绳，载之于书者，不异耳提面命，独于填词制曲之事，非但略而未详，亦且置之不道。揣摩其故，殆有三焉：一则为此理甚难，非可言传，止堪意会。想入云霄之际，作者神魂飞越，如在梦中，不至终篇，不能返魂收魄。谈真则易，说梦为难，非不欲传，不能传也。若是，则诚异诚难，诚为不可道矣。吾谓此等至理，皆言最上一乘，非填词之学节节皆如是也，岂可为精者难言，而粗者亦置弗道乎？一则为填词之理变幻不常，言当如是，又有不当如是者。如填生旦之词，贵于庄雅，制净丑之曲，务带诙谐，此理之常也。乃忽遇风流放佚之生旦，反觉庄雅为非，作迂腐不情之净丑，转以诙谐为忌。诸如此类者，悉难胶柱。恐以一定之陈言，误泥古拘方之作者，是以宁为阙疑，不生蛇足。若是，则此种变幻之理，不独词曲为然，帖括诗文皆若是也。岂有执死法为文而能见赏于人、相传于后者乎？一则为从来名士以诗赋见重者十之九，以词曲相传者犹不及什一，盖千百人一见者也。凡有能此者，悉皆剖腹藏珠，务求自秘，谓此法无人授我，我岂独肯传人。使家家制曲，户户填词，则无论《白雪》盈车，《阳春》遍世，淘金选玉者未必不使后来居上，而觉糠秕在前。且使周郎渐出，顾曲者多，攻出瑕疵，令前人无可藏拙。是自为后羿而教出无数逢蒙，环执干戈而害我也，不如仍仿前人，缄口不提之为是。吾揣摩不传之故，虽三者并列，窃恐此意居多。

以我论之：文章者，天下之公器，非我之所能私；是非者，千古之定评，岂人之所能倒？不若出我所有，公之于人，收天下后世之名贤，悉为同调。胜我者，我师之，仍不失为起予之高足；类我者，我友之，亦不愧为攻玉之他山。持此为心，遂不觉以生平底里，和盘托出，并前人已传之书，亦为取长弃短，别出瑕瑜，使人知所从违，而不为诵读所误。知我，罪我，怜我，杀我，悉听世人，不复能顾其后矣。但恐我所言者，自以为是而未必果是；人所趋者，我以为非而未必尽非。但矢一字之公，可谢千秋之罚。噫，元人可作，当必赏予。

（节选自《闲情偶寄》，李渔，中华书局 2014 年版）

第六章　中医典籍

【中国传统文化经典导读】

第一节

中医文化简介

中医药学凝聚着深邃的哲学智慧和中华民族几千年的健康养生理念及其实践经验，是中国古代科学的瑰宝，也是打开中华文明宝库的钥匙。古人在长期的医学实践中总结经验，结合对天地自然规律的哲学思考，由此逐渐形成了具有完整理论体系的中医药学。

中医文化

近年来，党和国家推出了一系列推动中医药学发展的政策，中医药学也迎来了最好的发展时期。

从生活的角度来说，中医药学贴近生活，可谓百姓日用而不知。生活中的油盐酱醋、米饭青菜，都有着"药食同源"的丰富内涵。"上火""生气""受凉"等俗语更是体现了中医药学与老百姓生活的紧密联系。可以说，中医药学的智慧已经融入人们生活的方方面面，但想要正确理解它们，还是需要对中医药学有一个初步的了解。

中医药学是中华传统文化实践落地的重要支撑点。中医药学吸收了中国古代哲学中"天人合一""阴阳调和"的核心观念，强调顺应自然规律、保持人与天地之间平衡与调和。与西医重视生命个体的价值观不同，中医是从整体与联系的角度看待问题，将天地自然作为价值主体，以实现人与天地自然的和谐为目的。

本章节所节选的段落主要出自《黄帝内经》《伤寒杂病论》《千金要方》。

《黄帝内经》是中医药学的第一经典，它的诞生标志着中医学理论体系的形成，奠定了中医学的哲学基础。《黄帝内经》托名于黄帝，以黄帝为主问，通过问答的形式阐述中医理论。关于《黄帝内经》的成书年代，目前普遍认为非一时所成，自战国时期始撰，最终成书应不早于西汉中期。

《伤寒杂病论》为东汉时期张仲景所作，分为《伤寒论》和《金匮要略》两部分，该书被誉为"众法之宗，群方之祖，医门之圣书"，与《黄帝内经》《神农本草经》《难经》并称为中医药学的四大经典。《伤寒杂病论》中所记载的理法方药，已经千百年临床实践的检验，展现出卓越的疗效。

《千金要方》为唐代医学家孙思邈所著，亦是中医药学中非常重要的典籍，其中的《大医精诚篇》是论述医德医风的一篇极重要文献，它广为流传、影响深远，被称为中医药学的《希波克拉底宣言》，从中可以看出中医药学并不仅仅是医学学科，更是一门融合了哲学、社会学、心理学、伦理学的综合学科。

本章着力于介绍中医学的世界观与生命观，带领读者从宏观上尤其是思维层面上了解中医、认识中医，希望各位读者能够学有所思、学以致用，将中医的理念融入生活之中，感受中华传统文化的魅力。

第二节

中医典籍选读

一、经典选读

（一）

原文

> 昔在黄帝，生而神灵[1]，弱而能言，幼而徇齐[2]，长而敦敏，成而登天。
>
> 乃问于天师曰："余闻上古之人，春秋皆度百岁，而动作不衰；今时之人，年半百而动作皆衰者，时世异耶？人将失之耶？"
>
> 岐伯对曰："上古之人，其知道者，法于阴阳，和于术数，食饮有节，起居有常，不妄作劳，故能形与神俱，而尽终其天年，度百岁乃去。今时之人不然也，以酒为浆，以妄[3]为常，醉以入房，以欲竭其精，以耗散其真。不知持满[4]，不时[5]御神，务快其心，逆于生乐，起居无节，故半百而衰也。
>
> 夫上古圣人之教下也，皆谓之虚邪贼风，避之有时，恬惔虚无，真气从之，精神内守，病安从来？是以志闲而少欲，心安而不惧，形劳而不倦，气从以顺，各从其欲，皆得所愿。故美其食，任其服，乐其俗，高下不相慕，其民故曰朴。是以嗜欲不能劳其目，淫邪不能惑其心，愚智贤不肖[6]不惧于物，故合于道。所以能年皆度百岁，而动作不衰者，以其德全不危也。"
>
> 　　　　　　　　　　　　　　　　　（《黄帝内经·素问·上古天真论》）

注释

[1] 神灵：形容人聪明机灵。

[2] 徇齐：意为迅速，形容人反应快速。

[3] 妄：虚妄，过分，放肆。

[4] 持满：保持充沛。

［5］不时：不遵循时令。

［6］不肖：不才，不贤。

❀ 翻译

古代有个人叫黄帝，生下来就很聪明，幼年便能言善辩，长大后敦厚勤勉，成年后便登上天子之位了。

于是便问天师岐伯："我听说上古时期的人，都活过了一百岁，但是动作不见迟缓；而现在的人，才五十岁动作就开始迟缓了，这是世道变了吗？还是人的过错呢？"

岐伯回答道："上古时期的人，知道修养之道，遵循阴阳变化规律，懂得调和养生方法，饮食节制，起居规律，不会随便让自己劳累，所以能够形神合一，超过百岁才去世。现在的人就不是这样了，他们把酒当作水喝，把放肆不节制作为常态，醉酒行房，如此精气便会耗竭，真气便会消耗溃散。不知道保持精气的充沛，不知道按照时令来统御精神，只贪求一时享乐，却违背了生命的乐趣，起居生活没有节制，所以年过半百就衰老了。

上古时期的圣人教导百姓时总要讲到，对于外界的致病因素，应当按照相应的时间避开它们，内心要淡泊名利，真气顺从规律运行，精神在体内守住，如果能够做到这样，疾病还从哪里来呢？所以心态要放闲适，欲望要少，心里要安定而不恐惧，身体有所劳作但不能疲惫，气的运行要保持顺畅，这样每个人的欲望就可以被满足，每个人的欲望也都能实现，就会觉得食物都是美味的，服装都是合适的，习俗都是快乐的，不管地位高低都不羡慕（别人），这样的人民才叫朴实。因此，各种欲望也不能吸引他们的目光，各种淫乱邪恶不会迷惑他们的心智，无论是否聪明、是否有才，都不被外物所干扰，才符合生命之道。所以他们都能活过百岁而动作不迟缓，是因为他们的德行顺应了自然规律。"

（《黄帝内经·素问·上古天真论》）

❀ 赏析

这一段是整本《黄帝内经》开篇的内容，主要讲了如何保持健康、如何养生等问题。在这一段里面，黄帝问现代人为何没有古人长寿，黄帝的问句中认为"上古之人"的平均寿命在百岁之上，即使是科学技术无比发达的现代，人均寿命也达不到百岁，所以这背后的原因很值得我们深思。

在岐伯的回答中提到，身体健康的重要前提是要"法于阴阳，和于术数"，即顺应自然的修养之道。"阴阳"是古人认识世界的方式，认为世间万物都可以分为两类，任何事物都有两面性，这便是阴阳。阴阳并非绝对对立的，而是在一定条件下可以互相转化的，在这一段中，"阴阳"与"术数"代指自然规律。

遵循了自然规律之后，便是饮食、起居、劳作都要有其节律，不可少，亦不可过。后面对一些不良的生活行为做出了批评，很值得现代人思考。在现代社会，我们的生活是不是比文中描述的"今时之人"更加不健康呢？决定人身体健康的，究竟是外在环境还是人的行为呢？

岐伯继续强调，人想要健康，需要多方面的努力。首先是在环境上要避开"虚邪贼风"，中医药学认为致病的邪气有很多种，但皆可以通过一定手段进行规避。如夏季烈日炎炎，是为暑热之邪，便要注意避免高温作业；冬季寒冷，便要加衣保暖。

相对于外因来说，这里更加强调的是人自身的行为。身体上要"形劳而不倦"，心态上要"恬淡虚无"，保持与自然同步，随遇而安，顺应事物的发展规律，不以物喜不以己悲，减少欲望，不去攀比，如此体内的气血循环便会安稳顺畅，人即可活到一百岁。

古人讲究天人合德，认为德是与生俱来的，最高尚的德行必定合乎于天道，故"德全不危"所强调的德就是保持一颗淳朴、自然、天真的心，如此便不会有任何损害。

此篇名为《上古天真论》，便是在说养生的最高境界就是要回到最原始、最本真的状态。在现代，科学技术不断发展进步，但这并不代表我们就无法回到这种状态，这种状态与时代无关，取决于人的行为。

（二）

❀ 原文

夫四时阴阳者，万物之根本也。所以圣人春夏养阳，秋冬养阴，以从其根。故与万物沉浮于生长之门。逆其根，则伐其本，坏其真矣。故阴阳四时者，万物之终始也，死生之本也，逆之则灾害生，从之则苛疾不起，是谓得道。道者，圣人行之，愚者佩[1]之。从阴阳则生，逆之则死；从之则治，逆之则乱。反顺为逆，是谓内格[2]。是故圣人不治已病，治未病；不治已乱，治未乱，此之谓也。夫病已成而后药之，乱已成而后治之，譬犹渴而穿井，斗而铸锥[3]，不亦晚乎？

（《黄帝内经·素问·四气调神大论》）

❀ 注释

[1] 佩：通"背"，违背。
[2] 格：格拒，表示事物之间失去沟通、联系的状态。内格：指人与天地失去沟通联系。
[3] 铸锥：铸造武器。

❀ 翻译

四时阴阳的变化，是万物生长收藏的根本，因此，圣人知道在春天和夏天养护阳气，在秋天和冬天养护阴气，以顺应这一规律。如此就能与天地万物一同经历生长收藏的过程。违背了这个规律，就会伤害生命的根本，损坏身体。所以阴阳的四时变化，是万物变化的由来，是生死的本源，违背它就会发生灾害，顺应它就不会得病，这样就叫作掌握了修养之道。对于养生之道，圣人会去践行它，愚笨的人却会违背它。顺应阴阳变化规律则生，违背则死，顺应它就会正常，违背它就会发生祸乱。强行与规律背道而行，这就会使得人体内部与天地相互格拒而患病。所以圣人不会等到生病才去寻求治疗，而是在疾病尚未发生前就去避免它。不是等到祸乱发生才去解决，而是在祸乱发生之前就解决潜在的问题。如果疾病发生后才去治疗，祸乱产生了才去解决，那就如同口渴了才去挖井，打仗了才开始铸造兵器，不是太晚了吗？

（《黄帝内经·素问·四气调神大论》）

❀ 赏析

一年之中，可分阴阳，春夏为阳，秋冬为阴。其中春天为阳中之阴，夏天为阳中之阳，秋天为阴中之阳，冬天为阴中之阴。春天是万物复苏的季节，是为"生"。夏天树木枝繁叶茂，欣欣向荣，是为"长"。秋天渐渐变冷，果实成熟，动物开始囤粮，这便是"收"。冬天许多动物会进行冬眠，有些树木也掉光了叶子，是为"藏"。

生、长、收、藏是一个循环，大自然中植物、动物都要经历这样一个过程。如果没有秋冬的收藏，就不会有春天的生长。就如同树木的种子，萌发、生长、结果，最终落叶归根滋养新一轮的生命周期。自然界的水循环也是如此，下雨，蒸腾成云，再下雨。自然界的万物都在经历一个个循环，这便是"万物之根本"。

所以养生便要顺应这个"道"，在春天和夏天就要顺应这种生长特性，去运动，去活跃，在秋天和冬天就要顺应收藏的特性，去休息。具体到一天之中，白天为阳，所以我们清醒着，夜晚为阴，所以我们睡眠，这就是最朴素的自然规律。如果违背它，在秋天和冬天剧烈运动，晚上不睡白天睡，这个人的身体绝对不会好，哪怕看着强壮，也是外实而内虚。

后文提到了中医药学的"治未病"观念，治未病主要包括未病防病，已病防变，病愈防复三重内涵，在这里强调的就是我们要注重平时的养生，如此便是"治未病"，即不会生病。能治好疑难杂症的并非高明医生，能预防不生病，那才是真正的高明。

这就是中医药学整体联系的思维方式，它不仅仅在空间上把人体、疾病看作一个整体，更是从时间的角度，从更高的维度来思考生命，是一种动态、整体、联系的医学。

（三）

🜨 原文

> 黄帝曰：夫自古通天者生之本，本于阴阳。
>
> （《黄帝内经·素问·生气通天论》）
>
> 黄帝问曰：天覆地载，万物悉备，莫贵于人。人以天地之气生，四时之法成。
>
> （《黄帝内经·素问·宝命全形论》）
>
> 善言天者，必应于人；善言古者，必验于今；善言气者，必彰于物；善言应者，同天地之化；善言化言变者，通神明之理。
>
> （《黄帝内经·素问·气交变大论》）

◎ 注释

[1] 悬：关联，维系。

✿ 翻译

黄帝说：自古以来，人的生命是与天相关联的，生命的根本就在于天地之间阴阳的规律。

（《黄帝内经·素问·生气通天论》）

黄帝问道：天覆盖着世界，地承载着世界，天地之间生成了万物，在这万物之中，没有比人更贵重的了。这是因为人秉承天地之气而生，依据四时的变化而成长。

（《黄帝内经·素问·宝命全形论》）

善于谈论天地规律的人，一定会将这个规律验证于人。善于谈论历史的人，必定会从中吸取经验运用于现在。善于谈论生长收藏之理的，一定能够透彻地认识事物。善于谈论天人相应之理的，一定是遵循天地变化规律的。善于谈论变化的，一定是能够通晓自然神妙大道的。

（《黄帝内经·素问·气交变大论》）

✳ 赏析

中医药学认为，人与天地是一体的，这就是"天人合一"。

人禀受天地之气而生，在自然界之中是"万物之灵"，是最为特殊的存在。现代学者认为生命的起源是亿万年不断积累、不断进化的结果，在"适者生存"的自然法则中发展而来，这实际上就与中医学的观点不谋而合。中医药学反复强调顺应自然规律的重要性，正是因为人类这一物种在漫长的进化过程中顺应了自然规律，才有了如今食物链顶端、"万物灵长"的位置。

中医药学认为，自然界的各种宏观规律，在生命上都有体现。阴天人会心情低落、感到疲惫，是因为阳气不足，湿性重浊。感到寒冷，人会不自觉地收缩，这是因为寒性属收引。再比如树木的年轮、龟甲的盾片会根据气候有所变化，这就是自然界烙在所有生命本源上的印记。

所以说天人合一是最基本的自然规律，生命就是在天地之间经过无数年月生成的，而人类就是生命经由最契合自然规律的道路进化出来的。同时我们也需要警醒，需要去思考，如今人类还在遵循自然规律吗？如果人类长期违背自然规律会有什么样的后果？

（四）

✏ 原文

> 黄帝曰：阴阳者，天地之道也，万物之纲纪，变化之父母，生杀之本始，神明之府也。治病必求于本。
>
> 故积阳为天，积阴为地。阴静阳燥；阳生阴长；阳杀阴藏；阳化气，阴成形。寒极生热，热极生寒；寒气生浊，热气生清；清气在下，则生飧泄；浊气在上，则生䐜胀。此阴阳反作，病之逆从也。
>
> 天有四时五行，以生长收藏，以生寒暑燥湿风。人有五脏化五气，以生喜怒悲忧恐。故喜怒伤气，寒暑伤形。暴怒伤阴，暴喜伤阳。厥气上行，满脉去形。喜怒不节，寒暑过度，生乃不固。故重阴必阳，重阳必阴。故曰："冬伤于寒，春必温病；春伤于风，夏生飧泄[1]；夏伤于暑，秋必痎疟[2]；秋伤于湿，冬生咳嗽。"
>
> （《黄帝内经·素问·阴阳应象大论》）

✹ 注释

[1] 飧（sūn）泄：疾病名，主要症状为腹泻。

[2] 痎疟：疾病名，主要症状为寒热往来。

🪷 翻译

黄帝说：阴阳是天地最根本的规律，是万物的纲领与规则，是引发变化、使得事物产生与灭亡的根本原因，是通晓天地神妙大道的关键。治病也一样，一定要从阴阳这个根本入手。

因此，清阳之气积聚在上面就变成了天，浊阴之气积聚在下面就变成了地。阳主动，阴主静，阳主升发阴主生长，阳主肃杀阴主收藏。阳能化生气，阴能构成物质。寒到极致就会生热，热到极致就会生寒。寒气可以产生浊阴，热气可以产生清阳。清气在下面，如果得不到上升，就会生飧泄病。浊阴顶在上面，得不到下降，就会生胀满病。这就是违反了阴阳运动规律，气机逆乱便会导致生病。

天有四季五行的变化，通过这样的变化来生长收藏万物，从而演化出寒暑燥湿风五种现象。人身体内有五脏，从而产生喜怒悲忧恐的情绪。所以喜怒过度会伤害人的气，寒暑不节会伤害人的形体。暴怒会伤害人的阴液，喜极会伤害人的阳气。逆气上冲，充满经脉，那么就会神气浮越，脱离形体。因此如果喜怒不节，寒暑不适应，那么生命就不稳固。阴气过盛一定会走向反面，变成阳盛，阳气过盛便会变成阴寒。所以说："冬天受到寒气侵袭太多，春天就容易患热性疾病。春季遭受风邪侵袭太多，夏天就容易发生飧泄病。夏天受到暑热的侵袭过多，秋天就容易发生疟疾病。秋天受到湿气侵袭过多，冬天就容易咳嗽。"

（《黄帝内经·素问·阴阳应象大论》）

✳ 赏析

这一段主要论述了"阴阳"这一概念的重要性。

古人认为，阴阳是蕴藏在自然规律背后的、推动自然规律发展变化的根本规律，是各种事物孕育、发展、成熟、衰退直至消亡的原动力，是奠定中华文明哲学辩证思维基础的核心。

阴阳之间既有对立的关系，也有相互依存、互根互用的关系。万物皆有阴阳，不可割裂，阴阳必相互依存，万事万物中都包含阴阳的特性。

对立指世间一切事物或现象都有着阴与阳的两面性，如左右、上下、天地、动静、水火、男女、升降等；而同时这两面又相互依存，任何一方都不能脱离另一方而单独存在，没有左也就没有右，没有上何谈下，男女失去任何一方都将导致人类的灭亡。

同时阴阳之间能够互相转换，当一个事物发展到极端，必定会向另一个方向转化。以自然规律来说，在这个世界上，阴阳可以再分阴阳，如一年以四季为阴阳，一月以阴晴圆缺分阴阳，一日以白天夜晚分阴阳，年复一年，日复一日，便是阴阳的循环转化，阳中有阴，阴中有阳，无法分割。社会发展也是如此，俗话说"天下大势，合久必分，分久必合"，这其实就是对阴阳观念的深刻认识。

阴阳观念就是中国文化的根源所在，古人经过长期对阴阳的不断深入认识、感悟，形成了中国古代哲学的阴阳论，并从应用的角度出发，引申出一系列涵盖诸领域的阴阳知识，包括哲学、自然科学、社会科学、生命科学、精神科学等各种范畴。

由阴阳观念出发，也就形成了中国人的根本精神——中和，阴阳中和，不偏不倚，便是事物发展最和谐的状态。

（五）

🌀 原文

黄帝问曰：愿闻十二脏之相使，贵贱如何。

岐伯对曰：……心者，君主之官也，神明出焉。肺者，相傅[1]之官，治节出焉。肝者，将军之官，谋虑出焉。胆者，中正之官，决断出焉。膻中者，臣使之官，喜乐出焉。脾胃者，仓廪之官，五味出焉。大肠者，传道之官，变化出焉。小肠者，受盛之官，化物出焉。肾者，作强[2]之官，伎[3]巧出焉。三焦者，决渎之官，水道出焉。膀胱者，州都之官，津液藏焉，气化则能出矣。

凡此十二官者，不得相失也。故主明则下安，以此养生则寿，殁世不殆，以为天下则大昌。主不明则十二官危，使道闭塞而不通，形乃大伤，以此养生则殃，以为天下者，其宗大危，戒之戒之！

（《黄帝内经·素问·灵兰秘典论》）

🌀 注释

[1] 相傅：宰相，丞相。

[2] 作强：强劲有力。

[3] 伎：通"技"。

🌀 翻译

黄帝问道：人体的十二脏腑各自的功能是什么。

岐伯对曰：心是主宰全身的君王，人的精神、意识、思维活动都由此而生出。肺是辅佐君王的宰相，主一身之气而调节全身的活动。肝是将军，谋略由此而出。胆是判官，负责做出决断的中正官。膻中是负责传递消息的使者，心志的喜乐，靠它传布。脾和胃司饮食的受纳和布化，是仓廪之官，人依靠它们感受五味，吸收营养。大肠是传导之官，它能传送食物的糟粕，使其变化为粪便排出体外。小肠是受盛之官，它承受胃中下行的食物而进一步分化清浊。肾是作强之官，藏精纳气能够使人聪明机智，运用各种技巧。三焦是决渎之官，能够通行全身水道。膀胱是州都之官，蓄藏津液，通过气化作用，方能排出尿液。

以上这十二脏器，虽有分工，但其作用应该相互协调配合而不能混乱。这就需要君主贤明，如此下属便会相互配合好工作，按这样的道理来养生，就可以使人长寿，身体不会突然发生危险，按这个道理来治理天下，就会使国家昌盛繁荣。君主如果不贤明，包括其本身在内的十二个器官就都要发生危险，它们之间无法相互配合完成工作，形体就要受到严重伤害。在这种情况下只会招致灾病，损害生命。同理，昏聩不明的君主治理天下，江山社稷就危险了，千万要警惕再警惕呀！

🌀 赏析

岐伯将我们的身体比喻为一个国家，这个国家里面有君主，有宰相，还有其他各位大臣，他们各司其职，做好自己的工作，协调有序，由此抵御外邪的侵略，使得国家繁荣昌盛。中医认为心是主管精神、意识的，但这一点并不被西医所接受。实际上中医学的心并非具体的器官，而是一个功能系统，一定程度上包括了解剖学中的大脑和中枢神经。心除了统领意识，还有将血液泵到全身的重要功能，为全身体上下提供动力与指令，正如同国家中君主的角色。肺亦是一个功能系统，掌管人体的呼吸，从天地之间吸纳"气"而使之舒布全身。现代科学也证明，肺主要是为血液提供氧气成分，就像宰相为君王提供方法建议，肺便是通过这种功能来"治节"，即调节人体的活动的。

肝的主要功能是疏泄，关系着人体之气运行的顺畅与否。与肝关系最相关的情绪是怒，所以说生气伤肝，就是这个道理。

脾的主要功能是运化，即消化吸收并传输食物中的营养，对于维持生命来说至关重要，人体生命活动需要的能量便是依靠脾来提供的，所以又被称为"后天之本"。

肾的主要功能是通调水道，掌管着人体中的水液代谢。水是生命诞生的关键，所以肾也主生殖。人体生长发育所需要的精气被称为"天癸"，精气的充足与否也决定了人是否聪明机灵。

其余脏腑各有其不可替代的功能，共同治理好身体这个国家。古人认为天人合一，人的身体可以对应天地，亦可以对应国家，这就是身国同治，古人以此表述脏腑功能，同时也说明了治国理政的道理。因此，有人说《黄帝内经》并不是医学书，而是政论书，书中的治病理论可以用来指导治国理政。

（六）

📖 原文

黄帝问曰：医之治病也，一病而治各不同，皆愈，何也？

岐伯对曰：地势使然也。故东方之域，天地之所始生也。鱼盐之地，海滨傍水，其民食鱼而嗜咸，皆安其处，美其食。鱼者使人热中，盐者胜血，故其民皆黑色疏理，其病皆为痈疡，其治宜砭石。故砭石者，亦从东方来。

西方者，金玉之域，沙石之处，天地之所收引也。其民陵居而多风，水土刚强，其民不衣而褐荐[1]，其民华食而脂肥，故邪不能伤其形体，其病生于内，其治宜毒药。故毒药者，亦从西方来。

北方者，天地所闭藏之域也。其地高陵居，风寒冰冽。其民乐野处而乳食，脏寒生满病，其治宜灸焫[2]。故灸焫者，亦从北方来。

南方者，天地所长养，阳之所盛处也。其地下，水土弱，雾露之所聚也。其民嗜酸而食胕[3]，故其民皆致理而赤色，其病挛痹，其治宜微针。故九针者，亦从南方来。

中央者，其地平以湿，天地所以生万物也众。其民食杂而不劳，故其病多痿厥寒热，其治宜导引按蹻[4]。故导引按蹻者，亦从中央出也。

故圣人杂合以治，各得其所宜。故治所以异而病皆愈者，得病之情，知治之大体也。

（《黄帝内经·素问·异法方宜论》）

⊙ 注释

[1] 褐荐：粗布。

[2] 灸焫：艾灸。

[3] 胕：通"肘"。

[4] 按蹻：蹻，通"跷"，意为抬高、抬起。按蹻即按摩身体。

❀ 翻译

黄帝问道：我看医生们治病，同样的一个病却采用不同的治法，而且都治愈了，这是为什么呢？

岐伯回答道：这是地理因素导致的。

东方地域，天地之气从这里开始生发。盛产鱼与盐，濒临海水，居住在那里的民众吃的鱼类和咸味较多，他们安居在那里，以鱼盐为美食。但鱼吃多了会使人体内积累热邪，盐吃多了会损害人的血脉。因此那里的人皮肤较黑，肌肉纹理也较疏松，而多发痈肿疮疡之类的疾病，适合用砭石来放血治疗。因此，用砭石治病的方法是从东方传来的。

西方地域，盛产金玉，天地之气在这里收敛。这里的民众依山而居，多风，土坚水硬，人们以粗布为衣，吃的是丰富的肉类奶食，大多体型比较壮实，所以外邪不容易伤害他们的形体，疾病多从体内而生，适合用草木虫鱼鸟兽有毒性的内服药物来治疗。因此有毒性的药物疗法是从西方传过来的。

北方地域，天地之气在这里闭藏。这里地势较高，气候寒冷。人们喜好游牧生活，吃的多为乳类食物，因此内脏受寒，容易得脘腹胀满的疾病，适合用艾灸来治疗，所以艾灸疗法是从北边传过来的。

南方地域，天地之气在这里生长，是阳气最旺盛的地方。这里地势低洼，水土薄弱，气候潮湿，常见雾露。这里的人喜欢吃酸味和腌制的食品，皮肤腠理较为细密并呈现红色，容易发生抽筋、麻痹一类的疾病，适合用针刺来治疗，所以九针疗法是从南方传来的。

中央地区，地势平坦，气候湿润，天地之气较为中和，物产丰富。这里的人吃的东西种类杂多，生活比较安逸，容易发生痿弱、厥逆、寒热一类的疾病。适合用导引、按摩的方法来治疗，所以导引、按摩的疗法是从中央推广出去的。

因此，高明的医生会根据天、地、人的不同来恰当选择合适的治疗方法，尽管治疗方法会各有不同，但病人最终都能痊愈，因为医生了解每个患者的具体病情并知道应该用什么疗法。

（《黄帝内经·素问·异法方宜论》）

❁ 赏析

这一篇叫作《异法方宜论》，"异法"即不同的方法，"方"即方位，"宜"即适宜、合适。所谓"一方水土养一方人"，不同地方的地理环境、自然气候、生存条件是不同的，这便导致了居住在这些环境的人的体质各不相同，生活习惯也各不相同，那么他们所患的疾病也不相同，在治疗时候便要采取不同的方法。

在这里提及了五种治法，分别为砭石、毒药、艾灸、九针、按摩。砭石主要就是放血疗法，如身上起了痈疮需要切开放脓，与现代治疗痈疮的方法类似，只不过使用的工具是石头磨制成的刀。而毒药即药物疗法，在中医看来，药物的药性就是毒性，毒性合理运用就是药性，所以称为毒药。艾灸即通过燃烧艾草制造热量，以热来驱寒。九针即针刺疗法，在古代有九种针，故称为"九针"，现代针灸多用九针中的"毫针"。按摩包括了推拿、导引等疗法，通过外界刺激、揉按、捶打，或者自身拉伸活动来治疗相应疾病。

中医的思维是动态的、整体的、联系的思维，因地、因时、因人的不同，来选择合适的方法来治疗。在面对患者时，哪怕不同的患者患的是同一种病，在中医看来也不能用相同的方法去治疗，而是要充分考虑每一个患者的出身、性格、疾病转归等要素，妥善制定治疗方案，这便叫作同病异治。在日常生活中，同样是受风感冒，在中医看来要分为风热、风寒，如市面上常见的感冒冲剂等中成药，都是针对风热感冒的，如果病患所得是风寒感冒用这些药反而会适得其反。

这一点不仅值得现代医学学习，更是值得各行各业去深思。方法只是技术，现代科学的发展极大丰富了医生的手段，但关键是要立足中医理论综合运用各种技术手段。

（七）

🔅 原文

> 黄帝问曰：诊法何如？
>
> 岐伯对曰：诊法常以平旦，阴气未动，阳气未散，饮食未进，经脉未盛，络脉调匀，气血未乱，故乃可诊有过之脉。切脉动静而视精明，察五色，观五脏有余不足，六腑强弱形之盛衰，以此参伍，决死生之分。
>
> （《黄帝内经·素问·脉要精微论》）
>
> 善诊者察色按脉，先别阴阳，审清浊，而知部分；视喘息听音声，而知所苦；观权衡规矩，而知病所主；按尺寸，观浮沉滑涩而知病所生以治。无过以诊，则不失矣。
>
> （《黄帝内经·素问·阴阳应象大论》）
>
> 圣人之治病也，必知天地阴阳，四时经纪，五藏六府，雌雄表里，刺灸、砭石、毒药所主，从容人事，以明经道，贵贱贫富，各异品理，问年少长，勇怯之理，审于分部，知病本始，八正[1]九候[2]，诊必副矣。
>
> （《黄帝内经·素问·疏五过论》）

🔅 注释

[1]八正：指春分、秋分、夏至、冬至、立春、立夏、立秋、立冬八个时令。

[2]九候：人体的颈、腕、足各有一个动脉可以用于脉诊，各分为寸、关、尺三部分，称为九候。

🔅 翻译

黄帝问道：诊断有什么方法？

岐伯回答道：诊断病人的病情最好是在早晨，这个时候阴气没有变动，阳气没有散去，没有吃东西，经脉之气不会太过于强盛，络脉也就比较调和均匀，气血没有混乱，所以可以很明显地感受到不正常的脉象。在感受脉象动静变化的同时，也要观察这个人的气色、精神，由此可以观察五脏之气是有余还是不足，六腑的强弱如何，形体的盛衰如何，以此相互参照考虑，从而对生与死进行判断。

（《黄帝内经·素问·脉要精微论》）

善于诊断疾病的人，会观察患者的面色，按触患者的脉搏，先区分属阳病还是阴病，审察清浊，明确知道是哪个部分出现了疾病；观察病人的呼吸，听病人的声音，从而知道病人痛苦在哪里；观察这个人所作的各种判断行为，从而知道疾病的主要属性；诊察患者脉象的浮沉滑涩，就能知道病因所在。如此，在治疗的时候就不会犯错，在诊断的时候就不会出现过失。

（《黄帝内经·素问·阴阳应象大论》）

圣人在治病时，必定先要通晓天地阴阳，四季经络、五脏六腑、雌雄表里的相互关系，知晓针刺、艾灸、砭石、药物等疗法的适应病症。对于人事也要从容理解，以明白医道诊治的大法，要去了解病人的生活条件和环境、性格品行，要询问病人的年龄、怕与不怕的事物，审察疾病所属的分部，就可以知道疾病的病因，对照八正时节与九候的脉象，诊治就能很准确。

（《黄帝内经·素问·疏五过论》）

❀ 赏析

一个好的中医，在病人进门进入自己视线之时便已经开始诊断了，通过患者的步伐、呼吸、外貌就可以判断出其身体状况，通过患者的穿着、打扮、气质便可以判断出其家庭状况，通过患者的声音、眼神、习惯可以知道更多信息。将这些信息进行综合判断，从而得出更多关于治疗的线索，这是一个好医生必须掌握的。

一个人如果遭遇了突然破产，家中不幸，过度操劳等情况，都有可能引发疾病，但这些又是检查不出来的。医学是一门综合性的学科，并不是仅仅学会病理、生理、解剖就能看好病的。

现代社会抑郁症多发，抑郁症已经是影响当代人健康的重要疾病。现代医学认为抑郁症是人体内分泌系统的变化所引起的疾病，通过坚持服用精神类药物便可缓解，但精神药物往往具有巨大的副作用，也未必能使人痊愈。在上一段便提到，"毒药"只是一种治疗方法，有其局限性，对这类患者进行治疗，选择心理疏导比药物治疗更加重要。

抑郁症往往有其发病契机，即症结所在，患者可能是性格原因，可能是突逢变故，可能是过度劳累。医生应该要与患者交谈，苦患者之所苦，设身处地地为患者考虑，才能真正把握到疾病治疗的关键。

医乃仁术，中医时刻强调要将患者放在第一位，安神定志，无欲无求，先发大慈恻隐之心，才能开始治病救人。

（八）

◎ 原文

> 黄帝曰：余闻五疫之至，皆相染易[1]，无问大小，病状相似，不施救疗，如何可得不相移易者？
>
> 岐伯曰：不相染者，正气存内，邪不可干，避其毒气，天牝[2]从来，复得其往，气出于脑，即不邪干。
>
> （《黄帝内经·素问·刺法论》）

◎ 注释

[1] 染易：相互传染。

[2] 天牝：口鼻。

◎ 翻译

黄帝问道：我听说五种疫病来的时候，人与人之间相互传染，无论是大人还是小孩，症状都十分相似。如果来不及救治，如何才能让他们不至于互相传染呢？

岐伯回答道：疫情之中不受到感染的人，都是因为体内正气充实，邪气便不能侵入，并且学会规避这些毒气。邪气自口鼻而入，又从口鼻出来，只要正气守护在脑窍之中，邪气就不能侵犯了。

（《黄帝内经·素问·刺法论》）

◎ 赏析

古人在几千年的防病祛邪的实践中，以中医理论为指导，总结出了丰富的防病理论，积累了丰富的防病经验，这些经验在今日仍然适用。

这一段所强调的便是中医防病理论的核心"正气存内，邪不可干"。

所谓正气，可以理解为免疫力，或者自身的体质强弱，说到根本，还是中医重视"治未病"，提前养好强健的体魄，面对病邪便有抗击之力，接触到也未必发病，发病了也很快就好了。

同时也需要强调的是"虚邪贼风，避之有时"，即使身体强壮，也还是要避免与病邪毒气的接触，因为有些邪毒过于强大，人的体质和免疫力难免会受到侵害。

（九）

◎ 原文

> 天之在我者德也，地之在我者气也。德流气薄[1]而生者也。故生之来谓之精[2]，两精相搏谓之神，随神往来者谓之魂，并精而出入者谓之魄，所以任物者谓之心，心有所忆谓之意，意之所存谓之志，因志而存变谓之思，因思而远慕谓之虑，因虑而处物谓之智。故智者之养生也，必顺四时而适寒暑，和喜怒而安居处，节阴阳而调刚柔。如是，则僻邪不至，长生久视。
>
> （《黄帝内经·灵枢·本神》）

🔘 注释

[1] 德流气薄：指天地之气交汇。

[2] 精：古人认为精是构成生命的最基本物质。

❀ 翻译

天赋予人的是德，地赋予人的是气，天德地气交汇就生成了人。因此，构成人体的原始物质叫作精，阴阳两精结合便产生了生命，随着生命活动而对外界环境有了所思所忆的感受，对外界的感受的积累就有了意志。对这种意志产生支配的是心，心对外来事物有所记忆而留下的印象叫作意念，意念经过积累形成的认识叫作志，根据所产生的认识而去思考变化叫作思，由思考而产生反复琢磨叫作虑，通过思虑而把握规律、利用规律叫作智。

所以智者的养生，就是把握并适应了天地四时寒暑变化的规律，调和喜怒的情绪，安定居住的环境，节制阴阳的交合，调节刚柔的程度。如此，便可以不受邪气侵犯，寿命变长。

（《黄帝内经·灵枢·本神》）

❋ 赏析

这是古人对人体思维情志活动的相关论述。《黄帝内经》十分重视人的精神作用，这一段可以说是全书讲解人之精神最系统与深刻的一篇。篇名"本神"，强调的就是"本于神"，以神为本，而所谓的神，不仅仅是人类的精神，也是自然界的规律大道。

现代科学家推测，几十亿年前地球是一颗裸露的岩石星球，是天空中先有了雷电，天地之间的物质激烈交荡，之后逐渐有了水，简单物质才能在漫长的时间长河中化生了生命。所以天与地的交汇产生了生命，天的力量被称为德，也就是天道规律，大地提供了承载之处与物质，也就是气，这便是"德流气薄而生"。"精"被认为是构成生命的最基础物质，它可以分化为人体的各种组织，而人由受精卵发育而成，受精卵便是父母之精结合的产物，结合之后便有了新的生命，生命产生新的思维，故"两精相搏谓之神"。而"魂"与"魄"便是指人的思维与体魄，逐渐发育完善，等"心"发育完成后，人便开始有了主观感受，随着对世界的认识，逐渐发展出意念、志向、思考、智慧、思虑。

因此，我们能够看出，古人对于生命的演化、智慧的发展有着极为深刻的认识，在这类哲学性的问题上，并不落后于现代人，《黄帝内经》中蕴藏的古圣先贤智慧，值得所有人去思考、感悟、学习。

（十）

🪷 原文

天至高不可度，地至广不可量，此之谓也。且夫人生于天地之间，六合之内，此天之高，地之广也，非人力之所能度量而至也。若夫八尺之士，皮肉在此，外可度量切循[1]而得之，其死可解剖而视之。其脏之坚脆，腑之大小，谷[2]之多少，脉之长短，血之清浊，气之多少，十二经之多血少气，与其少血多气，与其皆多血气，与其皆少血气，皆有大数。其治以针艾，各调其经气，固其常有合乎。

（《黄帝内经·灵枢·经水》）

◎ **注释**

[1]度量切循：按照组织结构切开。

[2]谷：指肌肉缝隙、凹陷处。

❀ **翻译**

天空太过于高阔，大地太过于广阔，以至于不可度量，说的就是这种情况。人诞生于天地之间，时空之内，天地的广阔高大不是人力所能度量的。人只有八尺长，皮肉就在这里，人体可以很轻松地触摸到并且测量，人死去后还可以解剖从而看到体内：五脏的强弱、六腑的大小、肌肉缝隙的多少、血脉的长短、血液的清浊、气的多少、十二经络血气的多少，都可以得到大致的了解。通过针刺和艾灸来治疗，调整经络之气，使之达到一个健康合适的状态。

（《黄帝内经·灵枢·经水》）

✹ **赏析**

中医学有着丰富的解剖经验，十分了解人体的物质生理结构，这段话是世界上现存最早的对人体解剖的记载。但古人在很早便认识到，对解剖结构上的脏腑进行研究并不能解释生命中的种种现象，所以中医学的发展没有建立在具体微观的局部物质结构上的，而是重视整体与联系，从宏观的生命活动、生理功能来总结规律，从而形成一套独特的理论体系。由此，中医所论述的各类名词如心、肝、脾、肺、肾、经络、气、血，也并非仅仅只是现代医学解剖结构上的对应概念，而是一种功能概括，包括了参与该功能的各个组织的部分或全部结构。

在现代，对中医经络学说的研究很多，每过一段时间便有研究机构发布所谓的"突破性进展"，号称找到了经络。实际上经络包括了肌肉、神经、血管、骨骼、皮肤、肌腱，是由这些组织共同参与而抽象出的功能概念，就像"爱"与"快乐"一样，所以想要找到这些名词的单一物质结构是不现实的。

现代科学的研究逐渐证明了中医这些哲学理论的前瞻性，逐渐认识到每个生命现象都是多结构多器官多受体的协调作用，由此也提出了许多新的研究方法，取得了一定的研究成果。相信随着科学的发展，有朝一日能够真正解开中医学的奥秘。

同时我们需要认识到，中医学的认识论也有着一些缺陷，中医学从宏观角度的叙事虽然可以揭示生命发展的规律，但微观、具体内容的欠缺会让中医难以学习与理解，由此便会产生一些误解与扭曲。

（十一）

🌀 原文

> 先病而后逆[1]者，治其本。先逆而后病者，治其本。先寒而后生病者，治其本。先病而后生寒者，治其本。先热而后生病者，治其本。先泄而后生他病者，治其本，必且调之，乃治其他病。先病而后中满[2]者，治其标。先病后泄者，治其本。先中满而后烦心者，治其本。

> （《黄帝内经·灵枢·病本》）

◎ 注释

［1］逆：指气血逆乱，人体处在不舒服的状态。

［2］中满：指腹胀。

🌸 翻译

先患病而后气血逆乱的，治其病为本；先气血逆乱而后患病的，治其气血逆乱为本。先受寒邪而后致病的，治其寒邪为本。先患病而后发生寒症的，治其病为本。先受热邪而后致病的，治其热邪为本。先腹泻而后发生其他病的，治腹泻为本，并且需要调理好身体，才能治疗其他的病；先患病而后发生腹胀的，先治疗腹胀的标。先患病而后发生腹泻的，治其病为本；先中满而后心烦的，治其中满为本。

（《黄帝内经·灵枢·病本》）

✳ 赏析

此篇名为"病本"，是治病求本的意思。"本"便是根本原因，与之对应的"标"就是人们能看到的表象。疾病的表象是由根本引起的，如一个患者受风寒导致打喷嚏流鼻涕发热，后面这些症状便是"标"，正气不足感受风寒便是"本"。

中医有"急则治其标，缓则治其本"之说。患者如果是急性感冒，高热神昏，就需要尽快控制发热症状，以免高热状态对人体产生损伤，中医可能便会使用黄连解毒汤一类的清热解毒剂，或者采取刺血等见效快的疗法。但慢性感冒，经久不愈，便不能这样治疗，因为上述疗法虽然见效快，但对人体自身也是一种损伤。这个患者的本在于"感受风寒"，一方面是没有规避外邪，另一方面是自身正气虚弱了。所以如果采取治本的策略，那么应该先强壮身体，身体强壮了便能抵抗外邪，感冒也就变好了。

中医理论认为"见血休治血，见痰休治痰"，见到患者有慢性出血、痰多的症状，使用止血药或者化痰药大多是没有效果的，而是要看向这两个症状的根本。如慢性出血可能是血热，也可能是脾虚引起。必须看到病因的根本，一味止血虽有一时之功，长此以往反而会耽误患者的治疗。

（十二）

❀ 原文

岐伯曰：人生十岁，五脏始定[1]，血气已通，其气在下，故好走。二十岁，血气始盛，肌肉方长，故好趋。三十岁，五脏大定，肌肉坚固，血脉盛满，故好步。四十岁，五脏六腑十二经脉，皆大盛以平定，腠理始疏，荣华颓落，发颇斑白，平盛不摇，故好坐。五十岁，肝气始衰，肝叶始薄，胆汁始减，目始不明。六十岁，心气始衰，苦忧悲，血气懈惰，故好卧。七十岁，脾气虚，皮肤枯。八十岁，肺气衰，魄离，故言善误。九十岁，肾气焦，四脏经脉空虚。百岁，五脏皆虚，神气皆去，形骸[2]独居而终矣。

（《黄帝内经·灵枢·天年》）

❀ 注释

[1]始定：刚刚长成。
[2]形骸：指肉体。

❀ 翻译

岐伯说：人长到十岁，五脏刚刚长成，血气已经通畅，这时的气行下肢，所以喜欢跑。到二十岁，血气开始旺盛，肌肉正在发育生长，所以喜欢快走。到三十岁，五脏完全发育成熟，肌肉坚固，气血盛满，所以喜欢行走。到四十岁，五脏六腑及十二经脉，都十分旺盛而且平和稳定，但肌肤腠理开始松懈，美好的颜容逐渐衰落，头发可见斑白，走路不稳，所以喜欢坐。到五十岁，肝气的机能开始衰弱，胆汁开始减少，视力开始下降。到六十岁，心气开始衰退，常受忧愁悲伤的负面情绪的干扰，血气运行迟缓，所以喜欢躺卧。到七十岁，脾胃虚弱，皮肤干枯。到八十岁，肺气衰退，神衰魄散，所以经常说错话。到九十岁，肾气干涸，肝、心、脾、肺四脏及经脉俱已空虚。到一百岁，五脏全部空虚，神气俱都散去，这时，人体会逐渐走向死亡。

（《黄帝内经·灵枢·天年》）

❀ 赏析

本段文字是对人体生命阶段的大致概括，以十年为一个阶段，同时在《黄帝内经》中还有男子以八年为周期，女子以七年为周期的生命阶段划分。与自然界的规律一样，人的一生也是一个生长收藏的过程，从年少气盛到年老气衰，所有人都会经历生老病死的过程。

五脏衰弱的顺序也值得我们关注，衰老是从肝开始的，肝属木，木生火，火为心。所以肝衰弱之后，心无生化之源，也逐渐衰落。之后的脾（土）、肺（金）、肾（水），都是符合五行生化规律的。从这里可以看出，五行并非只代表五种事物，而是代表体内脏腑五种运动规律，并且这些运动是连续的、相互联系的。

古人认为天人合一，不仅人类，自然界的花草树木、鱼虫鸟兽都要经历从生到死的循环，经历从诞生到消失的过程，所以我们要建立正确的生命观，珍惜活着的每一天。

（十三）

原文

伤寒论第16条

太阳病三日，已发汗，若吐，若下，若温针[1]，仍不解者，此为坏病[2]，桂枝[3]不中与之也。观其脉证，知犯何逆，随证治之。桂枝本为解肌，若其人脉浮紧，发热汗不出者，不可与之也。常须识此，勿令误也。

注释

[1] 温针：针刺与艾灸共用的一种治疗方法。

[2] 坏病：治疗失误而致使疾病恶化。

[3] 桂枝：指桂枝汤，为一种方剂，常用来治太阳病。

翻译

太阳病持续三日，已经用过了发汗、催吐、泻下、温针等方法之后，而病仍不解，这就是出现了治疗失误导致了疾病恶化，这个时候就不能用桂枝汤了。观察患者的症状与脉象，仔细辨别是何处出现了失误，判断清楚后再去治疗。桂枝汤本可以解肌，但若患者脉象浮紧，发热不出汗，就不可以用桂枝汤。要常常记着这点，不能在治疗上失误。

赏析

这一段话提出了中医学临床治病的重要原则，即"辩证论治"。在这一段中我们可以看出，医生治病应当谨慎再谨慎，否则会导致患者病情恶化，同时也能看出中医学是有着很严谨的内在逻辑的，一种疾病的症状与治疗方法，适用范围间存在着自身的紧密联系。但很多医生学艺不精，不懂"观其脉证，知犯何逆，随证治之"，便是所谓"庸医"了。

（十四）

原文

金匮要略·藏府经络先后病脉证第一

问曰：上工[1]治未病，何也？

师曰：夫治未病者，见肝之病，知肝传脾，当先实脾，四季脾旺不受邪，即勿补之。中工不晓相传，见肝之病，不解实脾，唯治肝也。

夫肝之病，补用酸，助用焦苦，益用甘味之药调之。酸入肝，焦苦入心，甘入脾。脾能伤肾，肾气微弱，则水不行；水不行，则心火气盛，则伤肺；肺被伤，则金气不行；金气不行，则肝气盛。故实脾，则肝自愈。此治肝补脾之要妙也。肝虚则用此法，实则不在用之。经曰：虚虚实实，补不足，损有余，是其义也。余藏准此。

夫人禀五常[2]，因风气而生长，风气虽能生万物，亦能害万物，如水能浮舟，亦能覆舟。若五藏元真通畅，人即安和。客气邪风，中人多死。千般疢难[3]，不越三条；一者，经络受邪，入藏府，为内所因也；二者，四肢九窍，血脉相传，壅塞不通，为外皮肤所中也；三者，房室、金刃、虫兽所伤。以此详之，病由都尽。

若人能养慎[4]，不令邪风干忤经络，适中经络，未流传藏府，即医治之，四肢才觉重滞，即导引、吐纳、针灸、膏摩，勿令九窍闭塞；更能无犯王法、禽兽灾伤，房室勿令竭乏，服食节其冷、热、苦、酸、辛、甘，不遗形体有衰，病则无由入其腠理。

注释

[1] 上工：即上医，高明的医生。

[2] 五常：指金木水火土五行。

[3] 疢难：指疾病灾害。

[4] 养慎：慎重地养生。

翻译

有人问道：高明的医生治未病，这是什么意思？

老师回答说：治未病，就是看见肝病，心里知道肝病会向脾传变，就应当先健脾。在四季每季的最后一个月时脾气较旺，不会受邪，这个时候就不用健脾。一般的医生不知道传变的道理，看见肝病了，只知道治肝，不知道要去健脾。

对于肝脏的病，用酸味药来补，用苦味药来泻，用甘味调和。五味中酸属肝，苦属心，甘属脾。五行中脾为土，土克水，便会伤肾，肾脏虚弱，水不制火，心火便会旺盛，火克金，肺便会受伤，金不制木，肝气就会盛。所以健脾之后，肝气虚就自愈了。这就是治肝补脾的奥秘，肝虚证可以这样治疗，若是肝实证则不能这样。弄清楚疾病的虚实，补不足，损有余，其余脏腑都可以按照这个道理来治疗。

人禀天地之间的五行之气而生，受到风气的作用而生长，风气虽然能生万物，但也能害万物，就像水能承载船，也能淹没船。如果五脏精气充足，气血通畅，人就会安全平和。外界的邪气如果击中了人的弱点，便会导致死亡。诸多疾病，一般就是三种病因，第一，经络受邪，传入脏腑，这是内因。第二，皮肤九窍受邪，在血脉中传变，导致气血壅塞，为皮肤受邪导致。第三，房事不节、刀刃所伤、虫兽叮咬。这样来分类，疾病都包括进去了。

如果人能够谨慎地养生，不让外界邪气染中经络，或者刚刚受邪，还没有传及脏腑就去医治；刚感觉到四肢重滞就去采取导引、吐纳、针灸、膏摩等手段来治疗，不要让九窍闭塞，更能不违反法律，不被禽兽攻击刀刃伤害，房事有节，饮食寒热适中，五味调和，不让形体有弱点，病邪就没有办法损害人体。

赏析

好的医生能够预见疾病的变化，从而提前采取措施。这也是中医治未病的重要内涵，即已病防变。该段话中，提到"见肝之病，知肝传脾"，这是因为五行中肝属木，脾属土，肝有邪气，根据五行相克规律就会向脾传变，也就是我们常说的肝气犯脾。在日常生活中，一旦生气就很容易吃不下饭，所谓"气都气饱了"也就是这个道理。

中医学的主要思维是"取象思维"，在分析人的生理功能结构时，将人体脏腑、器官、生理部位和情志活动与外界的声音、颜色、季节、气候、方位、味道等按功能属性分门别类地归属在一起。这种取象的范围可不断扩展，只要功能关系、阴阳五行属性相同，就可无限地类推、类比。如中医常说"左肝右肺"，历来受到很大争议，因为在解剖位置上肝应该在右边，肺在上面。实际上中医的这种说法是从功能、动态属性上说的，肝有上升、条达的功能，故与春天、东方等归为一类，东方即左边。

在这里便是将四季、五味与五脏对应，从而制定补泻策略。一年有十二个月，分四个季节，春对应木（肝）、夏对应火（心）、秋对应金（肺）、冬对应水（肾），在每个季节，对应的脏腑之气就会强盛。而每个季节有三个月，这三个月中的最后一个月为"土月"，故在每年四季的最后一个月，脾气较为旺盛，这个时候就不需要特意去补益它。这也就是中医因时制宜的原则。

一般的医生不知道健脾，光去治肝会导致什么后果呢？可能肝病好了，但是脾胃虚弱了，胃口变差，吸收不了营养，日渐消瘦，整个人的体质都会逐渐变差。如果在脾旺之时还去补脾，就会脾气太盛。所以想要真正治好病，必须从整体、联系、全面的角度去看待问题。

文中言"风气虽能生万物"，风气属木，为春天之气，春天是万物生长的季节，所以说风气能生万物，万物也就包括了病气，故风为百病之长。人生于天地之间，天地之间充斥了各种各样的自然现象，古人认为天地之间有六种自然之气，分别为风、寒、暑、湿、燥、火，这被称为六气，六气正常运行则构成了自然界的气候变化，如若六气反常变化，就会变成六邪，又叫六淫，便会导致疾病。但若人体自生正气强盛，即前面所谓的"正气存内"，人便能抵抗这些外界邪气。

同时，中医以病因为据，将疾病分为三类。前两类都是感受外邪导致，第一类是外邪通过经络传入脏腑。第二类是感受外邪后，邪气侵入体表，由血脉传入腠里至四肢、九窍使其壅塞不通。第三种则是由于各类问题，或是外伤，或是房事，这一类统称为杂病。《伤寒杂病论》分为《伤寒论》与《金匮要略》两部分，《伤寒论》便是论外邪所致疾病，《金匮要略》便主要论述杂病的治法，此篇便是《金匮要略》第一篇所载。

最后实际依然在强调"上工治未病"的观念，感到有不舒服应当马上采取措施，不能让邪气入里，小病养成大病。

三、阅读链接

西山药库

安徽省六安市地处北亚热带与温带之间，气候温和，雨量充沛，光照充足，四季分明，生态环境优良。巍巍大别山，滔滔淠史杭，山高水长，山清水秀，形成独特的生态系统。其中西南部的山区分属霍山县、金寨县两个主要药材产区，有"西山药库"的美誉。西山处在神奇的北纬31°，是一片原始森林。由于地处江淮分水岭，属南北气候分界点，这里山地气候复杂多变，造就了动植物的多样性，其中也包括了品种繁多的中药材。此地地貌多样，有丘陵、低山、中山等多种地貌，不同区域海拔高度在 50～1700 米以上不等，最高峰白马尖海拔 1770 米。该地平均气温 14～16°，无霜期 210～240 天，年平均日照时数 2200 小时，年平均降雨量 1200～1500 毫米，形成了阴凉潮湿、风畅多雾的独特小气候，为孕育丰富的中药材资源造就了得天独厚的气候和地理条件。

据调查，《本草纲目》中收录的 1892 种中药材，西山药库就有其中的 238 科 1866 种，珍贵道地药材总蕴藏量达 1 亿多公斤，品种占安徽省中药材资源的一半以上。霍山石斛简称霍斛，又名米斛，属兰科多年生草本植物，是一种极负盛名的中药材。石斛，全世界有 1500 多种，我国有 57 种，而霍斛则是药用石斛中的极品。唐代开元年间《道藏》一书把霍山石斛列为"中国九大仙草"之首，有"软黄金"之称。霍斛，因最早发现和主产区在霍山而得名，生长在西山药库核心区的山谷、水旁、石上，以干燥茎（又名霍枫斗）或鲜草药用，性微寒，味甘淡，具有生津益胃、清热养生之功效，主治阴伤津亏，食少干呕，病后虚热，目暗不明及筋骨萎软等症，《神农本草》《本草纲目》均有记载。史书《增补本草备要》称："斛出霍山，养胃清热，功胜全面。"《百草镜》称："干之而不槁，嚼之且无渣，味浓厚而富脂膏，确为无上妙品。"现代研究成果表明，霍斛能抑制肝脏细胞中胆固醇的合成，降低血浆胆固醇浓度，对肺癌、胃癌、卵巢癌等肿瘤细胞也具有明显抑制作用。

《名医别录》记载"赤芝生霍山"，《道藏》同样将深山灵芝列"中华九大仙草"。此外，西山药库还拥有茯苓、桑黄、断血流、天麻、杜仲、桔梗、百合、丹参、野菊花、重楼、黄精等知名药材。2016 年安徽省公布的"十大皖药"：霍山石斛、灵芝、亳白芍、黄精、茯苓、宣木瓜、菊花、丹皮、断血流、桔梗；其中霍山石斛、灵芝、茯苓、断血流、黄精、天麻等名贵药材品牌建设地重点落在六安。为把药库变成宝藏，六安市人民政府编制了《六安市中药产业发展规划（2016—2025）》建立完善了石斛、灵芝、茯苓、断血流、黄精、天麻等名贵道地中药材品种国家级和省级标准，促进中药材种植、储存、加工和销售一体化发展，延伸中药产业链条，加快西山药库和中药材资源保护区建设。

四、思考练习

1. 中医理论是如何认识世界与生命的？
2. 阴阳五行理论的内涵是什么？
3. 如何才能成为一名好的医生？

五、综合实践

1. 体会一下周围人的脉象有什么不同。
2. 观察周围人的舌苔不同。
3. 寻找身边的中药材，并借助网络了解它们的药性。

六、阅读书目

1. 刘力红著：《思考中医》（第 4 版），广西师范大学出版社，2018 年。
2. 张其成著：《张其成讲黄帝内经：中国人的生命智慧》，天地出版社，2021 年。
3. 张锡纯著：《医学衷中参西录》（第 3 版），河北科学技术出版社，2016 年。

七、延伸阅读

《大医精诚篇》节选

凡大医治病，必当安神定志，无欲无求，先发大慈恻隐之心，誓愿普救含灵之苦。若有疾厄来求救者，不得问其贵贱贫富，长幼妍蚩[1]，怨亲善友，华夷愚智，普同一等，皆如至亲之想。亦不得瞻前顾后，自虑吉凶，护惜身命。见彼苦恼，若己有之，深心凄怆。勿避险巇[2]、昼夜寒暑、饥渴疲劳，一心赴救，无作功夫形迹之心。如此可为苍生大医，反此则是含灵[3]巨贼。自古名贤治病，多用生命以济危急，虽曰贱畜贵人，至于爱命，人畜一也，损彼益己，物情同患，况于人乎。夫杀生求生，去生更远。吾今此方，所以不用生命为药者，良由此也。其虻虫、水蛭之属，市有先死者，则市而用之，不在此例。只如鸡卵一物，以其混沌未分，必有大段要急之处，不得已隐忍而用之。能不用者，斯为大哲亦所不及也。其有患疮痍下痢，臭秽不可瞻视，人所恶见者，但发惭愧、凄怜、忧恤之意，不得起一念蒂芥之心，是吾之志也。

（节选自《备急千金要方》，（唐）孙思邈，人民卫生出版社，2022 年版）

◎ **注释**

[1] 妍蚩：美好和丑陋。
[2] 险巇：危险的地方。
[3] 含灵：代指人类。

第七章　蒙学养正

第一节

蒙学概述

蒙学就是对孩童的启蒙教育，相当于现今幼儿园或小学阶段的教育，因为属于开蒙教育，所以古时称蒙学。

"蒙学"一词，源于《易经》。《易经》前四卦：乾、坤、屯、蒙。乾卦第一：天乾；坤卦第二：地坤；屯卦第三：初生；蒙卦第四：蒙稚。《序卦传》："物生必蒙，故受之以蒙。蒙者，蒙也，物之稚也。"孩童初入人世，懵懂无知，需要开蒙。

《礼记·学记》："玉不琢，不成器，人不学，不知道。是故古之王者，建国君民，教学为先。"自有人类，便有教育，古人早就认识到教育对于人的成长的重要性。《礼记·王制》："有虞氏养国老于上庠，养庶老于下庠。"这种养老与教学兼行的机构，是学校的萌芽。原始时期的教育雏形不成熟，但逐渐体现出阶级差别。到了夏商周，国家形成了，文字也形成了，教育开始成为一个专门机构。贵族为了教育自己的后代，开创了学校。《古今图书集成》："夏后氏设东序为大学，西序为小学。"西周时期，学校制度进入完善阶段，小学教育有了相对完善的体系，并且规定八岁是王侯太子入国之小学的年龄，十岁至十三岁是公卿之太子、大夫元士之嫡子入国之小学的年龄，十五岁是众子及部分平民子弟入小学的年龄。规定小学的学习年限约为七年。

战国时期，私学得到进一步发展。当时养士之风盛行，百家争鸣，各学派纷纷兴办私学，其中儒家、道家、法家、墨家兴办的私学影响最大。孔丘是儒家私学的创始人。齐国的稷下学宫则是一所由官家举办私家主持的特殊形式的学校。秦朝时期禁锢思想，严禁私学。汉朝时期重新重视教育，学校教育再度兴起，建立了官学和私学教育系统，奠定了学校制度的发展和完善的基础。魏晋南北朝时期，官学、私学有同步发展，五代时出现书院等新的教学形式。隋唐时期的科举制度，这对学校教育产生导向作用，教育开始为科举考试服务。

唐朝国家统一，社会稳定，思想开放，教育更加繁荣。唐朝时期中央教育机构由附属改为独立设置，国子监成为中央政府教育行政机构。唐代中央官学实行等级入学制度，贵族和官僚子弟有优先入学的特权，学生按出身门第的高低、父祖官位的品级进入相应的学校。唐代小学教育基本依靠私学，已经有完善的系统，小学教育体系有村学、私塾、家塾、家学等。私塾是小型的教育私学形式，灵活简便，便于孩童就学，乡村和

蒙学养正

城镇均设有私塾。家塾是私塾的另一种形态，一般由家族主持，专门为家族内部或亲族孩童提供教育机会。家学则是有文化的人对家中子弟进行系统的家庭教育。

宋元时期，教育事业进一步发展，建立了较为完善的官学体系。据《续资治通鉴》记载，北宋崇宁元年（1102 年）"天下州县并置学，州置教授二员，县置小学。县学生选考升诸州学，州学生每三年贡太学"。可见那时县及县以上行政单位均设置有小学。元朝继承了宋朝的教学政策，初期"令江南诸路学及各县学内设小学，选老成之士教之，或自愿招师，或自受家学于父兄者，亦从其便"。1286 年，元朝进一步重视设立小学，下令全国各地农村每 50 家组成一社，每社设立学校一所。

明清时期沿袭元朝的社学的制度。1375 年，朱元璋"诏天下立社学""府州县每五十家设社学一所"。明朝还规定八岁到十五岁的男童必须进入社学，"民间子弟八岁不就学者，罚其父兄"。清朝除在全国各地设立社学外，还出现义学、井学等办学形式。义学主要接纳贫困孩子和孤儿，以及偏远少数民族的孩子入学。井学是专门设置在边疆地区的学校。发达的官方小学和私学相互补充，形成了比较完善的蒙学、小学教育体系。

我国早期的蒙学教育主要教授生活技能、道德习惯。蒙学教育的内容主要是德、行、艺、仪等几方面，涉及识字、道德、礼仪、书法、算术、舞蹈、音乐、体育、军事等，实际上是贵族对道德行为准则和社会生活知识技能的基本训练。

古人认为最基本的道德就是孝，教育的"教"字从"孝"，"孝"的甲骨文是"子曲伏于父"的样子，而"攵"则是手拿木棍的样子。孔子说"夫孝，德之本也，教之所由生也"。有了孝，子女才会遵守父亲的志愿，听从父亲的命令，继承父亲的事业。教以孝为基础，仁、义、忠、信等道德观念成为重要的道德教育内容。夏商周时期的教育是贵族垄断的教育，对儿童也进行简单的军事教育。"六艺"中的射和御就属于军事教育的内容。这种军事教育对后来的贵族、士族家庭教育产生长期影响，如秦汉之交的项羽"少时，学书不成，去学剑"，后来又学兵法。贵族的子弟有一个重要的使命就是《礼记·檀弓下》中说的"执干戈以卫社稷"。

儒家思想是中国古代历代教育的基本内容，其中道德教育以儒家思想为基础和核心。除去儒家思想外，古代教育还包括道家、法家、佛教、玄学等不同学派思想的思考。自唐朝后，古代出现一些专科性学校，专门教授律学、书学、算学、医药学、兽医学、天文学，以及音乐、工艺。一些中央部门如太医署、太仆寺、司天台等也设科培养专门人才。在中央官学中，专科性学校的政治地位较低，自然科学知识和技术多在民间由私人传授。

蒙学课本又称"蒙养书""小儿书"，是中国古代专为学童编写或选编，在小学、书馆、私塾、村学等蒙学中进行启蒙教育的课本。中国古代蒙学重视编写适合孩童教育的教材，这些蒙学读本从字书开始。早在周代就有了供学童识字、习字用的字书。西周《史籀篇》是史上记载最早的儿童识字课本。汉代《急就篇》是我国现存最早的蒙书。两汉魏晋南北朝时也编过不少蒙学字书，这些蒙书多已亡佚，完整保存下来的有《急就篇》和《千字文》。

《急就篇》，一名《急就章》，西汉史游编撰。今本《急就篇》共 2144 字，据前人考证最后 128 字为东汉人所加。《急就篇》把当时的常用字，按姓氏、衣着、农艺、饮食、器用、音乐、生理、兵器、飞禽、走兽、医药、人事等分类，编纂成三言、四言、七言韵语，便于记诵，又利于实用，是汉魏至唐蒙学通用的字书。

《千字文》为南北朝梁周兴嗣编，以"天地玄黄宇宙洪荒"开头，依次叙述有关天文、博物、历史、人伦、教育、生活等方面的知识，是以识字教育为主，兼有封建思想教育和常识教育的综合性课本。《千字文》自隋开始流行，直至清末，是中国历史上流传最久的蒙学课本。它在内容上，把常用单字组织成通顺的、能够表达一定意义的句子；在语言上，押韵自然、结构简单，易于朗读背诵，对后来蒙学课本的编写有深刻的影响。

宋元明清时期蒙学教材大量涌现，数量众多。出现《三字经》《幼学琼林》《弟子规》《增广贤文》《二十四孝图说》《声律发蒙》《百家姓》等蒙学课本。

《三字经》相传为南宋王应麟所作，到了民国年间又增加了许多新内容，古人曰："熟读三字经，便可知天下事，通圣人礼。"《三字经》共一千余字，内容包括教育、历史、天文、地理、伦理和道德，以及一些民间传说，广泛生动而又言简意赅。

《百家姓》是一部关于汉字姓氏的作品。按文献记载，成文于北宋初。《百家姓》采用四言体例，对姓氏进行了排列，而且句句押韵，虽然它的内容没有文理，但对于中国姓氏文化的传承、儿童学习识读汉字等方面都起到很大作用。

《三字经》《百家姓》与《千字文》并称"三百千"，是中国古代影响最为广泛的幼儿启蒙读本。

清代王钧（1784 年—1854 年）所作《教童子法》是一部专门论述启蒙教育著作，对蒙学教授方法作全面论述，并对蒙学的一般原理提出了独特的见解。

《易经·蒙卦》："蒙以养正，圣功也。"一语道出蒙学教育的目标——养正教育。中国古代的蒙学教育，官学和私学相结合，重在识字和思想教化，学习儒、道、释家的经典著作，如《论语》《孝经》等。这给儿童打下坚实的文字功底，同时也以儒家道德观念和宗法思想为儿童思想奠基，影响着中国人的基本道德准则。

中国古代的教育"重人伦、轻物理"，在师生关系上主张师道尊严，在教学方法上注重死记硬背，这都是古代蒙学的不足之处。

第二节

《三字经》

一、经典导读

蒙学之
冠——《三
字经》及其
海外传播

《三字经》是我国古代启蒙教材，其成书年代和作者历代说法不一：有人认为宋代人区适子是《三字经》的作者；有人认为《三字经》为明代人黎贞所撰；有人认为《三字经》应成书于南宋绍熙（1190 年—1194 年）至嘉定（1208 年—1224 年）年间；有人认为南宋陈淳用三字句写成的《启蒙初诵》为《三字经》的雏形，《三字经》从雏形到更定，经历了相当长的时间。虽然众说不一，但多数后代学者倾向认为《三字经》为南宋年间王应麟所著，"以课家塾"。其后经章太炎等人多次增改，故《三字经》内容在"叙史"部分，还包含元、明、清、民国时期。

王应麟（1223 年—1296 年），字伯厚，号深宁居士，又号厚斋，庆元府鄞县（今浙江宁波）人，南宋著名学者、教育家、政治家。王应麟天性聪敏，九岁便通六经，十九岁时于宋理宗淳祐元年（1241 年）举进士，宝祐四年（1256 年）再中博学宏词科，历任太常寺主簿、通判台州，召为秘书监、权中书舍人，知徽州、礼部尚书兼给事中等职。他为人正直敢言，屡次冒犯权臣而遭罢斥，后回乡著书二十年，一生著述颇丰，计有二十余种、六百多卷。

王应麟与胡三省、黄震并称"宋元之际浙东学派三大家"。朱熹为其学宗，涉猎经史百家、天文地理，熟悉掌故制度，长于考证。所撰《玉海》二百卷，囊括当时科举考试所需的各类知识；考据性笔记《困学纪闻》以考证为特色，居"宋代三大笔记"之首。王应麟晚年教育本族子弟读书的时候，编写了一本融会经史子集的三字歌诀，据传就是《三字经》。

《三字经》全文一千多字，内容十分丰富，包括教育、孝悌、常识、典籍、朝代、勤学等内容，涉及中国传统文化的文学、历史、哲学、天文地理、人伦义理、忠孝节义等内容，核心思想为"仁、义、诚、敬、孝"，是一部高度浓缩的中国文化史。《三字经》在古代被称为"小纲鉴"，用通俗的文字将经史子集等各部类的知识糅合在一起，形成一个清晰的知识体系，穿插讲述了许多古人的故事和历史典故，真正是"淹贯三才，出入经史"。《三字经》谆谆教诲，言辞恳切，富有哲理，全篇充满了积极向上的乐观精神。

《三字经》三字一句，句句成韵，具有跳跃性，音乐感强，读起来朗朗上口，具有儿歌的突出特点，而且文字简练，通俗易懂，容易记忆，善于概括，具有启迪性。明朝赵南星称其"句短而易读，殊便于开蒙"。《三字经》流传数百年，与《百家姓》《千字文》合称"三百千"，为三大国学启蒙读物，而《三字经》被称为蒙学第一书。

《三字经》很早就传到了日本与韩国，清朝雍正五年（1727 年），《三字经》被译成俄文流传到俄国，此后陆续被译成英、法等多种文字。1990 年秋，联合国教科文组织将《三字经》的英译本选入《儿童道德丛书》，向全世界发行。

本节节录《三字经》三个章节，分别是教育部分、典籍部分和劝学部分。教育部分为《三字经》首篇，说明人性本善，但需要接受良好的教育才能成才。作者在讲道理的同时，列举了孟母三迁、窦燕山教子、黄香温席、孔融让梨等故事，作为榜样，循循善诱，要求孩子从小就要努力学习，并且教导孩子孝顺父母，尊敬兄长，具有感染力和感召力。典籍部分以典籍的学习为切入口，介绍了传统经典著作、朝代更迭等，劝诫孩子以史为鉴。劝学部分，通过许多古人勤奋好学的故事，激励孩子珍惜光阴，勤奋好学。

二、经典选读

（一）

🪷 原文

人之初[1]，性[2]本善。性相近，习相远。苟[3]不教，性乃迁[4]。教之道[5]，贵以专。昔孟母，择邻处。子不学，断机杼[6]。窦燕山[7]，有义方[8]。教五子，名俱扬。养不教，父之过。教不严，师之惰[9]。子不学，非所宜[10]。幼不学，老何为。玉不琢[11]，不成器。人不学，不知义[12]。为人子，方[13]少时。亲师友，习礼仪。香[14]九龄，能温席。孝于亲，所当执[15]。融[16]四岁，能让梨。弟[17]于长，宜先知。首孝悌[18]，次见闻。知某数，识某文。

🔘 注释

[1] 初：开始。指人生起始。

[2] 性：本性。指人的天生的禀性。

[3] 苟：假如。表示假设。

[4] 迁：转变。

[5] 道：方法，遵循的规律。

[6] 机杼：织布机上用于牵引纬线的梭子，这里指布匹。

[7] 窦燕山：本名窦禹钧，五代时蓟州人，家住燕山下，故称"窦燕山"。

[8] 义方：指教子遵守的规矩法度。

[9] 惰：指懈怠。

[10] 宜：合适，应当。

[11] 琢：雕琢。

[12] 义：指仁义道理。

[13] 方：正当。

［14］香：黄香，东汉时期著名孝子。

［15］执：遵守，执行。

［16］融：孔融，东汉鲁国人。

［17］弟：通悌。尊敬兄长。

［18］孝悌：孝，指报答父母的养育之恩；悌，指兄弟姐妹之间的友爱。

翻译

人出生之初，天性是善良的。每个人虽然天性相差不大，但生长的环境和所受教育不同，人的性情和习惯便有了差距。如果不从小给予教育，善良的天性就会发生改变。教育的方法和规律，在于专心如一，坚持不懈。从前孟子的母亲择邻而居，以让孟子拥有一个良好的成长环境。孟子贪玩逃学，孟母就剪断织布机上的布匹来告诫孟子学习不可半途而废的道理。五代时，燕山人窦禹钧教育儿子很有方法，他将五个儿子全部培养成才，名扬天下。为人父母，生养子女却不重视教育子女，这是父母的过错。为人老师，教育学生却不严格要求，是老师懈怠。孩子不努力学习，是不应该的。小时候不努力学习，到老的时候能有什么作为呢？璞玉不打磨雕刻，是不会成为有价值的玉器的；人不努力学习，就不懂得仁义道理。做儿女的，从小就要亲近老师和朋友，学习为人处世的礼节和仪式。东汉时期的黄香，九岁时便懂得孝敬父亲，冬天替父亲暖被窝，夏天给父亲扇凉席子。像这样孝敬父母的行为，是每个人都应当效仿和奉行的。汉代时期的孔融，四岁时，就懂得把大的梨礼让给哥哥，这种尊敬、礼让兄长的道理，是每个人从小就应当知道的。做人首先要懂得孝敬父母，尊重兄长，其次要学习知识，要见多识广。要懂得算术和数学，要认识文字，谙熟文理，具备阅读能力。

赏析

本篇讲述教育儿童的重要性，强调教育要及时，要注重方法。开篇强调人性本善，人的性情和习惯如何，在于生长的环境和所受的教育情况，继而强调教育和引导对于孩子成长的重要性。

作者善于举例，以孟母三迁的典故，说明孩子生长环境的重要性，以窦燕山将五个孩子培养成才的典故，说明教育方法的重要性。作者还以黄香为父温席、孔融让梨的典故，强调孩子要守孝道，兄弟之间要互敬互爱。这些典型事例，既是教育孩子时的范例，足以引为榜样，又具有很强的说服力，可以增强表达效果。

在语言选择上，作者采用对比、假设、反问等方式，增强语势，言之谆谆，语重心长，耐人寻味，令人深思，促人警醒。

（二）

原文

凡[1]训蒙，须讲究。详训诂[2]，明句读[3]。为学者，必有初。小学[4]终，至四书[5]。《论语》[6]者，二十篇。群弟子，记善言。《孟子》[7]者，七篇止[8]。讲道德，说仁义。作《中庸》[9]，子思笔。中不偏，庸不易。作《大学》[10]，乃曾子。

自修齐，至平治。《孝经》[11] 通，四书熟。如六经[12]，始可读。《诗》《书》《易》，《礼》《春秋》。号六经，当讲求。有《连山》[13]，有《归藏》。有《周易》，三易详。有典[14] 谟[15]，有训[16] 诰[17]。有誓[18] 命，《书》[19] 之奥。我周公，作《周礼》[20]。著六官[21]，存治体[22]。大小戴[23]，注《礼记》[24]。述圣言，礼乐备。曰《国风》[25]，曰《雅》《颂》。号四诗，当讽咏。诗既亡，《春秋》[26] 作。寓褒贬，别善恶。三传[27] 者，有《公羊》。有《左氏》，有《穀梁》。经[28] 既明，方读子[29]。撮其要，记其事。五子[30] 者，有荀扬。文中子，及老庄。经子通，读诸史。考世系，知终始。

◎ 注释

[1] 凡：但凡，凡是。

[2] 训诂：对古书中词句的意义用当代语言进行解释。

[3] 句读：文章停顿的地方为句或读。

[4] 小学：古代将基本的文字章法知识称为"小学"。

[5] 四书：《论语》《孟子》《大学》《中庸》合称四书。

[6]《论语》：孔子弟子及再传弟子编纂，记录孔子及其弟子言论和思想的语录文集。

[7]《孟子》：儒家经典著作，由孟子及其弟子编写，共七篇。

[8] 止：结束。也可解释为句末语气词。

[9]《中庸》：儒家经典，选自《礼记》，子思著，共三十三章。子思，名伋，字子思，孔子之孙，孔鲤之子。

[10]《大学》：孔子弟子曾参所著。《大学》是四书中的一篇，和《中庸》一样，也选自《礼记》。

[11]《孝经》：儒家十三经之一，为孔门后学的著作，是孔子给弟子讲孝道的言论。

[12] 六经：指《诗经》《尚书》《周易》《礼记》《春秋》《乐经》。

[13]《连山》：也称《连山易》，相传为神农氏所作。《连山》《归藏》《周易》合称"三易"。"三易"用"卦"的形式来说明天地万事万物循环变化的道理。

[14] 典：典章制度。

[15] 谟：治国之策。

[16] 训：臣子劝诫君王的言辞和文章。

[17] 诰：君王发布的诏令。

[18] 誓：出兵征战的誓词和文告。

[19]《书》：即《尚书》，是一部先秦时代政事文献的汇编，因是儒家五经之一，又称《书经》。

[20]《周礼》：儒家经典，十三经之一，相传由西周时期的著名政治家、思想家周公旦所著，记载先秦时期社会政治、经济、文化、风俗、礼法诸制。

[21] 六官：《周礼》记载当时的官制，包括天官、地官、春官、夏官、秋官、冬官。

[22] 治体：国家治国体制。

[23] 大小戴：西汉礼学家戴德和他的侄子戴圣。

[24]《礼记》：孔子学生及战国儒者解说《礼》的文集，涉及周朝礼乐制度和君子个人修养、治世理想，是一部儒家思想的资料汇编。十三经之一。

[25]《国风》：《国风》是《诗经》的一部分，是《诗经》中的精华。《国风》《大雅》《小雅》《颂》是《诗经》的四个部分，合称"四诗"。

[26]《春秋》：又称《春秋经》，是中国古代儒家典籍"六经"之一，是中国第一部编年体史书，也是周朝时期鲁国的国史，现存版本据传是由孔子修订而成。

[27] 三传：指公羊高所著《公羊传》、左丘明所著《左传》、穀梁赤所著的《穀梁传》，都是解释《春秋》的书。

[28] 经：儒家经典。

[29] 子：指诸子百家的著作。

[30] 五子：五子是指荀子、扬子、文中子、老子和庄子。他们所写的书，便称为子书。

❀ 翻译

凡是对开蒙刚入学的孩童，老师必须考究，给孩子讲解清楚，详细地解释文章词句的意思，教孩子学会断句。求学的人，一定要从基础学起，把文字基本知识掌握好，进而学习"四书"。《论语》这本书共有二十篇。是孔子的弟子及再传的弟子，记载孔子及其弟子言论的经典著作。《孟子》这本书共有七篇，讲解品行修为，阐发道德仁义。写《中庸》这本书的是孔伋。所谓"中"是不偏不倚的意思，所谓"庸"是不变的意思。写《大学》这本书的是曾参，从修身齐家，到治国平天下，是他的主张。把四书读熟了，把《孝经》读透了，才可以读六经这样的书。《诗》《书》《易》《礼》《春秋》，还有《乐》，合称六经，应当仔细阅读。《连山》《归藏》《周易》，是我国古代的三部书，这三部书合称"三易"。《尚书》的内容分六个部分：一典，是立国的基本原则；二谟，即治国计划；三训，即大臣的态度；四诰，即国君的通告；五誓，是起兵文告；六命，是国君的命令。这本书的内容十分深奥。周公写下《周礼》这本书，记载着当时的官制及国家政治体制。戴德和戴圣叔侄俩，整理并且注释《礼记》，传述圣贤的主张，后人由此全面了解以前的典章制度和礼乐规矩。《国风》《大雅》《小雅》《颂》，合称为四诗，值得去省察、诵读。随着周朝的衰落，《诗经》已遭到冷落，于是孔子写下《春秋》，对现实寄予褒贬，对善恶予以分辨。《公羊传》《左传》《穀梁传》合称"《春秋》三传"，是对《春秋》予以解释的书。经传读明白后，应当读诸子百家的书。这要选择重要的著作来读，记住书的本末因果。五位先生是指荀子、扬子、文中子、老子和庄子。经书和子书都读透了，就要读各种史书。读史时要考究各朝各代的脉络，了解各朝各代的盛衰变化。

❀ 赏析

本篇向孩童介绍中国古代重要典籍和儿童读书的程序，列举的书籍有"四书"：《论语》《孟子》《中庸》《大学》；"六经"：《诗经》《尚书》《易经》《礼记》《春秋》《乐经》；"三易"：《连山》《归藏》《周易》；"四诗"：《国风》《大雅》《小雅》《颂》；"三传"：《公羊》《左氏》《穀梁》。这些典籍集中体现了先秦诸子的主流思想。

作者要言不烦，深入浅出，而又循循善诱，引导孩童怎么去读这些典籍。"详训诂，明句读。为学者，必有初。小学终，至四书"，告诫孩童怎么去读书，如何做到循序渐进。"经既明，方读子。撮其要，记其事"，不仅强调读书要循序渐进，而且要抓住精要，记住主要内容。

这部分告诫孩子读什么书，怎么去读书，涉及启蒙教育的内容选择和孩子读书的方法指导。

（三）

✿ 原文

口而诵，心而惟[1]。朝于斯[2]，夕于斯。昔仲尼，师项橐[3]。古圣贤，尚勤学。赵中令，读《鲁论》[4]。彼既仕，学且勤。披蒲编[5]，削竹简[6]。彼无书，且知勉。头悬梁，锥刺股。彼不教，自勤苦。如囊萤[7]，如映雪[8]。家虽贫，学不辍。如负薪[9]，如挂角[10]。身虽劳，犹苦卓[11]。苏老泉[12]，二十七。始发愤，读书籍。彼既老，犹悔迟。尔小生，宜早思。若梁灏[13]，八十二。对大廷，魁多士。彼既成，众称异。尔小生，宜立志。莹[14]八岁，能咏诗。泌[15]七岁，能赋棋。彼颖悟，人称奇。尔幼学，当效之。蔡文姬[16]，能辩琴。谢道韫[17]，能咏吟。彼女子，且聪敏。尔男子，当自警。唐刘晏[18]，方七岁。举神童，作正字[19]。晏虽幼，身已仕。有为者，亦若是。犬守夜，鸡司晨。苟不学，曷为人。蚕吐丝，蜂酿蜜。人不学，不如物。幼而学，壮而行。上致君，下泽民。扬名声，显父母。光于前，裕于后。人遗子，金满籯[20]。我教子，唯一经。勤有功，戏[21]无益。戒之哉，宜勉力。

⚙ 注释

[1]惟：想，思考。

[2]斯：代词。这，这些。

[3]项橐（tuó）：春秋时期莒国人。传说七岁而为孔子老师。

[4]《鲁论》：指《鲁论语》，鲁国人所传《论语》。《论语》有三种本子，即《鲁论》《齐论》《古论》。

[5]蒲编：用蒲草编成的书。传说汉路温舒，年幼时无钱买书，用蒲草做成书页，借《尚书》抄读。

[6]竹简：削竹成片，在上面书写。传说汉公孙弘，将青竹削成竹片借《春秋》抄读。

[7]囊萤：用袋子装萤火虫。晋朝车胤把萤火虫放在纱袋里照明读书。

[8]映雪：晋朝孙康借助积雪映照的光亮来读书。

[9]负薪：背柴。汉朝朱买臣每天边背柴边读书。

[10]挂角：隋朝李密放牛时把书挂在牛角上阅读。

[11]苦卓：刻苦努力。卓：超出一般。

〔12〕苏老泉：即苏洵。宋文学家。苏轼、苏辙的父亲。

〔13〕梁灏：宋朝梁灏，八十二岁考中状元。

〔14〕莹：祖莹。北魏人，八岁能做诗，被称为神童。

〔15〕泌：李泌，唐朝人，从小爱读书，七岁能作棋赋。

〔16〕蔡文姬：即蔡琰，字文姬，汉末人。东汉文学家蔡邕的女儿，从小喜爱读书，精于音律。

〔17〕谢道韫：晋朝文学家，著名才女，名臣谢安的侄女。

〔18〕刘晏：唐朝人，字士安，七岁能作诗写文章，当时神童。

〔19〕正字：官名，主管校正书籍。

〔20〕籯：竹筐。

〔21〕戏：玩乐。

❀ 翻译

读书要出声诵读，又要用心思考，从早上到晚上都要如此，持之以恒。从前孔子能拜当时鲁国小童项橐为师。古代像孔子这样的圣贤，尚且勤奋学习。宋朝赵普，已官至中书令，仍然虚心读《论语》，位居高官，却坚持勤奋学习。西汉路温舒把文章抄在蒲草上阅读。公孙弘将借来的书刻在竹片上阅读。贫穷并不影响他们勤奋学习。东汉孙敬读书时将自己的头发拴在屋梁上，以免打瞌睡。战国苏秦读书每到疲倦时就用锥子刺大腿。他们都能自觉督促自己勤奋苦学。晋朝车胤，把萤火虫放在纱袋里照明读书，而孙康利用积雪的光亮来读书。这是艰苦条件下刻苦学习的例子。汉朝朱买臣，一边担柴一边读书，隋朝李密是个放牛娃，他把书挂在牛角上阅读。他们都善于创造条件坚持读书。宋朝文学家苏洵，年龄已达二十七岁，才开始发愤读书。苏洵岁数大了，懊恼读书太迟，你们这些孩子，应该早早想到读书求学。像宋朝梁灏这样的老人，八十二岁了，才考中状元，在宫殿里回答皇帝提出的问题，胜过所有应试的考生。梁灏获得这样的成功，大家都感到诧异。你们这些年轻人，应该立下好好读书的志向。北齐祖莹，八岁时便能吟诗。唐朝李泌，七岁时便能以下棋命题写出辞赋。这两个孩子聪颖，悟性好，人们称奇不已，你们这些年幼求学的孩子，应当把他们作为榜样。东汉末年的蔡文姬，懂得音律，能分辨琴声好坏。晋朝才女谢道韫，能随口吟诗咏句。这两个女子，尚且如此聪明敏慧，你们这些男子，应当自觉警醒。唐朝的刘晏，刚刚七岁，被推举为"神童"，做了"正字"这样负责校正文字的官。刘晏虽然年龄小，却已经出来做官。那些有作为的人，也应当像刘晏这样。狗在夜间给人守护庭院，鸡在早晨给人按时报晓。假如人不热爱学习，凭什么做一个人呢？桑蚕吐丝，蜜蜂酿蜜。假如人不去读书学习，简直不如动物。幼年的时候努力学习，长大后便学有所用，上能够报效皇帝，下可以惠及百姓。自己扬名声，父母也获得荣耀。为祖先争光，也让后辈得到福荫。别人留给子孙的可能是金银钱财，我教育孩子，只有这本《三字经》。勤奋上进的人，都会有所收获，贪图玩乐的人没有任何好处。大家都要警示自己，应好好努力。

❀ 赏析

本篇劝诫孩童要刻苦学习，勤奋努力，孜孜不倦，从小打好基础。

作者举了古代圣贤勤奋学习的经典例子：孔子拜项橐为师，赵普官至中书令仍然虚心读《论语》。这两人或学问高，或地位很高，但都勤奋好学。路温舒把文章抄在蒲草上阅读；公孙弘将借来的书刻在竹片上阅读；孙敬头悬梁，苏秦锥刺股；车胤囊萤夜读，孙康映雪苦读，朱买臣一边担柴一边读书，李密把书挂在牛角上阅读。这都是克服困难，努力读书的典范。苏洵、梁灏岁数很大了，尚能坚持苦读。祖莹八岁时便能吟诗，李泌七岁时便能写命题辞赋，刘晏七岁便做了"正字"官。这是三个"神童"。蔡文姬懂得音律，谢道韫能随口吟诗咏句。这是两位才女。作者以孩童、女子成才为例，告诫孩子要以他们为榜样。

作者从不同角度、不同侧面精心选择这些典型事例，具有极强的说服力、震撼力和感染力，且以犬、鸡为喻，以蚕吐丝，蜂酿蜜，从正反面劝勉孩子要好好学习。最后指出"幼而学，壮而行。上致君，下泽民。扬名声，显父母。光于前，裕于后"，可谓振聋发聩，语重心长。

三、知识链接

关于"三百千"的小知识

《三字经》《百家姓》《千字文》合称"三百千"，是古代中国传统开蒙教育的必读书，知名度极高，可以说是家喻户晓，妇孺皆知。

在古代每个私塾所教授的各不相同，但"三百千"是几乎所有的私塾开蒙的必读书。

"三百千"在文字难度、知识水平、文学素养等方面，《千字文》要求高。从时间上来说，《千字文》成文于六朝时期，出现最早；《三字经》成文于南宋末年，直到元朝才开始流通，明清时期才流传开。

在教学的顺序上是《三字经》第一，《千字文》最末。其中的道理，一是先简后繁；二就是"经"与"文"的根本区别。经者经奥大道，是天下车马行人经行的必由之路，引申义就是规律、原理、原则与方法。自古以来，圣人的书叫作经，因其讲述的是恒常不变的道理，所以有四书、五经等经典。《三字经》既敢称为经，而且被千古传颂，可见其分量。

《百家姓》是一篇关于中文姓氏的文章。按文献记载，成文于北宋初。原收集姓氏411个，后增补到568个，其中单姓444个，复姓124个。

《千字文》在中国古代的童蒙读物中，是一篇承上启下的作品。它那优美的文笔，华丽的辞藻，是其他任何一部童蒙读物都无法望其项背的。一则《千字文》内容精、文辞美，二则《千字文》是皇室用书，知名度高，所以，《千字文》渐渐地成为大众接受的童蒙读物。

四、思考练习

1.《三字经》言"子不学，非所宜；幼不学，老何为"，你对此有何感想？

2.《三字经》给开蒙孩童开列的书目，你有所涉猎吗？你对阅读这些书有何见解？

3.《三字经》中引录了许多经典故事，如孟母教子、苏秦发愤读书，请把这些故事一一找出来，说说哪个故事给你留下的印象最深。

4. 读《三字经》全文，说说《三字经》包括哪些内容，它为什么能够成为古代开蒙第一书。

五、综合实践

孟子的妻子独自一人在屋里，坐相不雅观。孟子便对母亲说："请允许我休掉我的妻子。"孟母说："为什么？"孟子说出缘故。孟母问："你怎么知道的？"孟子说："我亲眼看见的。"孟母说："这就是你没礼貌，不是她没礼貌。《礼记》上不是说了吗？'将要进屋的时候，先问屋中有谁在里面；将将进入厅堂的时候，必须先高声传扬，让里面的人知道；将进屋的时候，必须眼往下看，为的是不让人没准备'。现在你到妻子闲居休息的地方，进屋没有声响，因而让你看到了她不雅的坐相。这是你没礼貌，并非你妻子没礼貌！"孟子深以为然，不再提休妻的话。

请就孟母教子的故事，开展一次辩论赛，说说教育的重要性。

六、阅读书目

1. 蒲卫忠著：《中国古代蒙学教育》，中国城市出版社，1996 年。

2. 钱文忠著：《钱文忠解读三字经》，长江文艺出版社，2015 年。

3. 杜英丽著：《不可不读的三字经故事》，北京联合出版公司，2015 年。

第三节

《声律启蒙》

一、经典导读

诗词和对联是中国古代重要的文学形式，两千多年来一直薪火相传，至今仍具有强大的生命力。在古代，幼童自私塾起，就开始这种提升文学修养的训练，对声调、音律、格律等都有严格的要求。因此，一些声律方面的著作也应运而生，其中《声律启蒙》是其中具有代表性的一种。

《声律启蒙》是一部训练儿童掌握声韵格律，应对作诗的启蒙读物。在同类启蒙读物中，因其内容丰富平实，语言典雅活泼，而独树一帜。

《声律启蒙》按韵编写，全书分为上、下两卷，依据格律诗所用的韵部，分为 30 个章节。《声律启蒙》每一韵为一章，均分为三个平行段落，形式上含有单字对、双字对、三字对、五字对、七字对、十一字对，结构分明。内容涉及天文、地理、花木、鸟兽、人物、器物等，并穿插历史典故，虚实应对，层层属对。

《声律启蒙》文字优美，对仗工整，平仄和谐，声韵协调，节奏明快，朗朗上口，读起来，如唱歌一般。较之其他全用三言、四言句式的启蒙读物，《声律启蒙》更见韵味，是帮助孩童学作对联，帮助诗词初学者进行语音、词汇、修辞训练的理想读本。

《声律启蒙》汇集大量典故，不仅充实了内容，增强了可读性，而且可以帮助孩童了解历史文化掌故，对孩童进行价值观引领。

《声律启蒙》在启蒙读物中独具一格，是学写诗词、学习应对的入门书，经久不衰。明清以来，《训蒙骈句》《笠翁对韵》等书，都采用《声律启蒙》的方式编写，并得以广泛流传。

根据清代纪昀（字晓岚）《四库全书总目提要》的记载，《声律启蒙》原名为《声律发蒙》，作者为元代的祝明。在流传和使用的过程中，各朝各代又对其进行过多次的增删修改和整理。《声律启蒙》有清代多种刻本及民国石印本行世，现在我们通行的本子是清代光绪癸未年间约 1883 年成都魏朝俊墨耕堂私藏的版本，其封面题名为《声律启蒙》，内页所载名为《声律启蒙撮要》，应该是提取了祝明撰写的《声律发蒙》前两卷，并以此为基础，进行了一些必要的删改和修订。

另一种观点认为《声律启蒙》的作者是车万育。车万育（1632 年—1705 年），字双亭，号鹤田，湖南邵阳人。康熙甲辰进士，官至兵科给事中。康熙二年（1663 年），他与兄万备同举湖广乡试，1664 年成进士。著有《声律启蒙》《怀园集唐诗》《萤照堂明代法书石刻》《历代君臣交儆录》等。

本书共节录《声律启蒙》四个章节，分别是：《声律启蒙》上卷（上平声）的一东、二冬、三江、四支。一东在介绍声律的同时，还讲述了各种知识，同时渗透了各种典故，如颜回的故事、阮籍的故事、梁武帝的故事、刘邦的故事，融是非褒贬于字里行间。二冬、三江、四支也都大致如此，不仅对孩童进行启蒙声律，而且于属对中讲授知识，穿插历史故事和掌故，不动声色，水到渠成，进行道德教化。

选读的四个章节内容，是为了对《声律启蒙》进行有效导读，举一反三，指导同学们独立阅读。选文后面的注释、翻译、欣赏，都是为了实现"导读"的目的。至于思考练习和综合实践，是为了让同学们消化所学内容，并举一反三。参考书目和链接部分用于指导同学们开阔视野，增长知识，并学会钻研，形成独立见解。

二、经典选读

（一）

🌀 原文

一　东

　　云对雨，雪对风，晚照对晴空。来鸿对去燕，宿鸟对鸣虫。三尺剑[1]，六钧弓[2]，岭北对江东。人间清暑殿，天上广寒宫。两岸晓烟杨柳绿，一园春雨杏花红。两鬓风霜，途次[3]早行之客；一蓑烟雨，溪边晚钓之翁。

　　沿对革，异对同，白叟[4]对黄童[5]。江风对海雾，牧子对渔翁。颜巷陋[6]，阮途穷[7]，冀北对辽东。池中濯足水，门外打头风。梁帝讲经同泰寺[8]，汉皇置酒未央宫[9]。尘虑萦心，懒抚七弦绿绮[10]；霜华满鬓，羞看百炼青铜[11]。

　　贫对富，塞对通，野叟对溪童。鬓皤[12]对眉绿，齿皓对唇红。天浩浩，日融融，佩剑对弯弓。半溪流水绿，千树落花红。野渡燕穿杨柳雨，芳池鱼戏芰[13]荷风。女子眉纤，额下现一弯新月；男儿气壮，胸中吐万丈长虹。

🌀 注释

[1] 三尺剑：古代佩剑长约三尺。

[2] 六钧弓：钧，重量单位，三十斤为一钧。有成语千钧一发。六钧弓是拉力较强的弓。

[3] 途次：途中。

[4] 白叟：白发老头。指年龄很大的老人。

[5] 黄童：黄发孩童。指岁数很小的孩子。

[6] 颜巷陋：颜即颜回，又称颜渊，孔子弟子，贫困潦倒，居住在陋巷，却不改其乐。

[7] 阮途穷：阮即阮籍，魏晋人，竹林七贤之一。常常驾车独游，直到无路可走，便恸哭而返。

[8] 同泰寺：寺名，在今南京市。为南朝梁所建。有专家认为今南京鸡鸣寺为六朝时期的同泰寺。

[9] 未央宫：西汉长安宫殿名，汉朝的政治中心和国家象征。在后世人的诗词中，未央宫已经成为汉宫的代名词。

[10] 绿绮：古琴名。泛指古时名琴。

[11] 青铜：指青铜镜。

[12] 皤：白色。

[13] 芰：菱角。

🌀 翻译

　　云与雨相对，雪与风相对，晚上的夕阳与晴朗的天空相对。飞来的大雁与离去的燕子相对，回巢的鸟儿与鸣叫的虫子相对。三尺长的剑，六钧重的弓相对，岭北与江东相对。人间有清暑殿，天上有广寒宫。两岸晨雾弥漫，杨柳翠绿。满园春雨霏霏，杏花红艳。行客两鬓斑白，早早上路匆匆行走。老翁不顾夜雨，身披蓑衣垂钓于溪边。

沿袭与变革相对，差异与相同相对，白发老翁与黄毛小儿相对。江风与海雾相对，放牧的孩子与捕鱼的老头相对。颜回贫困居陋巷，阮籍路尽哭回返。冀北与辽东相对。池中是可洗脚的水，迎面是能打头的风。梁武帝在同泰寺讲经，汉高祖在未央宫宴功臣。尘世烦心事萦绕心间，慵懒地抚弄七弦绿绮琴。两鬓已花白，不好意思看青铜镜中自己的容颜。

贫穷与富裕相对，阻塞与通畅相对，山野老人与溪边孩童相对。鬓间白发与乌黑眉毛相对，洁白的牙齿与红艳的嘴唇相对。天空浩渺辽阔，阳光和煦温暖。佩剑与弯弓相对，绿树倒映在溪水上一半溪水一半绿，千千万万的树木落红缤纷、花阴满地。荒落的渡口，细雨绵绵，杨柳依依，燕子飞来飞去，好不惬意。清风拂过荷塘，飘着荷香，鱼儿在荷叶下游来游去，特别快乐。女子细细的眉毛，额下的眼睛似一弯新月。男子气壮山河，胸中放射着万丈豪气，如长虹一般壮美。

❀ **赏析**

一东的"东"是指"东韵"，南宋末年"平水韵"中的一个韵部。"东"为韵目，是这个韵部的代表字。东韵中包含许多字，它们的韵母都是相同的，一东部分句末风、空、虫、弓、东、宫、红、翁、同、童、穷、铜、通、融、虹这些字，同属东韵。由于语音发生变化，在现代汉语中它们的韵母并不完全相同，但在当时属于同一韵部，这些字都是互相押韵的。一东中的"一"，是指东韵在平水韵中的次序。平水韵按照平、上、去、入四个声调分为106个韵部，其中因为平声的字较多，分为上平声、下平声两个部分，东韵是上平声中的第一个韵部。后面的"二冬""三江""四支"则属于第二、三、四韵部，以此类推。

一东分为三个平行段落，单字对、双字对、三字对、五字对、七字对、十一字对，错落有致。内容涉及自然、社会及神话故事、历史典故等方面知识，让孩子在学习音律的同时，获得知识，接受教育。

（二）

🐾 **原文**

二 冬

春对夏，秋对冬，暮鼓对晨钟。观山对玩水，绿竹对苍松。冯妇虎[1]，叶公龙[2]，舞蝶对鸣蛩[3]。衔泥双紫燕，课蜜[4]几黄蜂。春日园中莺恰恰[5]，秋天塞外雁雍雍[6]。秦岭云横，迢递[7]八千远路；巫山雨洗，嵯峨[8]十二危峰。

明对暗，淡对浓，上智对中庸[9]。镜奁[10]对衣笥[11]，野杵对村舂。花灼烁，草蒙茸[12]，九夏对三冬。台高名戏马[13]，斋小号蟠龙[14]。手擘蟹螯从毕卓[15]，身披鹤氅自王恭[16]。五老峰[17]高，秀插云霄如玉笔；三姑石[18]大，响传风雨若金镛[19]。

仁对义，让对恭，禹舜对羲农。雪花对云叶[20]，芍药对芙蓉。陈后主[21]，汉中宗[22]，绣虎[23]对雕龙[24]。柳塘风淡淡，花圃月浓浓。春日正宜朝看蝶，秋风那更夜闻蛩。战士邀功，必借干戈成勇武；逸民适志，须凭诗酒养疏慵[25]。

注释

[1] 冯妇虎：冯妇：晋国人，善于搏虎，以此为业，后来不再杀虎，但禁不住诱惑，又重操旧业，遭人取笑。

[2] 叶公龙：即叶公好龙的典故，讽刺言行不一致的人。

[3] 蛩：即蟋蟀，也指蝗虫。

[4] 课蜜：采蜜。

[5] 恰恰：拟声词，黄莺的叫声。

[6] 雍雍：拟声词，鸟和鸣声。这里指大雁的叫声。

[7] 迢递：遥远的样子。

[8] 嵯峨：山势高大凶险的样子。

[9] 中庸：普通，一般。

[10] 奁：镜匣。古代妇女梳妆用具。

[11] 笥：竹器。用来盛放衣物。

[12] 蒙茸：草茂盛的样子。

[13] 戏马：台名，又叫掠马台。在今江苏徐州铜山。

[14] 蟠龙：书斋名。

[15] 毕卓：晋朝官员，因嗜酒被革职。

[16] 王恭：晋朝人，曾用仙鹤羽毛做披风，驾车而行。

[17] 五老峰：山峰名，在庐山南，状如五位老人并肩而立，故得此名。

[18] 三姑石：三姑石位于江西和福建交界的武夷山山脉上。武夷山的幔亭峰北有三块石头，状如女子。

[19] 金镛：铜制大钟，乐器。

[20] 云叶：云片。

[21] 陈后主：南朝陈最后一个皇帝。荒淫无度，被隋所灭。

[22] 汉中宗：即西汉宣帝刘询。是一位有作为的皇帝。

[23] 绣虎：指曹植。曹植曾作《七步诗》，人称"绣虎"。言其文采优美，才气横溢。

[24] 雕龙：南朝刘勰撰《文心雕龙》，人称"雕龙"。

[25] 疏慵：疏懒。

翻译

春与夏相对，秋与冬相对，傍晚的鼓声和早晨的钟声相对。看山与嬉水相对，绿竹与苍松相对。冯妇搏虎，叶公好龙。飞舞的蝴蝶与鸣叫的蟋蟀相对。一双紫燕衔泥筑巢，几只黄蜂采酿蜂蜜。春天园地黄莺恰恰啼叫，秋天塞外大雁发出雍雍鸣声。秦岭连绵八百里，云横雾罩，一望无际。巫山十二座高峰，雨水洗刷，巍然耸立。

明与暗相对，淡与浓相对，聪慧与平常相对，镜匣与衣筐相对，弃掷的木杵与村里的米舂相对。花朵光彩明丽，小草细嫩柔软。九夏与三冬相对。高高的台子叫戏马台，小小的书斋叫蟠龙斋。东晋毕卓一手拿蟹螯，一手持酒杯。东晋王恭身披鹤氅，驾车出行。庐山五老峰高峻，如五支玉笔突出挺拔，直插云霄。三姑石很大，风雨过处，发出响声，如洪钟一般。

仁与义相对，礼让与恭敬相对。大禹、虞舜与伏羲、神农相对。雪花与云片相对，芍药与芙蓉相对。陈朝后主陈叔宝与西汉宣武帝刘询相对。曹操的儿子曹植，人称"绣虎"，南朝时的刘勰人称"雕龙"。池塘边清风徐徐，柳叶摇曳，花园里蒙蒙月色，花枝乱颤。春天正适合早上欣赏花中蝴蝶，秋风中怎受得住半夜听到蟋蟀的鸣叫。作为战士，要获取功名，必须手持兵器，奋勇杀敌。隐居遁世的闲散之人，他们的愿望是作诗饮酒，以此养护他们慵懒疏淡的情怀。

❋ **赏析**

二冬属于"冬"韵。"冬"和"东"普通话读音完全一致，但在中古读音中韵腹不同，所以分属不同的韵部。

二冬依然由单字对到双字对、三字对、五字对、七字对、十一字对构成，错落有致，朗朗上口，语言具有跳跃性、音乐性。三个平行段落的内容也包含自然、生活等方面的知识，同时嵌入历史故事和典故，具有跳跃性，又丰富了内容。比如叶公好龙的寓言，其内涵远超四个字的字面意思，不仅能丰富孩子语言，而且能引发孩子思考。这部分涉及的掌故还是很多的，包括冯妇搏虎、叶公好龙、项羽戏马台、桓玄蟠龙斋、亡国皇帝陈后主、创造"孝宣中兴"的汉宣帝刘询、写下七步诗的绣虎曹植、著有《文心雕龙》的刘勰。让孩子在学习声律的同时，学习这些历史故事，对孩子的成长会有很大的帮助。

（三）

🌸 **原文**

三 江

楼对阁，户对窗，巨海对长江。蓉裳[1]对蕙帐[2]，玉罍[3]对银缸[4]。青布幔，碧油幢[5]，宝剑对金缸[6]。忠心安社稷，利口覆家邦。世祖[7]中兴延马武[8]，桀王[9]失道杀龙逄[10]。秋雨潇潇，漫烂黄花都满径；春风袅袅，扶疏绿竹正盈窗。

旌对旆[11]，盖对幢[12]，故国对他邦。千山对万水，九泽对三江。山岌岌，水淙淙，鼓振对钟撞。清风生酒舍，皓月照书窗。阵上倒戈辛[13]纣战，道旁系剑子婴[14]降。夏日池塘，出没浴波鸥对对；春风帘幕，往来营垒燕双双。

铢对两，只对双，华岳对湘江。朝车对禁鼓[15]，宿火对寒缸。青琐闼[16]，碧纱窗，汉社对周邦。笙箫鸣细细，钟鼓响拟拟[17]。主簿[18]栖鸾名有览[19]，治中[20]展骥姓惟庞[21]。苏武牧羊，雪屡餐于北海；庄周活鲋[22]，水必决于西江。

◎ **注释**

[1] 蓉裳：以芙蓉为衣裳，喻高洁不凡。

[2] 蕙帐：用蕙草编成的帐子，喻芳美。

[3] 玉斚：古代玉制酒器。

[4] 银釭：银制灯盏、烛台。

[5] 幢：帷幔。

[6] 缸：酒缸。亦作釭，金属铸成的箭筒。

[7] 世祖：即光武帝刘秀。建立东汉，被称为中兴之主。

[8] 马武：东汉人，字子张，归光武帝，感激刘秀知遇之恩，忠心不二，屡立战功。

[9] 桀王：即夏朝亡国之君夏桀，是个残暴无道的君王。

[10] 龙逢：夏朝贤臣关龙逢，敢于直谏，为夏桀所杀。

[11] 旆：一种旗帜。

[12] 幨：车帘。

[13] 辛：辛甲，商臣子，谏纣不听投周。

[14] 子婴：秦三世，继位四十六天，刘邦的军队攻至咸阳附近的灞上。子婴素车白马，系剑于道旁表示投降。

[15] 禁鼓：古代宫中宵禁之鼓。

[16] 闼：门。

[17] 𢿙𢿙：钟声。

[18] 主簿：古代官名，掌管文书的副官。

[19] 览：仇览，东汉人，任蒲县主簿，以道德教化民众，政绩显著。

[20] 治中：古代官名，州一级行政长官的助手。

[21] 庞：即庞统，汉荆州襄阳人，刘备手下谋士，与诸葛亮齐名。

[22] 鲋：鲫鱼。

❀ **翻译**

楼与阁相对，门与窗相对，大海与长江相对。芙蓉服与蕙草帐相对，玉制的酒器与银制的灯盏相对。青色的布幔，碧绿的油幢，宝剑与金缸相对。忠心能使江山安定，巧言令色能使国家覆灭。中兴之主光武帝能延请马武这样的战将，失道国君夏桀却杀害关龙逢这样的忠臣。秋风冷雨，黄花飘落，铺满山路。轻轻春风吹过，浓密的绿竹正遮掩着窗户。

旌与旆相对，车盖与帷幔相对，故国与他邦相对。千山与万水相对，几多湖泽与各条大江相对。大山高耸，流水淙淙，敲鼓与撞钟相对。清爽的山风中，酒舍若隐若现，洁白的月光，映照着读书人的窗户。在伐纣之战中，辛公甲反戈一击。在汉军攻破咸阳时，子婴白马、系剑乖乖归降。夏天池塘，鸥鸟成双成对游泳戏水，春风拂动帘幕，一双双燕子来来往往搭筑泥巢。

铢与两相对，单与双相对，华山与湘江相对。早朝的官车与宫中宵禁之鼓相对，隔夜的灶火与寒凉的烛台相对。装饰青花纹的宫门，糊有绿色窗纱的窗户，汉朝社稷与周朝国邦相对。笙箫的曲调细柔婉转，钟鼓声音轰然作响。仇览做主簿时，胸怀鸾凤之志。庞统做治中时，显示出千里马的情怀。苏武在北海牧羊，饿了只能饮雪。庄周出行，发现车辙中的鲫鱼，要引西江的水来让鱼活下来。

❋ 赏析

三江属于"江"韵，本部分的窗、江、帐、钲、幢、缸、邦、撞、降、塘、双、庞、羊均属"江"韵。

本部分内容较多涉及居家生活及朝政、征伐。楼阁、窗户、帐幔、酒舍、池塘、燕子都与居家生活相关；社稷、宝剑、旌旗、车盖、钟鼓、倒戈、朝车、宫门都与朝政、征伐有关，这里引用了光武帝延请马武、夏桀杀龙逄、辛甲投周、子婴降刘邦、苏武牧羊、庄子活鲋等典故。利用典故属对，让孩童在学习对仗的同时，获得历史知识。

（四）

⊛ 原文

四 支

茶对酒，赋对诗，燕子对莺儿。栽花对种竹，落絮对游丝。四目颉[1]，一足夔[2]，鸲鹆[3]对鹭鸶。半池红菡萏[4]，一架白荼蘼[5]。几阵秋风能应候，一犁春雨甚知时。智伯[6]恩深，国士[7]吞变形之炭；羊公[8]德大，邑人竖堕泪之碑。

行对止，速对迟，舞剑对围棋。花笺对草字，竹简对毛锥[9]。汾水鼎[10]，岘山碑[11]，虎豹对熊罴[12]。花开红锦绣，水漾碧琉璃。去妇[13]因探邻舍枣，出妻[14]为种后园葵。笛韵和谐，仙管恰从云里降；橹声咿轧，渔舟正向雪中移。

戈对甲，鼓对旗，紫燕对黄鹂。梅酸对李苦，青眼[15]对白眉[16]。三弄笛，一围棋，雨打对风吹。海棠[17]春睡早，杨柳[18]昼眠迟。张骏[19]曾为槐树赋，杜陵[20]不作海棠诗。晋士特奇，可比一斑之豹[21]；唐儒[22]博识，堪为五总之龟[23]。

⊛ 注释

［1］四目颉：颉，仓颉，史官，传说有四目。传说仓颉创造了汉字。

［2］一足夔：舜时主管音乐的官员，据说只有一只脚，有"一只脚的音乐之神"的说法。

［3］鸲鹆：即八哥。

［4］菡萏：荷花的别称。

［5］荼蘼：藤类植物，洁美清香，开白花。

［6］智伯：春秋末战国初晋国权臣，对豫让有知遇之恩。

［7］国士：指豫让，为报答智伯知遇之恩，吞炭剃发以改变声音相貌，刺杀赵襄子。

［8］羊公：晋人尊称羊祜为羊公。羊祜廉政亲民，百姓对他感恩戴德，晋人立碑纪念羊祜，见碑者无不垂泪，故称堕泪碑。

［9］毛锥：毛笔。毛笔笔尖状如锥子，故得此名。

〔10〕汾水鼎：汉武帝在汾水得一个古鼎，遂改年号为"元鼎"。

〔11〕岘山碑：即坠泪碑。

〔12〕罴：熊和罴皆为猛兽，罴是熊类动物中体形最大的一种。

〔13〕去妇：西汉人王吉，其妻摘邻居家树上的枣子。王吉认为妻子这是偷盗，便将其妻赶出了家门。

〔14〕出妻：春秋时鲁国相公仪休，见妻子亲自织布，觉得这是与靠种菜织布谋生的人争利，便休弃了他的妻子。

〔15〕青眼：晋人阮籍对无才干的人翻白眼相对，对名士嵇康才青眼相对。

〔16〕白眉：三国马良，眉中有白毛，在五兄弟中最有才华，后世便称兄弟中才干突出者为白眉。

〔17〕海棠：唐玄宗李隆基以海棠喻初醒的杨贵妃。

〔18〕杨柳：据说汉朝宫苑中有株柳树，状如人形，称为人柳。

〔19〕张骏：前凉君主，著有文集八卷。

〔20〕杜陵：即杜甫，居杜陵，自称杜陵布衣，又称少陵野老。

〔21〕一斑之豹：王献之年少时，曾看人下棋，能看出胜负，那人说道："此郎亦管中窥豹，时见一斑。"意思是以小见大、举一反三的能力。

〔22〕唐儒：指唐朝学者殷践猷。

〔23〕五总之龟：龟被古人视为长寿的灵物，千年五聚，故称博学者为五总龟。

✿ 翻译

茶与酒相对，赋与诗相对，燕子与黄莺相对，栽花与栽竹相对，飘落的柳絮与游动的蛛丝相对。仓颉有四只眼睛，夔只有一只脚。八哥与鹭鸶相对。荷花染红了半个池塘，藤架上全是白色的荼花。一阵阵秋风随着季节而来，一场场春雨，似是知道春天的来临。智伯恩情深厚，豫让甘愿吞炭变哑去为智伯报仇。羊祜威望高，百姓看到他的墓碑就会流泪。

运动与停止相对，迅速与缓慢相对，舞剑与下棋相对。精美的信纸与草率的文字相对，竹简与毛笔相对。汾水中得到宝鼎，岘山上竖起"堕泪碑"，虎豹与熊罴相对。花开时一片红艳，如同锦绣。水流时碧波荡漾，如同琉璃。王吉只因妻子摘了邻居家的枣子，而将妻子休回家。公仪休只因妻子种菜纺织，有与百姓争利之嫌，而将妻子赶出家门。乐声谐和美妙，如同天上的笛管从天上来到人间。船桨发出声响，是渔船正驶向如雪般白茫茫的水面。

戈与甲相对，鼓与旗相对，紫燕与黄鹂相对。梅子酸与李子苦相对。阮籍的青眼和马良的白眉相对。吹几番笛子，下一回围棋，雨打与风吹相对。海棠在春天的早晨睡醒，杨柳在白天摇曳，迟迟不愿停歇安眠。张骏曾为槐树作赋，杜甫不曾写下关于海棠的诗歌。晋朝士人特别惊叹王献之的才干，从他小时候看人下棋，便知胜负，感叹可"管中窥豹"。唐朝儒生殷践猷学识渊博，确实配得上"五总之龟"的称号。

✿ 赏析

四支属于"支"韵。本部分选择生活知识属对，让孩子学习生活知识、学习词语、学习音律，进行修辞训练。同时穿插大量典故和故事，让孩子学习成语，了解历史，进行价值观引导和熏陶。

　　本部分让孩子认识了仓颉、一足夔、豫让、羊祜、王吉、公孙休、阮籍、马良、杜甫、王献之。这些人物或正气凛然，或正直高德，或孤傲清高，或重情重义，或才华横溢。按照现在的观念，虽然他们的有些行为做法未免过激偏颇，但在儒家思想之下，这些都是孩子成长需要引为榜样的，是孩子长大成人需要效法的。

　　从表达上说，本部分不仅对仗工整，音律和谐，而且文字秀丽，颇有意境，给人一种美感。比如"栽花对种竹，落絮对游丝""半池红菡萏，一架白荼蘼""几阵秋风能应候，一犁春雨甚知时""花开红锦绣，水漾碧琉璃""笛韵和谐，仙管恰从云里降；橹声咿轧，渔舟正向雪中移""海棠春睡早，杨柳昼眠迟"，都十分有意境，给人身临其境的美感，堪称佳句妙对。

三、阅读链接

对联的知识

　　对联经五代的创始、宋元的发展，至明清而大盛，从原来的四、五、七、八言，发展到数十字乃至百余字、几百字的联语。一联之中，文字长短不拘，结构错综变化，内容的丰富和形式的灵活，远远超过了早期的作品。

　　以对偶的形式写作诗文，在我国文学作品中，有悠久的传统。《诗经·大雅·抑》的"投我以桃，报之以李"，《楚辞·九歌·湘君》的"望涔阳兮极浦，横大江兮扬灵"，虽有重字，实为对偶的形式，可见对联的源远流长。六朝的骈俪文和唐代的律诗，更于对联的产生有直接的影响。五、七言律诗的平仄格律，完全适用于对联内的五、七言句；而五、七言律诗的颔联和颈联，就其对仗而言，也等于两副五、七言的对联。但却不应认为对联即属从律诗中抽出的某两句，因为它作为一种独立的文艺形式，毕竟有它自己的规则，与律诗的平仄和对仗不尽相同。

　　作对联要音韵和谐，节奏优美，语言精练，读起来铿锵悦耳，而又含蕴丰富，耐人寻味，其音乐性、概括性和形象性，都不应忽略。

　　对联由上下相对的两句组成，上句叫上联，也称出句，下句叫下联，也称对句。上下联必须字数相等，结构相同，用字不能重复；其间的平仄（平，指平声字；仄，指仄声字，包括上、去、入三声之字），却要互相对立，上联用平声字的地方，下联就得用仄声字；反过来也一样，上联的末一字若仄声，下联的末一字应平声。这是一般的规律。

　　例：无求便是安心法，不饱真为却病方。

　　这副对联是讲养生之道的。其上联是说，在生活方面没有过多的要求，就能安心养性；下联是说，食不过饱，即可却病延年。上下联以两个判断式的句子组成。上联"平平仄仄平平仄"，下联"仄仄平平仄仄平"，合于律诗"平起"的规律。"无求"对"不饱"，是两个动名词做主语；"便是"对"真为"，都是副词修饰的判断词；"安心法"对"却病方"，两个偏正式词组作表语（亦称宾语）。上下联词性相同，结构一致，都是二、二、三相结合的句法。

例：祖国山河无限好，人民天下万年青。

上联"仄仄平平平仄仄"，下联"平平仄仄仄平平"，合于律诗仄起的规律。"祖国山河"对"人民天下"，名词修饰名词，为偏正词组，"无限好"对"万年青"，副词"无限"修饰形容词"好"，名词"万年"修饰形容词"青"，亦为偏正词组。上下联俱用四、三相结合的句法，对得比较稳妥。但律诗有"一、三、五不论，二、四、六分明"之说，指五、七言诗每句的第一、三、五句，不拘平仄，当用平声字的用了仄声字，或当用仄声字的用了平声字，皆无不可；而句中的三、四、六字，却必须平仄分明，不容更换。这是出于读音的考虑而定的原则，一、三、五字平仄移易，读音无显著影响，二、四、六字平仄失调，就读起来拗口，削弱了节奏感和音乐性，为作诗的大忌。作对联，也要按照这一原则调整平仄。如"绕堤柳借三篙翠，隔岸花分一脉香"联，照平起的规律，上联前两字应作"平平"，"绕"字因在第一，不妨用仄。如"但愿世间人无病，哪怕架上药生尘"一联，上联"无病"的"无"为第六字，是平声，应作仄声；下联"哪怕"的"怕"为第二字，是仄声，应作平声。这两个字平仄皆不容误，其实只把"无"改为"不"，"怕"改为"愁"，这副对联也还要得。

由此可见对联处处要对，须把内容相关或对立的词语，上下并列，以表情达意，这就叫对偶。作为一种修辞手段，对偶的讲究很多。首先要求以同类词相对，名词、动词、形容词、代词、副词等，各归其类，映衬成趣。但细加分别，则每类之内，品种仍多。如名词有专名，有泛称；形容词有形容大小、高低、长短、颜色、状态等许多不同的词。以"长"对"短"，以"红"对"绿"，固为工整；可是内容决定形式，若内容可取，取对不妨稍宽。像清倪国琏的古藤书屋一联："一庭芳草围新绿；十亩藤花落古香。"其中的"芳草"之"芳"与"藤花"之"藤"，一为形容词，一为名词。"新绿"之"绿"，乃指颜色，"古香"之"香"，乃指气味，虽同属形容词，并非一类。从个别对语看，似欠工整，可是全联形象鲜明，音节和畅，众口传诵，一致许为"工对"。

前面所举"绕堤柳借三篙翠，隔岸花分一脉香"一联，以形容颜色的"翠"与形容气味的"香"相对，亦丝毫不影响其为佳作。

四、练习思考

1. 反复阅读所选录的《声律启蒙》四个章节，感受其韵律美。

2.《声律启蒙》中包罗大量成语、典故、史实等内容，请把它们罗列出来，说说主要含义。

3. 以《声律启蒙》的对仗知识，用一东、二冬、三江、四支中的韵脚，试写几首格律诗。

4. 古代蒙学与《声律启蒙》相类的读本，还有《训蒙骈句》《笠翁对韵》等。请你阅读这些读本，指出它们与《声律启蒙》有何异同。

五、综合实践

某幼儿园开展一次"萌娃颂经典，诗意润童心"国学教育活动，邀请你给孩子们讲解《声律启蒙》。请你就此设计教学方案，做到内容切中《声律启蒙》实质，适合孩子，以圆满完成孩子们的国学启蒙教育使命。

六、阅读书目

1. 檀作文译注：《声律启蒙》，中华书局，2019 年。
2. 启功著：《诗文声律论稿》，中华书局，2009 年。
3. 罗积勇著：《用典研究》，武汉大学出版社，2005 年。
4. 唐作藩著：《音韵学教程》，北京大学出版社，1991 年。

七、延伸阅读

宋元时期的蒙学

儒家经典《周易·蒙卦》有"蒙以养正，圣功也"之说，因此，在中国封建社会时期，一般将 8 至 15 岁（一说为 4 至 8 岁）儿童的"小学"教育阶段，称为"蒙养"教育阶段，对儿童进行启蒙教育的学校称为"蒙学"，所用的教材称为"蒙养书"或"小儿书"。

我国古代历来关心儿童的启蒙教育。早在殷周时期，就已经为贵族子弟设立了小学。春秋战国时期，随着私学的产生，民间也开始出现了对儿童进行启蒙教育的机构。汉代时，这种机构已渐趋成熟，称作"书馆"，教师称"书师"，规模也较大，肄业学童多达"百人以上"。宋元时期，是我国古代蒙学发展的一个重要阶段，不仅在数量上得到了进一步的发展，而且在教育内容、方法以及教材等方面，都形成了自己的特点，对后来明清时期的蒙学教育产生了重要影响。

一、蒙学教育的发展

宋元时期蒙学教育得到较大发展，在全国城乡设立了不少蒙学机构。当时的统治者重视蒙学教育，曾多次下令在中央和地方设立小学。因此，宋元的蒙学就其设立的性质而言，不仅有士绅办的私学，而且有政府办的官学。

宋元时期由政府办的蒙学可以分为两种。一种是设在京城宫廷内的贵胄小学。《宋史·选举志》记载：宋初，"凡诸王属尊者，立小学于其宫。其子孙，自八岁至十四岁皆入学，日诵二十字。"又载：南宋理宗淳祐二年（1242 年），"建内小学，置教授二员，选宗子就学"。另一种是设在地方上的庶民小学。据《续资治通鉴》记载，在蔡京主持的北宋第三次兴学运动中，崇宁元年（1102 年），下令"天下州县并置学……县置小学"。元朝在立国之初，也下令在路学和县学内附设小学。《元史·选举志》记载：至元二十八年（1291 年），"令江南诸路学及各县学内，设小学，选老成之士教之，或自愿招师，或自受家学于父兄者，亦从其便"。这类由官府办的小学，有的还制订了学规，对诸如入学手续、注意事项、教师职责、教授内容、奖罚制度，都作了详细的规定。例如，宋朝《京兆府小学规》有关教学计划的规定："教授每日讲说经书三两纸，授诸生所诵经书、文句、音义，题所学字样，出所课诗赋题目，撰所对诗句，择所记故事。诸生学课分三等。第一等，每日抽签问听经义三道，念书二百字，学书十行，吟五七言古律诗一首，三日试赋一首，看史传三五纸；第二等，每日念书约一百字，学书十行，吟诗一绝，对属一联，念赋二韵，记故事一件；第三等，每日念书五七字，学书十行，念诗一首。"不仅规定了教师每日教授的内容，而且将学生分为三等，根据其程度，规定每日的功课。此外，元朝还于至元二十三年（1286 年），下令全国各地农村每 50 家组成一社，每社设立学校一所，"择通晓经书者为学师，农隙使子弟入学"。显然，这种社学是设在乡村地区，利用农闲时节，以农家子弟为对象的具有蒙学性质的教育机构。

宋元时期另外一类蒙学是民间设立的私学。它有各种不同的名称。有的称为"小学"。如苏轼自称：他 8 岁入小学，以道士张易简为师，一起受业的学童有几百人。在农村地区农家子弟利用冬闲时节读书的蒙学，则称为"冬学"。此外，还有称作"乡校""家塾""私塾""蒙馆"等。因为官方设立的小学数量有限，而办理蒙学一般所需经费不多，所以在中小城镇和乡村地区，这一类私人设立的蒙学较为普遍。

二、蒙学教育的内容和方法

宋元时期蒙学教育的基本内容，包括初步的道德行为训练和基本的文化知识技能学习这两个方面。朱熹说得很明确，小学的任务是"教以事"，即"教人以洒扫、应对、进退之节，爱亲、敬长、隆师、亲友之道"，以及"礼、乐、射、御、书、数之文"。因此，蒙学每日的功课一般主要是教儿童识字、习字、读书、背书、对课与作文，同时向他们进行基本的道德观念灌输和道德行为习惯的培养。

宋元蒙学在长期的教学实践中，积累了一些成功的经验，最突出的有三点。第一，强调严格要求，打好基础。蒙学教育是基础教育，在这个阶段严格要求，打好基础，对于儿童日后的发展将会长期起作用。因此，宋元蒙学教育十分强调对儿童进行严格的基本训练。例如，在生活礼节方面，要求儿童居处必恭，步立必正，视听必端，言语必谨，容貌必庄，衣冠必整，饮食必节，堂室必洁等。在学习方面，要求儿童读书必须字字响亮，"不可误一字，不可少一字，不可多一字，不可倒一字"，且要熟读成诵；写字必须"一笔一画，严正分明，不可潦草"，而且尤为重视良好学习习惯的培养。如要求："凡读书，须整顿几案，令洁净端正。将书册整齐顿放，正身体，对书册，详缓看书，仔细分明读之"；"凡书册，须要爱护，不可损污皱折"，书有三到，谓"心到、眼到、口到"等。良好的生活、学习习惯一经形成，不仅有利于儿童的成长，而且会使他们终身受益。

第二，重视用《须知》《学则》的形式培养儿童的行为习惯。蒙学阶段的儿童可塑性大，为了培养儿童的行为习惯，宋元时期的教育家制订了各种形式的《须知》《学则》等，以此作为规范儿童行为的准则。如朱熹的《童蒙须知》，对儿童的衣服冠履、语言步趋、洒扫涓洁、读书写字、杂细事宜等都作了详密的条文式规定。程端蒙、董铢的

《学则》，也对儿童生活、学习的各个方面提出了具体的要求。这些规定和要求虽不免繁琐，且有压抑儿童个性发展的缺陷，但使儿童的一言一行、一举一动，都有章可循，有规可依，对于培养他们的行为习惯，有一定的积极作用。

第三，注意根据儿童的心理特点，因势利导，激发他们的学习兴趣。蒙学阶段的儿童活泼好动，宋朝教育家已经注意到儿童的这个特点，积极引导，唤起他们的学习兴趣。程颐曾说"教人未见意趣，必不乐学"。朱熹亦主张用历史故事、道德诗歌来教育儿童，并开展"咏歌舞蹈"等文娱活动，以引起他们的乐趣，增加他们学习的自觉性，达到"习与智长，化与心成"的境界。在他为儿童编写的教材《小学》中，充分体现了这一主张。他在书中辑录了"古圣先贤"不少格言、故事、训诫诗等，以此来激起儿童的学习兴趣。同时，他们又根据儿童记忆力强、理解力弱的特点，强调对学习内容要熟读牢记。这些经验值得我们重视。

三、蒙学教材

我国古代一直重视蒙学教材的编写，早在周秦时代，就已经编写了一些有影响的蒙学教材。西汉时，以史游所作的《急就篇》流传最广，影响最大。顾炎武曾说："汉魏以后，童子皆读史游《急就篇》。"自东汉至隋唐，也编写了多种蒙学教材。如汉蔡邕撰《劝学》1卷，晋束皙撰《发蒙记》1卷，晋顾恺之撰《启蒙记》3卷，梁周兴嗣撰《千字文》1卷，以及唐人编撰的《蒙求》《太公家教》《兔园策》等。

宋元时期的蒙学教材，继承和发展了前人编写蒙学教材的经验，开始出现分类按专题编写的现象，使我国古代蒙学教材的发展进入了一个新的阶段。宋元时期的蒙学教材，按其内容的侧重点，大致可以分为五类。

第一类是识字教学的教材，如《三字经》《百家姓》等。主要目的是教儿童识字，掌握文字工具，同时也综合介绍一些基础知识。

第二类是伦理道德的教材，如吕本中的《童蒙训》，吕祖谦的《少仪外传》，程端蒙的《性理学训）等，侧重于向儿童传授伦理道德知识以及为人处世、待人接物的准则。

第三类是历史教学的教材，如宋王令作《十七史蒙求》，胡寅作《叙古千文》，黄继善作《史学提要》，元陈栎作《历代蒙求》，吴化龙作《左氏蒙求》等。这类教材，有的是简述历史的发展，有的是选辑历史故事或历史人物的嘉言善行，既向儿童传授历史知识，又对他们进行思想教育。体例"多是四言，参为对偶，联以音韵"，便于记诵。

第四类是诗歌教学的教材，如朱熹的《训蒙诗》、陈淳的《小学诗礼》等。选择适合儿童的诗词歌赋供他们学习，对他们进行文辞和美感教育。

第五类是名物制度和自然常识教学的教材，以宋方逢辰的《名物蒙求》为代表。内容涉及天文、地理、人事、鸟兽、草木、衣服、建筑、器具等。

在上述各类蒙学教材中，以《三字经》《百家姓》《千字文》流传最为广泛，一般合称为"三、百、千"。

《三字经》后代学者多倾向为宋末王应麟（1223年—1296年）撰（一说为宋末区适子撰）。全书共有356句，每句三个字。句句成韵，通俗易懂，读来朗朗上口，便于背诵，而且文字简练，善于概括。全书先阐述教育的重要性：

人之初，性本善。性相近，习相远。苟不教，性乃迁。教之道，贵以专。昔孟母，择邻处；子不学，断机杼。窦燕山，有义方；教五子，名俱扬。养不教，父之过，教不严，师之惰。

随后，便提出封建道德教育的基本纲领"三纲五常"：

三纲者：君臣义，父子亲，夫妇顺……曰仁义礼智信，此五常，不容紊。

接着，介绍一些名物常识、历史知识及古人勤奋好学的范例等，使儿童在很短的篇幅内，获得较为丰富的知识，并从古人刻苦求学的榜样中受到激励。因此，《三字经》从宋末开始，经元、明、清，直到近代广为流传，后来还出现了不少仿照《三字经》体例编写的蒙学教材，但均未能取代《三字经》的地位。

《百家姓》相传为宋初所编，作者佚名。全书集各种姓氏编为每句四个字的韵语，共 400 多字。明人朱国桢说："今《百家姓》，以为出于宋，故首以'赵、钱、孙、李'，尊国姓也。"《百家姓》虽无文理，但便于诵读。故在南宋时，已十分流行，成为农家子弟在冬学中的识字课本。陆游称农家子弟在冬学所读教材有《百家姓》。

《千字文》为南北朝梁周兴嗣所撰。他模写王羲之书 1000 个不同的字，编为四言韵语，共 250 句。主要是供儿童识字，同时也介绍了有关自然、社会、历史、伦理、教育等方面的知识。隋朝即开始流行，至宋朝时已成为广泛采用的蒙学教材。

宋元时期的蒙学教材开始分类按专题编写，使蒙学教材在内容和形式上呈现多样化；一些著名学者，如朱熹、吕祖谦、王应麟等亲自编撰蒙学教材，对提高蒙学教材的质量起了重要作用；蒙学教材注意儿童的心理特点，采用韵语形式，文字简练，通俗易懂，并力求将识字教育、基本知识教育和伦理道德教育有机地结合起来，这些经验是值得我们认真研究的。

（节选自《中国教育史》（第 3 版），孙培青，
华东师范大学出版社，2009 年版，有改动）

主要参考文献

［1］黄寿祺，张善文. 周易译注［M］. 上海：上海古籍出版社，2004.

［2］宋一霖. 儒家精义：道［M］. 广州：中山大学出版社，2014.

［3］杨伯峻. 孟子译注［M］. 北京：中华书局，2019.

［4］（宋）朱熹. 四书章句集注［M］. 北京：中华书局，2011.

［5］李泽厚. 论语今读［M］. 合肥：安徽文艺出版社，1998.

［6］熊依洪. 先秦文学大观［M］. 北京：北京燕山出版社，2008.

［7］任继愈. 老子新译［M］. 上海：上海古籍出版社，1985.

［8］陈鼓应. 庄子今注今译［M］. 北京：中华书局，1999.

［9］上海辞书出版社. 诸子百家名篇鉴赏辞典［M］. 上海：上海辞书出版社，2003.

［10］韩兆琦. 史记［M］. 北京：中华书局，2010.

［11］陈磊. 资治通鉴［M］. 北京：中华书局，2016.

［12］余冠英. 诗经选［M］. 北京：人民文学出版社，2001.

［13］赵敏俐. 汉代诗歌研究论集. 北京：人民出版社，2021.

［14］余冠英. 汉魏六朝诗选［M］. 2版. 北京：人民文学出版社，2009.

［15］刘学锴，余恕诚. 李商隐诗歌集解［M］. 北京：中华书局，2004.

［16］邓乔彬、刘兴晖. 晚唐五代词选［M］. 北京：商务印书馆，2015.

［17］刘力红，思考中医［M］. 桂林：广西师范大学出版社，2002.

［18］檀作文. 声律启蒙［M］. 北京：中华书局，2022.

郑重声明

高等教育出版社依法对本书享有专有出版权。任何未经许可的复制、销售行为均违反《中华人民共和国著作权法》,其行为人将承担相应的民事责任和行政责任;构成犯罪的,将被依法追究刑事责任。为了维护市场秩序,保护读者的合法权益,避免读者误用盗版书造成不良后果,我社将配合行政执法部门和司法机关对违法犯罪的单位和个人进行严厉打击。社会各界人士如发现上述侵权行为,希望及时举报,我社将奖励举报有功人员。

反盗版举报电话　 (010)58581999　 58582371
反盗版举报邮箱　 dd@hep.com.cn
通信地址　 北京市西城区德外大街 4 号　 高等教育出版社知识产权与法律事务部
邮政编码　 100120

　　感谢您使用本书。为方便教学，我社为教师提供资源下载、样书申请等服务，如贵校已选用本书，您只要关注微信公众号"高职素质教育教学研究"，或加入下列教师交流QQ群即可免费获得相关服务。

最新目录

样书申请

资源下载

写作试卷

线上购书

师资培训　　教学服务　　教材样章

"高职素质教育教学研究"公众号

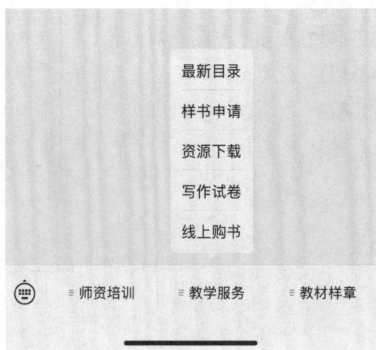

资源下载：点击"**教学服务**"—"**资源下载**"，或直接在浏览器中输入网址（http://101.35.126.6/），注册登录后可搜索下载相关资源。（建议用电脑浏览器操作）

样书申请：点击"**教学服务**"—"**样书申请**"，填写相关信息即可申请样书。

样章下载：点击"**教材样章**"，可下载在供教材的前言、目录和样章。

师资培训：点击"**师资培训**"，获取最新直播信息、直播回放和往期师资培训视频。

联系方式

高职人文素质教师交流QQ群：167361230

联系电话：（021）56961310　　电子邮箱：3076198581@qq.com